사회복지법제와
실천

Social Welfare Law and Practice

(사)사회복지법제학회 편

최승원 · 윤석진 · 김수정 · 배유진 · 장선미 공저

학지사

IMF 경제위기를 기점으로 지난 20년간 우리나라는 수많은 사회 변화를 거쳐 오늘날의 복지국가에 이르게 되었다. 복지국가는 21세기 시민사회의 궁극적 지향점이자 이념으로서 헌법적 기본원리에 기초한다. 이를 토대로 국가는 모든 국민에게 인간다운 생활을 할 권리 등 국민의 생존권적 기본권 보장을 최고의 가치로 하여 복지에 관한 다양한 정책사항을 실현할 수 있는 제도를 수립한다.

최근 사회 전반의 영역에서 사회복지 제도와 정책이 크게 증대됨에 따라 사회복지 관련법 또한 지속적으로 제·개정이 이루어지고 있다. 특히 코로나19를 경험하며 사회복지법제 영역은 새로운 법적 수요가 폭발적으로 증가할 것이라 예상된다. 포스트 복지국가 시대는 더욱 다양해진 사회구성원의 이해관계를 조정하여 개인의 이익을 최대한 보장해야 함과 동시에 국가 및 사회공동체 전체의 이익을 조화롭게 실현하는 뉴 노멀(New Normal) 법질서를 요구하고 있다. 이에 따라 대학에서 사회복지법제를 공부하는 초학도, 사회복지실천 현장에 있는 전문 종사자들에게는 사회복지법에 따른 법률관계와 제도를 정확히 이해하기 위한 체계적인 사회복지법제 학습이 무엇보다 중요해졌다.

이 책의 구성은 다음과 같다.

먼저, 사회복지 관련법과 제도에 대한 전체 구조를 이해하고, 사회복지사의 직무 수행과 관련된 법적 기초지식을 함양시키고자 하였다. 이를 위해 제1부에서는 사회복지 관련법을 살피기에 앞서 법의 개념, 법의 이념과 목적, 권리와 의무 관계 등 법 전반을 관통하는 일반이론 및 기초지식을 습득하고 이를 토대로 사회복지법제의 의미와 역사에 대해서 학습할 수 있도록 하였다. 그리고 현존하는 다양한 사회복지 관련법의 체계를 일목요연하게 제시하여 사회복지법의 전체 구조를 이해할 수 있도록 하였다. 나아가 사회복지 관점에서의 인권과 「헌법」상 기본권, 특히 사회보장수급권에 관한 해석과 법원의 태도를 정리하여 사회복지법상 사회보장수급권의 개념 및 구조에 대하여 명확히 할 수 있도록 서술하였다. 이 책의 또 다른 특징은 사회보장수급권자의 권리뿐만 아니라 사회복지실천 현장에 있는 사회복지사의 권리와 의무, 그 역할을 법적 관점에서 제시하여 종사자 권리보호를 위한 기초지식 함양에도 만전을 기하고 있다는 점이다. 아울러 사회복지실천 현장에서 마주하는 입법실무까지 고려하여 사회복지법 분야에 적용되는 국가 법령 및 지방자치단체 자치법규의 입법 절차에 관한 상세한 내용을 서술하여 지식의 외연을 확장할 수 있도록 하였다.

제2부에서는 사회복지법제를 구성하고 있는 다양한 사회복지법률을 수록하고 해설하였다. 그중에서도 최근 사회복지사 1급 시험에서 주로 출제되는 법률의 법적 성격을 기준으로 크게 사회보장에 관한 기본법·공공부조법·사회보험법·사회서비스법으로 분류하고 분야별 일반이론을 서술하였다. 그리고 각 법 영역에 해당되는 개별법은 제·개정 연혁 및 체계, 목적과 기본이념, 적용대상, 급여내용, 권리구제 절차 등의 체계로 구성하여 각 법률의 성격과 목적을 비롯해 구체적 내용에 대한 이해를 돕도록 하였다. 또한 사회복지실천 현장에서 활용되는 법률사항을 표로 비교·정리하여 사회복지사 1급 시험을 준비하는 수험생과 사회복지실천 현장 전문가들이 보다 편리하게 활용할 수 있도록 부록으로 구성하였다.

사회복지 영역에서 다양한 법적 분쟁이 발생하고 있는 가운데, 그 양상은 어느 한 영역에 국한된 형태가 아니라 융복합적인 형태로 변모하고 있다. 뿐만 아니라 사회복지의 실현수단이 법과 제도를 통해 구체화된다는 점을 감안하면 사회복지 전공자는 직무분야 내 필요한 법적 기초지식을 반드시 갖출 필요가 있다.

이 책이 출판되기까지는 많은 분의 도움이 있었다. 부족한 저서의 출판을 허락해 주신 학지사의 김진환 사장님, 김은석 이사님, 그리고 교정 내용이 많음에도 불구하고 꼼꼼하게 맡아 주신 편집부의 유은정 선생님께 감사를 드린다. 또한 바쁜 학내외 일정에도 불구하고 어려운 작업에 참여해 주신 모든 집필진과 세밀한 자료정리 등 원고작업에 협력해 준 하민정 박사, 강지선 박사, 박사과정을 수료한 이경은 연구원에게도 감사를 표한다.

마지막으로, 사회복지법제학회를 격려해 주시고 변함없는 관심과 사랑을 보내 주시는 회원님들에게 깊은 감사를 드리며, 이 책이 사회복지 분야의 모든 종사자에게 많은 도움이 되기를 간절히 바란다.

2022년 3월
저자 일동

차례

제1부

사회복지법의 이해

제2부
사회복지법률

부록

제1부

사회복지법의 이해

제1장
법의 기초

사회복지법을 구체적으로 학습하기에 앞서 사회복지법을 지배하고 있는 일반 법원리 및 법이론을 습득하는 것은 심도 있는 사회복지 관련 개별법의 법리적 이해를 위해 필수적이다. 이 장에서는 법이란 무엇이며(개념), 왜 존재하여야 하는지(필요성), 법은 무엇을 목적으로 하는지(법의 이념과 목적), 법은 어떤 형식으로 존재하고 효력을 발생하는지(법원 연원과 효력), 권리와 의무의 유형과 내용 등 모든 법을 관통하고 있는 법적 기초를 살펴본다.

제1절 법의 필요성

1. 인간과 공동체

인간은 출생하면서부터 국가 및 사회 공동체 속하게 되며, 생존하는 동안 타인과의 끊임없는 관계 속에서 의미 있는 존재가 된다. 인간은 공동체를 형성하는 주체이지만, 동시에 공동체는 인간의 존재를 확인해 개인적·공동체적 인간으로서 자격을 부여하기도 한다.

"인간은 사회적 동물이다." "인간은 정치적 동물이다."라는 표현이 지금까지도 보편타당하게 전해지고 있는 이유는 인간은 고립되거나 타인으로부터 유리된 순수한 개인일 수 없고 언제나 국가 또는 사회의 공동체 구성원으로서 끊임없이 다른 구성원들과 유기적인 상관관계를 형성하며 살아갈 때 진정한 의미를 가지기 때문이다.

2. 공동체와 사회규범

인간이 있는 곳이면 언제나 공동체가 존재한다. 인간은 공동체 속에서 존재하는 동안 스스로 원하는 이익을 추구하며 산다. 하지만 공동체는 다수의 인간들이 공존하는 까닭에 개인이 추구하는 이익은 일정한 지점에서 다른 개인의 이익과 충돌할 수밖에 없게 된다. 만일, 구성원 모두를 지배하는 질서가 없는 무규율의 공동체라면, 이 공동체는 인간의 본능적 욕망과 힘이 행동규범이 될 것이고 인간들은 양육강식의 투쟁 공동체에서 살게 될 것이다.[1] 모든 구성원이 투쟁상태에 이르는 공동체는 평화와 질서가 유린되고 종국에 가서 그 존속 자체가 어렵게 된다.

이러한 이유로 인간이 존재하는 공동체는 반드시 일정한 생활상의 준칙을 필요로 하게 된다. 이 준칙은 사회질서 유지 기능뿐만 아니라 공동체 구성원 모두의 이익을 상호 조화롭게 실현할 수 있는 기반을 제공하기도 하는데, 우리는 이를 '사회규범'이라 부른다. 사회규범은 공동체 안에서 타인과 함께 사회생활을 영위하는 모든 인간이 마땅히 지켜야 할 행위준칙이다. 그리고 사회규범은 공동체 내에서 모든 개인 간의 이익뿐만 아니라 개인과 사회적 이익을 조정하여, 평화로운 공동체질서를 유지하게 한다.

3. 사회규범으로서 법

인간이 생활하는 사회에는 다양한 형식의 사회규범이 존재한다. 여기에는 법규범을 비롯하여 도덕규범, 관습규범, 종교규범이 대표적이다. 대체로 법규범과 다른 사회규범 간에는 상호 중첩적·보충적 기능을 수행하기도 하고, 때로는 독립적 기능을 수행하기도 한다. 예를 들어, 타인에 대한 살인과 절도행위를 금지하는 것은 형법(刑法)이라는 법규범적 의미를 갖는다. 하지만 살인과 절도행위는 종교계율에서 금하고 있는 종교규범이며, 사회공동체 구성원이 마땅히 금하여야 할

---

1) 서구 근대정치철학의 토대를 마련한 17세기 영국의 사상가인 홉스(Thomas Hobbs, 1588~1679)가 그의 저서 『리바이어던(Leviathan, 1651)』에서 "인간은 자연상태에서 만인에 대한 만인의 투쟁상태에 이르게 된다."라고 표현한 것에서 규범의 필요성을 찾을 수 있다.

도덕규범이라는 점에서 공통적이다. 반면, 형사분쟁사건의 처리절차를 정하고 있는 「형사소송법」은 소송절차에 관한 사항을 정한 탓에 오로지 법규범으로서의 의미만 가질 뿐 그 소송절차 위반이 종교규범, 도덕규범에도 위배된다고 할 수 없다.

그렇다면 오늘날 법규범이 갖고 있는 다른 사회규범과의 차이점은 무엇일까? 그 해답은 법규범이 국가 및 사회공동체의 존속과 질서유지를 위한 가장 중요한 근본규범이자 강제규범이라는 점에서 찾는다. 강제규범으로서 법규범은 국가권력의 직접 관여를 허용하고 국가가 그 준수를 강제하는 의무규범이다. 그리고 법규범에 의해 부여된 의무를 위반하는 경우에는 처벌 등과 같은 합법적 국가권력의 강제력에 의해 통제되며 이를 통해 국가, 사회, 국민 간의 질서체계가 평화롭고 조화롭게 유지된다.

제2절 법의 개념

1. 어의적 개념

우리나라, 중국, 일본 등 동아시아국가에서는 법을 한자로 '法'이라 쓴다. 여기에서 물(水)은 '물이 흐르는 듯한 순리와 상식'을, 거(去)는 '사회를 다스리는 질서' 정도로 이해하는 경우도 있고, 물(水)은 '수면과 같은 평평함'을, 거(去)는 '악을 제거하다.'라는 의미로 해석하기도 한다.

본래 '法'이라는 한자어는 약자이며 정자로는 물(水), 해태(廌), 거(去)가 합쳐진 '灋'이다. 정자인 '灋'은 약자인 '法'에 비하여 해태(廌)[2]라는 한자어가 추가되어 있

---

2) 해태(廌)는 중국 요순시대에 등장하였던 것으로 머리에 뿔이 하나 달린 동물인데 성질은 사납지만, 심성은 정의로워 불의를 참지 못하여 사람이 서로 싸우면 그중 사악한 자에게 달려들어 뿔로 떠받는다고 전해지고 있다. 이처럼 일각수의 신성한 동물로 표현되고 있는 해태는 고대사회의 신의재판 혹은 신탁재판을 묘사할 때 주로 등장하지만, 전설 속의 해태는 오

는데, 정자인 '灋'을 기준으로 법의 개념을 도출한다면 물(水)은 '형평성과 공정성'을, 해태(廌)는 '선악에 대한 구별·유무죄의 판단·법의 신성성과 권위·강제력'을, 거(去)는 '악의 제거'를 의미하는 것으로 해석할 수 있다. 다른 한편, '法'은 넓은 의미로는 '제한, 도리, 모범, 제도'라는 뜻으로 사용되기도 한다. 또한 한자어 '法'은 순우리말로 모범이 되는 상태 혹은 당위적 존재 및 상태를 의미하는 '본'이라 지칭되기도 한다.

결국, '法'은 어의(語義)적 측면에서 정의·형평·공평을 이념으로 하고, 규범적 측면에서 국가적 권위를 기반으로 국가 및 사회공동체 구성원에게 선·악 또는 유무죄의 판단기준을 제시하는 것을 의미한다. 그리고 국가는 강제력을 통해 법의 효력을 유지한다. 이때 국가는 공동체 구성원 전체에게 효력을 미치는 제도, 제한, 모범을 법규범의 형태로 구체화한 것이다.

2. 학문적 개념

학문 영역에서 법은 이념적 측면을 강조하여 '정의(正義)' 그 자체로 이해되기도 한다.[3] 또한 법의 실정성을 강조하는 측면에서는 '법은 주권자가 인간 혹은 인간집단에게 의무를 부담시키는 명령이며(주권자의 명령), 어떤 행위를 하도록 하는 경우 혹은 어떤 행위를 하지 않도록 하는 경우를 일반적으로 의무지우는 명령(John Austin, 1790~1859)' '법이란 사회생활을 위한 일반적·실정적 규범 총체' '법은 실효적이고 최소한의 윤리적 정당성을 가진 국가적 또는 국제적 규범체계의

늘날 정의, 선과 악의 구별, 권위, 강제 등을 내포하는 신성한 동물로 이해되고 있다.
3) 일찍이 소크라테스(Socrates, BC 469~399)는 그 유명한 "악법도 법이다."를 피력하면서 비록 악법이라도 실정법에 대한 복종이 곧 정의라 했다. 아리스토텔레스는 그의 저서 『니코마키아 윤리학』에서 중용(中庸)의 상태를 정의로 보고 정의를 다시 일반적 정의와 특수적 정의로 구분한다. 여기에서 일반적 정의는 '법에 적합한 상태'로 특수적 정의는 '균등한 상태(평등)'를 의미하는 평균적 정의와 시민 사이의 상호 교섭과정에서 발생하는 '불균형을 회복(형평)'하는 교정적 정의로 상정하였다. 소크라테스와 아리스토텔레스에 있어 법은 법치를 통해 정의(형식적 정의)로 향하는 것이며, 형식적 정의뿐만 아니라 평등과 형평관념에 입각한 정의(실질적 정의)를 법으로 보았던 것이다.

총체로서 「헌법」에 따라 제정된 규범의 총체(Ralf Dreier, 1931~현재)'로 보기도
한다.

법의 개념을 일의적으로 정의하기 어려운 것이 현실이다. 그래서 법의 개념은
법 그 자체로부터 개념을 도출하기보다는 법규범과 법현실과의 관계에서 법이 마
땅히 하여야 하는 기능론적 관점에서 접근하여 그 의미를 도출하는 것이 유용할
수 있다. 이 경우 법의 개념이란 거시적으로는 정의로운 국가와 사회의 실현을 그
이념으로 하고, 미시적으로는 사회질서 유지를 위한 것으로 그 구체적인 내용은
합법적이고 정당한 행위규범성, 강제규범성, 분쟁해결규범성, 권리의무규범성,
조직규범성을 가진 규범 총체로 이해할 수 있다.

<표 1-1> 법 개념의 기능적 요소

행위규범성	법은 국가 및 사회공동체 구성원 모두에게 정의로운 사회질서 유지를 위하여 해야 할 것(작위, 作爲)과 하지 말아야 할 것(부작위, 不作爲-금지) 등 행동기준(명령)을 제시하는 규범이다.
강제규범성	법은 행위규범이 정하는 명령에 위반하는 경우 강제집행이나 형벌이 수반하게 하여 행위규범의 실효성을 담보하는 규범이다.
분쟁해결규범성	법은 국가와 사회공동체 내에서 끊임없이 발생하는 분쟁을 해결하기 위한 권리구제절차와 재판기준을 규율하는 규범이다.
권리의무규범성	법은 법률관계를 전제로 규율되기 때문에 법률관계 당사자들의 권리(또는 권한)와 의무의 발생·변경·소멸을 규율하는 규범이다.
조직규범성	법은 국가·지방자치단체 등의 조직 또는 공권력작용에 관한 사항을 규정하는 규범으로 법의 제정·적용·집행을 담당하는 기관의 조직과 이 조직을 구성하는 기관에 일정한 권한을 부여하는 규범이다.

제3절 법의 이념과 목적

오늘날 법의 이념을 총체적으로 정리하여 국내외의 많은 지지를 받고 있는 자가
독일의 법학자 구스타프 라드브루흐(G. Radbruch)이다. 그는 법의 이념을 아리스

토텔레스의 정의론에 입각해 체계화하였지만, 정의 그 자체만으로는 법의 이념을 달성할 수 없다고 보고, 여기에 합목적성과 법적 안정성까지 갖추어야 함을 강조하였다.

구스타프 라드브루흐의 이론 외에도 법의 이념으로 자유와 평등을 제시하기도 한다. 하지만 자유와 평등은 입헌주의체계가 갖추어진 오늘날 정의와 분리된 독자적 법 이념이라기보다는 정의 자체에 내포된 요소이다. 인권 자체가 기득권적 지배층으로부터 시민의 자유와 권리, 평등을 회복하기 위한 역사였다는 점을 생각해 보면, 자유와 평등은 법의 이념인 정의로부터 분리될 수 없기 때문이다.

1. 정의

법과 정의는 어의적으로도 밀접한 관련을 가지고 있다. 그리스어로 법을 'Dike'라 하고 정의를 'Dikation'으로 표현하고 있다. 라틴어에서도 법을 'Lus'라 칭하고 정의를 'Lustitia'로 부른 점도 법과 정의는 언어적으로 불가분의 관계에 있음을 말해 주는 것이다. 오늘날 영어 'Justice'가 정의와 재판을 동시에 의미하는 점, 독일어 'Recht'가 법인 동시에 정의를 의미한다는 점에서도 법과 정의는 매우 밀접한 관계를 가지는 것이다.

정의는 법의 가치판단을 위한 목적이자 이념이기 때문에 공동체의 보편타당한 가치를 지향하여야 한다. 그렇다고 하여 정의가 절대불변의 가치는 아니며, 역사성과 사회성을 기반으로 하는 상대적 가치이다. 따라서 공동체 구성원이 수용할 수 있는 법적 정의는 법이 통용되는 사회의 보편적 가치를 수용함으로써 정당화된다.

오늘날 자유와 평등의 원리에 입각한 법적 정의는 최고규범인 「헌법」에 실질적 법치주의의 원리를 수용하면서 체계화되었다. 「헌법」에서 선언하고 있는 법치주의는 형식적 합법성과 내용적 정당성을 가질 것을 요구하고 있다. 여기에서 합법성은 법률에서 정한 규율의 준수여부를 판단하는 것으로 일반적 정의의 실정화가 된다. 그리고 정당성은 법규범의 실체적 내용이 자유와 평등을 요소로 한 객관적 기준에 부합하는지, 또 법규범의 수범자에게 자유와 평등의 보장이 체계적으로 구체화되어 있는지를 판단한다.[4] 결론적으로 법의 이념인 정의는 오늘날 실질적 법치주의 사상을 통해 구체화되고 있으며, 이에 이르지 못한 법규범은 정의롭지 못한 규범으로 남아 그 정당성과 실효성을 인정받지 못하게 된다.

2. 합목적성

법은 정의를 제1의 이념과 목적으로 하지만 법이 정의만 지향할 경우 정의가 갖는 이념성으로 말미암아 실제 법 적용단계에서 불합리한 결과가 야기될 수 있다. 그래서 법적 정의가 정당성을 가지기 위해서는 제2의 법이념으로 합목적성을 필요로 한다.

합목적성이란 법질서가 국가이념과 국민적 가치관에 따라 결정되고 실행되어야 함을 의미한다. 이때 합목적성의 판단기준은 지배적인 국가이념과 공동체 구성원이 보편타당하게 수용하고 있는 가치, 국민의 요구기준 등이다.

먼저 합목적성은 국가이념이 개인주의와 공동체주의 중 어느 것에 비중을 두는가에 따라 달라진다. 하지만 국가는 시대의 요구에 따라 개인주의적 관점에서 자유를, 공동체주의 관점에서 평등을 강조하기도 한다. 그럼에도 법은 객관화된 국가와 사회 질서이기 때문에 어느 한 이념에 지배되기보다는 개인주의와 공동체주의, 자유와 평등, 평균적 정의와 배분적 정의가 상호 조화된 상태에서 규범현실에 적용되어야 한다.

다음으로 합목적성은 규범현실에서 법 적용을 받는 국민이 정당한 것으로 그리고 수인(受忍) 가능한 것으로 인식될 수 있어야 한다. 이러한 의미의 합목적성은 실정법의 구체적 타당성 여부로 귀결된다. 구체적 타당성을 결여한 법은 사회에서 법규범과 규범현실의 갭(gap)을 커지게 하며 이러한 법은 규범적 효력을 상실하기 때문이다. 다만, 법규범의 구체적 타당성은 법현실에서 법 해석을 통해 확보하기도 하고 실정법화를 통해 확보되기도 한다.

---

4) 오늘날 법률의 정당성은 「헌법」에서 보장하고 있는 기본권(자유권, 평등권, 사회권 등) 보장법리에 부합하는지의 여부에 따라 판단되는데, 이것이 헌법재판소에서 수행하는 규범에 대한 합헌성 통제방식으로서 위헌법률심판제도이다.

3. 법적 안정성

법적 안정성이란 법에 의하여 보호되는 사회생활의 질서와 평화를 의미한다. 법적 안정성이 확보되면 인간은 법을 믿고 법에 따라 안심하고 사회생활을 영위할 수 있게 된다. 따라서 법적 안정성은 법질서의 통일성·확실성·명확성에 의해서 사회질서의 존속과 안정을 실현하는 법이념이라 할 수 있다.

법이념으로서 법적 안정성은 개별 법규범에 대하여 몇 가지 조건을 갖출 것을 요구한다. 여기에는 법의 형식과 내용에 있어 명확성, 일관성, 확실성, 예측가능성, 투명성 등이 있다. 이러한 조건을 갖춘 법은 국민으로 하여금 어떤 법에 의해 어떤 규율을 받는지 알 수 있게 해 실효적인 행위규범이 될 수 있다. 또한 사회현실에서 법적 분쟁이 발생한 경우 법적 안정성을 갖춘 법규범이 있어야 분쟁해결을 위한 재판규범으로 활용할 수 있게 된다. 그리고 국가가 개인의 권리보장과 공동체질서 유지를 위해 수행하는 각종의 활동을 함에 있어 법적 안정성은 안정적인 조직규범·권한규범·통제규범으로 작용할 수 있게 한다.

오늘날 법의 이념으로서 법적 안정성은 규범의 성문법화 또는 실정법화로 구현된다. 다만, 실정법이 법적 안정성을 강조하게 되면 법규범의 형식성, 경직성을 초래할 수도 있다. 그렇게 되면 법적 안정성이 제2의 법이념인 합목적성 또는 구체적 타당성과 충돌하고, 극단적인 경우 '악법도 법인가'의 문제를 야기하기도 한다.

결국, 법의 이념으로서 합목적성과 법적 안정성은 상호 보완재 역할을 해야 한다. 그래서 합목적성과 법적 안정성은 상대적 가치를 가지는 것으로, 상호 기능적 상관관계를 가지는 것으로 인식하고 정의로운 법을 향해 항상 구체적 법 현실에 따라 개별적으로 판단해야 하는 과제를 가지고 있다.[5]

---

5) 법의 이념으로서 정의에 이르기 위해 법규범의 합목적성과 법적 안정성을 판단하는 것은 우선 입법기관에 의한 법 정립작용, 즉 법의 제정·개정·폐지 단계에서 이루어진다. 또한 입법기관에서 정립한 법에 의해 권한을 부여받고 법에서 정한 사항을 집행하는 행정기관도 권한의 집행과정에서 합목적성과 법적 안정성에 대한 판단이 필수적이다. 한편, 법적 분쟁의 해결을 위해 작동하는 법원 등 사법기관의 권한도 분쟁을 야기한 사실관계와 이에 적용할 법을 찾아 해석하는 과정에서 법규범의 합목적성과 법적 안정성에 대한 판단이 요구된다.

제4절　법규범의 존재형식

1. 성문법

1) 의의

　성문법이란 권한 있는 국가기관이 법정화된 절차에 따라 문장형식으로 규범을 정립한 법규범을 말한다. 일반적으로 성문법은 법전(法典)의 형식을 갖춘 실정법들을 통칭한다. 성문법은 사회의 복잡성으로 인하여 법적 규율대상이 다양화·전문화되면서 특히 강조된다. 이는 국가와 사회공동체 구성원 모두의 예측가능성 확보, 이를 통한 법적 안정성을 추구할 수 있기 때문이다.

　현대 국가에서는 성문법의 정립이 일반화되었다. 하지만 성문법이 법적 질서를 안정화시키는 데 기여한다는 장점은 있지만, 다른 면에서는 법의 경직성으로 말미암아 변화하는 사회현실에 탄력적으로 대응하기 어렵다는 점, 국민의 법 감정 및 사회정의와 무관한 성문법만능주의에 빠질 수 있다는 단점도 가지고 있다. 일반적으로 성문법은 최고법인 「헌법」을 비롯하여 법률, 명령, 규칙, 조례 등으로 분류되고 이 순서에 따라 법규범 간의 법적 지위와 효력의 우열관계가 정해진다.

2) 종류

(1) 헌법

　「헌법」이란 국민의 기본권 보장과 국가의 통치질서를 규율하는 근본법이자 최고법을 말한다. 「헌법」은 국가의 최고통치권이라 할 수 있는 주권[6]에 근거하여 제

---

6) 헌법제정단계에서 주권의 행사를 통상 헌법제정권력의 행사라 부른다. 헌법제정권력이란 「헌법」을 제정할 수 있는 권력을 의미하는데, 역사적으로 이러한 권력의 주체는 다양하게 존재하였다. 하지만 근대국가가 성립한 이후 주권의 의미가 한 나라의 국가의사를 최종적으로 결정할 수 있는 불가양·불가분의 최고권력으로 인식되고, 또 이러한 주권이 국민에

정되는 것이므로 국내 실정법질서 중 최고법의 지위를 부여받으며 법률, 명령, 규칙, 조례 등 실정법규범에 대한 최상위규범으로서 입법형성의 기준과 한계를 제시한다.

한편, 「헌법」은 국민의 기본권 보장을 최고의 가치로 하고 있다. 그래서 「헌법」에서 정하는 모든 사항은 종국적으로 국민의 기본권 보장을 목적으로 한다. 이를 위해 「헌법」은 우선 기본권 보장을 위한 국가의 형태를 밝히고 이외에도 국민주권의 원리, 민주주의의 원리, 법치주의 원리, 권력분립의 원리, 복지국가의 원리, 기본권 존중과 보장의 원리, 평화주의 원리 등을 기본원리로 규율한다.

또한 「헌법」은 국가를 자기목적적 존재가 아닌 국민의 기본권 보장을 위한 수단적 존재로 인식한다. 그리하여 「헌법」은 국가의 통치질서를 규율함에 있어 「헌법」상 기본원리에 입각한 통치기관의 구성, 권한의 부여와 제한, 권력의 통제 등을 규율하는 등 국가통치기구(입법부, 행정부, 사법부, 헌법재판소 등) 형성의 조직규범·수권규범·통제규범이기도 하다.

「헌법」은 주권자인 국민의 결단에 의해 제정된 것이기에 국민생활의 최고 법규범이며 정치생활의 최고 가치규범으로서 그 지침을 제공하기에 국가 내에서 최고규범으로서 「헌법」의 규범력 확보, 유지 및 존속이 무엇보다 중요하다.

「헌법」의 최고규범력은 그 개정을 의도적으로 어렵게 하도록 규율하는 경성헌법성을 통해 구현되고 있다. 보통 경성헌법은 일반 법률보다 엄격한 개정절차를 거치도록 하는 경향이 있다. 예를 들어, 헌법개정을 위해서는 일반 법률과 다르게 국회에서의 개정안 심의·의결에 있어 보다 가중된 의결정족수를 요구하고 국회의결 후 최종적으로 주권자인 국민에 의한 투표로서 헌법개정을 확정하게 하는 점이 여기에 해당한다.

다른 한편, 성문헌법 국가에서는 성문헌법이 최고 규범성을 가지고 있지만, 그렇다고 하여 불문헌법까지 부정하는 것은 아니다.[7] 다만, 불문헌법은 성문헌법과

게 있다는 국민주권주의가 보편화되면서 자연스럽게 헌법제정권력은 주권자인 국민에게 귀속되는 것으로 인식되고 있다.

7) 대표적으로 헌법재판소는 2004년 10월 21일 '신행정수도의 건설을 위한 특별조치법' 위헌확인심판[헌법재판소 2004. 10. 21. 선고 2004헌마554·566(병합) 전원재판부 결정]에서 "대

의 관계에서 성문헌법의 흠결을 보충적으로 보완하여「헌법」의 규범력 유지, 평화로운 국가의 보존을 가능하게 한다.

(2) 법률

법률이란 입법기관인 국회에서 제정한 성문법 규범을 통칭하는 개념이다. 간접민주주의 혹은 대의민주주의가 일반화된 오늘날 입법기관은 주권자의 직접선거를 통해 구성되고 국민을 대표하여 법률을 제정할 수 있는 권한을 부여받고 있다. 이에 따라 국회는 주권자로부터 위임된 입법재량 또는 입법형성의 자유를 행사한다. 하지만 입법재량도 최고법인「헌법」에 의한 구속을 받기 때문에 입법자는「헌법」이 정하는 내용에 위배되는 사항을 법률로써 정할 수 없다. 만일「헌법」에 위배되는 법률이 있다면 헌법재판소의 규범통제에 의하여 무효화된다.

다른 한편, 법률은 그보다 하위(下位)하는 명령, 규칙, 조례 등의 입법에 그 기준과 한계를 제공한다. 따라서 명령, 규칙, 조례 등은 법률에서 구체적으로 정하는 범위 내에서 그리고 법률에 반하지 않는 범위 내에서 제정 또는 개정할 수 있다. 만일 여기에 위배되는 명령·규칙·조례 등은 대법원이 최종심사하여 위헌·위법한 규범으로 선언된다.

한민국의 수도가 서울인 것은 비록 명문의 규정은 없지만 조선시대 이래 형성되고 지속된 관습이면서 오늘날 국민에 의해 법적 확신이 부여된 관습법사항이라고 보았다. 그러면서 한 나라의 수도에 관한 사항은 관습법 중 관습헌법에 해당하므로 수도 서울을 옮기는 조치는 법률의 제정 혹은 개정절차에 의할 것이 아니라 헌법개정절차에 따라야 하는 것"이라고 하였다. 이 결정은 2002년 9월 30일 새천년민주당의 대통령 후보 노무현은 선거공약으로 "수도권 집중 억제와 낙후된 지역경제를 해결하기 위해 청와대와 정부부처를 충청권으로 옮기겠다."는 행정수도 이전계획을 발표하였고 대통령 당선 후, 정부가 2003년 10월 발의한「신행정수도의 건설을 위한 특별조치법」의 국회 통과 이후 본격적인 신행정수도의 이전이 추진되자 청구인들이 헌법개정절차에 있어 국민이 가지는 국민투표권을 침해하였다는 이유로 제기된 헌법소원심판에 대하여 헌법재판소가 판단한 내용이다. 무엇보다도 이 결정에서는 국내 최초로 성문헌법 이외에 관습헌법인 불문헌법이 인정되고 재판규범으로 활용되었다는 점에서 의의를 찾을 수 있다.

(3) 명령

명령은 행정기관에서 제정하는 성문규범을 통칭하는 개념이다. 근대국가 초기 입법작용은 유일의 국민 대표기관인 국회에 위임되었고 행정기관은 단지 국회에서 제정한 법률을 집행하는 권능만을 부여받았을 뿐이다. 하지만 오늘날 국가와 사회의 급속한 발전에 따라 규범현실의 다양성·복잡성·전문성 등이 나타나게 되었고, 입법기관만으로는 변화된 규범현실에 상응하는 입법작용을 수행하는 데 무리가 따르게 되었다. 그래서 입법기관보다 전문성을 가진 행정기관에게 입법작용을 하도록 특별히 「헌법」에서 허용하기에 이르렀는데,[8] 이에 따라 제정한 성문법이 바로 명령이다. 특히, 명령은 행정기관에서 정립하기 때문에 국회에서의 입법작용과 구분하기 위해 행정입법이라는 표현을 사용하기도 한다.

명령은 법규명령과 행정규칙(혹은 행정명령)으로 구분된다. 먼저 법규명령은 국민의 권리와 의무에 직접영향을 미치는 법규적 사항을 정한 행정입법을 말하며 사실상 법률의 효력을 갖는다. 법규명령의 형식은 제정주체에 따라 대통령령, 총리령, 부령으로 분류한다. 하지만 실정법상으로는 시행령, 시행규칙이라는 명칭을 사용한다. 다음으로 행정규칙은 행정기관 내부질서를 규율하거나 행정기관이 법을 집행함에 있어 필요한 지침, 절차, 기준 등을 정하는 것을 말한다. 따라서 행정규칙은 원칙적으로 국민의 권리와 의무에 영향을 미치지 않는 비법규적 사항을 그 내용으로 한다. 행정규칙은 통상 고시, 훈령, 예규, 지침, 일일명령 등[9]의 명칭을 사용하지만 최근 가이드라인, 규정 등 다양한 명칭이 사용되고 있다. 행정규칙

---

8) 예를 들어, 우리 「헌법」 제75조에서 "대통령은 법률에서 구체적으로 범위를 정하여 위임받은 사항과 법률을 집행하기 위하여 필요한 사항에 관하여 대통령령을 발할 수 있다."고 정하고 있는 점, 제95조에서 "국무총리 또는 행정각부의 장은 소관사무에 관하여 법률이나 대통령령의 위임 또는 직권으로 총리령 또는 부령을 발할 수 있다."고 정하는 것이 대표적인 사례이다.

9) 여기에서 '고시'란 일반인에게 고지할 것을 목적으로 제정되는 행정입법이다. '훈령'이란 상급행정기관이 하급행정기관에 대한 지휘·명령을 위해 제정되는 행정입법이다. '예규'란 행정사무의 처리기준을 정한 행정입법이다. '지침'이란 하급기관의 질의에 대해 내리는 개별적 명령을 정한 행정입법이다. '일일명령'이란 당직·출장·특근·휴가 등에 대한 명령을 정한 행정입법이다.

이 가져야 하는 본연의 내용을 규율하고 있다면 어떠한 명칭을 사용하든지 간에 규범 형식적 측면에서 모두 행정규칙이라 부른다.

다른 한편, 형식상 행정규칙의 방식을 따르면서 그 내용은 실질적으로 법규적 성격을 가지는 경우도 있는데, 이를 법령보충적 행정규칙이라 부른다. 법령보충적 행정규칙은 국민의 권리와 의무관계에 영향을 미치는 것을 내용으로 하므로 비록 그 형식은 행정규칙이지만, 실질적으로 법규명령으로서 효력을 가지는 것으로 보고 있다.

유의하여야 할 것은 법규명령의 효력을 갖는 행정입법은 국민의 권리와 의무관계에 직접 영향을 미치는 것이기 때문에 반드시 국회에서 정립한 법률에 의하여 위임을 받아 제정되어야 한다. 그리고 위임의 경우에도 법률에서 구체적으로 정한 범위 내에서만 제정되어야 한다. 따라서 행정기관이 국민의 권리와 의무관계에 직접 영향을 미치는 법규적 사항을 행정입법으로 정하면서 법률의 위임이 없이 정하거나 혹은 법률의 위임범위에 반하는 내용을 정하는 경우에는 위헌 · 위법인 행정입법이 되어 그 효력이 부정된다. 하지만 행정입법의 내용이 국민의 권리와 의무관계에 전혀 영향을 미치지 않는 경우라면, 스스로 법률의 위임 없이 행정기관이 제정할 수 있다.

(4) 규칙

규칙이란 「헌법」에 의하여 설치된 국가기관 중 행정부 이외의 기관에게 소관사무의 처리 · 운영의 자율성을 부여하기 위해 인정되고 있는 법규범이다. 현행 「헌법」상 입법부, 사법부, 헌법재판소에 각각 국회규칙, 대법원규칙, 헌법재판소규칙을 제정할 수 있도록 하고 있다.[10] 또한 「헌법」은 공정한 선거관리를 위해 선거관리위원회와 국가의 세입 · 세출관리, 회계검사, 행정기관 및 공무원 직무감찰을 위해 감사원을 두도록 하고 있는데, 이들 기관에게도 각각 중앙선거관리위원회규칙, 감사원규칙을 제정할 수 있도록 하고 있다.

---

10) 국회규칙, 대법원규칙, 헌법재판소규칙이라는 표현은 해당 규칙의 제정주체에 따른 명칭이다. 현재 국회규칙에는 「국회기록물관리규칙」 외 24건, 대법원규칙에는 「대법관회의 운영규칙」 외 11건, 헌법재판소규칙에는 「헌법재판소 사무관리 규칙」 외 39건의 규칙이 있다.

(5) 자치법규

자치법규란 지방자치단체 차원에서 제정하는 성문법을 말하며, 통상 조례와 규칙으로 구분된다. 조례란 지방자치단체 의회에서 제정하는 성문법을 말한다. 우리나라의 「헌법」은 지방자치제도를 보장하고 있다. 이에 따라 국가는 법인으로서 성격을 가지는 지방자치단체를 설치하고 이들로 하여금 지역주민의 복리 및 재산관리 등 지방자치에 관한 사무를 처리하도록 하고 있다. 한편, 「헌법」은 지방자치단체에 지역주민의 직접선거를 통해 설치한 의회를 두도록 하여, 지방자치단체 의회로 하여금 지방자치에 관한 규정을 조례형식으로 제정할 수 있도록 하고 있다.

일반적으로 지방자치단체의 사무는 고유사무와 국가 위임사무로 구분할 수 있다. 고유사무는 지방자치단체가 수행하는 지역적 사무 중 「헌법」과 개별 법률에 의하여 국가의 직접적 관여 없이 자율적으로 처리할 수 있는 사무를 말한다. 이에 따라 지방자치단체는 고유사무의 처리를 위해 조례를 제정할 수 있다. 한편, 지방자치단체는 국가로부터 위임받은 사무를 처리하기도 한다. 이 경우 국가사무를 명시한 법률이 지방자치단체로 그 권한을 위임하면서 조례의 근거를 두도록 하는 경우가 있다. 이때 지방자치단체는 조례를 제정하여 국가 위임사무를 처리하기도 한다.

어떠한 형식의 조례이든 간에 지방자치단체가 조례를 제정할 때에는 법령의 범위 안에서 그 사무에 관하여 조례를 제정할 수 있을 뿐이다. 특히 주민의 권리를 제한하거나 의무를 부과하는 조례를 제정하는 경우에는 반드시 국회에서 제정한 법률의 명시적 위임에 근거하여야 한다. 그리고 조례위반에 대한 효과로서 벌칙을 정하는 경우에도 마찬가지이다. 우리 「헌법」은 국민의 기본권을 제한하는 경우에는 반드시 법률에 의하도록 하여 법치주의 원리를 선언하고 있다. 따라서 주민의 권리제한이나 의무부과, 벌칙에 해당하는 조례를 제정하는 경우에는 반드시 법률에 근거를 두어야 한다.

이처럼 「헌법」이 지방자치제도를 보장하고 있고 이를 위해 지방자치단체에게 조례를 제정할 수 있는 권한을 부여했음에도 「헌법」과 법령의 범위 내에서만 입법 권한을 행사해야 한다. 이는 「헌법」과 법령이 조례보다 상위하는 법적 지위와 규범력을 부여받고 있기 때문이며, 국가 전체의 통일적 법 적용을 위해서 필요한 것이다.

다른 한편, 지방자치단체에는 의회 외에도 집행기구로서 지방자치단체 장을 두도록 하고 있다. 그리고 지방자치단체의 장은 법령과 조례의 위임을 받아 규칙을 제정할 수 있다. 통상 지방자치단체 의회에서 제정한 조례와 지방자치단체 장이 제정한 규칙을 통칭하여 자치법규 또는 자치입법이라 부른다.

2. 불문법

1) 의의

불문법이라 함은 성문법과 달리 입법기관에 의한 입법작용이 없이 공동체에서 자율적으로 발생한 비(非)제정법규범을 말한다. 불문법은 그 형식에 있어 성문법과 대비되는 개념으로 사용되며, 경우에 따라서는 성문법 이외의 모든 법규범을 통칭하는 개념으로 비실정성, 자생적·자율적 형성을 특징으로 한다. 하지만 불문법은 성문법처럼 실정화되지는 않았지만, 공동체 구성원 간에 통용되는 규범력을 가지고 있다.

현대 법치국가에서 불문법은 법규범을 통한 정의 및 합목적성 실현에 적합할 수는 있으나 비(非)실정성 때문에 법적 안정성에는 위해를 가할 수 있다. 그래서 오늘날 대부분의 국가에서는 불문법의 성문법화가 보편적으로 이루어져 왔다. 그렇다고 하여 성문법 국가에서 불문법의 존재를 부정하는 것은 아니다. 오히려 불문법은 성문법의 흠결을 보완하여 합목적성과 법적 안정성을 동시에 추구하는 것을 가능하게 한다.

불문법의 인정 여부는 개별법에 명시적 입법을 통해 선언될 수도 있고 법적 분쟁 발생 시 정의 관념에 부합하는 분쟁해결을 도모하기 위해 법 해석을 통해 인정되기도 한다. 다만, 유의할 것은 성문법 국가에서는 국가법의 해석과 적용에 있어 1차적 기준은 성문법이고 성문법의 흠결 시 이를 보완하기 위하여 2차적으로만 불문법이 인정된다는 점이다. 이를 불문법의 성문법에 대한 보충성의 원칙이라고도 한다.

2) 종류

(1) 관습법

관습법이란 사회적으로 자연스럽게 형성된 관행이 상당기간 사회구성원에 의해 계속적·반복적으로 이루어져 사회적 관습이 되고, 종국에는 사회일반으로부터 법적 확신까지 얻음으로써 법적 가치가 부여되는 불문법을 말한다.

본래 사회적 관습은 고대국가 탄생 이후 성문화된 실정법이 존재하기 이전부터 법규범과 같은 효력을 발휘하던 것으로서 오래된 역사를 가지고 있었다. 그러나 사회적 관습은 법치주의가 보편적으로 수용된 이후부터는 성문법의 보충적 효력을 갖는 것으로 인식되면서 현대국가에서도 관습법의 중요성이 유지되고 있다. 다만, 관습법이 아직 사회적 관습에 머무르는 한 법적 기준으로 활용되지 못하며 사회적 관습이 관습법으로 인정되어야만 비로소 법적 효력이 발생하는 것으로 보고 있다. 즉, 관습법은 실정법을 보충하여 법령과 같은 효력을 갖지만 사회적 관습은 법령의 효력이 없는 단순한 사실인 관습에 해당하여 이를 주장하는 당사자의 의사를 보충할 뿐이다.

결국, 사회적 관습이 관습법으로 전환되어 법규범으로서 효력을 갖기 위해서는 '사회일반의 법적 확신'의 존재 여부가 중요한 의미를 갖는다. 하지만 법적 확신의 존재시기에 대하여는 상당히 불확정적이다. 따라서 관습법의 존재를 확인하는 것이 매우 중요한 과제인데, 통상 세 가지 방법을 활용하고 있다.

첫째, 입법자의 확인에 의하여 사실인 관습 또는 관습법을 실정법으로 전환하는 방법이다. 예를 들어, 우리나라 「민법」의 전세권(또는 전세제도)이 대표적인 사례이다. 전세제도는 다른 나라에서는 그 유래를 찾아볼 수 없는 것으로 국내에서는 조선시대부터 활용되었다고 알려져 있다. 일제 강점기 서울지역에서 발달하여 해방 후에는 전국적 차원에서 매우 왕성하게 이용되었다. 이것이 1960년 「민법」이 제정되면서 물권의 하나인 전세권으로 법정화되었는데, 이러한 것이 공동체 내에서 널리 통용되던 사실인 관습을 입법자가 확인하고 실정법화한 것이라 할 수 있다.

둘째, 입법자가 실정법을 제정하면서 복잡하고 다양한 규범현실을 규율하기에 실정법의 불완전하다는 것을 인식하고 정의와 형평의 관념에 입각하여 실정법 규정이 없는 경우 관습 또는 관습법에 따르도록 명문화하는 경우이다. 예를 들어,

「민법」 제185조에서 "물권은 법률 또는 관습법에 의하는 외에는 임의로 창설하지 못한다."고 규정하는 경우나, 「상법」 제1조에서 "상사에 관하여 본법에 규정이 없으면 상관습법에 의하고 상관습법이 없으면 「민법」의 규정에 의한다."고 정하고 있는 것이 대표적인 사례이다.

셋째, 법원에 의한 분쟁해결 시 법관이 사회적 관습이 관습법으로서 법적 확신이 부여되었음을 확인하는 경우이다. 재판은 법규정의 부존재 또는 흠결을 이유로 중단될 수 없다. 이 경우에도 법관은 구체적 분쟁사례와 관련된 모든 규정을 확인하고 유추해석을 통해서라도 판결이라는 형식의 결과를 제시하여야 하는 의무가 있다. 따라서 법관은 성문법의 흠결 시 종국적 분쟁해결을 위해 관습법을 찾아 이를 확인한다. 법관에 의한 관습법의 확인은 기존의 관습에 머무르던 것을 재판기준으로 적용할 수 있게 하는 사법작용이라는 점에서 매우 큰 의미가 부여된다. 유의할 것은 법관이 관습법을 확인하는 것은 관습법의 창조(사실상 입법행위)가 아니라 이미 사회에서 통용되고 있는 관습법의 존재를 확인하는 것이라는 점이다.

(2) 판례법

판례법이란 법원에서 이루어진 판례가 축적되어 성문법과 같은 효력을 가지게 되는 것을 말한다. 하지만 법원의 판례가 그 자체로 법으로서 효력을 발생케 하는 것까지 의미하는 것은 아니다. 판례법은 구체적 분쟁사례에 있어 법원이 동일한 사례에 대하여 동일한 판례가 반복됨으로써 일정한 정도 법의 근원 또는 재판기준으로 정립된 불문법을 의미하는 것이다.

일반적으로 불문법 국가로 출발한 영미법계(영국, 미국 등)는 판례에 법적 구속력까지 부여하는 '선례기속의 원칙'이 발전하여 왔다. 그러나 성문법 국가로 출발한 대륙법계(독일, 프랑스 등)는 선례기속의 원칙에 법적 구속력을 부정하고 단지 상급법원의 판결이 당해 사건에 한하여 하급심을 기속(심급제도)하는 것으로 받아들이고 있다. 예를 들어, 대법원의 최종심에서 고등법원의 판단에 있어 사실관계 또는 법리의 오해가 있어 파기환송하는 경우, 고등법원은 대법원이 제시한 기준에 맞추어 다시 심판하는 것이 여기에 해당한다.

(3) 조리

조리란 사회의 일반적 가치, 사물의 본질, 법의 일반원칙, 보편적 정의, 사물의 이치 등을 의미하는 것으로 실정법 질서의 존재에 기초가 된다. 실정법에서는 이를 사회통념, 경험법칙, 공서양속(公序良俗), 사회상규, 신의성실, 평등 등으로 표현하고 있다. 오늘날 실정법은 사회의 복잡성과 전문성에 기반하여 규율되고 있다. 하지만 실정법이 규범현실을 빠짐없이 명확하게 정하는 것은 사실상 불가능하다. 그래서 성문법 국가에서도 실정법 이외에 관습법과 판례법을 인정하는 것이다. 그렇지만 불문법인 관습법과 판례법도 사회가 필요로 하는 모든 법률관계를 빠짐없이 포함하는 것이 불가능하다. 그래서 법 해석과 적용의 마지막 기준으로 사회에 일반적으로 수용되어 있는 보편적 가치인 조리를 활용하는 것이다. 하지만 조리가 법의 해석과 적용에 직접적 근거가 될 수 있음을 실정법에 명문화한 경우도 있다. 예를 들어, 「민법」 제1조에서 "민사에 관하여 법률에 규정이 없으면 관습법에 의하고 관습법이 없으면 조리에 의한다."고 정하는 경우가 대표적이다.

제5절 법의 분류

1. 자연법과 실정법

자연법(自然法)이란 실정법체계로 존재하지 않지만, 역사를 초월하여 사회에 마땅히 있어야 할 객관적 가치질서로 이해한다. 그래서 자연법은 사회에 존재하는 객관적 질서, 정의 등으로 불리우며, 실정법의 존재론적 근거로 설명되기도 한다. 예를 들어, 「헌법」 제10조는 "모든 국민은 인간으로서의 존엄과 가치를 가지며, 행복을 추구할 권리를 가진다."는 규정을 두고 있다. 여기에서 '인간으로서의 존엄과 가치'는 실정헌법규정에 의해 비로소 보장되는 것이 아니라 사람으로 태어나면 사람이기 때문에 당연히 향유하는 권리로 인식된다. 그래서 「헌법」 제10조는 우리 헌법체계 내에서 자연법적 질서가 수용되어 있음을 확인하는 조항으로 해석되고 있다. 이처럼 자연법은 실정법 규정 여하에도 불구하고 우리 사회의 객관적 질서로서 혹은 정의관념에 따라 마땅히 지켜져야 하는 법질서로 인식하는 것이다.[11] 이러한 자연법사상은 제2차 세계대전 이후 자유민주주의 국가 「헌법」과 실정법 체계 내에서 보편적으로 인정되고 있다.

실정법(實定法)이란 법에 의해 입법권한이 부여된 기관이 법에서 정한 입법절차에 따라 조문형식으로 규범화한 법을 말한다. 우리가 「헌법」, 「형법」, 「민법」, 「국민연금법」, 「사회복지사업법」이라 부르는 것이 바로 실정법에 해당한다.

오늘날 성문법 국가에서 자연법은 이념성과 추상성 때문에 그 자체만으로는 객관적 법치주의의 구현수단으로 규범력을 발휘하는 데에 한계가 있다. 따라서 현대국가에서는 자연법의 내용을 실정법으로 구체화하고 있고, 자연법은 실정법의 존재근거이자 이를 보충하는 효력을 가지는 양면성을 가진 규범체계로 이해하고 있다.

2. 국내법과 국제법

국내법이란 국가의 주권이 행사되는 범위 내에서 효력을 갖는 법을 말한다. 국내법은 자국의 통치권에 의해 자국의 국민에게, 자국의 영역(영토·영공·영해)에서 효력을 미치는 것을 원칙으로 한다.

---

11) 헌법재판소는 "「헌법」 제10조는 '모든 국민은 인간으로서 존엄과 가치를 가지며, 행복을 추구할 권리를 가진다. 국가는 개인이 가지는 불가침의 기본적 인권을 확인하고 이를 보장할 의무를 진다.'고 규정하여 인간의 존엄과 가치 및 행복추구권을 보장하고 있다. 「헌법」 제10조에서 규정한 인간의 존엄과 가치는 '헌법이념의 핵심'으로 국가는 「헌법」에 규정된 개별적 기본권을 비롯하여 「헌법」에 열거되지 아니한 자유와 권리까지도 이를 보장하여야 하며, 이를 통하여 개별 국민이 가지는 인간으로서의 존엄과 가치를 존중하고 확보하여야 한다는 「헌법」의 기본원리를 선언한 조항이다."라고 판시한 바 있다(헌법재판소 2011. 3. 31. 2009헌마617 등 결정 참조). 우리 「헌법」은 「헌법」 제10조 이외에 제37조 제1항에서 "국민의 자유와 권리는 「헌법」에 열거되지 아니한 이유로 경시되지 아니한다."는 규정을 두고 있다. 이에 따라 위 사례에서 헌법재판소는 우리 「헌법」 제10조가 자연법적 질서를 확인하는 것이고, 그렇기 때문에 제37조 제1항에서 정하는 현행 「헌법」에 열거되지 아니한 국민의 자유와 권리의 경우에도 자연법적 질서하에 인간의 존엄과 가치의 보장을 위해 필요하다면 「헌법」상 자유와 권리로서 보장하겠다는 것을 선언한 것이다.

국제법이란 다수의 주권 국가로 구성되는 국제 사회에서 국가 간의 합의에 기초하여 국가와 국가 간의 법률관계를 규정한 법을 말한다. 국제법은 국내법과는 달리 국가 간에만 그 효력이 미치는 것을 원칙으로 한다. 다만, 국제법은 국가 간의 합의 또는 국내 실정법화 과정을 통해 국내법으로서의 효력을 발생시키기도 한다.[12]

3. 공법 · 사법 · 사회법

공법(公法)이란 국가와 국민의 공적 법률관계를 규율한 것으로서 주로 국가와 국가, 국가와 지방자치단체, 국가와 국민 간의 법률관계를 정립하는 것으로 「헌법」, 「형법」, 「행정법」 등이 여기에 해당한다. 통상 공법은 공익(公益) 실현을 목적으로 하며, 이를 위해 국가가 국민보다 우월한 법적 지위를 부여받아 명령하고 통제하는 등 불평등 법률관계를 전제로 한다.

사법(私法)이란 국민 간의 사적 법률관계를 규율하는 것으로 「민법」, 「상법」 등이 여기에 해당한다. 사법은 법률관계 당사자의 사익(私益) 추구를 목적으로 하기 때문에 법률주체 간의 평등한 당사자관계를 전제로 한다.

일반적으로 공법과 사법의 구별은 주로 대륙법계 국가에서 이루어져 있고, 오랜 시간 동안 상호 독자적인 법원리가 구축되어 왔다(공법이론과 사법이론). 그 결과 오늘날 공법과 사법은 권리구제절차에 있어서도 그 방법을 달리하는 바, 공법분쟁은 공법쟁송(행정심판, 행정소송, 형사소송, 헌법소송 등)을 통해, 사법분쟁은 사법쟁송(민사소송 등)을 통해 해결한다.

사회법이란 자본주의 시장경제질서의 고도화에 따른 폐단의 수정, 복지국가원리의 구체화를 위해 기존 사법의 영역에 공법이 적용되어 법원리의 변화를 시도하고(사법의 공법화 현상), 이를 통해 사익과 공익을 공존하게 하는 법으로 설명된다. 예를 들어, 「노동법」, 「사회복지법」, 「경제법」, 「환경법」 등이 여기에 해당한다.

---

12) 「헌법」 제6조 제1항이 "「헌법」에 의하여 체결·공포된 조약과 일반적으로 승인된 국제법규는 국내법과 같은 효력을 가진다."고 정하고 있는 것이 대표적이다. 여기에서 '국내법'은 국회에서 제정한 법률적 지위를 갖는 경우도 있고, 명령 등 행정입법의 지위를 갖는 경우도 있다.

사회법은 공법원리와 사법원리가 혼재되어 있다. 이에 따라 사법의 제1의 원리인 '사적 자치의 원칙'은 국가권력에 의해 수정되고 광범위한 제한을 받게 된다. 또한 국가 공권력의 개입은 공법적 특수성을 말하는 것이어서 분쟁해결 절차에 있어서도 주로 공법쟁송의 방법을 활용한다.

4. 실체법과 절차법

실체법이란 법률주체의 권리·의무 관계의 법정화, 즉 법률관계 당사자의 구체적 권리·의무관계에 대한 발생·변경·소멸 등을 규율하는 것을 말한다. 실체법적 사항은 개별법에서 규율되는데, 예를 들어 개별법상 각종의 청구권 또는 수급권 조항을 중심으로 그 자격, 발생요건, 법률관계 당사자의 구체적 법률행위, 권리 내용의 변경 및 처분 권리의 소멸 등을 직접 정하는 것이 특징이다.

절차법은 실체법에 의해 규율되고 있는 권리·의무를 실현하는 절차, 실체법에 의해 보장된 권리를 구제하는 절차에 대하여 정한 것을 말한다. 전자는 보통 개별법상 청구권의 신청·심의, 청구권에 기한 상대방의 의무의 실현, 의무위반에 대한 제재 조항으로 구성된다. 후자는 개별 실체법 영역에서 별도로 규율되지만, 권리구제에 관한 일반법으로 「형사소송법」, 「민사소송법」, 「행정심판법」, 「행정소송법」, 「헌법재판소법」 등이 존재한다.

5. 강행법과 임의법

강행법이란 법률요건이 충족되는 경우 법에서 정한 일정한 법률효과가 강제적으로 발생하는 것을 말한다. 임의법이란 법률요건이 충족되는 경우에도 법률관계 당사자의 동의 등 의사표시에 근거하여 법률효과가 발생하거나, 혹은 법을 집행하는 국가기관이 재량을 통하여 법률효과의 발생이 결정되는 경우를 말한다.

원칙적으로 강행법은 공익을 목적으로 하는 공법영역에, 임의법은 사익을 목적으로 하는 사법영역에 주로 적용된다. 하지만 이러한 구별은 상대적이다. 예를 들어, 공익을 목적으로 하는 공법영역에서도 국가 등이 공법상 법률행위를 집행함에 있어 재량권을 부여받는 경우와 그렇지 않은 경우가 있는데, 전자의 경우에는 임의법적 성격을 후자의 경우에는 강행법적 성격을 가지고 있기도 하다.

6. 일반법과 특별법

일반법이란 모든 국민 · 지역 · 사항에 법의 효력이 미치는 것을 말한다. 특별법이란 특정 국민 · 지역 · 사항에 법의 효력이 미치는 것을 말한다. 일반법과 특별법의 구별은 개별법률 간에 형성되기는 하나 상대성을 가지고 있다. 예를 들어, 「민법」과 「상법」은 일반법과 특별법의 지위에 있다. 또한 「상법」은 「신탁업법」이나 「보험업법」과의 관계에서는 일반법으로서 지위를 가진다. 오늘날 일반법과 특별법을 구별하는 실익은 구체적 사실관계에 어떤 법을 우선 적용시키는가에 있다. 통상 일반법과 특별법이 상충하는 경우 특별법 우선의 원칙이 적용되고, 특별법에 흠결이 있거나 그 내용이 불충분한 경우에는 보충적으로 일반법이 적용된다.

제6절 | 법의 적용과 해석

1. 의의

법의 적용이란 실정법에서 정한 내용을 구체적으로 발생한 사실에 적용하는 것을 말한다. 한편, 법의 해석이란 추상적인 표현으로 정해져 있는 법문을 대상으로 그 의미와 내용이 무엇인가를 판단하는 과정, 즉 법조문이 함축하고 있는 개념을 확정하는 것을 말한다.

실정법이 구체적으로 효력을 발하는 과정을 보면, 우선 입법자에 의해 법이 만들어지고, 이를 집행하는 행정권(주로 행정청)이 법 해석에 기초해 구체적 사실관계에 적용시킨다. 또한 법적 분쟁이 발생한 경우, 법원은 분쟁의 원인이 되는 사실관계를 확정하고, 해당 사실관계에 적용시킬 법을 찾아내 그 내용을 해석하여 사실관계에 적용시킨다.

2. 법의 적용

실정법은 그 자체로 일반적·추상적 규범으로서 규율되기 때문에 구체적 사실관계에서 법률효과가 발생하려면 법의 적용이라는 과정을 거쳐야 한다. 일반적으로 법은 요건규정과 효과규정으로 구조화되어 있다. 예를 들어,「사회복지사업법」제16조 제1항은 "사회복지법인을 설립하려는 자는 대통령령으로 정하는 바에 따라 시·도지사의 허가를 받아야 한다."고 정하고 있다. 이 법조문에서 법의 적용과정을 살펴보면, 우선 법률요건('대통령령으로 정하는 바에 따라')을 대전제로 구체적 사실('사회복지법인의 설립')을 소전제로 한다. 그리고 대전제에 소전제를 적용하여 그 결론으로 구체적 사실관계에 대한 법률효과('사회복지법인 설립허가')가 발생한다. 이러한 법적용의 삼단논법은 법원의 사법작용(司法作用) 과정에도 나타난다. 법원은 분쟁당사자의 소송제기를 기화로 우선 법적 분쟁의 원인이 된 사실관계(사건)를 확정한다(소전제). 그리고 법적 분쟁의 해결을 위해 적용 가능한 법률을 확인한다(대전제). 이 과정에서 적용시킬 법률에 대한 해석이 이루어진다. 마지막으로는 소전제에 대전제를 적용하여 법률효과를 확인한다(판결).

3. 법의 해석과 방법

법은 본래 어느 정도 일반성과 추상성을 가질 수밖에 없다. 왜냐하면 입법자가 최초로 법을 제정할 때 장래 국가와 사회에서 발생할 수 있는 구체적 상황을 빠짐없이 예상하고 법조문을 입법하는 것이 불가능하기 때문이다(입법기술상의 한계). 또한 법은 제정되고 나면 정치·경제·사회·문화적 상황이 변화하여도 개정이 없는 한 변화하지 않는다. 따라서 법 개정단계까지는 구체적 사실관계에 기존의 법을 적용할 수밖에 없다(법의 불완전성).

다른 한편, 법은 입법자가 예정하지 않은 사항까지 현실에서 규율할 수 없다. 이 경우 법률과 법률사실에 공백이 발생하게 되는데, 법의 공백상태인 경우에도 언제든지 법률분쟁이 발생할 수 있다. 이때 법해석자는 관련되는 법을 찾아 구체적 사실에 적용시키지 않으면 안 된다(법의 부존재). 이처럼 법은 입법기술상의 한계, 법의 불완전성, 법의 부존재인 상태가 상존(常存)하고 있기 때문에 법 적용을 위해서는 반드시 법을 해석해야 할 필요가 있게 된다.

　법을 해석하는 방법은 여러 가지가 있다. 여기에서 유의할 것은 법은 어느 하나만의 방법으로 해석되기보다는 여러 해석기법이 종합적으로 활용되어 그 의미가 도출된다는 점이다. 따라서 여러 유형의 해석방법이 무엇인지를 개괄하여 보는 것이 무엇보다 중요하다.

〈표 1-2〉 주요 법해석 방법

방법	내용	특징
유권해석	권한 있는 국가기관(입법부, 행정부, 사법부 등)에 의해 이루어지는 법해석	행동규범 재판규범
학리해석	학문적으로 이론에 의하여 법률의 의미를 명확히 하는 해석	
문언해석	실정법 본문의 조문에 사용된 단어 또는 문장의 의미와 내용을 밝히는 해석	
논리해석	실정법 조문에 사용되고 있는 문자·문언의 의미뿐만 아니라 법조문이 규정되어 있는 위치, 다른 법조문이나 법과의 관계, 입법취지, 법적용결과의 구체적 타당성을 고려하여 수행하는 논리적·체계적인 해석	축소해석 확대해석 유추해석 반대해석 물론해석
목적해석	적용대상인 법령 전체의 입법목적과 적용대상 법조문의 입법목적을 고려한 해석	주관적 해석 객관적 해석
연혁해석	법규정의 진정한 의미와 내용을 파악하기 위하여 법률이 성립하는 과정에서 사용된 자료로부터 얻는 해석	입법초안, 입법이유서 심사보고서, 의사록에 기초한 해석
비교해석	외국법이나 구법을 해석대상 법조문과 비교를 통해 의미를 도출하는 해석	보충적 해석
헌법합치적 법률해석	법률이 다의적이며 여러 해석이 가능할 때 최고규범인 「헌법」의 의미에 합치되도록 수행하는 해석	헌법원리

제7절 법률관계: 권리와 의무

1. 권리의 개념

권리란 공적 및 사적 법률관계에 있어 특정인의 법적 이익을 보호하기 위하여 법이 권리주체에게 부여하는 법률상 힘을 말한다. 통상 권리는 실정법을 전제로 인정되지만, 자연법을 근거로 인정되기도 한다. 예를 들어, 저항권과 생명권은 현행 「헌법」에 명문의 규정을 두고 있지 않지만, 자연법적 성격의 기본권으로 당연히 우리나라 「헌법」에서 보장되는 것으로 보고 있다.

전통적으로 권리는 공법과 사법의 구별을 전제로 공권(公權)과 사권(私權)으로 구별된다. 공권은 공법관계에서 법률관계 당사자가 갖는 권리로서 공법상 권리로도 표현된다. 공권은 국가나 공공단체가 통치자의 지위에서 국민에 대하여 명령·강제할 수 있는 힘(공권력)과 국민이 국가에 대하여 가지는 권리인 개인적 공권으로 분류되기도 한다.

사권은 사법관계에서 법률관계의 당사자가 갖는 권리로서 사법상 권리로도 표현된다. 사권은 다시 권리의 내용에 따라 재산권·인격권·신분권·사원권으로, 권리의 효력범위에 따라 절대권·상대권·기대권으로, 권리의 양도 및 이전가능성 여부에 따라 일신전속권·비일신전속권으로 분류되기도 한다. 그리고 사권은 권리 작용에 따른 효과를 중심으로 지배권·청구권·형성권·항변권 등으로 구분하기도 한다.

다른 한편, 복지국가원리의 보편적 수용 이후 사회법 영역에서 보장되는 적극적 청구권으로서 사회권이 등장하였다. 사회권은 주로 개별법 영역에서 특정 급여의 청구권 또는 수급권으로 법정화되어 있으며, 국가와 지방자치단체, 공공단체 등을 대상으로 그 권리를 행사한다. 따라서 사회권은 공권으로서의 성격이 강하게 나타나며, 공법적 질서와 규율에 의한 경우가 많다. 대표적으로 「사회복지법」, 「환경법」, 「경제법」 등이 여기에 해당한다. 하지만 「노동법」 영역에서 사회권은 사법상 권리의 내용을 포함하기도 한다.

2 의무의 개념

의무란 법에 의해 개인에게 부과된 일정한 작위·부작위 행위를 자신의 의사와 상관없이 그 이행이 강제되는 법률상의 구속을 의미한다. 예를 들어, 「조세법」상 납세의무(작위), 「아동복지법」상 아동학대 금지 의무(부작위) 등이 여기에 해당한다. 현대 법치국가에서 원칙적으로 권리는 의무를 전제로 한다. 그래서 의무불이행은 위법행위가 되어 법적 제재가 가해지거나 권리의 실현이 불가능해지기도 한다. 하지만 의무 중에는 권리를 전제하지 않은 채 부과되는 경우도 있다. 예를 들어, 납세의 의무, 병역의 의무가 대표적이다. 일정한 경우에는 신분법적 관계에 따라 특별한 의무가 부과되는 경우도 있다. 예를 들어, 공무원의 정치적 중립의무가 여기에 해당한다. 결국, 권리가 있는 곳에 통상 의무가 수반되지만, 의무가 있는 곳에 언제나 권리가 수반되는 것은 아니다.

다른 한편, 의무는 공법 영역에서 규율되는 공법상 의무, 사법 영역에서 규율되는 사법상 의무, 사회법 영역에서 규율되는 사회법상 의무로 분류된다. 공법상 의무는 법에 의해 강제적으로 부여되는 것이 일반적이다. 「헌법」에 따른 국방의 의무, 납세의 의무, 교육의 의무가 대표적이기는 하나, 개별 공법 영역에서 청구권의 보장과 함께 의무를 부과하는 경우도 있다. 이 경우 의무의 불이행은 행정형벌, 행정질서벌(과태료처분) 등 공법상의 제재를 수반한다.

사법상 의무는 민법이 규정한 신의성실의 원칙과 권리남용 금지의 의무, 부부간 성실의 의무, 친권상의 의무 등이 있다. 사회법상 의무는 통상 공법상 의무와 유사한 성격을 갖는다. 예를 들어, 「국민연금법」상 연금수급권을 취득하기 위해 법으로 정한 기간 동안 보험료 납부의무를 이행해야 하는 것처럼, 미래 수급권 발생을 전제로 일정한 의무가 부과되는 것이 대표적이다. 다만, 강제로 국민연금에 가입되어 강제로 보험료를 납부해야 한다는 점에서 공법적 의무와 유사하지만, 의무이행시 장래 연금수급권을 취득해 개인의 재산권으로 보장된다는 점에서는 그 권리와 의무의 사법적 성격도 부정할 수 없다.

의무는 작위를 내용으로 하는 적극적 의무와 부작위를 내용으로 하는 소극적 의무로 구분된다. 적극적 의무(작위위무)는 법에 의해 특정 행위를 할 것이 예정된 의무이며, 소극적 의무(부작위의무)는 법에 의해 특정 행위를 하지 말 것이 예정된 의무를 말한다. 따라서 소극적 의무는 통상 금지의무라 부른다.

3. 법률관계의 당사자

1) 권리의 주체 및 객체

권리와 의무의 주체란 법률관계의 당사자로서 권리와 의무의 보유 · 행사 · 법률효과가 귀속하는 주체를 말한다. 여기에는 자연인(自然人)과 법에 의해 인격이 부여된 법인(法人)[13]이 있다.

권리의 주체는 우선 권리 보유능력이 있어야 한다. 권리 보유능력이란 권리의 귀속주체가 될 수 있는 법적 지위 또는 자격을 의미한다. 통상 자연인은 출생부터 사망에 이르기까지, 그리고 법인은 설립부터 해산 시까지 권리 보유주체가 된다. 한편, 권리의 주체성은 권리의 보유능력과 행사능력을 구별하고 있다. 권리의 행사능력은 권리의 보유주체가 실제로 권리를 행사할 수 있는 법적 지위와 자격을 의미한다. 예를 들어, 미성년자는 권리의 보유주체이기는 하지만 실제 계약 등에 있어 「민법」상 권리의 행사주체성을 인정받지 못한다. 따라서 미성년자는 그를 대신하는 친권자 또는 법정대리인에 의한 권리행사를 필요로 한다. 또한 모든 국민은 주권자로서 선거권이라는 권리의 보유주체이다. 하지만 「공직선거법」은 18세 이상만 선거권을 행사하도록 정하고 있어, 선거권의 보유주체와 행사주체가 구별되는 것이 대표적이다.

권리의 객체란 권리행사의 대상이 되는 물건, 사람, 기타 무형의 지적 산물 등 권리행사의 대상을 말한다. 여기에서 물건이란 유체물, 전기 및 기타 관리할 수 있는 자연력을 의미한다. 사람은 자연인을 의미하기 때문에 원칙적으로 권리의 주체이지 객체가 될 수 없다. 다만, 예외적으로 친권, 인격권 등에 있어서 권리의 객체가 될 수 있을 뿐이다. 무형의 지적 산물이란 저작권처럼 물건이 아니라 사람

---

13) 법인(法人)에는 공법인(국가, 지방자치단체, 공법상 사단, 공법상 재단, 공법상 영조물법인 등)과 사법인(영리사단법인, 비영리사단법인, 재단법인 등)으로 크게 구별할 수 있고, 법인과 대비되는 단체로 권리능력 없는 사단(교회, 정당, 아파트주민단체 등)이 있다.

에 의해 고안된 재산적 가치가 있는 지적(知的) 산물을 말한다. 오늘날 인간의 창조적 지적 산물은 그 재산적 가치가 부각되고 있으며, 이 때문에 인간의 지적 산물을 무채재산권 또는 지적재산권으로 보호하고 있다.

2) 의무의 주체 및 객체

의무의 주체란 법에 의해 부과된 작위·부작위 의무의 행사주체를 말한다. 통상 의무의 주체는 권리의 행사주체와 일치하지만, 납세의무처럼 권리의 주체는 존재하지 않고 의무의 주체만 존재하는 경우도 있다. 또한 권리행사의 주체이기는 하나 의무의 주체성이 부정되는 경우도 있다. 예를 들어, 만 14세 미만의 형사미성년자는 「형법」에 따른 형벌이 귀속되는 형사법적 의무의 주체는 아니지만, 「소년법」상 교정의 대상이 될 뿐이다. 의무의 객체는 의무이행의 내용이 되는 작위 또는 부작위를 말한다. 통상 의무의 객체는 법에 의해 부과된 작위·부작위를 의미한다.

4. 권리의 행사와 보호

1) 권리의 행사와 한계

권리는 법에 의해 부여받은 힘으로 여러 법률행위에 기초해 발생하고, 이렇게 발생된 권리는 관계법에 의하여 실체적·절차적으로 보장된다. 그러나 공동체 내에서 권리는 무제한적으로 보장되는 것은 아니며 타인과의 관계에서 일정한 제한을 받게 된다. 통상 공법 영역에서 권리의 제한은 법에 직접적 근거규정을 둔다. 「헌법」 제37조 제2항에서 "국민의 모든 자유와 권리는 국가안전보장·질서유지 또는 공공복리를 위하여 필요한 경우에 한하여 법률로써 제한할 수 있으며, 제한하는 경우에도 자유와 권리의 본질적인 내용을 침해할 수 없다."고 규정한 것이 대표적인 사례이다. 그 밖에도 개별 공법 영역은 국민에게 청구권 등 일정한 권리를 보장하면서도 공익목적으로 이를 제한하는 경우가 많다. 다만, 공법 영역은 엄격한 법률유보의 원칙이 적용되어 국민의 권리제한 등에는 반드시 법적 근거를 두도록 하는 것이 일반적이다.

　하지만 사법 영역은 사적 자치의 원칙이 적용되는 분야로 공법에서와 같은 엄격한 법률유보의 원칙이 적용되지 않는다. 그럼에도 불구하고, 사법 영역 역시 권리를 무제한적으로 보장하는 것은 아니며 일련의 원칙에 따라 법적 또는 내재적 한계를 인정한다. 여기에는 현대 복지국가에서 사적자치의 원칙을 수정한 공공복리의 원칙과 그 밖의 신의성실의 원칙, 권리남용 금지의 원칙 등이 있다.

2) 권리의 보호

(1) 국가에 의한 보호

　현대 민주국가에서 권리는 사적구제(私的救濟)가 아닌 국가권력에 의한 보호를 원칙으로 한다. 통상 권리에 대한 국가의 보호는 개별 실정법에 따라 권리구제절차로 법정화되어 있다. 예를 들어, 각종 쟁송법상 재판절차, 심판절차, 개별 법률상의 이의신청절차 또는 조정절차 등이 여기에 해당한다.

(2) 사인에 의한 보호

　현대국가에서는 원칙적으로 권리침해를 받은 자에 의한 자력구제(自力救濟)가 금지되고 있다. 왜냐하면 자력구제를 인정하게 되는 경우 사적 힘의 논리에 의해 권리가 담보되거나 실현될 수 있기 때문이다. 하지만 긴급한 사정이 있어 국가의 보호를 기대하기 어려울 경우, 즉시 권리를 보호하지 않으면 권리실현 자체가 무산될 경우에 한하여 예외적으로 자력구제를 허용하고 있다. 이 경우에도 국가를 대신하여 사인에 의한 재판이 허용되는 것은 아니며, 자력구제를 인정하더라도 권리보장의 취지에 비추어 자력구제 행위가 상당성 · 적정성을 갖출 것을 요구하는 등 지극히 한정된 범위에서만 인정된다.

제8절 **판결문 읽는 법**

1. 사건번호

(1) 법원 판결

대법원 2016. 1. 14. 선고 2015다218075 판결을 예로 들어 사건번호의 의미를 살펴보자. 본 판결은 2015다218075호 사건에 대하여 대법원이 2016년 1월 14일에 선고한 판결문이라는 의미이다. 즉, 판결을 선고한 법원명, 선고일, 사건접수번호 순이다. 사건번호 2015다218075의 앞 네 자리는 사건이 접수된 연도, 중간의 '다'는 이 사건이 민사사건의 제3심이라는 것을 의미한다. 민사사건의 1심은 지방법원 단독판사 또는 합의부가 담당하며 이때에는 중간에 '가', 제2심은 지방법원 합의부 또는 고등법원이 담당하며 이때에는 중간에 '나', 제3심은 대법원이 담당하며 중간에 '다'로 표기한다. 민사사건 제1심의 경우, 소액사건이면 가소, 단독판사 사건이면 가단으로 표기한다.[14)]

이 사건의 제2심 판결은 서울중앙지방법원 2015. 5. 6. 선고 2015나2392 판결이며, 이는 서울중앙지방법원이 2015년 5월 6일에 선고하였고, 사건접수번호는 2015나2392라는 뜻이다. 2015나2392는 제2심이 접수된 연도는 2015년에 접수된 민사사건 중 2,392번째 사건이라는 뜻이다. 이 사건의 제1심 판결은 서울중앙지방법원 2014. 11. 21. 선고 2014가소5914229 판결이다. 이는 서울지방법원이 2014년 11월 21일에 선고하였고, 사건접수번호는 2014가소5914229라는 뜻이며, 2014가소5914229는 2014년에 접수된 민사소액사건 중 5,914,229번째 사건이라는 뜻이다.

---

14) 한편, 형사사건의 제1심은 '고', 제2심은 '노', 제3심은 '도'로 표기하며, 행정사건의 제1심은 '구', 제2심은 '누', 제3심은 '두'로 표기한다. 행정사건의 1심은 피고의 소재지가 서울인 경우 서울행정법원이, 그 외의 경우에는 피고의 소재지를 관할하는 지방법원 본원이 제1심을 담당한다.

(2) 헌법재판소 결정

헌재 2004. 10 .28. 2002헌마328은 헌법재판소가 사건번호 2002헌마328 사건에 대하여 2004년 10월 28일에 결정을 내렸다는 의미이다. 헌법재판소의 사건번호는 헌법재판소 사건의 접수에 관한 규칙에 따라 정해진다. 헌법재판소 사건의 접수에 관한 규칙 제8조에 따르면 사건번호는 연도구분과 사건부호 및 진행번호로 구성된다. 위헌법률심판사건은 '헌가', 탄핵심판사건은 '헌나', 정당해산심판사건은 '헌다', 권한쟁의심판사건은 '헌라', 제1종 헌법소원심판사건(「헌법재판소법」 제68조 제1항에 따른 권리구제형 헌법소원)은 '헌마', 제2종 헌법소원심판사건(「헌법재판소법」 제68조 제2항에 따른 법령헌법소원)은 '헌바', 각종 신청사건은 '헌사', 각종 특별사건은 '헌아'이다. 진행번호는 그 연도 중에 사건을 접수한 순서에 따라 일련번호로 표시한 것이다. 즉, 위 사건번호 2002헌마328는 2002년에 제기된 제1종 헌법소원심판사건(「헌법재판소법」 제68조 제1항에 따른 권리구제형 헌법소원) 중 328번째로 접수된 사건이라는 뜻이다.

2. 법원 판결 및 헌법재판소 결정 검색 방법

법원의 판결문은 대한민국 법원 종합법률정보 웹사이트(https://glaw.scourt.go.kr) 또는 법제처 국가법령정보센터 웹사이트(https://www.law.go.kr) 등에서 검색할 수 있다. 각 사이트의 검색창에 관심 있는 주제어를 입력하거나, 사건번호(위에서 예를 든 2015다218075이나 2002헌마328)를 입력하면 판결문을 볼 수 있다. 헌법재판소 결정문은 위 법제처 국가법령정보센터 웹사이트와 헌법재판소 웹사이트(https://www.ccourt.go.kr) 검색창에 주제어나 사건번호를 입력하면 볼 수 있다.

3. 법원 판결문 및 헌법재판소 결정문 읽는 법

앞에서 설명한 대법원 2016. 1. 14. 선고 2015다218075 판결과 헌재 2004. 10. 28. 2002헌마328 결정을 통해 법원 판결문과 헌법재판소 결정문 읽는 법을 소개한다.

(1) 법원 판결문

이 내용은 https://www.law.go.kr에서 사건번호 2015다218075를 검색하면 나오는 해당 판결문 일부이다. 판결문을 보면 판시사항, 판결요지, 참조조문, 전문 등이 차례로 나온다. 판시사항은 이 판결의 핵심 쟁점에 대한 법원의 판단을 요약한 것이며, 판결요지는 판결문의 이유 부분 내용을 요약한 것이다. 참조조문은 본 판결의 판단근거가 된 법조문이다. 전문은 실제 내린 판결의 전체 내용으로 원고, 피고, 원심판결, 주문, 이유로 구성되어 있다. 원고와 피고는 본 상고심의 원고와 피고를 말하며, 원심판결은 제2심 판결을 말한다. 주문은 본 판결의 결론이며, 이유는 이러한 결론이 나오게 된 이유이다.

(2) 헌법재판소 결정문

https://www.law.go.kr에서 사건번호 2002헌마328를 검색하면 마찬가지로 해당 결정문을 볼 수 있으며, 판시사항, 결정요지, 참조조문, 참조판례, 전문 등이 차례로 나온다. 법원 판결문과 마찬가지로 헌법재판소 결정문의 판시사항은 이 판결의 핵심 쟁점에 대한 헌법재판소의 판단을 요약한 것이며, 결정요지는 결정문의 이유 부분 내용을 요약한 것이다. 참조조문은 본 판결의 판단근거가 된 헌법조문이며, 참조판례는 본 결정을 내릴 때 참고한 헌법재판소의 과거 결정들이다. 전문은 헌법재판소가 실제로 내린 결정의 전체 내용으로 당사자, 주문, 이유로 구성되어 있다. 당사자는 이 사건을 청구한 청구인 등이며, 주문은 헌법재판소가 이 사건에서 내린 결론이며, 이유는 주문과 같은 결론을 내리게 된 이유이다.

제2장
사회복지법제의 의미

한국사회복지법의 역사는 어떠한가, 사회복지법의 개념은 무엇인가, 사회복지법제의 특성은 어떠한가, 한국의 사회복지법제에 관한 법률 내용은 무엇인가에 대해서 살펴본다. 구체적인 내용을 살펴보면, 다음과 같다. 첫째, 사회복지법의 형성에서는 등장 배경을 시작으로 시민법과 사회법의 차이 및 복지국가의 발전에 따른 사회복지법제의 필요성에 대해서 알아보고, 둘째, 한국사회복지법의 의미와 역사에 대해서 살펴보며, 셋째, 사회복지법의 개념에 대해서 형식적 의미와 실질적 의미를 나누어 모색해 본다. 넷째, 사회복지법제의 특성에 대해서 사회복지정책과 사회복지법의 관계, 사회복지실천과 사회복지법의 관계에 대해서 알아보고, 다섯째, 사회복지법제의 내용에 대해서 사회보장에 관한 기본법, 공공부조법, 사회보험법, 사회서비스법 등으로 세분화하여 정리함으로써 사회복지법제의 의미에 대해서 탐색한다.

제1절 사회복지법의 형성

1. 사회복지법의 등장 배경

1) 시민법과 사회법

법은 국가와 개인 간의 관계를 규율할 뿐 아니라 사인과 사인 간의 관계를 규율하기도 한다. 산업화와 자본주의의 진전에 따른 사회문제 해결을 위한 제도적 대응으로서만 사회복지법제의 필연적 등장을 설명하는 데는 한계가 있다. 다시 말해, 해당 법 원리가 개인 당사자 간의 관계를 규율하는 방식으로 작동한다면 이는 사회문제 해결을 위한 국가 책임으로서의 사회복지법제로 보기는 어렵다. 따라서 자본주의 전개 과정에서 나타난 시민법적 원리가 사회법적 원리로의 전환을 이해할 필요가 있다.

19세기 초 봉건 사회의 붕괴와 산업화의 진전 과정에서 초기 자본주의는 부르주아 시민계급에 의해 형성되었다. 이 시대의 기본적 사상은 '자유'와 '평등'이었는데, 여기서 '자유'는 신분 사회에서의 각종 억압으로부터의 자유이며, '평등'은 법앞에서의 평등을 의미했다. 이러한 사상적 배경을 둔 시민법 원리는 교양과 재산을 가진 부르주아 계급의 성인 남성을 지칭하는 추상적 평균인으로서 기본적으로 자유권을 행사할 수 있는 인간에 두었다(윤찬영, 2013). 이렇듯 시민사회의 성립 배경에는 경제적 능력과 지식을 갖춘 시민계층(부르주아)이 있었고, 사상적 배경으로는 개인의 자유와 권리를 쟁취하기 위한 자연법사상을 이념적 기초로 삼았다. 이러한 시민사회는 상하 신분지배 체제의 부정, 시민의 천부인권 인정, 자유 · 평등 · 독립적 인격을 특징으로 하여 경제적 자본주의와 정치적 민주주의를 확립하는 기초가 되었다.

2) 시민법의 지도원리

첫째, 사유재산 존중의 원칙(소유권 절대의 원칙)으로서 근대 시민사회에 있어서 개인은 봉건사회의 신분적 종속 관계에서 해방되는 대신에 타인의 보호를 받아서는 생활할 수 없다는 것이다. 각 개인의 사유재산권에 대한 절대적 지배를 인정하여 소유권의 행사 및 처분을 소유자 개인의 절대적 자유에 맡기고 국가와 다른 개인은 이에 간섭하거나 제한을 가할 수 없다는 것이다.

둘째, 계약자유의 원칙으로서 법적인 권리 및 의무 관계가 형성된다는 것이다. 이 원칙에 의해 자유롭게 교환 관계가 형성되었다. 사법상의 법률관계에서 개인의 자유로운 의사에 의해 발생하는 것을 '사적 자치의 원칙'이라 한다. 계약자유의 원칙은 사람은 누구나 합리적인 판단력을 가지고 있으며, 개인의 활동에 있어서 국가가 간섭하지 않고 각자의 자유에 맡겨 두면 사회는 조화롭게 된다는 생각을 바탕으로 한다.

셋째, 과실책임의 원칙으로서 개인이 타인에게 준 손해에 대해서 그 행위가 위법할 경우뿐만 아니라 고의 또는 과실에 기인하는 경우에만 손해배상 책임을 지고, 고의나 과실이 없을 때에는 어떠한 책임도 지지 않는다는 것을 말한다. 과실이나 고의의 입증 책임은 피해 당사자가 지도록 하고 있다.

이렇듯 시민법의 원리는 초기 자본주의 발전에 지대한 공헌을 하였지만, 자본주의가 고도로 발전함에 따라 그 자체에 내포되어 있는 여러 가지 결함과 폐해로 인하여 자본의 독점과 부의 편재를 초래하였고, 이것은 결국 개인 간의 심한 빈부의 차이를 가져와 사회구성원을 이분화하였고, 계급 간의 적대감과 대립을 고조시켰다.

따라서 소유권 절대의 원칙은 유산자가 대다수의 무산자를 지배하는 무기로 이용되어 무산대중에게는 한낱 장식물에 지나지 않았으며, 계약자유의 원칙은 경제적 강자가 경제적 약자에 대하여 일방적으로 계약을 강제하는 수단으로 전환되었고, 과실책임의 원칙은 경제적 강자가 경제적 약자에 대한 손해배상 책임을 면제하는 방패로 이용되었다.

3) 사회법의 등장

제1차 세계대전 이후 1929년에 발생한 세계 경제 대공황은 실업 등의 사회 문제를 심각하게 야기하였고, 실업이 만성화되었던 당시의 사회적 상황하에서는 추상적이고 형식적인 개인의 자유가 결코 구체적이며, 실질적인 정의를 보장할 수 없다는 것이 판명되었다. 이에 따라 자본주의 경제의 구조적 폐해로부터 국민을 구제하기 위해서는 국가 권력이 경제 과정에 개입하여야 한다는 것이 허용되기 시작하였다.

이에 따라 시민법의 근본 원리인 법 앞의 자유와 평등에 기초한 추상적 인간관과 최소한의 국가 개입과 간섭을 원리로 한 근대 시민사회의 야경국가관은 수정이 불가피하게 되었다.

시민법은 자본주의 사회를 유지·발전시키는 법적인 지주로서 존재했으나, 그

현실적·역사적 한계로 인해 수정되지 않을 수 없었다. 단순히 개인의 행복과 이익을 추구하는 법리는 전체 공동체의 안녕을 추구하는 법리로 전환될 수밖에 없었다. 이렇게 시민법의 원칙은 변용될 수밖에 없었고, 더 나아가 새로운 내용을 갖는 사회법의 등장을 보게 된 것이다.

4) 사회법의 지도원리

시민법의 원칙에 대한 수정 원리인 사회법의 성격을 시민법과 비교해 살펴보면 다음과 같다.

첫째, 계약의 공정성이다. 시민법상 계약자유의 원칙은 자본과 노동의 불평등을 심화시켰다. 계약 당사자의 자유로운 결정과 평등한 권리 주체만 강조할 뿐, 기업주에 비해 상대적으로 열세에 있는 노동자와 그러한 열세를 보완하기 위한 노동자 계급의 연대성은 고려하지 못했다. 그 결과 계약자유의 원칙은 인간에 의한 인간의 지배를 정당화시켰다. 그러나 상대적으로 열세에 있는 노동자가 자본가와 어느 정도 대등하게 계약을 맺기 위해서는 새로운 법 영역이 필요했다. 그 결과 계약자유의 원칙을 수정하고 계약의 공정성을 기하기 위해 사회법으로서의 노동법이 등장하게 된 것이다. 그러나 초기의 노동법은 노동자에게만 적용되었고, 노동자와 그 가족의 질병, 재해, 사망 시 생존권의 문제에 대한 대책은 없었다. 그리하여 노동자와 그 가족의 생존권을 확보하는 차원에서 사회보장법이 등장하게 되었다.

이러한 사회보장법은 국가가 시장경제에 개입할 수 있어야 가능한데, 누구나 겪을 수 있는 사회적 위험은 개인적인 문제가 아니라 사회적인 문제로서 사회 공동으로 해결하여야 한다는 인식이 싹텄고, 이로 인해 국가가 개입하게 된 것이다. 따라서 사회보장법은 계약자유의 원칙을 수정했다고 볼 수 있다. 그 이유는 사회보험법이 국가와 개인 사이에 강제계약을 통해 이루어지기 때문이다.

둘째, 소유권의 사회성이다. 이는 소유권 절대의 원칙에 대한 수정을 의미하며, 소유권의 행사는 절대적 자유가 아니라 사회적·국가적 견지에서 필요한 제한과 구속을 받아야 한다는 것이다. 예컨대, 「조세법」상 조세를 통한 통제, 이자의 상한선을 규제하는 법, 각종 경제 활동의 규제에 관한 법 등이 자본의 무제한적 소유에 제한을 가하게 된 것이다.

이러한 사회법은 주로 경제법이다. 경제법은 정치권력의 개입을 긍정하고, 국가가 국민경제의 건전성을 보존하고 복지증진을 위해 경제를 통제하기 위한 법이다. 또한 사회복지법도 소유의 물적인 기초가 취약한 자에게 소득의 재분배를 통해 상대적으로 가진 자의 소유권 및 재산권을 통제하는 기능을 가지고 있다.

셋째, 무과실 책임이다. 자본주의의 구조적 모순의 심화와 그에 따른 사회 문제의 대두와 심화로 인해 사용자의 과실 책임주의에서 집합적 책임주의로의 전환이 이루어졌다. 집합적 책임의 원칙은 재해, 질병, 빈곤 등의 본질적인 원인이 개인의 결함에 있는 것이 아니라 사회구조 자체에 있다는 것을 인식하고 사회가 공동으로 책임질 수 있는 제도를 마련해야 한다는 것을 뜻한다. 이렇게 자기책임의 원칙을 수정하여 집합적인 책임의 원칙으로 전환시키고자 하는 사회법은 주로 사회보장법, 사회복지서비스법 등을 중심으로 전개되어 나갔다.

이상의 시민법과 사회법의 내용을 비교해 보면, 〈표 2-1〉과 같다.

〈표 2-1〉 시민법과 사회법 비교

구분	시민법(근대법): 자본주의적 법질서	사회법(현대법): 수정자본주의 법질서
이념과 사상	개인주의, 자유방임주의	집단주의, 사회민주주의
경제 체제	자본주의 초기(상업 · 산업자본주의)	독점자본주의, 수정자본주의
국가의 역할	국가는 시민사회의 질서 유지자로 권리의 다툼이나 질서 문란에 대해 사후적 대응, 경제생활에 대해서는 개입, 간섭, 통제, 조정을 하지 않았음.	경제발전을 위해 사전적 개입 · 통제 · 조정을 하게 됨(시장기구에 대한 통제 · 조정, 공공사업을 통한 경기회복 주도).
권리	자유권	사회권(생존권, 복지권)
인간관	평등한 추상적 인간	불평등한 현실적 인간
법원칙 (원리)	• 계약자유의 원칙 • 소유권절대의 원칙 • 과실책임의 원칙	• 계약의 공정성-특정 계약 해위의 금지 • 소유의 사회성-소유권 행사의 제한 • 집합적 책임-무과실 책임의 인정
법영역	민법, 상법	사회복지법, 노동법, 경제법

출처: 남기민, 홍성로(2020). 사회복지법제와 실천, 46면.

2. 복지국가와 사회복지법

1) 복지국가의 발전

사회복지법은 복지국가의 등장과 함께 생성되었으며, 이에 사회복지를 '복지국가의 이념을 실현하기 위한 모든 국가정책'으로 보는 견해가 있다. 복지국가의 확대는 사회적 위험의 포괄범위(복지혜택의 종류 및 포괄성)와 각 복지제도의 적용범위 확대, 복지 혜택의 제공 수준 및 결과적 재분배 효과의 확대 요소와 결부되는 방향으로 진행되어 왔다(김태성, 성경륭, 2014). 이러한 복지국가의 확대 과정에서 다양한 종류의 사회복지법 제정이 증가하게 된 것이다. 한편, 복지국가는 무한정 팽창할 수 없었으며, 정치·경제적 환경 변화에 따른 복지국가의 재편 역시 불가피해지고 이 과정에서 기존의 법은 지속적으로 개정되면서 사회복지법 체계의 복잡성도 증가하였다.

예전에는 개인이나 사적 영역의 문제로 인식되었던 것이 사회문제로 인식되면서 이를 보호 및 지원하고 해결하려는 제도적 장치가 현대사회에서는 지속적으로 만들어지고 있다.

사회복지법을 기반으로 한 제도적 장치의 증가는 결국 법의 규범적 틀에 적용받아야 할 사회복지 영역이 확대되고 심화됨을 의미한다. 사회복지에 대한 국가 역할의 확대를 수반한 현대 복지국가에서 사회복지법이 갖는 의미에 대해 알아볼 필요가 있다.

2) 사회복지법제의 필요성: 사회 변동과 사회복지법의 이념

(1) 사회 변동에 따른 욕구와 문제의 변화

복지국가의 발전과 사회복지법제의 발달은 국민 개개인의 생존권을 보장하는 것으로부터 시작되고, 사회 변동에 따라 생존권 보장의 실현이 변화되어 왔다. 생존권의 구조가 개인의 '생활상의 문제'에 내용을 담고 있으며 사회 변동에 따라 생활상의 문제의 구조와 내용이 달라지게 되므로 생존권 실현의 법제 및 이념도 달라질 수밖에 없게 된다. 그러므로 산업사회의 발전은 점차 개인의 생활상의 문제

의 내용을 다양하고 광범위하게 하여 여기에 대처하는 사회복지법의 이념과 내용
도 변화하게 된다는 것이다.

　대체로 생활상의 문제의 내용으로는 빈곤, 질병, 주거, 무지, 심리·사회적 문제
로 인식되어 왔으며, 이와 같은 문제에 대응하기 위해 소득, 의료, 주택, 교육, 개
인적 사회서비스 등의 프로그램에 발전되어 온 역사적 과정이 나타난다. 이러한
역사적 진화 과정에 따라 생존권의 보장이라는 맥락에서 사회복지법의 체계와 이
념이 복합적으로 생성되어 왔다는 점 또한 확인할 수 있다. 앞으로의 사회 변동에
따라 생존권 보장은 생활상의 문제와 구조와 내용이 복잡해지고 포괄적이 됨과
동시에 그에 대처하기 위한 생존권의 이념이 계속 확대·발전될 전망을 보이고
있다. 아울러 기존의 생존권 이념이 법적 권리로서 효력을 갖지 못한 데서부터 점
차 그 효력이 강화될 전망이다. 생활상의 문제의 사회성과 보편성이 산업사회의
진전에 따라 더욱 부각됨으로써 사회복지법 이념의 중요성이 강화될 것으로 생각
된다. 따라서 새로운 사회복지법제의 생성과 출현이 가속화되는 반면, 기존의 프
로그램적인 성격을 띤 사회복지법제가 한층 강화되어 구체적 권리로서의 의미를
갖는 쪽으로 변화될 전망이 높다.

(2) 사회 변동과 사회복지법 이념의 변화

　사회 변동에 따라 생존권 보장이라는 측면에서는 사회복지법제의 이념이 그 내
용과 형식 그리고 법적 효력이 확대 및 강화될 추세를 보이고 있다고 할 수 있다.
생존권 이념의 발전 과정에서 알 수 있듯이, 초기에는 노동자 및 그 가족과 노동력
이 결여된 사회적 약자라는 전통적인 사회복지법제의 핵심적 대상에서 전체 국민
의 생활상의 문제라는 대상의 확대 및 변화뿐 아니라, 해결되어야 할 욕구 혹은 생
활상의 문제의 내용과 구조에 있어서도 직접적이고 구체적인 생활상의 문제에서
부터 간접적이고 추상적인 생활상의 문제로 변환되는 경향을 보이고 있다.

　생존권을 보장하려는 이념은 결국에는 생존권 보장을 필요로 하는 욕구와 문제
의 발생에서 요청된 것이고, 새로운 욕구와 생활 문제 혹은 사회 문제의 발생은 새
로운 사회 변동에서 비롯된다. 물론 인간은 성장에 따른 혹은 생애주기에 따른 새
로운 욕구의 발생과 문제를 가지고 있고, 자본주의 산업 사회에서 나타나는 욕구
와 문제를 생성하게 하는 환경적 요인도 중요한 이유가 될 수 있다. 그러므로 이

러한 사회 변동이 욕구와 문제를 발생시키고, 그 욕구와 문제의 구조와 내용에 따라서 생존권 보장의 대응 방법도 다르며 사회복지법제 내에서 다양하게 변화됨을 알 수 있다.

3) 사회복지법의 역할

사회복지법은 국민의 삶의 질 보장이라는 일반적 법 목적 달성을 위한 국가의 책임을 선언할 뿐 아니라 개별 사회복지법을 통해 특정한 법 목적 달성을 위한 국가의 책임과 의무를 구체화한다. 강제적 행위 규범으로서 사회복지법은 정부의 사회복지 증진 의무를 다하도록 하며, 의무 불이행이나 위법한 정부 행위에 대해 시정과 개선 등 의무 이행을 요구할 수 있다. 사회복지에 대한 국가의 책임과 의무를 규정하는 사회복지법은 사회복지정책의 시행이 상황에 따라 달라질 수 있는 국가의 재량 행위가 아님을 의미한다.

사회복지법이 사회복지에 대한 국가의 재량 행위가 아닌 법적 의무를 의미한다면 국민에게는 국가의 재량에 의해 혜택을 누리는 반사적 이익이 아닌 사회복지에 대한 법적 권리로서의 의미를 갖게 된다. 이는 복지국가의 발전은 공민권 → 정치권 → 사회권의 발전으로 설명할 수 있다. 사회복지법을 통해 인간의 존엄성과 생존권과 같은 기본권 역시 추상적 권리가 아닌 실체적으로 보장받아야 할 권리로 성립하는 것이다.

복지국가의 발전은 수많은 복지제도의 시행을 동반한다. 사회복지법이 사회복지에 대한 국가의 책임과 의무를 규정한다 해도 실제로 복지제도를 시행함에 있어 모든 것을 국가가 직접 행해야 함을 의미하지는 않는다. 제도의 설계와 시행은 또 하나의 전문적인 정책 영역이다. 해당 사회복지제도의 이념과 기본 방향, 제도 시행 주체, 급여와 서비스 제공 주체, 종사자와 인력, 대상자의 자격 요건, 급여 및 서비스의 종류와 제공수준, 비용의 부담 등에 관한 기본 사항들이 법에 의해 규정된다. 그리고 이러한 법규정은 실제 사회복지제도 운영의 기본 원리로서 마땅히 준수되어야 할 법적 가이드라인으로 작용한다.

사회복지사와 사회복지사업에 종사하는 조직 및 구성원이 해당 법에 의한 사업을 수행할 수 있는 권한을 부여한다. 사회복지 전문직이 발전할수록 전문직 윤리

강령만으로 사회복지 전문가가 사회복지 대상자에게 개입할 수 있는 권한을 확보하기는 어렵다. 사회복지법은 사회복지사와 실천가로 하여금 사회복지 대상자의 사적 영역에 개입할 수 있는 법적 권한을 부여한다.

한편, 사회복지법은 사회복지조직과 사회복지사가 준수해야 할 의무, 사회복지 대상자를 위한 서비스와 급여의 제공 의무 및 금지해야 할 행위를 규정하고 있다. 이와 같이 사회복지법은 사회복지실천을 위한 사회복지사와 조직 및 종사자에게 권한과 의무의 준칙으로서의 의미를 갖는다.

제2절　한국사회복지법의 의미와 역사

1. 1950년 이전

고구려 고국천왕 재위 16년(194)년에 실시된 진대법은 창제의 기원으로서 최초의 구빈 제도로 춘궁기 빈농에게 곡식을 대여했다가 수확기에 환곡받는 구휼 제도이다. 고구려 시대의 구제 사업은 진대법뿐만 아니라 왕의 즉위식 등 국가적 경사가 있거나 승전 이후 조세 탕감을 목적으로 했던 은면지제(恩免之制), 천재지변이나 질병으로 인한 조세나 부역, 형벌 등을 감면했던 재면지제(災免之制), 사궁구휼(四窮救恤) 등으로 빈민을 구제하는 제도 등이 있었다(원석조, 2016).

고려 시대에는 고구려 진대법의 영향을 받은 제도로서 흑창이 있었고, 의로운 창고란 의미로 흑창이 변화된 의창, 풍년 시에는 곡물을 매입하고, 흉년에는 방출하는 상평창 제도가 있었다. 이 외에도 가구의 규모에 따라 곡식을 출곡한 연호미법도 있었으며, 의료기관으로서 병원과 환자 수용이 가능했던 동서대비원, 주로 서민을 대상으로 의료서비스를 제공한 혜민국도 있었다. 또한 최초 관립 영아원인 해아도감도 운영하였다.

조선 시대에는 서민 의료기관인 혜민서가 있었고, 창제로서는 국창인 의창과 상평창, 민간이 운영하는 사창(社倉) 제도도 운영되었다. 일제 강점기에는 조선구호령(1944) 제도가 있었는데 이는 일제가 조선인의 일제에 대한 반발과 저항을 완화하기 위한 것으로 그 대상은 65세 이상 노약자, 13세 이하 아동, 임산부, 불구 · 질병 · 상병 · 기타 정신적 · 신체적 장애로 일할 수 없는 사람이었다. 1950년 한국전쟁으로 사회복지는 외원 기관에 의해서 주도될 수밖에 없었다.

2. 박정희 정부

군사정부 시절에는 국민의 지지를 얻기 위해 여러 가지 사회복지 관련 법들이 제정 및 공포되었다. 공무원, 군인 등 사회적 지배 계층을 위한 사회보장제도가 우선적으로 제정되었다. 1960년에는 공무원연금이 제정되었고, 1961년에는 「근로기준법」, 「생활보호법」, 「아동복리법」이 제정되었으며, 1963년에는 「군인연금법」, 「산업재해보상보험법」, 「사회보장에 관한 법률」 그리고 「의료보험법」이 제정되었다. 사회복지 관련 법률들이 상당히 제정되었으나, 실제 법이 발휘되었다고는 볼 수 없었다. 그것은 사회복지 관련 법률들의 대상이 일반 국민이 아니거나(공무원 연금, 군인연금), 정부의 작위성이 강조되지 않은 임의 가입제(의료보험)이기 때문이다. 1963년에 제정된 「사회보장에 관한 법률」 제3조 제2항에서 "정부는 사회보장사업을 행함에 있어서 국민의 '자립 정신'을 저해하지 않도록 해야 한다."라고 규정하고 있는데, 이러한 자조 정신의 강조는 자본주의 체제를 효율적으로 유지하기 위해 국가가 사회보장은 행하되 자유시장 체제를 철저히 보호하려는 것이다(박병현, 2016).

1970년대에는 1960년대의 제1차 및 제2차 경제개발 5개년 계획이 성공적으로 수행됨으로써 산업화 · 도시화 현상이 나타나기 시작했고, 절대 빈곤에서 탈피하여 고도의 경제 성장을 이룩하게 되었지만, 산업화 · 도시화로 인한 사회문제가 나타나기 시작하였다. 특히 빈부의 격차가 심해져서 상대적 박탈감 및 위화감이 사회에 팽배하여 사회적 불안이 고조되었다. 이러한 상황에서 1972년부터 시작된 제3차 경제개발 5개년 계획부터는 본격적으로 사회개발 정책을 도입하기 시작하였다. 1970년에 제정된 「사회복지사업법」은 한국 전쟁 이후 1960년대 외원 기관들이 한국에서의 철수를 본격화하면서 체계적으로 사회복지사업을 진행하려는 목적으로 제정된 법률이다. 당시 「사회복지사업법」은 사회복지법인, 사회복지사 자격 제도, 공동 모금제도 등에 관한 내용을 포함하고 있어, 외원 기관들의 철수로 인한 공백에 대응하려는 목적이 있기도 하였다. 「국민연금법」의 효시라고 할 수 있는 「국민복지연금법」이 1973년에 제정되었다. 1960년대 초반에 제정된 「공무원 연금법」과 「군인연금법」이 제정된 지 10년 정도가 지난 후 비로소 일반 국민을 대 상으로 하는 연금제도가 형성된 것이다. 그러나 전 세계를 휩쓸었던 석유 파동의 영향으로 「국민복지연금법」은 시행되지 못했다.

3. 전두환 · 노태우 정부

1980년 5.18 군사 쿠데타로 전두환 정부의 제5공화국이 출범하여, 민주주의 토착 화, 정의 사회 구현, 교육 혁신 및 문화 창달과 더불어 복지 사회의 건설을 국정 지 표로 내세웠고, 제5차 경제개발 5개년 계획에서도 경제와 사회의 균형적인 발전을 기본 목표로 삼았다. 전두환 정부 후반부터는 한국형 복지모형이 등장하였고, 1980 년대 후반부터는 시설 수용 위주의 복지 사업으로부터 탈피하여 지역복지와 재가 복지가 강조되기 시작하였다. 이 시기는 광주 민주화 운동 등 정치적 혼란 속에서 전례 없는 변혁기라 할 수 있으며, 「노인복지법」(1981), 「심신장애자복지법」(1981), 「최저임금법」(1986), 「국민연금법」(1986), 「장애인복지법」(1989) 등이 제정되었다. 이 시기의 사회복지서비스제도는 '할 수 있다.'는 임의성이 정부의 대국민 복지를 위한 강제성에 대한 부작위가 상당하여 사회서비스 제공에 한계점을 가진다.

1977년 근로자 500인 이상인 기업의 의료보험 가입이 의무화되었고, 보험제도 는 조합주의를 채택하여 1979년에 의료보험 조합의 수는 603개에 이르렀다(박병 현, 2016). 의료보험제도가 도입되면서 조합 간 재정 격차가 심해지자, 조합 통합 의 필요성이 제기되었다. 전두환 정부의 정통성에 대한 문제와 억압 정치, 노동자 들의 저항 등 사회적 불안이 증가되자, 정부는 1973년 시행되지 못했던 「국민연금 법」과 「최저임금법」을 1986년에 제정하였고, 1989년 7월 노태우 정부 시절 의료보 험제도를 전 국민으로 확대하여 사회불안을 해결하고자 하였다.

4. 김영삼 · 김대중 · 노무현 정부

'문민(文民)정부'로 불리는 김영삼 정부는 경제적인 발전을 강조하면서 사회보장에 대한 비중을 축소시켰는데, 1996년 정부 총예산 대비 보건복지부 예산 비율은 4.0%, 1997년에는 4.2%로 노태우 정부 시절의 비율보다 적었다(이인재, 1997). 1997년 IMF가 발생되면서 한국 전체의 정치와 경제뿐만 아니라 사회복지 분야에서도 큰 변화가 있었다. 외환위기를 극복하는 것을 첫 과제로 받았던 '국민의 정부'인 김대중 정부는 '생산적 복지'를 복지철학으로 삼아 외환위기 이전의 「생활보호법」의 시혜적 차원을 넘어서 수급권을 하나의 '권리'로 인정하는 「국민기초생활보장법」의 제정(1999)에 영향을 미쳤다. 이로 인하여 인구사회학적 제한이 있었던 「생활보호법」을 폐지하고, 누구든지 어려운 상황에 처할 경우 최저생계비 지급을 통하여 국민의 최저 생활을 보장하고자 하였다. 1999년에는 직장의료보험과 조합별 지역 의료보험 체계를 전국적으로 단일화하는 「국민건강보험법」이 제정되었다. 「국민건강보험법」에서는 지역 의료보험의 정액 기본 보험료를 없애고, 산정기준을 일원화하였고, 조합별 재정 수지의 불균형 문제를 해소하고자 하였다.

2003년 대통령에 당선된 노무현 정부는 '참여정부'라고 일컬어지는데, 정부의 3대 국정목표는 국민과 함께 하는 민주주의 실현, 평화와 번영의 동북아시아 건설 그리고 더불어 사는 균형 발전 사회 건설로 하였으며, 원칙과 신뢰, 공정과 투명, 대화와 타협, 분권과 자율의 4대 국정 원리를 국가 운영의 기본 방침이자 가치로 삼았다. 노무현 정부의 복지지출은 다른 분야에 비해 획기적으로 증대되어 성장하는 시기였다. 김대중 정부 시기 재정 전체 증가율은 60.3%, 복지 지출 증가율은 8.0%였음에 비해 노무현 정부의 복지 지출 증가율은 20.1%로 증가하여 복지 지출은 경제와 국방을 제치고 가장 큰 정부 지출 항목이 되었다. 2008년에는 「노인장기요양보험법」에 제정되면서 노령이나 노인성 질환으로 고통을 받는 사람에게 건강 증진 및 대상자 가족의 부담을 경감시키는 계기가 되었다(김영순, 2009).

5. 이명박 · 박근혜 · 문재인 정부

이명박 정부의 복지철학인 '능동적 복지'를 위한 평생 복지기반 마련, 예방 맞춤 통합형 복지, 빈곤의 대물림 차단, 일 · 여가 · 교육을 3대 엔진으로 하는 복지, 고령화 사회 대응 등을 과제로 삼아 차별을 중점으로 다룬 장애인 차별 금지, 고용상 연령 금지 등 관련 법률을 제정하였다. 또한 사회복지사의 신분보장과 처우개선의 기틀을 마련한 사회복지사 등의 처우 및 지위향상에 관한 법률이 제정되었고, 고용보험, 산업재해보상보험, 국민연금, 건강보험 등의 사회보험료를 국민건강보험공단에서 통합 징수할 수 있도록 「국민건강보험법」이 제정되었다. 또한 「장애인 활동 지원에 관한 법률」, 「노숙인 등의 복지 및 자립 지원에 관한 법률」, 「장애아동복지지원법」이 제정되었으며, 다양한 사회적 위험에 대하여 국민의 보편적·생애주기적인 특성에 맞게 소득과 사회서비스를 함께 보장하도록 「사회보장기본법」이 전부개정되었다.

박근혜 정부는 국민 행복을 기조로 맞춤형 고용·복지, 자립 지원 복지체계, 저출산 극복 여성 활동 등을 핵심과제로 삼았다. 대표적인 맞춤형 복지의 일환으로 빈곤노인의 소득보장을 위하여 「기초연금법」이 제정되었고, 영유아를 대상으로 한 무상보육을 실시되었으며, 맞춤형 급여체제의 개편에 따라 「주거급여법」이 제정되었다. 또한 수급권자 보호를 강화하고 복지사각지대 해소를 위한 방안을 제도적으로 보완하기 위해 「사회보장급여의 제공 및 수급권자발굴에 관한 법률」이 제정되었다. 「발달장애인권리보장 및 지원에 관한 법률」과 「아동학대범죄 처벌 등에 관한 특례법」이 제정되었다.

「정신보건법」이 「정신건강 증진 및 정신질환복지서비스 지원에 관한 법률」로 법제명을 바꾸고 전부개정되었다.

포용적 복지를 내세운 문재인 정부는 사각지대를 줄이고 낮은 복지수준을 높인다는 측면에서 소득주도 성장과 맥을 같이하고, 사회통합의 핵심요소로 삼았다. 찾아가는 보건복지서비스전달체계를 개편하였고, 지역사회통합돌봄제도가 도입되어 사회서비스원이 출범하였다. 국민건강보험 보장성 강화정책(문재인 케어)의 일환인 치매국가책임제가 도입되었고, 「아동수당법」이 제정되었다.

<표 2-2> 사회복지법의 연도별 도입 현황(제정기준)

정부	제정연도	사회보험법	공공부조법	사회서비스법	복지관련법
이승만 정부	1953				「근로기준법」(1953. 5. 10.)
	1960	「공무원연금법」(1960. 1. 1.)			
	1961		「생활보호법」(1961. 9. 30.) 「군사원호보상법」(1961. 11. 1.)	「윤락행위 등 방지법」(1961. 11. 9.) 「아동복리법」(1961. 12. 30.)	
	1962		「재해구호법」(1962. 3. 30.) 「국가유공자 및 월남귀순자 보호법」(1962. 4. 10.)		
박정희 정부	1963	「군인연금법」(1963. 1. 18.) 「산업재해보상보험법」(1963. 11. 5.) 「의료보험법」(1963. 12. 6.)-미실시			「사회보장에 관한 법률」(1963. 11. 5.)
	1970		「재해구제로 인한 의사상자 구호법」(1970. 8. 4.)	「사회복지사업법」(1970. 1. 1.)	
	1973	「국민복지연금법」(1973. 12. 24.) 「사립학교교원연금법」(1973. 12. 20.)			「모자보건법」(1973. 2. 8.)
	1976				「입양특례법」(1976. 12. 31.)
	1977	「공무원 및 사립학교 교원의료보험법」(1977. 12. 31.)	「의료보호법」(1977. 12. 31.)		
	1980				「사회복지사업 기금법」(1980. 12. 31.)
전두환·노태우 정부	1981			「아동복지법」전부개정(1981. 4. 13.) 「노인복지법」「심신장애자복지법」(1981. 6. 5.)	
	1982	「국민연금법」(1982. 12. 28.)	「생활보호법」전부개정(1982. 12. 31.)	「유아교육진흥법」(1982. 12. 31.)	
	1986	「국민연금법」전부개정(1986. 12. 31.)			「최저임금법」(1986. 12. 31.)
	1988				「보호관찰법」(1988. 12. 31.)
	1989			「장애인복지법」(1989. 12. 30.)	
	1990		「의사상자보호법」(1990. 12. 31.)	「장애인 고용촉진 등에 관한 법률」(1990. 1. 13.)	
	1991			「영유아보육법」(1991. 1. 14.) 「고령자고용촉진법」(1991. 12. 31.)	「청소년기본법」(1991. 12. 31.)
김영삼 김대중 노무현 정부	1993	「고용보험법」(1993. 12. 27.)			「일제하 일본군 위안부 피해자에 대한 생활안정지원법」(1993. 6. 11.)
	1995			「정신보건법」(1995. 12. 30.)	「보호관찰 등에 관한 법률」(1995. 1. 5.) 「북한이탈주민의 보호 및 정착 지원에 관한 법률」(1995. 1. 13.) 사회보장기본법(1995. 12. 30.)
	1996		「의사상자 예우에 관한 법률」(1996. 12. 30.)		
	1997			「청소년보호법」(1997. 3. 7.) 「사회복지공동모금회법」(1997. 3. 27.) 「장애인·노인·임산부 등의 편의증진보장에 관한 법률」(1997. 4. 10.) 「가정폭력방지 및 피해자보호 등에 관한 법률」(1997. 12. 31.)	

연도	정부				
1999		「국민건강보험법」(1999. 2. 8.)	「국민기초생활보장법」(1999. 9. 7.)	「장애인복지법」(1999. 12. 30.)	
2000			「장애인 고용촉진 및 직업재활법」 전부개정(2000. 1. 12.)		
2001	김영삼·김대중·노무현 정부		「의료급여법」(2001. 5. 24.)		「근로자복지기본법」(2001. 8. 14.)
2002				「모·부자복지법」(2002. 12. 18.)	「일제하 일본군위안부 피해자에 대한 생활안정지원 및 기념사업 등에 관한 법률」(2002. 12. 11.)
2004				「농어촌주민의 보건복지증진을 위한 특별법」(2004. 1. 29.) 「청소년복지지원법」(2004. 2. 9.) 「성매매방지 및 피해자보호 등에 관한 법률」(2004. 3. 22.)	「건강가정기본법」(2004. 2. 9.)
2005				「긴급복지지원법」(2005. 12. 23.)	「저출산·고령사회기본법」(2005. 5. 18.)
2006					「식품기부 활성화에 관한 법률」(2006. 3. 24.) 「고령친화산업 진흥법」(2006. 12. 28.)
2007		「노인장기요양보험법」(2007. 4. 27.)		「한부모가족지원법」 개정(2007. 10. 17.)	「장애인차별금지 및 권리구제 등에 관한 법률」(2007. 4. 10.)
2008				「다문화가족지원법」(2008. 3. 21.)	「고용상 연령차별금지 및 고령자 고용촉진법」(2008. 3. 21.)
2010			「장애인연금법」(2010. 4. 12.)	「성폭력방지 및 피해자보호 등에 관한 법률」(2010. 4. 15.)	「근로복지기본법」(2010. 6. 8.)
2011				「장애인활동 지원에 관한 법률」(2011. 1. 4.) 「노숙인 등의 복지 및 자립지원에 관한 법률」(2011. 6. 7.) 「장애아동 복지지원법」(2011. 8. 4.)	「사회복지사 등의 처우 및 지위향상에 관한 법률」(2011. 3. 30.) 「자살예방 및 생명존중문화 조성을 위한 법률」(2011. 3. 30.) 「치매관리법」(2011. 8. 30.)
2012	이명박·박근혜·문재인 정부				「사회보장기본법」 전부개정(2012. 1. 26.)
2014			「기초연금법」(2014. 5. 20.)	「발달장애인 권리보장 및 지원에 관한 법률」(2014. 5. 20.)	「주거급여법」(2014. 1. 24.) 「아동학대범죄의 처벌 등에 관한 특례법」(2014. 1. 28.) 「사회보장급여의 이용·제공 및 수급권자 발굴에 관한 법률」(2014. 12. 30.)
2015					「장애인·노인 등을 위한 보조기기 지원 및 활용촉진에 관한 법률」(2015. 12. 29.)
2016				「정신건강증진 및 정신질환자 복지서비스 지원에 관한 법률」(2016. 5. 29.)	
2018					「재난적 의료비 지원에 관한 법률」(2018. 1. 16.) 「아동수당법」(2018. 3. 27.)
2021					「등의 제해처벌 등에 관한 법률」(2021. 1. 26.)

사회복지법의 개념

    사회복지법의 개념 역시 사회 현상에 관련된 개념이어서 복잡하고 일정한 구율을 적용하기 어렵다. 사람에 따라, 국가에 따라, 이념에 따라 사회복지법의 개념이 다양하다.

    사회복지법은 매우 최근에 이르러 출현하였으며 급속하게 변화하고 있는 법규정일 뿐만 아니라 그 내용이 다른 법과는 달리 추상적이고 전문 기술적인 사회복지의 성격을 띠고 있어 개념정의가 쉽지 않다. 이러한 이유로 사회복지법 개념 파악의 기본 요건이 되는 내용과 외연이 변화됨에 따라 개념 규정을 하기가 더욱 어렵다. 하지만 오늘날 이러한 어려움 여건 속에서도 현재 많은 나라에서 사회복지법의 제정과 보완이 계속적으로 이루어지고 있고, 사회복지법의 중요성이 더욱 증대되고 있어 사회복지법의 체계적인 연구와 그에 따른 실천이 요구되고 있는 실정이다. 이러한 상황에서 사회복지법의 완전하고 통일적인 개념 규정은 불가능하지만 현실적인 여러 가지 고려 사항에 비추어 사회복지법의 잠정적인 개념 정의는 필요하다. 사회복지법의 개념 정의는 법의 존재 형식에 따라 형식적 의미의 사회복지법과 실질적 의미의 사회복지법으로 나눌 수 있다.

1. 형식적 의미의 사회복지법

    '사회복지법'이라는 외적 형식을 갖춘 제반 법규를 개념 규정하는 것으로 주로 각국의 실정법상 사회복지와 연관된 법규의 모든 법이 이에 포함된다. 또한 우리나라는 독일의 사회법전이나 우리의 「민법」과 「형법」과 같은 통일 법전의 존재 형식을 갖추고 있지 못하고 있고, 그러한 법들에 비해 상대적으로 변화 가능성이 높은 법이어서 개념 규정 방법은 그만큼의 한계를 지닌다. 따라서 일반적으로 「사회보장기본법」상 '사회보장제도'로 규정하고 있는 공공부조, 사회보험, 사회서비스에 속하는 법률들과 「사회복지사업법」상 '사회복지사업'에 속하는 법률들을 형식적 의미의 사회복지법이라고 본다.

2. 실질적 의미의 사회복지법

실질적 의미의 사회복지법은 법적 존재형식이나 명칭과 관계없이 범규범의 내용, 목적, 기능에 따라 그 법규범에 내재되어 있는 공통된 일반 법원리를 도출하고자 하는 점에 중점을 두고 있다. 따라서 실질적 의미의 개념 규정 방법은 공통된 특징을 도출하여 규범의 개념 정립에 기초로 삼게 된다. 따라서 사회정의, 사회통합, 인간다운 생활, 행복추구권 등과 같이 사회복지법 규범에 내재하는 공통된 법원리 내지 가치에 부합되는 법규라면 이에 해당한다고 볼 수 있다. 또한 실질적 의미의 사회복지법 개념 규정 방법에는 법의 존재형식이나 명칭에 관계없이 법규범에 내재한 규범 내용이나, 목적 또는 그 기능에 따라 그 규범의 공통된 특징을 도출하고 그것을 규범의 개념 정립에 기초로 삼는다. 실질적 의미의 사회복지법 개념 규정 방법에는 사회복지법의 포괄 범위에 따라 '넓은 의미의 사회복지법'과 '좁은 의미의 사회복지법'으로 개념을 규정할 수 있다.

1) 넓은 의미의 사회복지법

넓은 의미의 사회복지법은 전 국민의 물질적 · 정신적 · 사회적 기본 욕구를 해결함으로써 인간다운 생활을 영위케 하는 공사의 제반 사회적 서비스와 관련된 법률을 의미한다. 물론 이러한 제반 서비스는 사회복지정책이나 사회정책이라는 추상적 정책으로 지침과 기준이 설정되며 이에 대한 구체적인 모습이 바로 사회복지법으로 표현된다. 또한 사회복지법의 규정에 따라 사회복지의 서비스와 실천이 이루어진다.

그러므로 넓은 의미의 사회복지법이란 사회복지의 넓은 개념, 다시 말해 현대사회에서 인간다운 생활을 유지하기 위해 필요한 물질적 · 비물질적인 사회서비스를 제공하는 공공과 민간 주체들의 노력의 총화를 규율하는 법규정이라고 할 수 있다. 이러한 사회복지법의 내용상 사회서비스의 공급 주체가 궁극적으로 국가인 점은 인간다운 생활을 가로막는 사회생활 문제의 성격이 사회성과 보편성을 지니고 있다고 할 수 있다. 왜냐하면 국가는 국민의 인간다운 생활을 보장하는 구체적 정책적 표현으로서 사회복지 입법을 발전시켜 왔다고 볼 수 있기 때문이다.

사회복지 입법은 자본주의 사회의 발전과 함께 이루어졌으며 그 내용과 범위에는 자본주의가 가져온 사회적 위험인 질병, 노령, 장애, 실업, 출산, 사망 등에 대해서 제도적 장치를 발전시켜 온 것이기 때문에 사회보장과 보건의료, 교육, 주택, 대인적 서비스 등이 포함되어야 한다.

2) 좁은 의미의 사회복지법

현대사회에서 스스로 자신의 생활을 영위하지 못하는 사회적 약자들에 대해서 제한적으로 도움을 제공하는 노력의 총화와 관련된 법규범이다. 좁은 의미의 사회복지 개념이 중심이 되어 대상과 문제의 의미는 매우 제한적이다. 주로 개인적인 측면에서 문제의 발생 원인과 대상을 선별하는 특징을 지닌다. 따라서 이때의 사회복지는 임시적이고 다른 사회제도의 기능을 보완하는 역할로 이해된다. 윌렌스키와 르보(Wilensky & Lebeaux, 1954)에 따르면, 좁은 의미의 사회복지란 보충적 개념이 될 것이고, 넓은 의미의 사회복지란 제도적 개념이 될 것이다. 그러므로 좁은 의미의 사회복지란 이처럼 현실 생활에서 어려움을 겪는 사회적 약자 혹은 요보호 대상자를 위한 한정적인 제반 사회복지정책 및 사회정책을 의미한다. 구체적인 내용은 넓은 의미의 사회복지법과 유사하지만 적용대상이나 구체적 법률의 존재 양식에는 차이가 있다.

제4절 사회복지법제의 특성

현대사회에서 사회복지가 과거와는 달리 제도로서 존재하고 있고, 무엇보다 공식적인 제도가 되기 위해서는 법률로 제정되어야 가능하게 된다(Calvert, 1978; Dominelli, 2004). 그리고 사회복지를 권리로 받아들이고 있고, 그 권리 내용은 법률로서 규정하고 있다. 이처럼 현대사회에서 사회복지의 가장 중요한 근간은 법으로서, 법적인 접근은 사회복지의 목적과 기능을 증진시킬 수 있는 도구가 된다(Madden, 2003). 또한 최근에는 사회복지와 관련한 법적 다툼 증가 현상, 사회복지실천 현장에서 전문가인 사회복지사의 처우 및 지위 향상 그리고 신분 보장을 위한 법률 및 조례를 제정하려는 전략, 사회복지를 실천하는 데 법률과 조례의 미비로 한계에 도달하는 현실 등을 고려해 볼 때 사회복지법제가 제도적으로 완비되어 있어야 한다. 그러기 위해서는 사회복지정책과 사회복지실천과 관련하여 사회복지법과의 관계를 살펴볼 필요가 있다.

1. 사회복지정책과 사회복지법

사회복지정책은 사회적 이슈를 통해 정책 목적을 설정하고, 이에 따른 규칙, 규정, 절차 등을 만들어 인간의 사회적 기능을 향상시키고 사회를 안정시키기 위해 필요하다.

사회복지정책은 거시적 접근 방법으로서, 직접적 서비스 제공을 기획하고 지원하는 간접적인 서비스 영역에 속한다. 개입 규모가 보다 광범위하고 복잡한 내용을 담고 있는 사회복지정책은 법률이나 시행령 등을 기반으로 펼쳐지게 된다. 따라서 사회복지정책을 통해 누구에게 얼마나 무엇을 어떻게 배분해야 하는가에 대한 가장 기초적인 차원을 결정하게 된다. 이러한 할당·급여·전달·재정에 관한 기초적인 차원은 사회복지정책의 모든 영역에 적용된다.

2. 사회복지실천과 사회복지법

사회복지법에 따른 문제나 사건들은 사회복지 현장에서 그대로 일어나는 경우가 많다. 왜냐하면 사회복지실천 현장은 서비스를 필요로 하는 개인이나 집단에 직접적으로 제공하는 서비스 영역에 속하기 때문이다. 특히 「사회복지사업법」제2조의 27개의 법령만 보아도, 영유아, 아동, 청소년, 장애인, 노인, 노숙인 등 인구학적 분류 외에, 가구 유형별로 따져 보아도 지속적으로 사회복지법과 관련한 문제나 사건들이 늘어나고 있는 추세임을 예측할 수 있다. 예를 들면, 사회복지실천 개입에 대한 클라이언트의 동의나 부모와 아동의 법적 권리에 대한 문제가 발생할 경우가 이에 해당한다고 볼 수 있다. 따라서 법적인 지식과 기법에 대한 교육이 절실할 수밖에 없다.

제5절 사회복지법제의 내용

본서는 사회복지법제의 범위를 사회보장에 관한 기본법, 공공부조법, 사회보험법, 사회서비스법으로 구성한다. 구체적인 내용을 살펴보면, 〈표 2-3〉과 같다.

〈표 2-3〉 사회복지법제의 범위

구분	내용
사회보장에 관한 기본법	• 「사회보장기본법」* • 「사회보장급여의 이용 · 제공 및 수급권자 발굴에 관한 법률」*
공공부조법	• 「국민기초생활보장법」* • 「의료급여법」* • 「긴급복지지원법」* • 「기초연금법」* • 「장애인연금법」*
사회보험법	• 「국민연금법」* • 「국민건강보험법」* • 「노인장기요양보험법」* • 「산업재해보상보험법」* • 「고용보험법」*
사회서비스법	• 「사회복지사업법」* • 「아동복지법」* • 「아동학대범죄의 처벌 등에 관한 특례법」* • 「영유아보육법」* • 「다문화가족지원법」* • 「장애인복지법」* • 「노인복지법」* • 「한부모가족지원법」* • 「정신건강증진 및 정신질환자 복지서비스 지원에 관한 법률」* • 「성폭력방지 및 피해자보호 등에 관한 법률」* • 「가정폭력방지 및 피해자보호 등에 관한 법률」* • 「성매매방지 및 피해자보호 등에 관한 법률」

사회서비스법	• 「입양특례법」 • 「일제하 일본군위안부 피해자에 대한 생활안정지원 및 기념 　사업 등에 관한 법률」 • 「사회복지공동모금회법」 • 「장애인 · 노인 · 임산부 등의 편의증진 보장에 관한 법률」 • 「농어촌주민의 보건복지증진을 위한 특별법」 • 「식품등 기부 활성화에 관한 법률」 • 「장애인활동 지원에 관한 법률」 • 「노숙인 등의 복지 및 자립지원에 관한 법률」 • 「보호관찰 등에 관한 법률」 • 「장애아동 복지지원법」 • 「발달장애인 권리보장 및 지원에 관한 법률」

*이 책에서 다루고 있는 법.

제3장
사회복지법의 체계

'사회복지법'이라는 명칭의 법률은 없다. 즉, 사회복지법은 하나의 법률을 말하는 것이 아니다. 사회복지법은 사회구성원의 일정한 생활수준과 보건상태를 확보하기 위한 사회정책 및 제도의 법적 근거를 구성하는 다양한 법규범으로 구성된 총체적인 법을 말한다.

제1절 사회복지법 체계의 이해

사회복지법은 하나의 법규범이 아니라 사회복지와 관련 있는 다양한 법규범이기 때문에 하나의 기준으로 구분하여 이해하기보다는 다양한 접근을 통하여 보다 정확한 이해를 할 수 있다. 이 책 또한 이를 위하여 사회복지법을 규율 영역을 중심으로 분류한다. 다음으로 사회복지법의 법적 지위와 적용 순위를 통해 국내법적 차원에서의 체계를 확인하고, 사회복지법의 국내법적 구조를 확인한다. 끝으로, 사회복지법과 국제법의 관계를 살펴본다. 이와 같이 여러 각도에서 사회복지법을 분석함으로써 사회복지법의 체계를 보다 종합적으로 파악할 수 있을 것이다.

제2절 **사회복지법의 분류 및 체계**

1. 사회복지 영역에 따른 분류

사회복지의 영역은 크게 사회보험, 공공부조, 사회서비스로 구분할 수 있다. 이는 사회복지법이 규율하는 내용에 따른 분류로, 영역별 공통원리 및 제도 설계방식이 주된 분류의 기준이 된다.[1]

1) 사회보험법

사회보험은 국민에게 발생하는 사회적 위험을 보험의 방식으로 대처함으로써 국민의 건강과 소득을 보장하는 제도이며 이러한 사회보험의 법적 근거 등 법적 규율에 해당하는 것이 사회보험법이다.

사회보험은 개인이 해결하기 어려운 사회적 위험을 보험의 방식으로 해결한다는 특징이 있다. 사회적 위험의 대표적인 것으로 노령, 질병, 실업, 산업재해 등이 있다. 이러한 위험에 사회연대를 통해 대응하기 위해 사회구성원들은 사회보험료를 납부하고, 필요할 경우 국가도 국가재정을 추가적으로 투입하여 위험을 분산시키게 된다.

이러한 특징에 기초하여 도출되는 기본적 원리를 급여대상자, 급여수준, 조직체계, 재정 측면에서 살펴보면, 급여대상자는 사회보험료를 납부한 국민이라는 점에서 보편주의적 성격을 가지며, 급여수준은 사회보험제도에서 미리 규정되어 있는 급여가 지급된다. 사회보험을 위한 조직체계는 국가가 담당하고, 재원은 국민이 납부한 사회보험료를 기반으로 조세를 일정 부분 지원하는 방식을 취한다. 이러한 원리가 적용되는 법이 사회보험법으로 분류되며, 우리나라의 경우 「국민연

---

1) 사회보장법도 사회보험, 공공부조, 사회서비스에 대하여 각각 정의하는 규정을 두어 개념적으로 구분하고 있다(제3조).

금법」, 「국민건강보험법」, 「고용보험법」, 「산업재해보상보험법」, 「노인장기요양보험법」 등이 있다.[2]

사회보험제도의 경우 사회연대의 원리를 통하여 전통적 보험원리를 수정하고 있기 때문에 같은 액수의 보험료를 내거나 보험료를 낸 만큼 보험의 혜택을 받는 방식이 아니다. 따라서 위험을 분담하는 보험료 납부 주체의 범위, 보험료 산정 방식, 지속 가능한 사회보험의 유지를 위한 재정 건전성 확보 방안 등이 우리 사회에서 계속 논의되고 있다.

2) 공공부조법

공공부조란 국가와 지방자치단체의 책임하에 생활 유지 능력이 없거나 생활이 어려운 국민의 최저생활을 보장하고 자립을 지원하는 제도이다. 공공부조의 법적 근거 등 법적 규율에 해당하는 것이 공공부조법이다.

공공부조는 국민의 기본적인 생활을 보장하기 위한 최후의 사회 안전망의 성격을 가진 제도로서 이러한 특징에 기초하여 기본적 원리가 도출된다. 공공부조의 기본 원리를 급여대상자, 급여수준, 조직체계, 재정 측면에서 살펴보면, 급여대상자는 자산조사를 기초로 저소득층에 대한 선별주의를 택하고, 급여수준은 국가가 설정한 급여기준선이나 최저생계수준을 기준으로 이를 해당 가구의 소득과 비교하여 그 차액을 보충하는 방식을 취하며, 조직체계는 국가와 지방자치단체가 담당하고, 재원은 조세를 통해 마련한다. 이러한 원리가 적용되는 법이 공공부조법으로 분류되며, 우리의 경우 「국민기초생활보장법」, 「의료급여법」, 「긴급복지지원법」, 「기초연금법」, 「장애인연금법」이 대표적인 공공부조법이다.

다른 사회복지 영역과 비교하여 공공부조법의 특징이라 할 수 있는 것은 급여대상자와 급여수준을 정하기 위해 적용되는 자산조사방식과 급여기준선의 설정이다. 그러나 이에 대해서는 자산조사로 야기될 수 있는 사회적 낙인의 해소, 급여기준선의 설정기준의 적정성 문제가 우리 사회에서 계속 논의되고 있다. 보충적

---

2) 이 외에 공무원연금법, 군인연금법 등 특수직역과 관련된 연금법을 포함하기도 하지만, 사회복지법에서는 이상의 5가지 사회보험법만을 다루는 것이 일반적이다.

급여의 성격을 갖는 공공부조에 따른 근로의욕의 감소 문제 또한 우리 사회가 해결하여야 할 문제이다.

3) 사회서비스법

사회서비스는 국가·지방자치단체 및 민간부문의 도움이 필요한 모든 국민에게 복지, 보건의료, 교육, 고용, 주거, 문화, 환경 등의 분야에서 인간다운 생활을 보장하고 상담, 재활, 돌봄, 정보의 제공, 관련 시설의 이용, 역량 개발, 사회참여 지원 등을 통하여 국민의 삶의 질이 향상되도록 지원하는 제도를 말하며, 사회구성원의 다양한 사회복지 욕구를 충족하기 위한, 공공부조와 사회보험의 영역 이외의 영역을 통칭하는 것이다. 사회서비스의 법적 근거 등 법적 규율에 해당하는 것이 사회서비스법이다.

사회서비스는 사회구성원의 다양한 욕구를 충족하기 위한 제도이므로 일정 집단을 대상으로 하여 상대적으로 획일적이고 고정적인 방식으로 운용되는 공공부조 및 사회보험과 달리 제도의 설계와 운용에 이르는 전 과정에서 다양성, 탄력성, 유연성을 특징으로 한다. 사회서비스는 한 사회의 복지 관련 자원이 사회구성원의 다양한 필요에 맞춰 배분되는 것이기 때문에 복지제도의 설계와 운용에 있어서, 또한 복지제도의 변화에 따라 사회적 요구도 다양하며 이의 충족 방식 등에 대한 사회적 담론도 활발한 영역이다.

2013년 「사회보장기본법」 개정으로 제3조 제4호에 '사회서비스'라는 용어가 도입되었다. 「사회보장기본법」상 사회서비스는 "국가·지방자치단체 및 민간부문의 도움이 필요한 모든 국민에게 복지, 보건의료, 교육, 고용, 주거, 문화, 환경 등의 분야에서 인간다운 생활을 보장하고 상담, 재활, 돌봄, 정보의 제공, 관련 시설의 이용, 역량 개발, 사회참여 지원 등을 통하여 국민의 삶의 질이 향상되도록 지원하는 제도"로 사회복지의 영역을 모든 국민의 인간다운 생활의 보장이라는 보편적 욕구의 충족으로 확장한다.

이와 관련하여 2011년 「사회서비스 이용 및 이용권 관리에 관한 법률」이 사회서비스 이용의 활성화, 이용자의 권익 보호, 사회서비스 제공자의 관리 및 사회서비스 기반 조성 등을 체계적으로 정립함으로써, 사회복지 전달체계의 효율성을 높이고, 이용자의 선택권을 보장하여 국민복지의 향상에 이바지하기 위하여 제정되어 2012년 시행되었다. 「사회서비스 이용 및 이용권 관리에 관한 법률」은 사회서비스에 「사회복지사업법」상 '사회복지서비스', 「보건의료기본법」 제3조 제2호에 따른 '보건의료서비스', 그 밖에 이에 준하는 서비스를 포함시킨다.

한편, 2021년 9월 24일 제정되어 2022년 3월 25일 시행을 앞두고 있는 「사회서비스 지원 및 사회서비스원 설립 · 운영에 관한 법률」은 이러한 "사회서비스 지원과 사회서비스원의 설립 · 운영에 관한 사항 등을 정함으로써 사회서비스의 공공성 · 전문성 및 투명성 제고 등 사회서비스를 강화하고, 사회서비스와 사회서비스 관련 일자리의 질을 높여 국민의 복지증진에 이바지하는 것을 목적"으로 한다.

사회서비스는 「사회복지사업법」 제2조에서 규정한 사회복지사업을 통해 제공하는 서비스를 총칭하는 개념으로 이해하기도 한다. 이는 「사회복지사업법」 제2조 제6호가 사회복지서비스를 "국가 · 지방자치단체 및 민간부문의 도움을 필요로 하는 모든 국민에게 「사회보장기본법」 제3조 제4호에 따른 사회서비스 중 사회복지사업을 통한 서비스를 제공하여 삶의 질이 향상되도록 제도적으로 지원하는 것을 말한다."고 규정하고 있기 때문이다. 한편, 「사회복지사업법」에서 규정하고 있는 '사회복지사업'은 현재 법률에서 직접 규정하고 있는 27개 법률과 대통령령에서 규정하고 있는 4개 법률에 따른 사업을 말한다.

●● 「사회복지사업법」 제2조 제1호

가. 「국민기초생활보장법」
나. 「아동복지법」
다. 「노인복지법」
라. 「장애인복지법」
마. 「한부모가족지원법」
바. 「영유아보육법」
사. 「성매매방지 및 피해자보호 등에 관한 법률」
아. 「정신건강증진 및 정신질환자 복지서비스 지원에 관한 법률」
자. 「성폭력방지 및 피해자보호 등에 관한 법률」
차. 「입양특례법」
카. 「일제하 일본군위안부 피해자에 대한 생활안정지원 및 기념사업 등에 관한 법률」
타. 「사회복지공동모금회법」

파. 「장애인 · 노인 · 임산부 등의 편의증진 보장에 관한 법률」

하. 「가정폭력방지 및 피해자보호 등에 관한 법률」

거. 「농어촌주민의 보건복지증진을 위한 특별법」

너. 「식품등 기부 활성화에 관한 법률」

더. 「의료급여법」

러. 「기초연금법」

머. 「긴급복지지원법」

버. 「다문화가족지원법」

서. 「장애인연금법」

어. 「장애인활동 지원에 관한 법률」

저. 「노숙인 등의 복지 및 자립지원에 관한 법률」

처. 「보호관찰 등에 관한 법률」

커. 「장애아동 복지지원법」

터. 「발달장애인 권리보장 및 지원에 관한 법률」

퍼. 「청소년복지 지원법」

허. 그 밖에 대통령령으로 정하는 법률[3]

이러한 사회서비스의 기본적 원리를 급여대상자, 급여수준, 조직체계, 재정 측면에서 살펴보면, 급여대상자는 인구학적 기준, 욕구기준, 소득자산기준 등 다양한 형태의 기준이 조합되어 활용된다. 이것은 사회서비스가 국민의 개별적 욕구에 대응하는 제도적 유연성을 가지는 특징이 있음을 의미한다. 급여수준도 각 사회서비스 제도별로 상이하며, 단일한 급여내용이 제공되지 않는다. 조직체계를 보면 국가와 지방자치단체가 담당하지만, 민간기관의 협력도 중요하며, 재원은 조세를 기반으로 한다.

사회복지의 확대와 함께 무상복지, 보편복지의 확대도 함께 논의되고 있다. 이는 사회서비스 영역의 확대, 보편적 사회복지의 범위나 무상 사회복지의 범위 확대에 관한 논의이기도 하다. 공공부조와 사회보험은 취약계층을 중심의 복지 제공 또는 사회적 위험의 분산 등을 목적으로 하는 상대적으로 오랜 전통을 가진 제

---

3) 「사회복지사업법 시행령」 제1조의2는 이에 해당하는 법률로 「건강가정기본법」, 「북한이탈주민의 보호 및 정착지원에 관한 법률」, 「자살예방 및 생명존중문화 조성을 위한 법률」, 「장애인 · 노인 등을 위한 보조기기 지원 및 활용촉진에 관한 법률」을 규정하고 있다.

도로서 어느 정도 사회적 공감대가 있는 복지의 영역이라고 할 수 있다. 그러나 사회서비스 영역은 일정한 틀로 범주화할 수 없고 복지 확대와 함께 지속적인 확장성을 가지고 있으며, 향후 서비스제공인력, 절차, 급여방법 등과 관련하여 지속적인 사회적 담론이 발생할 수 있는 영역이다.

2. 국내법적 차원에서의 사회복지법의 체계와 구성

1) 사회복지법의 단계적 법규범 체계

성문법 체계를 채택한 국가의 법체계는 대체로 헌법을 정점으로 하여 효력의 우열이 있는 단계적 법규범 체계이다. 이 체계에서는 상위의 법규범은 하위의 법규범보다 우월한 효력을 가지며, 하위 법규범은 상위 법규범에 위반되어서는 안 된다. 이러한 단계적 법규범 체계에서는 법규범의 종류에 따라 그 입법 주체와 절차 등을 달리하는 것이 일반적이다. 우리나라의 경우 국민이 제정하고 개정하는 「헌법」을 최고규범으로 하여 입법부가 국회에서 의결하여 제 · 개정하는 법률, 대통령 · 국무총리 · 행정각부의 장이 제정하는 명령의 순서로 법체계가 구성된다. 대통령령과 총리령 · 부령은 각각 상위법령의 위임에 따른 사항이나 그 집행에 필요한 사항, 상위법령에 위반되지 않는 사항을 규정한다. 이러한 상위법령의 위임이 무제한으로 가능한 것이 아니다. 「헌법」에서는 국민의 권리와 의무에 관한 사항, 정부의 조직에 관한 사항 등 중요한 사항을 법률로 정하도록 명시적으로 규정하고 있기 때문에 해당 사항에 대해서는 법률로 정하여야 하고, 이에 해당하지 않는 사항을 하위법령에 위임할 경우에도 주요 내용을 법률에 규정한 다음 그 밖의 위임할 사항의 범위를 구체적으로 정하여 대통령령, 총리령 · 부령으로 정하도록 위임할 수 있다.

한편, 지방자치단체가 자치입법권에 의하여, 법령의 범위 안에서 제정하는 자치에 관한 법규인 자치법규가 있다. 이러한 자치법규에는 지방의회가 제정하는 조례와 지방자치단체의 집행기관인 지방자치단체의 장이 제정하는 규칙이 있다.

정리하면, 우리나라 법의 수직적 체계는 국가적 차원에서 헌법 → 법률 → 명령(대통령령, 총리령, 부령)의 순으로, 지방자치단체의 차원에서는 '조례 → 규칙'의 순으로 위계가 정해진다. 하위법령은 상위법령을 위반할 수 없으며, 자치법규인 조례와 규칙은 국가적 차원의 법률과 명령을 위반할 수 없다. 사회복지법의 경우에도 헌법을 토대로 하여 관련 법률, 명령이 제정되고, 법률과 명령의 범위 내에서 조례, 규칙이 제정된다.

사회복지법제의 경우에도 앞서 살펴본 바와 같이 '헌법 → 법률 → 명령'의 순의 단계적 규범구조를 취하고 있으며, 사회복지 관련 자치법규인 조례와 규칙도 계속 제정되고 있다. 「헌법」 제10조는 "모든 국민은 인간으로서의 존엄과 가치를 가지며, 행복을 추구할 권리를 가진다."고 규정하고 있으며, 「헌법」 제34조는 모든 국민의 인간다운 생활을 할 권리와 함께 이를 실현하기 위한 국가의 다양한 의무를 규정하고 있다.[4] 국회는 "사회복지사업에 관한 기본적 사항을 규정하여 사회복지를 필요로 하는 사람에 대하여 인간의 존엄성과 인간다운 생활을 할 권리를 보장하고 사회복지의 전문성을 높이며, 사회복지사업의 공정·투명·적정을 도모하고, 지역사회복지의 체계를 구축하고 사회복지서비스의 질을 높여 사회복지의 증진에 이바지함을 목적"으로 법률인 「사회복지사업법」을 제정하고 계속하여 개정하고 있다. 이러한 「사회복지사업법」에서 위임된 사항과 그 시행에 필요한 사항을 규정하기 위한 대통령령인 「사회복지사업법 시행령」이 제정되어 있고, 사회복지사업법 및 동법 시행령에서 위임된 사항과 그 시행에 관하여 필요한 사항을 규정하기 위한 보건복지부령인 「사회복지사업법 시행규칙」이 제정되어 있다.

---

4) 「헌법」 제34조
① 모든 국민은 인간다운 생활을 할 권리를 가진다.
② 국가는 사회보장·사회복지의 증진에 노력할 의무를 진다.
③ 국가는 여자의 복지와 권익의 향상을 위하여 노력하여야 한다.
④ 국가는 노인과 청소년의 복지향상을 위한 정책을 실시할 의무를 진다.
⑤ 신체장애자 및 질병·노령 기타의 사유로 생활능력이 없는 국민은 법률이 정하는 바에 의하여 국가의 보호를 받는다.
⑥ 국가는 재해를 예방하고 그 위험으로부터 국민을 보호하기 위하여 노력하여야 한다.

참고   사회복지법의 적용과 해석 관련 원칙

① 특별법우선의 원칙, 신법우선의 원칙

앞서 살펴 본 바와 같이 하위 법령은 상위 법령에 위반될 수 없다. 그렇다면 동위의 법령 사이의 효력에 있어서의 우열이 문제되는 경우 어떻게 해결할 것인가? 이는 법률과 법률, 명령과 명령, 조례와 조례 등 법규범 체계에서 같은 효력을 가진 법규범 사이에 충돌이 일어날 경우 어느 것이 먼저 적용되는지의 문제이다. 원칙으로 동위의 법규범은 동등한 효력을 갖는다. 예를 들어, 「장애인복지법」과 「발달장애인 권리보장 및 지원에 관한 법률」은 둘 다 법률로서 동위의 법규범이다. 따라서 양 법률은 동등한 효력을 가진다. 그러나 양 법률이 같은 대상에 대한 다른 내용을 규정하고 있는 등으로 양 법률 사이에 효력의 우선순위의 문제가 발생할 수 있다.

이를 해결하기 위한 원칙으로 특별법우선의 원칙, 신법우선의 원칙이 있다.

특별법우선의 원칙은 포괄적인 내용을 규정하는 일반법에 비하여, 보다 구체적인 대상과 내용을 정하는 특별법이 있는 경우 특별법이 우선한다는 원칙이다. 특별법에서 규정하고 있지 않은 부분은 일반법이 적용된다. 앞서 언급한 「장애인복지법」의 경우 발달장애인을 포함하여 모든 장애인의 복지와 사회활동 참여증진을 통하여 사회통합에 이바지하기 위한 법률이다. 「발달장애인 권리보장 및 지원에 관한 법률」은 발달장애인의 사회참여를 촉진하고, 권리를 보호하며, 인간다운 삶을 영위하는 데 이바지하기 위한 법률이다. 발달장애인에 관하여 「발달장애인 권리보장 및 지원에 관한 법률」이 우선 적용되지만, 이 법에서 규정하고 있지 않은 내용은 「장애인복지법」이 적용된다. 일반법과 특별법을 구분하는 기준은 해당되는 법 사이의 상대적 문제이므로 특정법이 다른 법과의 관계에서 일반법이 되기도 하고 특별법이 된다.

신법우선의 원칙은 법령의 제·개정 등으로 형식적 효력이 동등한 법령 사이의 내용이 상호 모순되거나 저촉되는 경우에는 시간적으로 나중에 제정된 신법이 먼저 제정된 구법보다 우선하는 효력을 가진다는 원칙이다. 이는 신법이 최근의 법적 결정을 담고 있기 때문이다.

② 법률불소급의 원칙

법은 시행 후에 발생한 사항에 대하여 적용되며, 그 시행 이전에 발생한 사항에 대하여는 소급하여 적용되지 않는다는 원칙을 법률불소급의 원칙이라고 한다. 소급효를 인정하여 해당 법률 시행 이전의 사항에 대하여서도 신법을 적용한다면 국민의 법적 생활이 불안정하게 되고, 법질서가 혼란에 빠질 우려가 있기 때문에 인정되는 것이다. 이 원칙은 법의 일반적인 원칙으로 인정되며, 명문의 규정이 없더라도 법의 해석에 있어서 당연히 준수되어야 할 원칙이다. 그러나 형사법의 경우 행위 시에 이를 범죄로 규정하고 그에 대한 처벌을 규정한 법률이 있을 경우에만 해당 행위를 범죄로 처벌할 수 있다는 죄형법정주의가 대원리로 인정되고 있고 「헌법」 제13조 제1항도 "모든 국민은 행위 시의 법률에 의하여 범죄를 구성하지 아니하는 행위로 소추되지 아니하며…."라고 규정하고, 「형법」 제1조 제1항에서는 "범죄의 성립과 처벌은 행위시의 법률에 의한다."고 규정하고 있기 때문에 원칙적으로 법률불소급의 원칙이 준수되어야 한다.

어느 사항에 관하여 그 발생 당시의 법보다도 신법을 적용하는 것이 합리적이며 사회의 실정 또는 정의의 관념에 합치되는 경우에는 특히 명문으로 법의 소급효를 인정할 수도 있다. 법률의 적용범위를 법률 부칙에서 따로 규정할 수 있다. 예를 들어, 「민법부칙」 제2조에는 "본법의 특별한 규정이 있는 경우 외에는 본법 시행일 전의 사항에 대하여도 이를 적용한다. 그러나 이미 구법에 의하여 생긴 효력에 영향은 미치지 아니한다."고 규정하여 신법의 소급효를 일반적으로 인정한다.

2) 사회복지법의 구조

법률은 크게 공적관계를 규율하는 공법과 개인 간의 관계를 규율하는 사법, 공적관계와 사적관계의 성격이 혼재되면서 국가개입과 근로자의 권익, 시장의 실패 등을 관리하기 위한 사회법으로 구분될 수 있다. 사회복지법은 사회법의 한 영역으로 구분되며 사회적 문제를 해결하기 위한 법으로서의 위상을 가지고 있다.

우리나라의 현행 사회복지법의 구조를 살펴보면 [그림 3-1]에서 보듯이 「사회보장기본법」이 사회복지법의 전체를 포괄하는 형태로 위치하여 공공부조법, 사회보험법과 사회서비스법에 영향을 미치고 있다. 「사회보장기본법」이 제도의 일반적 사항을 규정하고 있다면 사회보장의 급여와 수급권자에 관한 포괄적이고 절차적인 사항을 「사회보장급여의 이용·제공 및 수급권자 발굴에 관한 법률」(이하 「사회보장급여법」이라 한다.)에서 규정하고 있다. 따라서 「사회보장기본법」은 제도에 대한 기본법적 성격을 가지고 있고, 「사회보장급여법」은 급여의 절차와 관련된 사항에서 기본법적 성격을 가지고 있다.

「사회보장기본법」 및 「사회보장급여법」의 내용에 맞추어 공공부조법, 사회보험법, 사회서비스법이 구조화되어 있는데, 사회서비스 중에서 사회복지사업과 관련된 내용－예를 들어, 서비스제공기관, 인력, 사회복지법인 등－에 대해 「사회복지사업법」으로 규율하고 있다.

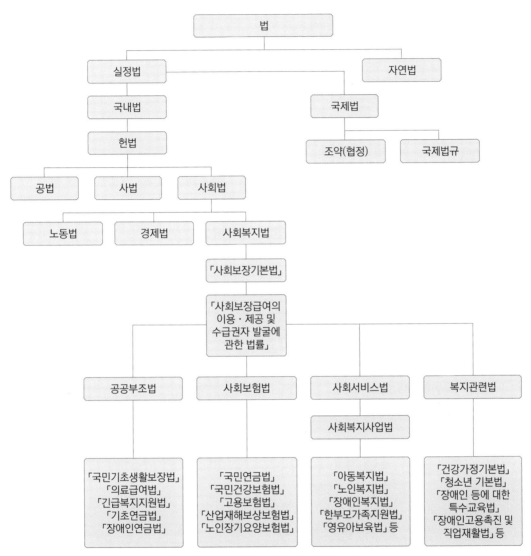

[그림 3-1] 사회복지법의 체계와 구조

제3절 사회복지법의 구성

우리나라의 사회복지법을 이해하기 위해서는 법의 형식적 구성과 내용적 구성
을 나누어서 파악할 필요가 있다. 형식적 구성은 사회복지법이 일반적으로 가지

게 되는 기본적 형식내용이며 내용적 구성은 사회복지법에 공통적으로 포함되는 규율 사항에 관한 것이다.

1. 형식적 구성

법률은 크게 본문과 부칙으로 구분된다. 법률의 본문은 해당 법률의 내용을 규정한 부분이고, 부칙은 법의 시행일이나 다른 법률과의 관계 등 적용을 위한 특례 등을 규정한 기술적인 부분이다. 본문의 내용은 크게 장으로 분류하고 각 장을 다시 나눌 필요가 있는 경우 절로 분류한다. 절은 있는 경우도 있고 없는 경우도 있다. 개별 조문은 조, 항, 호, 목으로 구성된다. 항, 호, 목의 경우 조문별로 있는 경우도 있고 없는 경우도 있으나, 조, 항, 호, 목 순으로 각 조문의 내용이 구체화된다. 조와 호는 아라비아 숫자를 사용하며 목은 가, 나, 다 등 한글을 사용한다. 「사회보장기본법」을 중심으로 이를 살펴보면 〈표 3-1〉과 같다.

〈표 3-1〉 법률 형식의 예

법률명	「사회보장기본법」
본문	제1장 총칙 　제1조(목적) 　제2조(기본이념) 　제3조(정의) 　… (나머지 조항 생략) … 제2장 사회보장에 관한 국민의 권리 제3장 사회보장 기본계획과 사회보장위원회 제4장 사회보장정책의 기본방향 제5장 사회보장제도의 운영 제6장 사회보장정보의 관리 제7장 보칙
부칙	부칙 제1조(시행일) 제2조(다른 법령과의 관계)

「사회보장기본법」 제42조를 통해 개별 법률 조항의 조, 항, 호, 목을 확인하면
〈표 3-2〉와 같다.

〈표 3-2〉 법조항의 예시: 조, 항, 호, 목

「사회보장기본법」 제42조	해당 조문 읽는 방법
제42조(사회보장 행정데이터의 제공 요청) ① 위원회는 사회보장 정책의 심의 · 조정 및 연구를 위하여 관계 기관의 장에게 사회보장 행정데이터가 모집단의 대표성을 확보할 수 있는 범위에서 다음 각 호에 해당하는 사회보장 행정데이터의 제공을 요청할 수 있다. 이 경우 사회보장 행정데이터의 제공을 요청받은 관계 기관의 장은 특별한 사유가 없으면 이에 따라야 한다.	제42조 제1항
1. 사회보험, 공공부조 및 사회서비스에 관한 다음 각 목의 자료 또는 정보	제42조 제1항 제1호
가. 국민연금 · 건강보험 · 고용보험 · 산업재해보상보험 등 사회보험에 관한 자료 또는 정보	제43조 제1항 제4호 가목

2. 내용적 구성

사회복지법은 규제의 목적보다는 법에서 정한 대상자를 지원하기 위해 제정된
법이므로 급여 및 서비스를 어떻게 제공할 것인지에 초점을 두게 된다. 따라서 급
여 및 서비스 대상을 특정하고, 급여내용의 수준을 정하며, 이를 위한 전달체계(조
직체계)에 관한 내용이 포함된다. 급여 및 서비스 제공에 수반되는 비용 등 재정문
제도 필수적인 사항이 되며, 아울러 급여 및 서비스 과정에서 문제되는 이의신청
절차 등 권리구제와 벌칙 등이 규정되는 것이 일반적이다.

1) 목적 및 기본원리

개별법에서 추구하고자 하는 목적이 포함되는 조항으로 법률에서 가장 먼저 규
정되는 사항이다. 목적조항에서 사용하는 용어를 상세히 살펴보면 법이 추구하는
방향성과 급여수준을 개략적으로 예측할 수 있는 경우가 대부분이다. 예를 들어,

「국민기초생활보장법」에서 생활수준에 대해서 최저생활을 보장하는 용어로 사용할 경우 선별주의적 방향성이 강조되며 급여수준이 낮게 책정된다는 것을 예측할 수 있다. 이에 비해 적정생활 혹은 문화적 생활이라는 용어가 사용될 경우 보편주의적 방향성을 가지게 되고 급여수준도 높을 것임을 예견할 수 있는 것이다. 따라서 목적조항을 세심하게 살펴보고 전체적인 법과의 정합성을 고민해 보는 것은 법적 내용을 이해하는 데 선결적 요소가 된다. 목적조항과 연관되어 해당 법이 추구하고자 하는 목적을 달성하기 위한 기본원리가 제시된다. 기본원리의 경우 해당 법률의 구체적 내용을 규범적으로 통제하고 구체화하기 위한 방향성을 보여주게 되므로 기본원리를 상세하게 파악하는 것이 중요하다.

2) 대상

급여 및 서비스를 제공하기 위해서는 대상자가 특정되어야 한다. 공공부조법은 자산 및 소득을 기준으로 하여 급여대상자가 정해지며 가구단위의 급여가 원칙이다. 최근 들어 대상자 결정과 관련하여 부양의무자 기준이 쟁점화되고 있으며, 부양의무자 기준 폐지 목소리와 더불어 정부에서는 부양의무자 기준을 완화하고 있는 추세이다. 사회보험법은 각 보험제도에 따라 보험료 납부주체가 정해지며 보험료를 납부한 대상자에게 급여가 제공된다. 사회서비스법은 대상자는 획일적인 기준으로 정해지지 않으며, 소득, 자산, 연령, 서비스 필요도 등 다양한 요소가 결합되는 방식으로 대상자가 정해진다.

3) 급여내용

급여내용은 개별법 목적에 따라 재정여건을 감안하여 내용과 수준이 결정된다. 공공부조법은 생활의 안정을 목표로 하여 급여가 결정되며, 기초생활수급자에게 급여를 모두 지급하던 통합급여에서 급여의 종류에 따라 기준이 다양화되는 개별급여로 전환되었다. 사회보험법은 현금 혹은 현물로 제공되며 해당 위험이 발생되면 규정에 따라 급여와 서비스가 제공된다. 사회서비스는 대인서비스 형태로 급여가 제공되며 급여내용은 사회서비스 제도의 다양화에 따라 그 종류도 다변화되어 있으며 수준도 각각의 제도 내용에 따라 달리 지급되고 있다.

4) 전달체계

급여와 서비스를 제공하기 위해서는 조직체계가 필요하며 이를 전달체계라고 부르기도 한다. 법에 따라 보장기관, 보장시설, 위원회, 비영리기관 등이 존재하며 사회복지사도 전달체계를 구성하는 인적 전문가로 활동한다. 이를 단위별로 살펴보면, 국가, 지방자치단체, 사회복지법인, 개인 등이 주요 전달체계의 주체로 구분될 수 있다. 법률 내용에 따르면 공공부조법은 국가와 지방자치단체, 사회보험법은 국가, 사회서비스법은 국가, 지방자치단체, 사회복지법인, 개인 등이 전달체계의 주체가 된다. 최근에는 전달체계의 주요 주체이지만 영향력이 미미했던 이용자가 중시되면서 수요자 혹은 이용자 중심의 전달체계 구축에 대한 관심이 높아지고 있으며, 그간 간과되어 왔던 이용자의 권리와 참여가 강조되고 있다.

5) 재정

사회복지법에 규정된 급여와 서비스를 제공하기 위해서는 재정이 뒷받침되어야 한다. 공공부조법은 국가와 지방자치단체가 일정 비율에 따라 조세를 기반으로 비용을 부담하며, 사회보험법은 보험료와 국가재정이 투입된다. 사회서비스는 국가, 지방자치단체, 법인전입금, 후원금, 이용료 등 다양한 재원이 활용되는 특징이 있다.

6) 권리구제 및 벌칙 등

사회복지법의 실현과정에서 발생하는 문제를 해결하기 위해 이의신청제도 등 권리구제 방식을 제도화하고 있으며, 권리침해가 발생할 경우를 대비하여 벌칙 조항도 마련되어 있다.

7) 양벌규정

양벌규정은 범죄에 대해 행위자뿐만 아니라 그 행위자와 일정한 관계가 있는 타인(자연인 또는 법인)에 대해서도 형을 과하도록 정한 규정을 말한다. 양벌규정을 두는 것은 행위자만을 처벌하는 것으로는 형벌의 목적을 달성하기 어렵기 때문이다. 어떤 법인의 대표자나 법인 또는 개인의 대리인·사용인·종업원이 위법행위를 한 경우 벌칙 규정을 적용받아 처벌되는 것은 실제 행위를 한 자이다. 이 경우 실제로 그 위반행위에 따라 이익 등을 얻고 있는 자는 그 법인 또는 사용주이므로 법인 또는 사용주가 이와 같은 위반행위를 방지하고 장래에 대한 예방 조치를 강구할 책임이 있다고 할 것이다. 이러한 이유에서 이러한 책임을 다하지 못한 법인 또는 사용주에 대해 형을 과하는 양벌규정을 두게 된다.

제4절　사회복지법과 국제법의 관계

국제법이란 국제 사회의 법 또는 국제 공동체의 법으로, 일반적으로 국가 간에 명시적 혹은 묵시적으로 합의를 바탕으로 하여 형성된 법을 의미한다. 국제법은 사회복지법에서 중요성이 커지고 있다. 사회복지와 관련한 내용이 다자간 조약 등 국제규범의 내용이 되고 있기 때문이다. 인간의 존엄을 기초로 하는 보편적 권리로서의 인권과 이를 위한 인간다운 생활의 보편적 보장을 각 국의 의무로 인정하고 국제적으로 적용될 수 있는 사회복지수준에 대한 기준 내지 가이드라인을 제시하고자 하는 국제연합(UN), 국제노동기구(ILO), 세계보건기구(WHO), 경제협력개발기구(OECD) 등 다양한 국제기구의 활동이 활발하다. 이를 통하여 사회복지가 한 국가의 복지제공을 넘어서, 국제사회 차원에서의 모든 인간의 존엄한 삶의 보장의 문제라는 인식이 확산되고 있다.

우리나라 「헌법」 제6조는 "헌법에 의하여 체결·공포된 조약과 일반적으로 승인된 국제법규는 국내법과 같은 효력을 가진다."라고 규정한다. 여기에서 조약이란 명칭을 불문하고 국제법 주체들이 법적 구속력을 받도록 문서로 체결한, 국제법의 규율을 받는 국제적 합의이다.[5] 또한 일반적으로 승인된 국제법규란 국제사회의 보편적 규범으로서 세계 대다수 국가가 승인하고 있는 법규이다. 한편, 「헌법」 제6조 제2항은 "외국인은 국제법과 조약이 정하는 바에 의하여 그 지위가 보장된다."라고 하여 외국인의 법적 지위에 관해서는 상호주의를 기본으로 하고 있다.

　이하에서는 우리나라에서 「헌법」에 의하여 체결·공포된 조약과 일반적으로 승인된 국제법규에 대해 보다 상세하게 살펴본다.

1. 헌법에 의하여 체결된 조약

1) 사회보장협정

　사회복지법과 관련하여 「헌법」에 의하여 체결된 조약의 대표적인 것으로 사회보장협정이 있다. 사회보장협정은 사회보장에 관한 상호주의에 입각하여 정부가 단독으로 외국정부와 맺는 약정 또는 정부 간의 협정을 말하는 것으로, 외국에 단기 파견된 근로자의 파견기간 중 체류국의 사회보장기여금 납부의무를 면제해 주거나, 체류국의 사회보장기여금을 납부한 장기파견자의 체류국 사회보장제도 가입기간을 본국 가입기간과 합산할 수 있도록 하여 사회보장 급여수급권을 보장하는 것을 주요 내용으로 하는 양국 간 협정이다.

　사회보장협정을 체결하는 이유는 국가 간에 적용되는 사회보험료의 이중비용 부담문제를 해결하고, 가입기간 합산 등을 통해 연금혜택의 기회를 확대할 수 있기 때문이다. 또한 협정체결국 간에 차별이 발생하지 않도록 동등대우를 보장하기 위한 것과 협정에 따른 급여가 발생할 경우 송금을 자유로이 함으로써 급여의 수급에 국가 간 제한을 받지 않도록 하는 목적도 있다.

---

5) 조약의 명칭은 관행에 따라 조약, 규약, 헌장, 규정, 협정, 협약, 의정서, 교환각서, 양해각서 등으로 부르기도 하지만 이런 명칭에 관계없이 체결당사국 간의 법적 구속력이 있는지 여부에 따라 조약인지가 결정된다(헌법재판소 1997. 1. 6. 92헌바6 등 결정; 헌법재판소 2000. 7. 20. 98헌바63 결정; 대법원 1999. 7. 23. 98두14525 판결 참조).

2) 국제인권규약

중요한 인권문서이지만 강제할 수 있는 구속력은 없었던 세계인권선언의 한계를 극복하고 강제할 수 있는 구속력을 가진 기본적이고 보편적인 국제인권법으로 마련된 것이 각각 1966년 UN총회에서 채택되고 1976년에 발효된 '경제적·사회적·문화적 권리에 관한 규약(A규약)'과 '시민적·정치적 권리에 관한 규약(B규약)'이다. 이들 규약은 세계인권선언과 함께 일반적으로 국제인권장전(International Bill of Rights)으로 불리고 있다.

경제적·사회적·문화적 권리에 관한 국제규약인 A규약에는 노동의 권리, 사회보장권, 교육에 대한 권리 등 경제적·사회적·문화적 권리 등이 포함되어 있다. 이에 따르면 각 체약국은 노동기본권·사회보장권·생활향상·교육권 등 경제적·사회적·문화적 권리를 각 국에서 실현 및 달성하여야 하며, 이의 실시상황을 정기적으로 UN에 보고할 의무가 있다. 전 세계 143개국이 체결하였으며, 우리나라도 A규약에 1990년 4월 10일 가입·비준하여 1990년 7월 10일부터 국내에서 발효되었다.

시민적·정치적 권리에 관한 국제규약인 B규약에는 평등권, 신체의 자유, 표현의 자유, 참정권 등 시민적·정치적 권리를 보호하는 내용 등이 포함되어 있다. 시민적·정치적 권리를 체약국이 이를 존중할 것을 의무화하였다. 전 세계 147개국이 체결하였으며, 우리나라는 A규약과 함께 B규약에 1990년 4월 10일 가입·비준하였으며, 1990년 7월 10일부터 국내에서 발효되었다.

한편, 선택의정서는 이 규약의 이행을 보완하기 위해 만든 별도의 조약을 말하는데, A규약의 경우 A규약 선택의정서가 있고, B규약의 경우 B규약 제1선택의정서와 제2선택의정서가 있다. 국가에 의해 A규약에 보장된 권리를 침해당했다고 주장하는 개인이나 집단, 또는 그들의 권리를 옹호하는 제3자가 유엔 사회권위원회에 권리침해를 진정할 수 있는 방법과 절차를 규정한 것이 A규약 선택의정서이다. B규약에 보장된 권리를 침해당했다고 주장하는 개인이나 집단, 또는 그들의 권리를 옹호하는 제3자가 인권심사위원회에 직접 진정할 수 있도록 하고 있는 것이 B규약 제1선택의정서이다.[6] B규약 제2선택의정서는 사형제 폐지를 내용으로 한다.

우리나라는 현재 B규약 제1선택의정서에만 1990년 4월 10일 가입하였으며, 1990년 7월 10일부터 B규약 제1선택의정서가 국내에서 발효되었다. 우리나라의 A규약, B규약 및 관련 선택의정서 가입 현황은 〈표 3-3〉과 같다.

〈표 3-3〉 우리나라의 A규약, B규약 및 관련 선택의정서 가입 현황

협약명	가입서/비준서 기탁일	발효일
A규약	1990. 4. 10.	1990. 7. 10.
선택의정서	미가입	
B규약	1990. 4. 10.	1990. 7. 10.
제1선택의정서[개인진정]	1990. 4. 10.	1990. 7. 10.
제2선택의정서[사형제 폐지]부칙	미가입	

3) 여성차별철폐협약

여성차별철폐협약은 양성평등 달성 및 여성의 지위향상을 위한 여성차별철폐선언이 1967년 유엔총회 결의로 채택된 후 동 선언을 바탕으로 1979년 12월 18일 유엔총회에서 채택되었고, 1981년 9월 3일 발효되었다. 우리나라는 1984년 12월 27일 비준하였고, 1985년 1월 26일 발효되었다. 협약은 전문에 이은 30개 조항이 6부로 구성되어 있다. 제1부(제1~6조)는 여성에 대한 차별 철폐 일반 등, 제2부(제7~9조)는 여성의 참정권 행사 시 동등한 권리, 정부를 대표할 권리 및 국제기

---

6) 2008년 6월 UN총회는 A규약 선택의정서를 채택하였다. 과거 B규약의 경우 선택의정서에 따라 개인 진정 등의 방법으로 조약 위반 여부를 심사할 수 있음에 반해, A규약은 그러한 장치가 없어 권리를 실효적으로 보장받지 못하였다. 2008년 채택된 A규약 선택의정서는 이런 상황에서 개인 진정제도와 국가 간 진정제도를 도입하였고, 규약위원회에 의한 직권조사제도도 도입하였다. 권리를 침해당한 개인이 직접 진정하고, 협약 당사국들이 침해 사례에 대한 정보를 공유하도록 하는 내용과 침해 사례에 대한 조사 절차 등이 규정되어 있다. 우리나라는 아직 A규약 선택의정서에는 가입하지 않고 있다. 따라서 현재 우리나라는 A규약에 따른 유엔사무총장에 대한 국가 보고서 제출의무는 있지만, 개인의 A규약상 인권 침해를 이유로 하는 진정은 인정되지 않는다.

구 활동에 참여할 권리, 국적 취득, 변경, 유지 및 자녀의 국적에 관한 동등한 권리 등, 제3부(제10~14조)는 여성의 경제적·사회적·문화적 권리 등, 제4부(제15~16조)는 법적 능력, 혼인 및 가정생활 등, 제5부(제17~22조)는 여성차별철폐위원회(CEDAW) 설치, 구성, 의무 등, 제6부(제23~30조)는 협약의 발효요건, 협약 개정절차 등을 규정하고 있다. 우리나라는 본 협약의 선택의정서에 2006년 10월 18일 가입하였으며, 선택의정서는 2007년 1월 18일 발효되었다.

4) 아동권리협약(Convention on the Rights of the Child)

아동권리협약은 아동의 권리를 보장하기 위한 조약으로 아동이 성인과 다른 특별한 이해와 권리를 가지며 특별한 보호를 필요로 한다는 점을 반영하여 10여 년 간의 논의 끝에 1989년 11월 20일 UN에서 채택되어 1990년 9월 2일 발효되었다. 우리나라는 1991년 11월 20일 비준하였고, 1991년 12월 20일 발효되었다. 협약은 전문에 이은 54개의 조항이 총 3부로 구성되어 있다. 제1부(제1~41조)는 아동에 대한 정의와 함께, 모든 아동에 대한 비차별 원칙(2조), 아동의 최선의 이익이 최우선적으로 고려(3조), 아동권리 실현을 위한 당사국의 입법적, 행정적 조치 의무(4조), 부모 등의 적절한 감독과 지도책임 의무(5조)를 규정하고 있으며 아동의 다양한 권리를 규정하고 있다.[7] 제2부(제42~45조)는 아동권리위원회(CRC) 설치, 구성, 의무 등에 대하여, 제3부(제46~54조)는 발효요건, 협약 개정절차 등을 규정한다.

---

7) 생명에 관한 고유의 권리 인정 및 아동의 생존과 발전 보장(6조), 아동의 출생 등록, 성명권과 국적 취득권, 양육받을 권리(7조), 부모로부터 분리되지 않을 권리(9조), 가족 재결합의 권리(10조), 아동의 불법 해외이송 및 미귀환 방지(11조), 사상·양심 및 종교의 자유, 결사의 자유와 평화적 집회의 자유(14~15조), 부모의 양육 책임 의무(18조), 모든 형태의 폭력으로부터 보호 의무(19조), 입양 아동의 최선의 이익 고려(21조), 난민 아동 보호 의무(22조), 장애 아동 보호 의무(23조), 아동의 건강권 보장(24조), 사회적 혜택 보장(26조), 교육에 대한 권리(28조), 소수민족 및 원주민 아동의 고유문화 향유 보장(30조), 여가에 대한 권리(31조), 아동의 유해한 노동으로부터 보호 받을 권리(32조), 마약·성적 착취·유인·매매 등으로부터 보호받을 권리(33~36조), 고문 금지(37조), 무력분쟁 아동의 보호 의무(38~39조) 등을 규정한다.

아동권리협약의 선택의정서는 제1선택의정서(아동의 무력충돌 참여), 제2선택의
정서(아동매매ㆍ성매매ㆍ음란물), 제3선택의정서(개인진정)가 있으며, 우리나라는
2004년 9월 24일 제1선택의정서와 제2선택의정서에 가입하였으며, 이 두 선택의
정서는 2004년 10월 24일에 발효되었다. 우리나라는 제3선택의정서(개인진정)에
는 아직 가입하지 않았다.

5) 장애인권리협약

장애인권리협약(Convention on the Rights of Persons with Disabilities)은 장애인의
인권보장을 위해 2006년 12월 13일 UN에서 채택되었으며 2008년 5월 3일 발효되
었다. 우리나라는 2008년 12월 11일 비준하였고, 2009년 1월 10일에 발효되었다.
장애인권리협약은 전문과 본문 50개 조항으로 구성되어 있으며, 장애인의 개념
(제1조), 차별과 비차별 및 합리적 편의제공(제5조)를 비롯하여 여성장애인과 장애
아동의 권리보호, 장애인의 이동권과 문화접근권 보장, 교육권과 건강권 및 일할
권리 등 장애인의 전 생활 영역에서의 권익보장에 관한 내용을 규정하고 있다. 장
애인권리협약 선택의정서는 총 18개 조항으로 구성되어 있으며 협약의 절차법적
효력을 확보하기 위하여 제정되었으나, 우리나라는 현재 가입하고 있지 않다.

2. 일반적으로 승인된 국제법규

일반적으로 승인된 국제법규는 대다수의 국가가 승인하여 국제 사회에서 국제
법규범으로서 효력이 인정되는 국제법규이며, 국내법과 동일한 효력을 가지게 된
다. 일반적으로 승인된 국제법규에 대해서는 구체적으로 내용이 무엇인지에 대해
서는 의견이 나누어지지만, 국제관습법과 같은 불문법, 국제관습법 외에 체결당
사국이 아닌 조약이라도 집단학살 금지조약, 포로에 관한 제네바 협약 등 국제 사
회에서 보편적으로 받아들여지고 있는 조약, 법의 일반원칙 등이 포함된다고 할
수 있다. 사회복지법과 관련하여 중요하게 받아들여지는 국제법규로는 1948년 세
계인권선언을 들 수 있다.

세계인권선언(the Universal Declaration of Human Rights)은 제2차 세계대전 중

발생한 인류의 반인도적 범죄에 대한 반성을 계기로 개인의 존엄, 자유와 권리를 진술한 문서로서, 모든 인간의 기본적 권리를 존중해야 한다는 유엔헌장의 취지를 반영하여 유엔 인권위원회에서 작성되었고, 1948년 12월 10일 제3차 유엔총회에서 채택되었다. 이 선언은 다양한 정치·법적 체제, 종교·문화·철학적 전통에 내재한 공통의 가치 결집을 위한 노력의 산물로서 인권과 기본적 자유의 보편성을 강조하고 있으며, 이후 60개 이상의 국제인권 관련 규범 탄생의 기념비적 역할을 하였다.

이 선언은 또한 보편적으로 사회보장을 받을 권리를 선언하였으며, 자신 및 그 가족의 건강과 안녕을 유지함에 충분한 생활수준을 보유할 권리, 생활보장을 받을 권리, 모성과 아동의 특별한 보호와 원조를 받을 권리를 선언하였다. 전문에서 법의 지배에 의해 인권을 보호할 필요를 선언하고, 본문에서는 인권의 내용으로 시민적 자유와 정치적 권리(자유권) 외에 사회보장, 노동, 교육 등의 권리(사회권)도 규정하였다. 단, 동 선언은 법적 구속력이 없으며, 권리보장을 위한 국가의 의무가 제시되지 않았고, 경제적·사회적·문화적 권리 분야에 대한 관심이 상대적으로 부족하다는 점이 한계로 지적되었다. 이를 극복하기 위하여 세계인권선언을 바탕으로 하여 법적 구속력을 가진 기본적이고 보편적인 국제인권법으로 마련된 것이 각각 1966년에 채택되고 1976년에 발효된 '경제적·사회적·문화적 권리에 관한 규약(A규약)'과 '시민적·정치적 권리에 관한 규약(B규약)'임은 앞서 살펴본 바와 같다.

제4장
사회복지와 권리

현대사회에서는 사회복지가 국민의 권리로 인식되고 있는 것이 보편적 현상이다. 일정한 이익을 누리게 하기 위하여 법이 인정하는 힘인 권리는 보통 개별 법률 등 실정법에 규정되어 실정법적 권리로서 효력이 생긴다. 현재 사회복지 관련 국민의 권리도 사회복지 관련 법률에 다수 규정되어 효력을 발휘하고 있다.

이 장에서는 사회복지 관련 권리의 철학적·이념적인 근거로서 인권과 실정법상 최상위 규범인 「헌법」상의 기본권을 고찰한 후, 개별사회복지법상의 수급권이 어떻게 나타나고 있는지를 살펴본다. 인권 부분에서는 역사적이면서 정치사회적 맥락에서의 시민권을 함께 살펴본다. 끝으로 사회복지 관련 권리가 침해되었을 때, 이를 구제할 수 있는 절차를 살펴본다.

제1절 인권

1. 인권의 개념

1) 인권의 개념과 발전

인권(human rights)은 말 그대로 인간의 권리로서, 인간이 인간답게 살기 위해 요구되는 권리이며, 인간이라면 당연히 인정되는 보편적인 권리이다. 인권은 보통 자연법적이고 천부적인 권리로 이해되어 어떠한 국가나 사회에서도 인정되어야 할 당위적 권리로 인식되어 왔다.

그러나 이러한 인권에 대한 유린이 2차례에 걸친 세계대전에서 집단 학살 등 극단적인 형태로 발생하였고, 인류는 이에 대한 반성으로 국제적 차원에서의 인권보장을 모색하게 되었다. 그 성과 중 하나가 앞서 언급한 1948년 UN의 세계인권선언이다. 그러나 세계인권선언은 인권의 보편성을 공식적으로 천명하였지만, 강제할 수 있는 구속력을 갖지 않는 선언이라는 한계를 지니고 있었다. 이에 국제사회는 국가에 인권을 보장할 구속력 있는 의무를 부여하기 위한 다양한 국제조약을 채택하였다. 그 대표적인 예가 앞서 살펴 본 시민적 · 정치적 권리에 관한 국제규약(B규약)과 경제적 · 사회적 · 문화적 권리에 관한 국제규약(A규약)이다. 이처럼 인권이 국제적 수준에서는 도덕적 · 가치적 차원의 세계인권선언을 통해 구속력 있는 국제인권조약으로 규범화되어 그 핵심 내용을 시민적 · 정치적 권리(자유권)과 경제적 · 사회적 · 문화적 권리(사회권)의 보장에 두고 있고, 개별국가 차원에서는 자유권과 사회권을 법규범으로 규정하여 인권을 보장하게 된다.

현대 인권은 단지 바람직하거나 호소하는 선언이 아닌 규범으로 표현되고 있으며, 법적인 형태로 규범화되는 추세이다. 현대 인권은 국제인권법규범에 의해 각 국가가 인권을 보장할 책임과 의무를 지고 국민은 이를 법적 권리로 보장받는 방향으로 발전하고 있다. 최근에는 인류의 집합적 권리로서 인권의 중요성이 커지면서, 전 세계 차원에서의 환경권, 정치적 안정, 경제개발, 빈곤퇴치 등으로 인권의 영역이 확장되고 있으며, 최근 코로나19로 인하여 전 세계 차원에서의 보건에 관한 인권이 강조되고 있다.

2) 자유권과 사회권

시민적 및 정치적 권리로 대표되는 자유권은 역사적으로 국가나 타인의 간섭으로부터 해방되어 자유롭게 사고하고 행동하는 자유인을 전제로 한다. 이는 천부적 권리인 자유권이 중세 봉건제적 질서를 붕괴시킨 1789년 프랑스 대혁명을 기점으로 18세기와 19세기에 걸쳐 유럽 전통주의자로 대표되는 보수적 기득권층과의 투쟁과정에서 발전하게 되는 저항 패러다임이라고 할 수 있다.

경제적 · 사회적 및 문화적 권리로 대표되는 사회권은 국민이 인간다운 생활을 할 수 있도록 국가에 대해서 일정한 급여나 서비스를 요구할 수 있는 권리를 말한다(윤찬영, 2013a). 20세기에 들어서면서 인간의 존엄성은 자유권 보장뿐만 아니라 인간다운 생활을 할 권리로 표현되는 사회권도 보장될 때 완성된다는 인식을 하게 되면서(문진영, 2013), 점차 사회권의 중요성이 확대되었다. 특히 사회권은 사회정의와 실질적 평등의 이념에서 도출된 것으로 국가의 적극적 개입 없이는 실현될 수 없는 성격을 지니고 있다(배화옥, 심창학, 김미옥, 양영자, 2015). 이러한 점에서 사회복지는 사회권 차원에서 이해될 수 있으며, 사회복지를 실천한다는 것은 사회권의 실현이자 인권의 보장이다. 따라서 사회복지는 인권과 밀접한 상호 관련성이 있다.

하지만 사회복지의 인권과의 상호관련성은 사회권에 한정되지 않는다. 이는 자유권과 사회권이 서로 분리될 수 없기 때문이다. 인간의 시민적 · 정치적 권리를 실질적으로 보장하기 위해서는 경제적 · 사회적 · 문화적 권리도 보장하여야 한다. 예를 들어, 인간의 자유로운 이동을 위해서는(자유권의 보장) 그 이동에 필요한 수단(사회권을 통한 이동가능성의 실질적 보장)이 보장되어야 한다. 실제로 A규약과 B규약은 하나의 국제규약으로 준비되었으며, 현재 장애인권리협약 등 여러 국제 인권규범은 시민적 · 정치적 권리와 경제적 · 사회적 · 문화적 권리를 함께 규정하고 있다.

같은 맥락에서 전통적으로 자유권은 국가 간섭으로부터의 해방을 의미하는 소극적 자유로 국가의 적극적 개입이 아닌 국가의 개입을 최소화할 것을 요구하는 것으로 이해하고, 사회권은 원하는 것을 할 수 있는 적극적 자유로서 국가의 적극적 개입을 요구하는 것으로 이해하되 국가의 개입의 정도와 수준은 국가의 광범위한 재량으로 판단될 수 있다고 보았다. 그러나 자유권과 사회권은 명확히 분리하기 어렵고 상호작용을 통하여 인간의 존엄을 실질적으로 보장할 수 있다는 점에서 이러한 이해를 넘어 자유권과 사회권을 인간의 존엄을 위한 통합적인 인권체계로 이해할 필요가 있다. 따라서 자유권과 사회권에 대한 국가의 적극적 보장이 요구된다. 사회권의 경우 인간다운 삶의 조건의 마련 및 충족과 직결되는 권리가 많은 만큼 사회권 보장을 위한 국가의 적극적 의무 이행이 필요하다. 또한 사회권의 주체인 개인 또한 국가에 대해 적극적인 권리 보장 요구가 실질적으로 인정되어야 하며, 이를 위한 구체적 체계 마련 또한 필요하다.

2. 인권과 시민권

시민권은 사회의 구성원이 공동체의 결정에 참여할 권리와 관련된 개념으로 사회집단, 가족, 개인 등에게 집합적 급여를 제공하는 사회정치적 구성원 자격을 규정하는 권리의 집합으로 정의할 수 있다(윤찬영, 2013a).

이러한 시민권 개념이 사회복지와 관련하여 권리의 측면에서 논의된 것으로 영국 사회학자 토마스 험프리 마샬(T. H. Marshall)의 시민권(citizenship)을 들 수 있다. 마샬의 시민권은 공민권(civil rights), 정치권(political rights), 사회권(social rights)으로 구성되어 있다. 각각의 권리는 서로 독립적이면서도 완전한 시민권을 이루기 위해서는 상호 보완적이다(김광병, 이선정, 이재호, 권정호, 권오용, 신용규, 2006). 각 개별권리와 관련한 주요 논의를 살펴보면 다음과 같다(김광병 외, 2006, 윤찬영, 2013a).

1) 공민권

시민권의 초기 형태는 공민권으로 나타났다. 이는 근대 시민혁명 이후 시민계급이 추구했던 자유주의적 이념에 입각하여 국가권력으로부터 개인의 자유를 방어하기 위한 권리 개념이다. 공민권은 사유재산의 보장, 계약체결의 자유, 언론·출판·결사의 자유, 법 앞의 평등 등 개인의 자유와 법 앞에서의 평등을 보장하는 권리 등을 의미하며 주로 18세기에 발달하였다. 이와 같은 공민권은 시장의 원리를 제1의 가치로 하는 사회에서 부르주아지인 시민계급이 자유롭게 경제활동을 할 수 있도록 국가의 간섭을 배제하는 것이 주목적이었다. 이 시기의 자유는 '무엇을 하기 위한 자유'라는 적극적 의미보다는 '무엇으로부터의 자유'라는 소극적 의미로 해석되었다. 평등도 '조건의 평등'이나 '결과의 평등'보다는 '기회의 평등'에 중심 가치를 두는 것이었다. 국가는 시장의 기능이 순조롭게 작동하지 못할 때, 즉 빈곤, 질병 등의 문제로 인해 사회질서가 혼란되고 시장의 역할을 저해할 때만 개입하는 야경국가의 특성을 갖는다.

2) 시민권

시민권은 정치권의 형태로 나타났는데 참정권이라고도 하는 정치권은 19세기에 발달한 것으로 정치적 권위를 부여받은 기구(입법부와 지방의회 등)의 구성원으로서 혹은 그러한 기구의 구성원을 선출할 수 있는 유권자로서 정치권력을 행사할 수 있는 권리이다. 시민혁명을 통해 이룩된 자본주의로의 이행과정에서 엄청난 부를 축적했던 신흥자본가 계급은 조세를 대가로 정치권을 획득하였다. 즉, 경제적 능력만 있으면 출생성분과 상관없이 시민권으로서의 정치적 권리를 획득할 수 있었다. 투표권 중심의 정치권은 이후 노동계급으로 확대되는 역사적 과정을 거치게 되었다.

공민권을 경제 영역에서의 시민권이라 한다면, 정치권은 정치 영역에서의 시민권이다. 시민권 발달의 초기에는 공민권이나 정치권 모두 구지배계급인 봉건계급과 왕권으로부터 시민계급이 독립하기 위한 권리체계였다면, 자본주의 경제체제의 진행과정에서는 신지배계급인 자본가에 대해 노동계급이 불평등과 착취로부터 해방되기 위한 투쟁의 산물이 되었다. 이러한 일련의 과정을 통해 정치권은 민주주의적 시민권으로서의 의미를 갖게 되었다.

3) 사회권

마지막으로 20세기에 등장한 시민권이 사회권이다. 사회권은 적정 수준의 경제적 복지 및 보장에서 사회적 유산을 충분히 공유하고 사회의 보편적 기준에 따라 문명화된 삶을 영위할 수 있는 권리에 이르는 전범위의 권리를 의미한다. 이러한 사회권은 공민권과 정치권을 토대로 하여 생성된 역사적 산물이다. 사회권은 공민권을 토대로 하지만 자유권적 공민권의 한계를 극복한 것으로, 노동계급의 계급적 이해를 대변하는 정당이 정치권을 통해서 의회에 진출하고 친노동계급적 입법을 통해 사회보장제도 등이 도입되기 시작하면서 노동계급과 더 나아가 국민 개인의 생존권 이념이 합법적으로 승인되고, 이를 통해 마련된 일련의 권리체계들이 곧 사회권을 구성한다.

사회권의 발달은 동시에 그에 상응하는 국가의 의무를 확립하게 했다. 공민권 단계에서 야경국가였던 국가는 이제 적극적 개입에 대한 권리와 의무를 동시에 갖는 복지국가의 지위를 갖게 된 것이다.

기존의 권리가 기존의 국가와 권력으로부터 시민을 보호하기 위한 소극적 권리였다면, 사회권은 개인의 행복과 복지를 충족시켜 줄 수단을 충족시키는 적극적 권리를 의미한다. 현대복지국가에서는 공민권, 정치권, 사회권 등의 시민권은 완전히 통합된 형태로 인정된다.[1]

제2절 │ 헌법상 기본권

헌법상 '기본권'은 인권이 국가의 최고규범인 헌법에 수용된 기본적 인권을 말한다. 인권의 헌법적 수용은 근대 시민혁명을 계기로 이루어졌다. 18세기 유럽의 사회계약론자와 계몽주의적 자연법론자의 천부적 인권사상 등 인권사상의 영향을 받은 1776년 미국의 '버지니아 권리장전(Virginia Bill of Right)', 1789년 프랑스의 '인간과 시민의 권리선언(Declaration des Droits l'homme et du citoyen)' 등 개별 국가의 인권선언이 서구 근대 시민혁명에서 중요한 역할을 하였다. 1791년 미국수정헌법은 10개 조의 인권 조항을 추가하여 인권을 헌법상 기본권으로 최초 수용

---

1) 마샬의 시민권 외에도 권리로서 사회복지를 논할 때 생존권과 복지권이라는 개념을 사용하기도 한다(김광병, 김수정, 2012). 생존권은 자유권을 기초로 한 자본주의 사회가 생산수단을 갖지 못하는 근로자계층의 인간다운 생존을 위태롭게 함에 따라 시민의 요구와 투쟁에 의해 획득된 권리로서 구체적이고 현실적인 인간의 실질적인 자유와 평등을 보장하고 경제적 정의를 실현할 수 있는 권리로서 국가가 국민의 인간다운 생활을 보장하기 위한 경제적 지원이라고 할 수 있다. 복지권은 마샬의 시민권 중 사회권 부분에서 출발하여 시민으로서 요구할 수 있는 법적 권리, 즉 다양한 복지제도에서 요구할 수 있는 복지급여에 대한 수급자의 법적 권리를 말한다. 생존권이 경제적 권리임을 강조한다면, 복지권은 경제적인 부분을 포함할 뿐만 아니라 사회복지서비스 등의 다양한 권리 형태로로 확장된 것이다. 이렇게 보면 복지권과 사회권은 같은 맥락에서 이해될 수 있을 것이다. 생존권, 사회권, 복지권 등 다양한 용어의 사용은 복지국가가 발달해 가면서 사회복지에 대한 권리의 영역이 확장되어 가는 것과 맞물려 있다고 볼 수 있다.

하였고,[2] 1787년 미국연방헌법과 1791년 제정된 프랑스 최초의 헌법은 1789년 인권선언을 수용하였다.

우리나라 「헌법」상 기본권에 직간접적으로 큰 영향을 준 헌법으로 독일 헌법을 들 수 있는데, 독일 헌법사에서 기본권에 있어서 중요한 의미를 가지는 것은 실제 시행되지는 못했지만 독일제국을 설립하고자 하는 과정에서 제정된 1849년 프랑크푸르트 헌법이다. 이 헌법은 표현의 자유, 종교의 자유, 집회의 자유, 재산권 보장 등 종래 헌법들에 보장된 고전적 기본권을 망라할 뿐만 아니라 주거의 자유, 거주이전의 자유, 직업의 자유, 결사의 자유, 사형제도의 폐지, 학문의 자유 등 새로운 기본권을 수용하였다. 이후 1919년 바이마르 헌법은 약 60개에 달하는 기본권 목록을 수용하고 있으며, 평등권과 고전적 자유권적 기본권뿐만 아니라 사회적 기본권도 광범위하게 포함하였다. 1949년 독일기본법은 바이마르 헌법의 기본권 보장을 모델로 삼으면서도 나치의 인권유린에 대한 반성으로 제1조에서 인간 존엄의 불가침을 강조하고 개인의 인권보호를 위한 헌법적 보장을 최대한으로 강화하고자 하였다(한수웅, 2018).

현행 「헌법」상 기본권은 자연법사상에 바탕을 둔 천부인권론에 기초하여 「헌법」에서 보장하는 일련의 자유와 권리에 관한 규범체계로 이해되고 있다. 인권과 기본권을 절대적으로 구별하기보다는 대체적으로 동일한 것으로 보면서, 양자 모두 헌법의 이념적 출발점이자 궁극적으로 인간의 존엄성 실현을 위해 모든 국가권력을 구속하는 헌법적 권리로 인식하고 있다.

1. 기본권의 의의

1) 개념

기본권이란 자연법사상에 바탕을 둔 천부인권론에 기초하여 헌법이 보장하는 일련의 자유와 권리의 보장체계를 말한다. 실정헌법에서는 인간과 국민에게 보장

---

2) 1787년의 미국연방헌법은 제정 당시에는 인권에 관한 규정을 두지 않았다.

이 필요한 모든 유형의 기본권을 완벽하게 규정할 수 없다는 입법기술상의 한계가 있다. 그리하여 실정헌법상 기본권은 예시적인 인권목록에 불과한 것으로 보고(「헌법」에 열거된 기본권), 비록 명문의 규정이 없더라도 인간의 존엄과 가치, 행복추구권, 헌법에서 정하는 다양한 원칙, 원리, 제도 등에 함축된 가치와 이익의 해석을 통해서도 보장 가능한 기본권을 도출하기도 한다. 현행 「헌법」 제37조 제1항은 "국민의 자유와 권리는 헌법에 열거되지 아니한 이유로 경시되지 아니한다."고 하여 국가가 열거되지 않은 기본권 또한 보장하여야 함을 명시하고 있다.

2) 주체

기본권 가운데 인간의 권리는 모든 인간에게 귀속되는 권리로서 헌법에 명시적 규정이 없더라도 당연히 인정되는 초국가적 · 자연법상의 권리로, 내 · 외국인의 구별 없이 이를 향유할 수 있음을 원칙으로 한다. 이에 대하여 국민의 권리는 실정법에 의하여 비로소 보장되는 권리로서 국적보유자만 누릴 수 있고, 외국인에게는 원칙적으로 인정되지 않는 권리이다. 대체로 인간의 존엄과 가치, 행복추구권, 평등권은 인간의 권리에 해당하고, 재판청구권, 선거권, 공무담임권, 청원권, 국가배상청구권, 교육을 받을 권리, 인간다운 생활을 할 권리 등은 국민의 권리로 본다.

한편, 기본권은 원칙적으로 자연인을 그 주체로 하지만, 기본권에 따라서는 법인도 그 주체가 될 수 있는 것이 있다. 예컨대, 인간의 존엄과 가치의 보장, 생명권, 신체의 자유 등은 자연인에게만 주체성이 인정되지만, 평등권, 재산권, 직업선택의 자유, 거주 · 이전의 자유, 통신의 자유, 결사의 자유, 재판을 받을 권리 등은 그 내용에 따라 법인도 기본권의 주체가 될 수 있다.

3) 성격

(1) 개인적 공권성
기본권은 「헌법」에 의해 보장되는 구체적 권리성을 가진다. 전통적 기본권 이론에서 기본권의 구체적 권리성은 국민이 개인으로서 국가에 대하여 기본권 보장을 요구할 수 있는 「헌법」상 청구권으로 이해되고 있다. 이를 기본권의 개인적 공권성 또는 주관적 공권성으로 표현하는데, 여기에서 개인적 공권성 또는 주관적 공권성이란 개인이 국가를 상대로 자신의 「헌법」상 기본권적 이익을 보장받기 위하여 국가에게 작위나 부작위를 요구할 수 있는 권리를 의미한다. 이에 따라 기본권은 개인이 국가를 상대로 「헌법」상 보장되어 있는 기본권을 침해하지 말 것을 요구할 수 있는 소극적 권리성과 「헌법」상 보장되어 있는 기본권을 적극적으로 보장해 달라고 요구할 수 있는 적극적 권리성을 모두 가지게 된다. 따라서 기본권은 소극적 · 적극적 권리성을 내용으로 하는 개인적 공권 또는 주관적 공권으로서 성격을 가진다. 한편, 기본권이 가지는 개인적 공권성 또는 주관적 공권성은 모두 국가를 향해 행사하는 헌법상 청구권의 지위를 갖는다는 점에서 공통적이다.

(2) 객관적 가치질서성

기본권은 주관적 공권의 기능만 수행하는 것은 아니다. 오늘날 민주국가의 헌법에서 기본권 조항은 「헌법」의 최고원리이자 핵심가치이다. 그래서 기본권은 입법권, 행정권, 사법권 등 모든 국가권력을 구속한다. 그리하여 기본권은 국가 전체의 법질서를 구성하는 핵심원리이자 요소로서 성격을 가지게 되었으며, 모든 국가권력은 「헌법」에 의하여 부여된 자신의 권력을 기본권이 허용하는 한도 내에서만 행사할 수 있을 뿐이다. 이는 입법권이 법률을 제정하는 경우에도, 행정권이 법률을 집행하는 경우에도, 사법권이 법률을 해석하여 적용하는 사법작용을 하는 경우에도 모두 적용된다.

이처럼 기본권이 모든 국가권력과 국가 전체 법질서를 지배하는 최고의 헌법 원리로 자리매김하는 이상, 이들에 의해 규율되고 있는 국가공동체 구성원에게도 기본권은 그 효력을 미친다. 즉, 기본권은 대국가적 방어권의 기능만 수행하는 것이 아니라 국가와 사회공동체 전체에 효력을 미치는 객관적 법질서 혹은 객관적 가치질서로서 기능한다. 이 때문에 오늘날 기본권은 국가를 상대로 한 개인적 공권성 또는 주관적 공권성뿐만 아니라, 국가와 사회공동체 전체에 구속적 효력이 미치는 객관적 법질서 혹은 객관적 가치질서로서의 성격을 모두 가지는 것으로 보고 있다. 이를 기본권의 이중적 성격이라 부르기도 한다.[3]

4) 효력

(1) 대국가적 효력

근대입헌주의 헌법에서 보장되기 시작한 기본권은 원칙적으로 국가기관에 의한 침해로부터 개인의 자유와 권리를 방어하기 위한 대국가적 방어권으로 출발하였다. 이에 따라 기본권은 잠재적 기본권 침해자인 국가에게 헌법상 보장되어 있는 기본권의 소극적 · 적극적 보장을 청구할 수 있는 주관적 공권성으로 설명되는 것이다. 그 결과 기본권은 우선적으로 국가를 향하는 효력을 가지게 되었는데, 이를 기본권의 대국가적 효력이라 부른다. 기본권의 대국가적 효력은 대국가적 방어권으로서 기본권이 국가에게 미치는 구속적 효력을 의미한다. 즉, 기본권은 모든 국가 공권력작용을 직접 구속하는 효력을 가지게 되어, 입법권은 기본권을 침해하는 법률을 제정할 수 없고, 행정권은 기본권을 침해하는 법 집행을 할 수 없고, 사법권은 재판을 통해 기본권을 침해할 수 없는 것이다. 현행 「헌법」은 제10조에서 "국가는 개인이 가지는 불가침의 기본적 인권을 확인하고 이를 보장할 의무를 진다."고 규정하여 기본권의 대국가적 효력을 명문화하고 있다.

---

3) 헌법재판소는 「국가안전기획부직원법」 제22조 등에 따른 계급정년제도의 위헌성을 다룬 헌법소원 사건에서 "기본권은 소극적 방어권으로서의 의미를 가지고 있을 뿐만 아니라, 국가는 적극적으로 국민의 기본권을 보호할 의무를 부담하고 있다는 의미에서 기본권은 국가권력에 대한 객관적 규범 내지 가치질서로서의 의미를 함께 가지며, 객관적 가치질서로서의 기본권은 입법 · 사법 · 행정의 모든 국가기능의 방향을 제시하는 지침으로서 작용하므로, 「헌법」은 국가기관에게 기본권의 내용을 실현할 의무를 부여하고 있다."고 하여 기본권의 이중적 성격을 긍정하고 있다(헌법재판소 1994. 4. 28. 91헌바15 결정 참조). 한편, 대법원도 종립(宗立) 사립고교에서 재학생에게 이루어지는 의무적 종교교육이 「헌법」상 종교의 자유에 대한 침해인지를 다룬 사건에서 "「헌법」상 기본권은 제1차적으로 개인의 자유로운 영역을 공권력의 침해로부터 보호하기 위한 방어적 권리이지만 다른 한편으로 「헌법」의 기본적인 결단인 객관적 가치질서를 구체화한 것으로서, 사법을 포함한 모든 법 영역에 그 영향을 미치는 것이므로 사인(私人) 간의 사적인 법률관계도 「헌법」상 기본권 규정에 적합하게 규율되어야 한다."고 판시하여 기본적으로 헌법재판소와 동일한 입장에 있다(대법원 2010. 4. 22. 2008다38288 판결 참조).

(2) 대사인적 효력

 전통적으로 기본권은 국가기관에 의한 침해의 위협하에 있었던 개인의 자유과 권리를 보장하기 위해 탄생하였다. 그래서 앞서 논의한 바와 같이 기본권의 주관적 공권으로서의 성격과 대국가적 방어권으로서 대국가적 효력을 논하게 된 것이다. 그러나 점차 국가기관뿐만 아니라 사적단체나 조직체 및 사인에 의한 기본권 침해위협이 발생하게 되었고, 이에 따라 기본권의 효력과 적용범위를 사인 간의 법률관계에도 확장하려는 새로운 기본권 이론이 등장하였다. 이에 따라 기본권의 성격에서는 주관적 공권성 또는 대국가적 방어권뿐만 아니라 기본권의 객관적 가치질서성을 강조하게 되었고, 이에 근거하여 기본권은 국가뿐만 아니라 사인과 사인 간에도 효력을 미친다는 기본권의 대사인적 효력론이 등장하였다.

 기본권이 제1차적으로 개인의 자유로운 영역을 국가 공권력의 침해로부터 보호하기 위한 방어적 권리라는 점은 변하지 않았다. 그러나 기본권은 객관적인 가치질서로서의 성격도 가지며, 이 가치체계는 헌법의 기본적 결단으로서 모든 법영역에 적용되기 때문에 사인과 사인 간의 법률관계를 정하는 사법 영역에도 타당하게 효력을 미치는 것으로 보는 기본권의 대사인적 효력이 점차 기본권의 효력으로 인정되고 있다.

 다만, 기본권의 대사인적 효력은 개인이 개인에게 기본권을 직접 주장하여 효력을 관철할 수 있다는 것을 의미하지는 않는다. 이러한 효력을 인정하면 사법관계의 근간을 이루는 사적자치의 원칙이 훼손할 수 있기 때문이다. 그래서 현재는 기본권의 대사인적 효력은 원칙적으로 개인 간에 직접적 구속력을 미치는 것으로 보지 않고 사법상의 일반조항(공서양속조항, 신의성실조항, 고의 과실에 따른 손해배상조항 등)을 통해 개인 간에 간접적 효력을 발생하는 것으로 보는 것이 통설과 판례의 입장이다.[4] 하지만 현행 「헌법」에서 정하고 있는 개별 기본권의 구체적 성격에 따라서는 사인 간에도 직접 적용되어 효력을 발생하는 기본권이 있다는 점도

---

4) 대법원이 종립(宗立) 사립고교에서 재학생에게 이루어지는 의무적 종교교육이 헌법상 종교의 자유에 대한 침해인지를 다룬 사건(대법원 2010. 4. 22. 2008다38288 판결)과 서울 YMCA가 여성회원에게 총회원 자격을 배제했던 것이 「헌법」상 평등권 침해인지를 다룬 사건(대법원 2011. 1. 27. 2009다19864 판결)에서 이와 같이 판시하였다.

유의할 필요가 있다. 예를 들어, 「헌법」 제33조에서 정하는 근로3권(단결권, 단체교섭권, 단체행동권)은 사인인 사용자와 근로자 간에 직접 적용되는 기본권이다.

2. 개별 기본권

1) 인간의 존엄과 가치, 행복추구권

인간의 존엄과 가치 및 행복추구권은 자율성과 이성을 지닌 인격적 존재라는 인간상을 바탕으로 삼고 있으며 개별 기본권에 그치지 않고 총괄적 성격을 가진다. 인간의 존엄과 가치는 주관적 권리이면서 헌법의 최고가치를 담고 있는 객관적 헌법원리이다. 헌법재판소도 "「헌법」 제10조에서 규정한 인간의 존엄과 가치는 헌법이념의 핵심으로, 국가는 「헌법」에 규정된 개별적 기본권을 비롯하여 「헌법」에 열거되지 아니한 자유와 권리까지도 이를 보장하여야 하며, 이를 통하여 개별 국민이 가지는 인간으로서의 존엄과 가치를 존중하고 확보하여야 한다는 「헌법」의 기본원리를 선언한 조항이다. 따라서 자유와 권리의 보장은 1차적으로 「헌법」상 개별적 기본권규정을 매개로 이루어지지만, 기본권제한에 있어서 인간의 존엄과 가치를 침해한다거나 기본권형성에 있어서 최소한의 필요한 보장조차 규정하지 않음으로써 결과적으로 인간으로서의 존엄과 가치를 훼손한다면, 「헌법」 제10조에서 규정한 인간의 존엄과 가치에 위반된다."라고 한다.[5] 행복추구권은 인간이 자신의 인격을 자유로이 발현할 권리로서, 자기운명결정권을 포함하는 일반적인 인격권, 일반적인 행동의 자유를 포함한다.

2) 평등권

평등권은 이유 없는 차별로부터 동등한 대우를 요구할 수 있는 권리로, 국가가 차별적으로 자유를 제약할 때에는 대국가적 방어권으로 작용하고 국가가 차별적

---

5) 헌법재판소 2000. 6. 1. 헌마216 결정.

으로 급부나 혜택의 제공에서 배제할 때에는 국가에 대한 적극적 요구권으로 작용한다(김하열, 2018).

3) 자유권

자유권적 기본권은 국가권력에서 자유로울 수 있는 국민의 권리이다. 자유권적 기본권에는 생명권, 신체를 훼손당하지 않을 권리, 신체의 자유, 양심의 자유, 종교의 자유, 언론·출판의 자유, 집회·결사의 자유, 학문의 자유, 예술의 자유, 사생활의 비밀과 자유, 개인정보자기결정권, 주거의 자유, 통신의 자유, 거주·이전의 자유, 직업의 자유, 재산권을 들 수 있다.

4) 참정권

참정권은 국민주권과 민주주의를 실현시키는 기본권으로 넓은 의미에서는 언론·출판의 자유, 집회의 자유, 정당의 자유와 같은 정치적 자유권도 포함될 수 있으나, 보통 좁은 의미의 참정권은 선거권, 공무담임권, 국민투표권을 말한다.

5) 청구권적 기본권

청구권적 기본권은 '기본권 보장을 위한 기본권'이라고도 하며, 오늘날 권리보호청구권, 구제권적 기본권, 권리보장을 위한 기본권, 권리확보를 위한 기본권으로 불린다. 청구권적 기본권은 권리가 침해되었을 때 국가에 대하여 그 구제를 요구하거나 또는 특정한 행위를 요구하거나 국가의 보호를 요청할 수 있는 적극적 공권이며, 국가 내적인 권리이다. 여기에는 재판청구권, 국가배상청구권, 형사보상청구권, 범죄피해자구조청구권, 청원권 등이 있다.

6) 사회적 기본권

사회적 기본권은 생존권, 생존권적 기본권, 사회권 등으로도 부르며 이는 인간다운 생활을 위하여 필요한 조건들을 국가권력의 적극적 관여에 의하여 확보해 줄 것을 요청할 수 있는 권리를 말한다. 여기에는 주된 기본권으로 인간다운 생활을 할 권리, 교육을 받을 권리, 근로의 권리, 근로3권, 환경권, 보건권, 혼인과 가족생활의 보장 등이 있다. 사회복지법 영역에 있어 사회적 기본권은 제1차적인 헌법적 근거이자 핵심에 해당한다. 따라서 사회적 기본권에 대한 구체적 내용은 단락을 바꾸어 다음에서 상세히 다룬다.

<표 4-1> 실정헌법상 기본권의 유형(내용상 분류)

기본권의 유형	구체적 내용
이념적 · 목적적 · 포괄적 기본권	인간의 존엄과 가치, 행복추구권
평등권	법 앞에 평등
자유권적 기본권	생명권,[6] 신체를 훼손당하지 않을 권리, 신체의 자유, 양심의 자유, 종교의 자유, 언론 · 출판의 자유, 집회 · 결사의 자유, 학문의 자유, 예술의 자유, 사생활의 비밀과 자유, 개인정보자기결정권, 주거의 자유, 통신의 자유, 거주 · 이전의 자유, 직업의 자유, 재산권
참정권	선거권, 공무담임권, 국민투표권
청구권적 기본권	재판청구권, 국가배상청구권, 형사보상청구권, 범죄피해자구조청구권, 청원권
사회적 기본권	인간다운 생활을 할 권리, 교육받을 권리, 근로의 권리, 근로3권, 환경권, 보건권, 혼인과 가족생활의 보장

3. 사회적 기본권

1) 의의

(1) 개념

사회적 기본권이란 단체주의적 사회정의의 실현을 국가목적으로 하는 사회국

---

6) 현행 「헌법」에서 이를 명시하고 있지 않으나, 학설과 판례 모두 당연히 인정된다고 본다.

가 또는 복지국가에서 국민의 인간다운 생활을 확보하기 위하여 일정한 국가적 급부와 배려를 국가에 대하여 요구할 수 있는 권리를 말한다. 사회적 기본권의 개념적 징표로는 이념으로서 인간다운 생활의 보장, 내용으로는 국가적 급부와 배려, 실현형태로서는 헌법적 보장 등이 있다.

사회적 기본권은 자본주의 발전에 따른 부의 편재, 빈곤의 확대와 실업자의 범람, 그로 인한 노사 간의 대립의 격화 등을 계기로 모든 사회구성원의 최저한의 인간다운 생존을 보장하고, 나아가 실질적 평등이라는 사회정의를 구현하기 위한 사회적 기본권사상이 대두되면서 헌법에 구체적으로 등장하였다. 즉, 사회적 기본권은 일련의 시민적 자유권에 대한 보완 내지 수정으로서 헌법에 명문화된 것이다. 사회적 기본권을 헌법에서 본격적으로 구체적인 규정한 것으로 널리 알려진 것은 1919년 독일의 바이마르 헌법이다.[7]

(2) 연혁

1919년 바이마르 헌법은 제2차 세계대전 이후 유럽각국이 헌법과 세계인권선언, 유럽사회헌장 등에 영향을 주었으며, 인간다운 생활에 대한 국민의 요구와 그 실천적 운동을 뒷받침하였다. 우리나라의 경우에도 제헌헌법을 필두로 역대 「헌법」에서 사회적 기본권을 규정하였고, 현행 「헌법」은 제31조 이하에서 교육을 받을 권리(제31조), 근로의 권리(제32조), 근로3권(제33조), 인간다운 생활을 할 권리와 사회보장수급권(제34조), 환경권(제35조), 보건권(제36조) 등을 사회적 기본권으로 직접 규정하고 있다.

2) 사회적 기본권과 자유권적 기본권의 관계

(1) 대립관계

사회적 기본권은 단체주의적 사회정의 실현을 이념적 배경으로 하지만, 자유권

---

7) 1919년 「바이마르 헌법」 제151조 제1항은 "경제생활의 질서는 모든 국민에게 인간다운 생활을 보장해 주기 위해 정의의 원칙에 합치하여야 한다. 이 한계 내에서 개인의 경제적 자유는 보장된다."고 정하여 「헌법」 차원에서 사회적 기본권 이념을 강조하였다.

적 기본권은 개인주의적 · 자유주의적 이념을 그 배경으로 한다. 또한 사회적 기
본권은 인간다운 생활을 영위할 권리로서 실정법상의 권리이기 때문에 국민(자연
인)만이 누릴 수 있지만, 자유권적 기본권은 천부적 권리이고 대국가적 방어권이
기 때문에 원칙적으로 자연인인 국민의 권리이지만, 예외적으로 법인과 외국인도
그 주체가 될 수 있다.

한편, 사회적 기본권은 국가의 급부나 수익을 요구하는 적극적 권리이지만, 자유
권적 기본권은 개인의 자유를 보장하기 위한 소극적 · 방어적 권리를 의미한다. 즉,
사회적 기본권은 개인이 인간다운 생활을 확보할 수 있도록 적극적인 국가적 급
부와 배려를 요구할 것을 내용으로 하지만, 자유권적 기본권은 개인에게 자유로운
생활영역의 확보를 위하여 국가의 개입이나 간섭을 배제하는 것을 내용으로 한다.

(2) 보완관계

현대 민주국가 헌법의 이념이 인간이 존엄성 보장과 인간의 자유로운 인격발현
이라면, 자유권적 기본권과 사회적 기본권은 헌법의 이념을 실현함에 있어 목적
과 수단의 관계에 있다고 할 수 있다. 진정한 의미의 자유는 생존에 대한 위협과
공포로부터 완전히 해방될 때에 비로소 가능하기 때문이다. 그러한 의미에서 사
회적 기본권은 자유권적 기본권을 뒷받침하고 실효적인 것이 되게 하고 자유권적
기본권을 보완하는 것이라고 할 수 있다. 따라서 헌법 이념의 구현이라는 관점에
서 본다는 양자는 조화와 보완의 관계라 할 수 있다.

3) 법적 성격

현재 국내 · 외적으로 사회적 기본권의 법적 성격을 규명하기 위한 여러 가지 학
설이 논의되고 있다. 이 중 가장 대표적인 학설이 프로그램 권리설, 추상적 권리
설, 구체적 권리설, 불완전한 구체적 권리설이다.

(1) 프로그램 권리설

프로그램 권리설은 사회적 기본권을 권리로서 인정하지 않는다. 사회적 기본권
은 그 자체로서 구체적이고 현실적인 권리가 아니라 입법에 의해 구체화될 때 비

로소 효력을 갖게 된다는 것이다. 그것은 국가의 사회정책적 목표 또는 정치적 강령을 선언한 것에 지나지 않는다는 것이다. 따라서 「헌법」 조항만으로 국가에 대해 그 의무이행을 재판상으로 청구할 수 있는 힘과 자격이 없으며, 국가가 관련 입법을 하지 않는다 하여 사법적으로 강제할 수 없다.

(2) 추상적 권리설

추상적 권리설은 사회적 기본권에 대해서 법적 권리로 인정하지만 그 수준은 추상적인 정도로만 인정한다. 따라서 국민은 국가에 대해 추상적 권리를 가지며, 국가는 입법 등의 정책적 조치를 강구해야 하는 추상적 의무를 지게 된다. 즉, 국민은 구체적 급여나 서비스를 제공할 것을 국가에 요청할 수는 없지만, 이와 관련된 법제의 마련 등을 국가에 대해서 요청할 수 있는 권리는 가지고 있다.

(3) 구체적 권리설

구체적 권리설은 사회적 기본권을 구체적으로 실현시킬 수 있고 또한 국가에 대해 요구할 수 있는 구체적 권리라고 본다. 그래서 구체적 입법이 별도로 존재하지 않는다 하더라도 「헌법」 규정만을 가지고도 권리를 실현할 수 있다고 보는 것이다. 따라서 「헌법」상 사회적 기본권의 규정은 당연히 재판규범으로서 효력을 갖는다고 본다.

(4) 불완전한 구체적 권리설

불완전한 구체적 권리설은 기존 프로그램 권리설과 추상적 권리설이 구체적 입법이 없는 한 사회적 기본권은 현실적 권리로서 사법적 구제를 받을 수 없다고 보는 입장에서 일치하고 있으므로 양 학설의 실질적 내용에는 차이가 없다는 점을 비판하며 등장하였다. 그리고 현대 국가에서 인간다운 생활을 할 권리가 정신적 자유 못지않게 중요한 의미를 가진다는 점을 감안하여 이제 사회적 기본권을 구체적 권리로 파악하는 적극적인 이론구성이 불가피해졌음을 강조하며 논의를 전개하고 있다. 따라서 이 학설은 사회적 기본권은 자유권적 기본권처럼 직접 효력을 갖는 완전한 의미에서의 구체적 권리일 수는 없다고 하더라도 적어도 청구권적 기본권이나 정치적 기본권의 일부와 동일한 수준의 불완전하게나마 구체적인 권리로서의 성격을 가지는 것으로 보고 있다.

(5) 소결

사회복지학계에서는 구체적 권리설을 주장하지만, 우리나라 헌법학계는 「헌법」 규정에 근거하여 국가에 직접 청구할 수 있는 사회적 기본권을 인정하기보다는 사회적 기본권이 입법자의 입법재량의 행사를 통한 입법을 통하여 구체화되었을 때 국민이 이를 주장할 수 있다는 견해가 우세하다. 이는 사회적 기본권이 국가의 재정 등 역량에 따라 보장수준이 달라질 수 있고, 입법자가 입법재량을 통해 사회적 기본권을 구체화하는 것이 타당하다고 보기 때문이다. 그러나 현행 「헌법」상 기본권으로서의 사회적 기본권을 자유권적 기본권과 달리 취급할 「헌법」상 명시적 근거가 없다. 또한 현실적으로도 우리나라의 경우 현재 상당 수준으로 사회적 기본권을 구체화한 관련 입법들이 이미 다수 존재하고 시행되고 있는 상황에서 「헌법」상 사회적 기본권을 근거로 관련 입법이 헌법적으로 허용될 수 있는지 여부를 직접 다툴 수 있는 여건 또한 마련되어 있다는 점에서도 사회적 기본권의 구체적 권리성을 적극 인정하여야 한다.

이에 더하여 앞서 언급한 바와 같이 자유권과 사회권은 엄격하게 분리될 수 없다는 점 또한 사회권을 소극적으로만 인정하는 것이 타당하지 않다는 근거가 된다. 예를 들어, '주거'가 마련되지 않은 상태에서 '주거의 자유'가 보장될 수 없다. 자유권과 사회권은 권리의 실질적 보장을 위해 상호 의존적이기 때문에, 자유권 중심적으로 기본권의 최대 보장만을 논하는 것은 결과적으로 기본권의 실질적 보장에 한계를 인정하는 것이다. 자유권과 마찬가지로 사회권의 보장을 위하여 기본권 주체가 적극적으로 권리를 보장할 수 있으며, 이에 대해 국가는 응답하여야 한다. 사회권이 기본권으로 보장된다는 것은 기본권 주체가 국가가 허용하는 범위 내에서 권리를 인정받는 것이 아니라, 국가가 보장해야 하는 권리의 가이드라인을 기본권 주체가 적극적으로 제시하고 국가는 이에 구속되어야 한다는 것을 의미한다.

1. 사회보장수급권의 개념

사회복지에 대한 권리 개념이 실체적으로 실정법상에서는 사회보장수급권이라는 구체적인 형태로 나타난다.

사회보장수급권이란 개별 사회복지법률에서 받을 수 있는 급여에 대한 권리를 말한다. 시민사회의 발달로 사회복지법이 만들어지고 그것의 이념과 원리는 국민의 생존 혹은 생활에 필요한 여러 가지 조건의 확보를 국가에 대하여 요구할 수 있는 권리인 생존권 혹은 복지권을 핵심 내용으로 삼고 있다고 볼 수 있다. 그러므로 이러한 근본이념에 바탕을 둔 사회복지법상의 사회보장수급권은 개인의 인간으로서 생존 혹은 생활을 확보하기 위한 당연한 권리이며 국가는 이를 보장할 의무를 진다(김광병, 김수정, 2012). 이를 「헌법」과 연결하여 보면, 사회복지법상의 각종 사회보장수급권은 「헌법」에 규정된 사회권적 기본권을 법률에 구체화한 법적 권리로서, 공공부조, 사회보험 및 사회서비스와 관련된 법률에서 인정된 수급권을 의미한다. 「아동복지법」, 「노인복지법」, 「장애인복지법」 등의 사회복지서비스법에서 사회보장수급권이라는 표현이 없더라도 해당 법률을 통해 대상자가 받을 수 있는 사회복지에 대한 권리를 모두 사회보장수급권이라고 할 수 있다.

그러나 사회보장수급권을 실제로 적용하고 해석하는 차원에서는, 주로 공공부조와 관련된 법률 중 국민의 기본적인 생활을 보장과 관련 있는 영역에서 논쟁이 집중되었다. 이는 사회보장수급권의 범위와 의미가 그 동안 축소되어 해석되어 왔다는 것을 의미한다. 「헌법」 제34조 제1항의 인간다운 생활을 할 권리도 주로 최저생활수준을 보장하는 측면에서 논의가 진행되어 왔는데 이 또한 사회보장수급권에 대한 소극적 인정을 반증한다. 그러나 2013년 「사회보장기본법」의 개정으로 사회서비스의 영역이 대폭 확대되었고 이로 인해 사회보장수급권의 인정범위도 인간다운 생활을 할 권리와 국민의 기본적인 생활보장 차원을 넘어서서, 교육, 문화 및 주거 등 일상적인 생활 영역으로 확장될 수 있는 계기가 마련되었다. 「사회보장기본법」 제9조는 "모든 국민은 사회보장 관계 법령에서 정하는 바에 따라 사회보장급여를 받을 권리(사회보장수급권)를 가진다."고 명시하고 있다.

이는 사회보장수급권에 대한 해석이 앞으로 적극적으로 확장되어야 한다는 것과 교육권, 주거권, 환경권 관련 사회보장수급권의 의미가 새로이 정립되어야 함을 의미한다.

2. 사회보장수급권의 구조

현재까지 사회복지학계에서는 사회보장수급권의 구조를 [그림 4-1]과 같이 실체적 권리, 수속적 권리, 절차적 권리의 세 가지로 구분하고 있다.

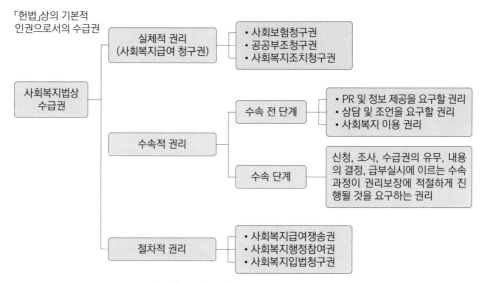

[그림 4-1] 사회보장수급권의 구조

1) 실체적 권리

「헌법」상의 생존권 규정을 이어받아 이를 실현시키려는 구체적인 사회복지법이 제정되었을 때 국민들이 당해 사회복지법에 의거하여 실제적인 사회복지급여를 청구할 수 있는 구체적인 권리를 사회복지급여 청구권, 즉 실체적 권리라고 한다. 이때 포함되는 내용은 수급요건(자격), 수급권자, 급여수준, 수급기준, 급여의 종류, 재정조달, 전달체계, 수급권의 보호와 제한 등이다. 이 모든 내용은 국민이 사회생활을 직접할 수 있도록 생활상의 문제를 해결하여 인간다운 생활을 유지할 수 있게 하는 데 목적이 있다.

사회복지급여 청구권은 사회복지법의 체계와 연관하여 위에서 도식화한 것처럼 다음 3가지 청구권으로 구성된다.

- 각종 사회보험률에 따른 사회보험청구권
- 공적부조법률에 따른 공적부조청구권
- 사회복지서비스법에 의거한 사회복지조치청구권

2) 수속적 권리

수속적 권리란 사회복지급여를 받기 위해 적절한 절차에 참가하는 권리, 불평등하게 취급당하지 않을 권리, 하자 없는 재량행사를 청구하는 권리 등을 의미한다. 즉, 사회복지급여를 받기 위해 급여청구권 실현을 위한 일련의 수속과정이 본래의 수급권 보장의 목적에 알맞게 진행될 것을 요구하는 권리를 말한다.

수속적 권리의 내용은 편의상 수속 전 단계와 수속 단계로 나누어서 살펴볼 수 있다.

수속 전 단계에서의 권리에는 다음과 같은 권리 등이 포함된다.
- 사회복지법률에 의한 권리와 의무에 대해 국민들을 깨우치기 위해 그 수단으로서 TV, 라디오, 광고지, 신문, 포스터, 영화 등에 의한 PR 등의 정보 제공 등을 요구할 수 있는 권리
- 상담 및 조언을 요구할 수 있는 권리
- 그 수단으로서 각종 사회복지기관을 이용할 수 있는 권리

수속 단계에서의 권리는 이 단계를 다시 신청 단계, 조사 단계, 결정 단계, 실시 단계로 세분하고 각 단계 과정마다 인간의 존엄성, 생명, 자유, 행복추구의 권리,

사생활존중 등의 권리를 포함하여 사회복지대상자가 적절하게 취급되어야 하는 권리를 말한다.

3) 절차적 권리

절차적 권리란 실체적 권리를 보장하고 실현하거나 이것과 연관된 의무의 이행 또는 강제를 구체적으로 실현하는 절차와 관계되는 권리를 말한다. 절차적 권리에 속하는 수급에는 다음의 권리 등이 포함된다.

- 사회복지급여쟁송권
- 사회복지행정참여권
- 사회복지입법청구권

사회복지급여 쟁송권이란 실체적 권리인 사회복지급여 청구권이 위법 또는 부당한 행정기관의 조치에 의해서 침해되었을 때 이의 구제를 신청하는 권리를 의미한다. 사회복지급여쟁송권은 행정심판의 행정적 구제와 행정소송을 통한 사법적 구제가 있다.

사회복지행정참여권이란 사회복지행정 과정에 사회복지 대상자나 국민이 참여할 권리를 의미한다.

마지막으로, 사회복지입법청구권이란 생존권 보장을 위한 사회복지급부를 제공하는 구체적인 법률이 제정되지 않았거나, 또는 제정되었더라도 그 법률이 생존권 실현에 불충분한 경우에 사회복지입법을 추진하거나 그 개정을 청구할 수 있는 권리를 말한다.

3. 사회보장수급권 구조의 재검토 필요성

이상의 3가지 권리를 중심으로 보는 사회보장수급권 구조는 일본의 영향을 받아 사용하는 형태로서 법적 권리를 설명하는 일반적인 방식이라고 할 수는 없다. 법학계에서는 수속적 권리를 사용하지 않고 실체적 권리와 절차적 권리로 구분하

는 것이 통상적이다. 다만, 절차적 권리를 사전절차와 사후절차로 구분하고 있는
데, 이 사전절차가 기존 사회복지학계에서 사용한 수속적 권리와 비슷하다.

이러한 맥락에서 사회보장수급권의 구조 역시 〈표 4-2〉와 같이 핵심이 되는 실
체적 권리와 실체적 권리를 보장하고 실현시키기 위해 필요한 절차적 권리의 2가
지로 새롭게 구분하는 것이 타당하다. 사회복지법상 실체적 권리는 사회보험급여
청구권, 공공부조급여청구권, 사회서비스청구권으로 구성하고, 절차적 권리는 정
보공개청구권, 상담신청권, 이의신청권, 행정쟁송권 등으로 구성하는 것이 타당
하다.

〈표 4-2〉 사회복지법상 사회보장수급권의 구조

사회보장수급권의 구조	구성요소
실체적 권리	사회보험급여청구권 공공부조급여청구권 사회서비스청구권
절차적 권리	정보공개청구권 상담신청권 이의신청권 행정쟁송권

4. 사회보장수급권과 헌법재판소의 태도

헌법재판소는 다수의 결정에서 사회보장수급권에 관하여 판단하고 있다. 헌법
재판소는 사회보장수급권이 「헌법」상 권리인지 법률상 권리인지에 대해서는 일
관된 입장을 보이고 있지 않고 있다. 즉, 헌법재판소의 사회보장수급권 관련 결정
들을 살펴보면, 「공무원연금법」상의 퇴직급여, 유족급여 등 각종 급여를 받을 권
리, 즉 연금수급권에는 사회적 기본권의 하나인 사회보장수급권의 성격이 있다
고 하여 사회보장수급권을 「헌법」상 권리인 사회적 기본권의 하나로 보는 결정(헌
재 1999. 4. 29, 97헌마333 「공무원연금법」 제3조 제2항 위헌확인 사건 등)과 요컨대 사회
보장수급권은 「헌법」 제34조 제1항 및 제2항 등으로부터 개인에게 직접 주어지는

헌법적 차원의 권리라거나 사회적 기본권의 하나라고 볼 수는 없고, 다만 위와 같은 사회보장·사회복지 증진의무를 포섭하는 이념적 지표로서의 인간다운 생활을 할 권리를 실현하기 위하여 입법자가 입법재량권을 행사하여 제정하는 사회보장입법에 그 수급요건, 수급자의 범위, 수급액 등 구체적인 사항이 규정될 때 비로소 형성되는 법률적 차원의 권리에 불과하다 할 것이다라고 하여 사회보장수급권을 법률상 권리로 보는 결정(헌재 2003. 7. 24. 2002헌바51 「산업재해보상보험법」 제5조 단서 등 위헌소원 등)이 혼재한다. 다만, 헌법재판소는 헌재 1994. 6. 30. 92헌가9 「군인연금법」 제21조 제5항 위헌제청 사건 이래로 사회보장수급권자가 사회보장수급권을 취득하기 위한 요건을 갖춘 경우 사회보장수급권이 헌법상 재산권으로서의 성격을 갖는다는 것은 계속해서 인정하고 있다.

제4절 권리구제

권리구제란 권리가 침해되었을 때 이를 보상받거나 다시 되돌릴 수 있는 절차(김광병, 2012) 또는 권리에 대한 책임의 이행이 이루어지지 않을 때 이를 실현하기 위한 절차(윤찬영, 2013a)이다.

「사회보장기본법」 제39조에서는 위법 또는 부당한 처분을 받거나 필요한 처분을 받지 못함으로써 권리 또는 이익을 침해받은 경우 권리구제를 신청할 수 있도록 되어 있다. 권리구제절차로는 「행정심판법」에 따른 행정심판을 청구하거나, 「행정소송법」에 따른 행정소송을 제기하여 그 처분의 취소 또는 변경 등을 청구하여 권리를 구제받을 수 있게 된다.

행정심판은 행정청의 위법 또는 부당한 처분이나 부작위로 침해된 국민의 권리 또는 이익을 구제하기 위한 것이고(「행정심판법」 제1조), 행정소송은 행정청의 위법한 처분 그 밖에 공권력의 행사·불행사 등으로 인한 국민의 권리 또는 이익의 침해를 구제하고, 공법상의 권리관계 또는 법적용에 관한 다툼이 있을 때 이를 해결하기 위한 것이다(「행정소송법」 제1조). 과거에는 행정심판 전치주의가 규정되어 있어 행정소송을 하기 전에 반드시 행정심판을 먼저 거치게 되어 있었지만, 현재는 임의적 전치주의가 되어 행정심판을 거친 후 행정소송을 청구할 수도 있고 곧바로 행정소송을 청구할 수도 있다.

개별 사회복지법률에서는 사회복지급여 수급권자가 수급자격, 사회보험료, 급여, 복지조치 등과 관련하여 당해처분에 대하여 이의가 있거나 불복하는 경우 이의신청이나 심사청구 등을 할 수 있는 권리구제 장치를 마련하여 국가 및 지방자치단체, 위원회 등에 그 처분의 시정을 구할 수 있도록 규정하고 있다. 다만, 많은 사회복지서비스와 관련된 법률이 아직 권리구제장치가 마련되어 있지 못한 한계를 지니고 있다. 자세한 사항은 〈부록〉에 제시하였다. 그리고 이와 같은 이의신청이나 심사청구 등은 사법적 판단 전에 이루어지는 전심절차로 간주되고 있다.

제5장
사회복지사의 권리와 의무

이 장은 사회복지사의 권리와 의무에 관한 내용으로 먼저 사회복지사의 법적 지위에 대해 알아보고, 그다음 사회복지사의 권리와 의무를 살펴본다. 이를 통해 사회복지사의 전문성을 확인하고 사회복지법을 실현함에 있어 사회복지사의 역할이 무엇인지를 궁극적으로 알아본다. 구체적으로 살펴보면 다음과 같다. 첫째, 사회복지사의 법적 지위에서는 사회복지사의 정의와 자격 등을 살펴본 후 민간복지분야와 공공복지분야의 채용 및 교육을 알아보고, 여러 가지 법에 나타난 사회복지사가 누구인지 탐색한다. 둘째, 사회복지사의 권리와 사회복지사의 의무에서는 각각 민간복지분야와 공공복지분야를 나누어 비교해 본다. 셋째, 사회복지사의 전문성에서는 전문가로서뿐 아니라 다양해져 가는 사회복지 현장에서의 사회복지사의 역할을 살펴봄으로써 전문가로서의 사회복지사가 어떻게 사회복지법의 실현과정에서 나타나는지 알아보고자 한다.

제1절 사회복지사의 법적 지위

1. 사회복지사의 정의

사회복지사란 사회복지에 관한 전문지식과 기술을 가진 자로서, 「사회복지사업법」 제11조 제1항에 의거하여 보건복지부장관으로부터 자격증을 교부받은 자를 말한다. 사회복지사는 문제나 욕구를 가진 개인이나 집단을 대상으로 그들의 문제를 해결하거나 욕구를 충족시키기 위해 사회복지프로그램을 개발·운영하고 시설거주자의 생활지도를 행하며 노인, 장애인, 영유아, 여성, 장애인 등 복지대상자에게 보호·상담·후원 업무를 담당하고 있다.

2. 사회복지사의 자격

1) 등급별 사회복지사

사회복지사 자격의 등급은 1급과 2급으로 나누어지고, 등급별 자격기준(〈표 5-1〉 참조) 및 자격증의 발급절차 등은 대통령령으로 정한다(「사회복지사업법」 제11조). 그러나 피성년후견인 또는 피한정후견인, 금고 이상의 형을 선고받고 그 집행이 끝나지 아니하였거나 그 집행을 받지 아니하기로 확정되지 아니한 사람, 법원의 판결에 따라 자격이 상실되거나 정지된 사람, 마약·대마 또는 향정신성 의약품의 중독자, 「정신건강증진 및 정신질환자 복지서비스 지원에 관한 법률」에 따른 정신질환자 등에 해당하는 사람은 사회복지사가 될 수 없다(「사회복지사업법」 제11조의2). 또한 거짓이나 그 밖의 부정한 방법으로 자격을 취득한 경우, 사회복지사의 결격사유가 있는 경우(「사회복지사업법」 제11조의2), 자격증을 대여·양도 또는 위조·변조한 경우는 사회복지사 자격을 취소하여야 한다(「사회복지사업법」 제11조의3). 사회복지사의 업무수행 중 그 자격과 관련하여 고의나 중대한 과실로 다른 사람에게 손해를 입힌 경우, 자격정지 처분을 3회 이상 받았거나, 정지기간 종료 후 3년 이내에 다시 자격정지 처분에 해당하는 행위를 한 경우, 자격정지 처분기간에 자격증을 사용하여 자격 관련 업무를 수행한 경우 등에 해당되면 자격을 취소하거나 1년의 범위에서 정지시킬 수 있다. 또한 취소된 사람에게는 그 취소된 날로부터 2년 이내에 자격증을 재교부하지 못한다(「사회복지사업법」 제11조의3 제3항).

사회복지사 1급과 2급은 취득방법이 다른데, 사회복지사 1급의 경우, 응시자격을 갖춘 자가 사회복지사 1급 국가시험에 합격해야 자격증이 발급되고, 사회복지사 2급의 경우 일정 학점의 수업이수와 현장실습 등의 요건을 충족하면 무시험으로 자격증을 취득할 수 있다.

<표 5-1> 사회복지사의 등급별 자격기준(「사회복지사업법 시행령」 제2조 제1항 관련)

등급	자격기준
사회복지사 1급	법 제11조 제3항의 규정에 의한 국가시험에 합격한 사람
사회복지사 2급	가. 「고등교육법」에 따른 대학원에서 사회복지학 또는 사회사업학을 전공하고 석사학위 또는 박사학위를 취득한 사람. 다만, 대학에서 사회복지학 또는 사회사업학을 전공하지 아니하고 동 석사학위를 취득한 사람은 보건복지부령이 정하는 사회복지학 전공교과목과 사회복지관련 교과목 중 사회복지현장실습을 포함한 필수과목 6과목 이상(대학에서 이수한 교과목을 포함하되, 대학원에서 4과목 이상을 이수하여야 한다), 선택과목 2과목 이상을 각각 이수한 경우에 한하여 사회복지사 자격을 인정한다. 나. 「고등교육법」에 따른 대학에서 보건복지부령이 정하는 사회복지학 전공교과목과 사회복지관련 교과목을 이수하고 학사학위를 취득한 사람 다. 법령에서 「고등교육법」에 따른 대학을 졸업한 자와 동등 이상의 학력이 있다고 인정하는 사람으로서 보건복지부령이 정하는 사회복지학 전공과목과 사회복지관련 교과목을 이수한 사람 라. 「고등교육법」에 따른 전문대학에서 보건복지부령이 정하는 사회복지학 전공교과목과 사회복지관련 교과목을 이수하고 졸업한 사람 마. 법령에서 「고등교육법」에 따른 전문대학을 졸업한 사람과 동등 이상의 학력이 있다고 인정하는 사람으로서 보건복지부령으로 정하는 사회복지학 전공교과목과 사회복지관련 교과목을 이수한 사람 바. 종전의 「사회복지사업법」(법률 제14923호로 개정되기 전의 것을 말한다.)에 따라 사회복지사 3급 자격증을 취득한 이후 3년 이상 사회복지사업의 실무경험이 있는 사람

2) 영역별 사회복지사

정신건강·의료·학교 영역에 대해서 영역별(〈표 5-2〉 참조)로 정신건강사회복지사·의료사회복지사·학교사회복지사의 자격을 부여할 수 있다(「사회복지사업법」 제11조 제2항).

<표 5-2> 사회복지사의 등급별 자격기준(「사회복지사업법 시행령」 제2조 제1항 관련)

영역	자격기준
정신건강사회복지사	「정신건강증진 및 정신질환자 복지서비스 지원에 관한 법률 시행령」 별표 1에 따른 정신건강사회복지사의 자격기준을 갖춘 사람
의료사회복지사 또는 학교사회복지사	사회복지사 1급 자격을 취득한 후 법 제11조 제3항에 따른 수련기관에서 1년 이상 보건복지부령으로 정하는 수련과정을 이수한 사람

정신건강사회복지사 · 의료사회복지사 · 학교사회복지사의 자격은 1급 사회복지사의 자격이 있는 사람 중에 수련기관에서 수련을 받은 사람에게 부여한다.

3) 사회복지사 1급 국가시험

사회복지사 1급 국가시험은 보건복지부장관이 시행하되, 시험의 관리는 대통령령이 정하는 바에 따라 시험관리능력이 있다고 인정되는 관계 전문기관에 위탁할 수 있다. 국가시험의 관리를 위탁하였을 때에는 그에 드는 비용을 예산의 범위에서 보조할 수 있고, 보건복지부장관의 승인을 받아 정한 금액을 응시수수료로 받을 수 있으며, 시험과목, 응시자격 등 시험의 실시에 필요한 사항은 대통령령으로 정한다.

3. 사회복지사의 채용 및 교육

1) 민간복지분야의 사회복지사 채용

사회복지법인 또는 사회복지시설을 설치 · 운영하는 자는 대통령령[1]으로 정하는 바에 따라 그 종사자로 채용하고, 보고방법, 보고주기 등 보건복지부령으로 정

---

1) 해당법인 또는 시설에서 사회복지프로그램의 개발 및 운영 업무, 시설거주가의 생활지도업무, 사회복지를 필요로 하는 사람에 대한 상담업무 등에 종사하는 자를 사회복지사로 채용하여야 한다(「사회복지사업법 시행령」 제6조 제1항).

하는 바에 따라 특별시장·광역시장·특별자치시장·도지사·특별자치도지사 또는 시장·군수·구청장에게 사회복지사의 임면에 관한 사항을 보도하여야 한다(「사회복지사업법」 제13조 본문). 다만, 대통령령[2]으로 정하는 사회복지시설은 그러하지 아니하다(「사회복지사업법」 제13조 단서).

보건복지부장관은 사회복지사의 자질향상을 위하여 필요하다고 인정하면 사회복지사에게 교육을 받도록 명할 수 있고, 사회복지법인 또는 사회복지시설에 종사하는 사회복지사는 정기적으로 인권에 관한 내용이 포함된 보수교육을 받아야 한다(「사회복지사업법」 제13조 제2항).

2) 공공복지분야의 사회복지사 채용: 사회복지전담공무원

사회복지사업에 관한 업무를 담당하게 하기 위하여 시·도, 시·군·구, 읍·면·동 또는 사회보장사무 전담기구에 사회복지전담공무원을 둘 수 있다. 사회복지전담공무원은 사회복지사 자격을 가진 사람으로 하며, 그 임용 등에 필요한 사항은 「지방공무원 임용령」에서 정하는 바에 따르고, 별정직 공무원의 임용 등에 관하여는 해당 지방자치단체의 조례로 정하는 바에 따른다. 사회복지전담공무원은 사회보장급여에 관한 업무 중 취약계층에 대한 상담과 지도, 생활실태 조사 등 보건복지부령[3]으로 정하는 사회복지에 관한 전문적 업무를 담당한다.

---

2) 「노인복지법」에 따른 노인여가시설(노인복지관은 제외), 「장애인복지법」에 따른 장애인 지역사회재활시설 중 수화통역센터, 점자도서관, 점자도서 및 녹음서 출판시설, 「영유아보육법」에 따른 어린이집, 「성매매방지 및 피해자보호 등에 관한 법률」에 따른 성매매피해자 등을 위한 지원시설 및 성매매피해상담소, 「정신건강증진 및 정신질환자 복지서비스 지원에 관한 법률」에 따른 정신요양시설 및 정신재활시설, 「성폭력방지 및 피해자보호 등에 관한 법률」에 따른 성폭력피해상담소(「사회복지사업법 시행령」 제6조 제2항)
3) 1. 취약계층 발굴 및 상담과 지도, 사회복지에 대한 욕구조사, 서비스 제공계획의 수립, 서비스 제공 및 점검, 사후관리 등 통합사례관리에 관한 업무
   2. 사회복지사업 수행을 위한 취약계층의 소득·재산 등 생활실태의 조사 및 가정환경 등 파악 업무
   3. 사회복지에 대한 종합적인 정보제공, 안내, 상담 업무

4. 법에 명시된 사회복지사

1) 근로기준법

「근로기준법」 제2조 제1항 제1호에 따르면, 근로자란 직업의 종류와 관계없이 임금을 목적으로 사업이나 사업장에 근로를 제공하는 자를 말한다. 사회복지사도 임금을 위해 사회복지기관들에서 일하는 근로자의 지위를 가지고 있다고 할 수 있다. 사회복지사를 고용하는 주된 주체가 법인이나 기관이라 할 때, 개별적인 위치에서 사회복지사는 고용된 법인이나 기관과의 노사관계의 위치에 있게 된다. 사회복지 현장에서도 노사문제가 발생하였다는 점에서 근로자로서의 사회복지사의 권익이 「근로기준법」에 의해 보호되어야 한다. 사회복지 현장이 업무의 특성상 문제에 직면한 클라이언트를 돕고 치료하는 일에 해당되지만, 실제로 근로에 따른 임금수준 등이 열악하여 처우개선이 시급한 실정이고 이러한 상황에서 사회복지사는 근로자로서의 처우가 재조명되어야 할 것이다. 사회복지전문직이 인간으로서 가지는 본원적 가치에 근거하여 클라이언트의 인권을 옹호하는 전문직임을 밝히고 있고, 한 예로 한국사회복지사협회에서 채택하고 있는 사회복지사 선서문에 의하면, "나는 모든 사람들이 인간다운 삶을 누릴 수 있도록 인간존엄성과 사회정의의 신념을 바탕으로…… 언제나 소외되고 고통받는 사람들의 편에 서서 저들의 인권과 권익을 지키며…… 사회복지사로서 헌신한다."고 밝히고 있는데 정작 사회복지사의 인권은 누가 지키는지 생각해 봐야 한다.

2) 사회복지사업법

사회복지사는 클라이언트가 직면한 문제 환경들을 사정·개입하되 그 바탕은 전문적 지식과 기술을 가지고 있는 자들로, 그 자격을 국가기관이 인정하여 자격을 교부받은 자들이다. 앞에서 기술한 대로 「사회복지사업법」 제11조부터 제13조에 걸쳐 전문가로서의 사회복지사의 지위가 법적으로 보장받고 있다.

3) 사회보장급여의 이용·제공 및 수급권자 발굴에 관한 법률

이 법 제43조에 사회복지전담공무원에 관한 규정이 있는데, 「사회복지사업법」 제11조에 따른 사회복지사의 자격을 가진 사람을 사회복지사업에 관한 업무를 담당하게 하기 위하여 시·도, 시·군·구, 읍·면·동 또는 사회보장사무 전담기구에 사회복지전담공무원으로 둠으로써 사회보장급여에 관한 업무 중 취약계층에 대한 상담과 지도, 생활실태의 조사 등 사회복지에 관한 전문적 업무를 담당하게 하고 있다.

4) 사회복지사 등의 처우 및 지위 향상을 위한 법률

이 법에서 명시하고 있는 사회복지사는 「사회복지사업법」 제16조에 따라 사회복지사업을 행할 목적으로 설립된 사회복지법인, 「사회복지사업법」 제2조에 따라 사회복지사업을 행할 목적으로 설치된 사회복지시설, 그 밖에 대통령령으로 정하는 사회복지관련 단체 또는 기관 등에서 사회복지사업에 종사하는 자를 말한다.

제2절 사회복지사의 권리

1. 민간복지분야에서의 사회복지사의 권리

사회복지법인 및 사회복지시설에서 종사하는 사회복지사의 권리는 해당법인의 정관이나 시설운영규정에 의해 부여될 뿐 명확히 법으로 규정되어 있지 못한 실정이다. 다만, 「근로기준법」을 비롯하여 관련 법률을 중심으로 그 권리를 유추하여 볼 수 있다.

첫째, 신분보장과 관련한 권리로 사용자는 사회복지사를 정당한 이유 없이 해고, 휴직, 정직, 전직, 감봉, 그 밖의 징벌을 하지 못한다(「근로기준법」 제23조 제1항). 만일 사용자가 사회복지사를 부당해고 등을 하면 사회복지사는 노동위원회에 구제를 신청할 수 있다(「근로기준법」 제28조 제1항). 노동위원회는 구제명령을 받은 후 이행 기한까지 구제명령을 이행하지 아니한 사용자에게 2천만 원 이하의 이행강제금을 부과하게 된다(「근로기준법」 제33조 제1항). 또한 해고의 예고를 받을 권리가 있으며(「근로기준법」 제26조 제1항), 해고사유 등의 서면통지를 받을 권리가 있다(「근로기준법」 제27조 제1항).

둘째, 보수와 관련된 권리로 사회복지사는 사용자로부터 통화(通貨)로 직접 근로자에게 전액을 지급하여야 하고, 매월 1회 이상의 일정한 날짜를 정하여 근로의 대가로 임금을 받게 되며, 다만 임시로 지급하는 정근수당, 근속수당, 장려금, 능률수당 또는 상여금 등 부정기적으로 지급되는 모든 수당에 대해서는 그러하지 아니하다(「근로기준법」 제43조). 또한 국가는 법률이 정하는 바에 의하여 최저임금 제를 시행하여야 한다(「헌법」 제32조 제1항). 사회복지사도 마땅히 법률이 정하는 바에 따른 적정임금을 보장받을 수 있어야 한다.

셋째, 근로자는 근로조건의 향상을 위하여 자주적인 단결권 · 단체교섭권 및 단체행동권을 가진다(「헌법」 제33조 제1항). 사회복지사는 사회적 · 경제적 방법으로 근로자의 고용의 증진을 받을 수 있어야 하며, 근로조건의 유지, 개선과 근로자의 경제적 · 사회적 지위의 향상을 도모할 수 있다.

2. 공공복지분야에서의 사회복지전담공무원의 권리

사회복지전담공무원은 공무원으로서의 권리를 적용받게 된다.

첫째, 공무원의 신분을 보장받게 된다(「헌법」 제7조 제2항). 공무원은 형의 선고 · 징계 또는 이법에서 정하는 사유가 아니면 본인의 의사에 반하여 휴직 · 강임 또는 면직을 당하지 아니한다(「지방공무원법」 제60조). 그리고 심사위원회가 소청사건을 심사할 때에는 소청인에게 진술기회를 주어야 하고, 진술기회를 주지 아니한 결정은 무효가 된다(「지방공무원법」 제18조). 징계처분 등을 할 때와 강임 · 휴직 · 직위해제 또는 면직처분을 할 때에는 그 공무원에게 처분의 사유를 적은 설명서를 교부하여야 하고 이에 대한 심사를 청구할 수 있으며(「지방공무원법」 제67조), 이에 따른 처분이나 그 밖에 본인의 의사에 반한 불리한 처분이나 부작위에 관한 행정소송은 심사위원회의 심사 · 결정을 거치지 아니하면 제기할 수 없다

(「지방공무원법」 제20조의2).

　둘째, 보수와 관련된 권리가 있다(「지방공무원법」 제44조부터 제46조). 보수는 직무의 곤란성과 책임의 정도에 맞도록 계급별·직위별 또는 직무등급별로 정하며, 일반의 표준생계비, 물가수준, 그 밖의 사정을 고려하여 정하되, 민간 부문의 임금수준과 적절한 균형을 유지하도록 노력하여야 한다(「지방공무원법」 제44조 제1항, 제2항). 또한 보수 외에 해당 지방자치단체의 조례로 정하는 바에 따라 직무수행에 필요한 실비보상을 받을 수 있으며, 소속 기관의 장의 허가를 받아 본래의 업무수행에 지장이 없는 범위에서 담당 직무 외의 특수한 연구과제를 위탁받아 처리한 경우에도 보상을 받을 수 있다(「지방공무원법」 제46조).

　셋째, 사회보장을 받을 권리가 있다(「지방공무원법」 제68조). 질병·부상·장애·분만·퇴직·사망 또는 재해를 입은 경우에는 본인이나 유족에게 법률에서 정하는 바에 따라 적절한 급여를 지급받을 권리가 있고, 지방자치단체는 법률에서 정하는 바에 따라 공무원의 복지와 이익에 맞는 대책을 수립·실시하여야 한다.

대법원 판례(대판 2006.12.7, 2004다29736 등)에 따른 근로자성 판단을 살펴보면, 업무 내용이 사용자에 의해 정해지는지 여부, 사용자에 의해 근무시간과 근무 장소가 지정되고 이에 구속되는지의 여부, 보수가 근로자체의 대가적 성격을 가지는지의 여부 등을 종합적으로 판단해 사용종속관계가 있는지를 판단하게 되는데, 이를 사회복지사에게 적용시켜 사회복지사는 국가 및 지방자치단체와의 관계에 있어서 사용종속관계임을 설명할 필요가 있다. 사회복지사는 사회복지시설 등에서 국가 및 지방자치단체가 마련한 해당 시설의 관리안내, 사업안내, 운영관련 업무처리 안내 등의 형태로 된 지침에 따라 사회복지사업 및 서비스 업무를 수행하고 있고, 임금 역시 국가 및 지방자치단체의 보조금에서 지급받고 있는 등 실질적으로 국가 및 지방자치단체가 사회복지사를 사용·이용하고 있다고 볼 수 있다.

제3절　사회복지사의 의무

1. 민간복지분야에서의 사회복지사의 의무

사회복지사는 법에서 규정한 업무를 수행하는 특수한 상황에 놓여 있으며, 이로 인해 사회복지사는 법적 책임을 지고 법의 맥락에서 실천해야 하는 의무를 가진 다. 「사회복지사업법」 제5조에 따르면, 복지업무에 종사하는 사람은 그 업무를 수 행할 때 사회복지를 필요로 하는 사람을 위하여 인권을 존중하고 차별 없이 최대 로 봉사하여야 한다는 규정을 통해 인권존중 및 최대 봉사의 원칙을 명시하고 있 다. 이는 「사회복지사업법」 제1조의2의 제3항에도 사회복지를 필요로 하는 사람 의 인권을 보장하여야 한다는 기본이념에서도 알 수 있다. 그리고 사회복지서비 스를 제공하는 자는 필요한 정보를 공하는 등 사회복시서비스를 이용하는 사람의 선택권을 보장하여야 한다(「사회복지사업법」 제1조의2 제4항).

또한 사회복지사는 사회복지법 제정 및 개정 등의 입법 과정에서 참여자로 활 동해야 한다. 사회복지사는 개인과 사회 사이에 끼여 있으며, 이외에도 여러 상황 에서 서로 상충하는 사회적 힘과 행위자 사이에 끼여 있는 상태를 경험하게 된다. 이는 사회복지사의 행위가 정답에 의존할 수 없으며 상황과 맥락에 따라 행동하 고 대처하는 경우가 많다는 의미이다. 더구나 오늘날 사회서비스법의 영역이 확 장됨에 따라 사회복지사의 역할은 더욱 다양해질 전망이다.

따라서 사회복지사들은 클라이언트를 옹호하거나 사회문제전달자로서 사회복 지실천을 수행하고자 할 때 실천방법이나 관련 지식을 얻을 수 있는 적절한 교육 과 훈련이 요구되므로 사회복지법제에 대한 이해를 넓히고 이를 수용하려는 적극 적인 태도가 선행되어야 한다.

2. 공공복지분야에서의 사회복지전담공무원의 의무

사회복지전담공무원은 공무원 신분이기에 공무원으로서 의무와 금지행위가 있 다. 「국가공무원법」에 따르면, 공무원은 성실의 의무(「국가공무원법」 제56조), 복종 의 의무(「국가공무원법」 제57조), 직장 이탈금지(「국가공무원법」 제58조), 친절·공정 의 의무(「국가공무원법」 제59조), 종교중립의 의무(「국가공무원법」 제59조의2), 비밀 엄수의 의무(「국가공무원법」 제60조), 청렴의 의무(「국가공무원법」 제61조), 품위 유지 의 의무(「국가공무원법」 제63조), 영리 업무 및 겸직 금지(「국가공무원법」 제64조), 정 치운동의 금지(국가공무원법」 제65조), 집단 행위의 금지(「국가공무원법」 제66조) 등 이 있다.[4] 이는 일반적인 모든 공무원이 지켜야 하는 통상적인 의무와 금지규정이라고 할 수 있다. 사회복지전담공무원은 이외에도 「사회복지사업법」에서 규정하고 있는 의무와 사회복지사윤리강령이 동시에 적용된다. 그러나 현실적으로는 공무원의 신분이므로 「국가공무원법」 및 「지방공무원법」의 적용이 가장 강한 책임을 묻는 조항이라고 할 수 있다.

제4절 사회복지사의 전문성

1. 전문가로서의 사회복지사

사회복지의 목적은 클라이언트의 사회적 기능의 향상과 사회 조건의 향상이라는 데 있다. 전체로서의 인간을 이해하기 위해 '인구학적 특성'(아동, 청소년, 장년, 노인 등), '건강과 장애의 요소' '직업과 사회활동' '지역사회와의 참여적 교류' '금융 상황' '서비스 제공 주체의 조직과 특성' '거시적인 사회복지정책' 등에 대해 적절한 지식을 보유하는 것이 모든 사회복지사에게 필요하다. 한편, 거시적으로 보면 사회복지사는 주민 중심적인 사회복지실천과 복지국가의 발전으로 생겨난 사회복지정책에 대해서 주목할 필요가 있고, 이를 바탕으로 달라지는 사회복지법제에 대해서 숙지하고 이해해야 한다.

한편, 법에서는 사회적 조건의 개선이나 시민의 권리 및 자유의 보호에 대한 중요성이 증가할지라도, 기본적으로 법은 분쟁의 해결을 통한 사회질서의 유지, 즉 사회통제를 목적으로 한다. 그렇지만 사회복지실천은 사회복지조직을 통해서 인간과 관련된 문제들을 확인하고 완화시키는 역할을 한다. 그러므로 사회복지와

---

4) 이러한 규정은 「지방공무원법」에도 동일하게 규정되어 있다. 구체적으로 살펴보면, 성실의 무(제56조), 복종의 의무(제57조), 직장 이탈금지(제58조), 친절ㆍ공정의 의무(제59조), 종교중립의 의무(제59조의2), 비밀 엄수의 의무(제60조), 청렴의 의무(제61조), 품위 유지의 의무(제63조), 영리업무 및 겸직 금지(제64조), 정치운동의 금지(제65조), 집단 행위의 금지(제66조) 등이 있다.

법 이 두 전문분야는 서로 다르다. 그렇지만 특정 사회문제의 해결이라는 관계 속에서 상대 영역을 완성시켜 주고 강화시켜 준다. 법은 사회복지실천이 개인과 사회 문제를 처리하는 데 필요한 방향, 구조 및 적법성을 제공해 준다. 반면, 사회복지실천은 법에게 인간관계, 문제 및 기법들에 관한 실질적인 지식을 제공한다. 그러므로 두 전문직 간의 협력은 분쟁을 해결하거나 사회조건들의 개선방법을 수립하는 데 활용될 수 있다.

법이 사회문제를 어떻게 보고 사회복지실천이 사회복지대상자를 어떻게 다룰 것인가 하는 점에서 볼 때 갈등은 두 전문직에서 변화를 낳는 역동적인 힘일 수 있다. 따라서 사회복지실천가와 법률 전문가에 대한 이해를 증진시키고 함께 공유하는 영역에서 보다 효과적인 문제해결의 방식을 도출하도록 통합적 관점을 형성하는 것이 필요하다. 그러기 위해서는 사회복지사가 법의 진행 과정에서 요구되는 역할을 이해할 필요가 있다.

2. 다양한 사회복지 현장에서의 사회복지사

사회복지사는 다양한 주체로 인해 시시각각 변화하고 다양해지는 사회복지 현장의 새로운 환경 변화에 적합한 실천 이론을 발전시키기 위해 노력해야 하며 아울러 유연한 상황에 적응할 수 있는 비표준화된 역량과 기술, 그리고 지향해야 할 고유의 가치를 중요하게 생각하는 사고가 필요하다. 또한 사회복지사의 역량이나 역할 수행의 다양화 측면에서 새롭게 부각되는 현장들이 발생되는데, 사회서비스, 금융복지, 공공복지 전달체계 개편과 지역공동체 실천 영역 등의 현장을 꼽을 수 있다.

바우처 등 시장화가 두드러지는 사회서비스 분야는 사회복지사가 활동하는 분야 중에 최근에 급격하게 팽창하고 있고, 금융과 주거 분야는 사회적 욕구가 두드러지게 확대되고 있다. 또한 공공과 민간 양측의 사회복지사의 활동이 공공복지 전달체계 개편으로 강조되고 있다. 실제로도 찾아가는 복지서비스 제공, 발굴주의적 복지대상자 발굴, 공공 사례관리의 수행, 지역의 복지자원 및 공동체의 개발을 통한 복지생태계 조성, '마을 공동체' 조성을 위한 지원사업 등과 같은 업무를 실질적으로 수행하고 있다. 구체적인 내용을 살펴보면 〈표 5-3〉과 같다.

<표 5-3> 다양해진 사회복지 현장에서의 사회복지사

분야	내용
공공복지 전달체계	• 중앙정부: 공공서비스 플랫폼 및 읍면동 복지기능강화 사업인 행복센터를 운영 중 • 서울시: '찾아가는 동주민센터 사업'을 통해 공공 사회복지사를 충원, 2018년까지 서울 전역 확대, 2020년까지 전국 전면화 시행 계획
사회서비스	• 사회서비스와 바우처 프로그램: 영리성 측면에서 일방적으로 확산 • 사회적 협동조합 등: 사회적 경제 영역이지만 영리적 시장화 결과 초래 • 대표적인 예: 재가장기요양
주거	• 민간의 영역에서 있던 주거복지센터를 공공 영역에서 운영하기 시작 • 자립생활이 어려운 취약 계층에게 지원주택(Support Housing) 공급 • 대표적인 예: 장애인전환지원센터의 운영과 자립생활 주택, 서울시의 노숙인에 대한 임시주거 지원사업이나 매입 임대주택 지원사업
금융	• 중앙정부: 신용회복위원회의 활동 강조, 서민금융통합지원센터 설치 • 서울시: 기존의 자치구에서 했던 프로그램들을 정비·통합하여 채무자의 권익 옹호를 강조, 금융복지상담센터로 통폐합, 복지적 성격을 강조 • 대표적인 예: 서울시 금융복지상담센터, 서울시 공익법센터, 성북구의 '주민센터의 사망신고', 일부 지역의 '취약계층 유언작성에 대한 지원' 시범사업

제5절 사회복지법의 실현과 사회복지사의 역할

우선, 법사회적 문제에서는 사회복지실천과 법적 기법의 통합이 필요하다. 사회복지사가 필요로 하는 법적 기법은 법, 법률 제도 및 절차에 관한 일반적 지식, 조사, 인터뷰, 법률 문서 조사방법, 법률 문서 작성, 판결 자료의 준비, 공식·비공식적 옹호 방법 및 자유재량적 의사결정의 이해 등이다.

사회복지사는 보다 많은 법리적 이론을 습득해야 한다. 즉, 판례와 법령이 규칙, 절차 및 행동을 통제하고 영향을 주는 정도, 법률 조직 간의 관계와 그 관계가 법의 집행 방식에 미치는 효과 등을 습득해야 한다.

또한 사회복지실천과 관련된 법적인 지식과 기법의 교육이 필요하다. 사회복지실천교육에서 필요한 법적인 내용들은 사회복지실천 개입에 대한 클라이언트의 동의, 부모와 아동의 법적 권리에 대한 이해, 판례에 나타난 증거와 평가의 고증, 실천에서 법적 권위의 활용, 법정에서의 기본적이고 사실적인 증언방법, 전문적 실천에서 함축된 법적인 의무 등을 들 수 있다.

마지막으로 사회복지사는 입법·행정·사법 과정의 이해가 필요하다. 입법 과정에서 사회복지 대상자의 보호에 필요한 입법이 되도록 감시, 평가 및 개입에 관한 기법이 필요하며, 행정 과정에서 사회복지서비스의 제공을 입법 목적 및 목표와 연결시키는 법적 기법이 필요하다. 사법 및 교정 과정에서 법원에서 계류된 사건들을 다룰 수 있는 법적 기법을 숙지해야 한다. 이 내용을 정리하면 다음의 〈표 5-4〉와 같다.

〈표 5-4〉 사회복지법의 실현과 사회복지사의 역할

구분		입법 과정	행정 과정	사법 및 교정 과정
영역		국회 지방의회 중앙정부 지방정부 이익단체 관련 NGO	행정부처(보건복지부, 여성가족부, 고용노동부 등) 시·도 시·군·구	법원 교정기관(교도소, 소년원, 구치소, 보호관찰소 등)
수행과제		법의 제·개정	행정입법 제·개정 행정입법의 집행 이의신청·행정심판의 참가	소송참가 (행정, 형사, 민사) 교정사업활동
사회복지사의 역할	일반적인 역할	중간매개자·조직가·정보제공자·감시자·전략가		
	구체적인 역할	청원가 (입법청원권자·조례개폐청구권자)	행정가 심판당사자 참고인 평가자	소송당사자 (피고/원고) 옹호자 증인 전문가(참고인) 공무원(법원직, 보호관찰직)

제6장
사회복지법령의 입법절차

사회복지법을 비롯한 국내 모든 법령은 국회법 등에 근거를 두고 민주적인 절차 속에서 제정·개정·폐지된다. 이는 법치주의가 보편적으로 수용된 오늘날, 대다수의 민주주의 국가가 채택하고 있는 입법의 절차법적 원칙이기도 하다. 우리나라의 국가입법체계는 국회에서 발의하는 법률, 행정부에서 발의하는 법률·시행령·시행규칙과 고시·훈령·지침 등이 있다. 국가법 차원에서는 국회의 전적인 통제를 받는 법규범도 있고, 행정부가 고유권한으로서 법규범을 통제하는 경우도 있다.[1]

제1절 국회입법절차

1. 법률 초안의 작성

국회에서 법률 초안을 작성하는 경우 발의하는 국회의원실별로 입법정보를 수집하여 직접 법률 초안을 작성하거나 혹은 국회사무처 법제실에 법률 초안을 의

---

1) 우리나라는 국가 차원의 법규범 이외에도 지방자치단체에서 관할하는 자치법규도 있다. 통상 지방자치단체의 자치법규에는 지방의회에서 제정하는 조례, 지방자치단체의 장이 제정하는 규칙으로 분류된다. 이들 자치법규도 국가법과는 다른 별도의 입법절차에 따르고 있는데, 이에 대해서는 절을 바꾸어 설명한다.

뢰한다. 일단 법률 초안이 작성되면 정당에 따라서는 국회에 법률안을 발의하기 전, 소속정당 내 정책부서와 사전 협의를 하는 절차를 거치기도 한다.

2. 법률안의 제출

법률 초안은 국회의원이 발의하는 경우 입법이유서와 함께 국회의원 10인 이상의 찬성과 찬성의원의 연서를 구비하여 국회의장에게 제출한다. 그리고 국회 소관 상임위원회[2]도 소관사무에 속하는 사항에 대하여 법률안을 제안할 수 있다. 어떤 경우이건 국회가 발의하는 법률안에 예산의 수반을 필요로 하는 경우 그 법률안의 시행에 소요될 것으로 예상되는 비용에 대한 추계서를 함께 제출하여야 한다.

3. 본회의 보고 및 위원회 배부

국회의장에게 제출된 법률안은 본회의 보고와 함께 의원에게 배부하고 국회 소관 상임위원회[3]에 회부한다. 다만, 휴회 또는 폐회로 인하여 본회의에 보고할 수

---

2) 우리나라 국회는 위원회 중심주의를 채택하고 있다. 위원회는 본 회의에서의 원활한 의사 심사를 위해 전문적 지식을 가진 소수의 위원들로 구성된 위원회 조직에서 예비적 의안심사를 담당하게 하는 의회기구를 말한다. 법안 및 의안에 대한 심사는 1차적으로 소관 상임위원회에서 하고, 2차 국회 본회의에서 이루어진다. 국회 위원회는 상임위원회와 특별위원회로 구성되어 있는데, 현재 상임위원회는 국회운영위원회, 법제사법위원회, 정무위원회, 기획재정위원회, 과학기술정보방송통신위원회, 교육문화체육관광위원회, 외교통일위원회, 국방위원회, 행정안전위원회, 농림축산해양수산위원회, 산업통상자원중소벤처기업위원회, 보건복지위원회, 환경노동위원회, 국토교통위원회, 정보위원회, 여성가족위원회 등 16개 위원회 조직으로 구성되어 있다. 특별위원회는 예산결산특별위원회, 윤리특별위원회가 있는데, 이들 조직은 특별위원회지만 모두 상설기구이다.

3) 국회의원이 발의한 법안이든 정부가 발의한 법안이든 소관 상임위원회는 소관 업무와 관련된 법안을 심사한다. 예산결산특별위원회는 정부가 편성한 예산에 대한 심사와 결산심사를, 윤리특별위원회는 국회의원 자격과 징계에 관한 사항을 심의한다. 다만, 예외적으로 소관 상임위원회 심의절차 없이 국회 전원위원회의 사전심의를 거쳐 국회 본회의에서 최종적인 법안심의가 이루어지는 경우도 있다.

없는 경우에는 이를 생략하고 소관 상임위원회에 회부할 수 있다. 또한 국회의장은 법률안이 어느 상임위원회의 소관에 속하는지 명백하지 않을 경우 국회 운영위원회와 협의하여 소관 상임위원회를 결정한다. 국회 운영위원회에서 협의가 이루어지지 않을 경우 의장은 직권으로 소관 상임위원회를 결정한다.

한편, 국회의장은 제출된 법률안과 직접적인 이해관계가 있는 의원이 소관 상임위원회의 재적위원 과반수를 차지하는 경우에는 심사의 공정성을 기하기 위해 국회 운영위원회와 협의하여 다른 상임위원회 또는 특별위원회에 해당 법률안을 회부할 수 있다. 그리고 국회의장은 특히 필요하다고 인정하는 법률안에 대해서 본회의의 의결을 얻어 특별위원회에 회부할 수 있다.

4. 위원회 심사

1) 상임위원회 심사

위원회에 회부된 법률안은 일정 기한 내에 위원회에 상정하도록 하고 있다. 이 때 법률안의 형식이 제정법률안 또는 전부 개정법률안일 경우 20일, 일부 개정법률안일 경우 15일이 경과되어야 상정이 가능하다. 하지만 사안의 긴급성, 불가피성이 인정되는 경우에는 기일 이내에도 위원회에 상정될 수 있는데, 이 경우 해당 소관 위원회의 의결이 있어야 한다.

상정된 법률안은 제안설명,[4] 위원회 소속 전문위원의 심사 및 검토, 대체토론,[5] 공청회 또는 청문회,[6] 상설소위원회 또는 특별법률안심사소위원회 심사,[7] 축조심

---

4) 제안설명은 국회의원이 발의한 법률안일 경우 발의한 국회의원 본인이, 정부가 제출한 법률안의 경우 소관 부처의 담당 국무위원이 법률안에 대한 취지와 주요내용을 설명하는 것을 말한다.

5) 대체토론은 소속 전문위원의 심사 및 검토보고를 마친 후 법률안 전체에 대한 문제점과 당부에 관하여 위원회 소속 의원들이 제안자에게 질의하고 답변을 듣는 절차를 말한다.

6) 특히 제정법률안 또는 전부개정법률안은 원칙적으로 공청회나 청문회를 거쳐야 한다. 다만, 소관 위원회에서 공청회나 청문회를 거치지 않을 것을 의결한 경우에는 개최하지 않을 수 있다.

사,[8] 법률안 채택[9]의 순으로 절차를 진행한다. 이후 위원회에서 확정된 법률안은 법제사법위원회에 회부된다. 법제사법위원회는 법률안이 회부된 경우 5일을 경과하여야 의사일정에 상정할 수 있다. 다만, 위원회가 긴급하고 불가피한 사유로 의결을 하는 경우에는 기간 이내에도 의사일정으로 상정할 수 있다. 법제사법위원회는 상정된 법률안에 대한 체계 및 자구심사[10]를 한다. 그리고 체계 및 자구심사를 마친 후에는 그 심사결과를 소관 위원회에 통보하고 소관 위원회는 법제사법위원회의 심사결과를 포함한 법률안 심사보고서를 작성하여 의장에게 제출한다.

2) 전원위원회 심사

전원위원회는 국회의원 전원으로 구성된 위원회로 본회의에 앞서 예비적으로 심사를 담당하는 기구이다. 전원위원회는 위원회 심사를 거쳤거나 위원회가 제안한 의안 중 정부조직에 관한 법률안, 조세 또는 국민에게 부담을 주는 법률안 등 주요 의안이 심사대상이다. 보통 전원위원회는 의안의 본회의 상정 전이나 상정 후에 개회되며, 이때 재적의원 4분의 1 이상의 개회요구가 있어야 한다. 다만, 의장이 주요 의안심사 등이 필요하다고 인정하는 경우 각 교섭단체 대표의원의 동

---

7) 공청회나 청문회를 거친 후 해당 법률안에 대한 심도 있는 심사의 필요성이 있을 경우 소관 위원회에 설치되어 있는 상설소위원회에서 다시 심사가 이루어진다. 다만, 위원회는 필요할 경우 상설소위원회 대신 특별법률안심사소위원회를 구성하여 법률안에 대한 심사를 맡길 수도 있다. 소위원는 심사를 통해 원안대로 전체 위원회에 보고할 수도 있고, 수정안을 제안할 수도 있다. 또한 위원회안을 새로이 만들어 제안할 수도 있다.

8) 축조심사는 소위원회의의 심사결과를 토대로 전체 위원회에서 법률안을 조문별로 읽어 가며 심사하는 과정이다. 축조심사는 위원회 의결로 생략할 수는 있지만, 제정법률안과 전부개정법률안은 축조심사를 생략할 수 없다.

9) 법률안의 채택은 보통 축조심사 후 소관 위원회에서 이루어진다. 이 과정에서 법률안을 원안대로 채택할지, 수정의결할지, 폐기 또는 대안을 선택할지의 여부를 표결하게 된다.

10) 체계심사란 법률안 내용의 위헌 여부, 관련 법률과의 충돌 여부, 자체조상 상호 간의 충돌 여부 등을 심사하는 동시에 법률형식의 정비하는 과정이다. 자구심사는 법률안 전체에서 사용하는 용어의 적합성과 통일성 등을 심사하여 제안된 법률 내에서, 또는 관계 법률 간에 용어의 통일을 기하는 절차이다.

의를 얻어 전원위원회를 개최하지 않을 수 있다.

3) 연석회의

국회에 발의된 법률안 중, 둘 이상의 국회 상임위원회 소관사항과 관련이 있는 경우에는 안건을 회부받은 소관 상임위원회가 심사에 참고하기 위하여 관련 위원회와 연석하여 회의를 개최할 수 있는데, 이를 연석회의라 한다. 다만, 연석회의는 독립된 위원회가 아니기 때문에 법률안 또는 의안에 대한 표결권이 없다.

5. 본회의 보고 및 의결

위원회 심사를 마친 법률안은 각 위원회의 의견 및 소수의견 등을 담은 심사경과보고서와 함께 다시 본회의에 보고된다. 본회의에 보고된 법률안은 원칙적으로 본회의 보고일 후 1일을 경과하여야 본회의 의사일정에 상정할 수 있다. 하지만 특별한 사유가 있다고 인정되면 의장이 각 교섭단체 대표의원과 협의를 한 경우에는 협의한 기일에 맞추어 본회의 의사일정에 상정할 수 있다.

본회의에 상정된 법률안은 최종적인 심의 · 의결 절차를 거치게 된다. 본회의에서 심의 · 의결 절차는 우선 본회의에서는 상정 법률안의 검토를 마친 소관 상임위원회 위원장이 심사보고를 하고, 이후 법률안에 대한 국회의원의 질의와 토론 절차를 거친다. 토론종결 후에는 의결절차가 진행되며 그 결과에 따라 법률안의 통과여부가 가려진다. 다만, 본회의 토론종결 전, 전원위원회의 개회요구가 있는 경우에는 다시 전원위원회에 회부하여 그 심사를 마친 후 본회의에서 전원위원회 위원장의 심사 또는 수정제안 보고를 청취하고 그 이후에 의결절차가 진행된다. 또한 본회의는 위원장의 보고를 받은 후 필요하다고 인정할 때에는 그 의결로 다시 그 안건을 같은 위원회 또는 다른 위원회에 회부할 수 있으며 만일 법률안의 의결이 있은 후 서로 저촉되는 조항 · 자구 등 기타 정리를 필요로 하는 사항이 발견되었을 때에는 이를 의장 또는 위원회에게 위임할 수 있다.

6. 법률안의 이송 및 공포

　국회의장은 국회 본회의에서 의결된 법률안을 정부로 이송하며, 대통령은 이송일로부터 15일 이내에 공포함으로써 법률안이 법률로서 확정된다. 공포된 법률은 효력발생시기에 관한 특별한 규정을 두고 있지 않는 한, 대통령의 공포일로부터 20일이 경과함으로써 효력이 발생한다.

　이 과정에서 대통령은 법률안에 이의가 있을 경우 공포 전 이의서를 붙여 국회에 환부할 수 있는데, 이를 대통령에 의한 법률안 거부권이라 한다. 대통령의 법률안 거부권은 권력분립 차원에서 입법권을 견제할 수 있는 대통령의 고유권한이다. 하지만 대통령의 법률안 거부권 행사는 환부거부[11] 방식만 인정되며, 법률안 전체에 대하여 한다.

　대통령이 법률안에 대하여 적법한 거부권을 행사하게 되면 해당 법률안은 다시 국회로 이송되며, 국회로 이송된 법률안은 본회의에 바로 상정되어 재심의절차를 거치게 된다. 재심의 대상인 법률안은 재적의원 과반수의 출석과 출석의원 3분의 2 이상의 찬성으로 재의결하게 되며, 재의결로 확정된 법률안은 다시 정부로 이송되어 5일 이내에 대통령이 공포하여야 한다. 이 과정에서 대통령이 기일 내에 법률안을 공포하지 않을 경우에는 국회의장이 대신해서 공포하도록 하고 있다. 유

---

11) 대통령의 법률안 거부권행사 방식은 크게 보류거부와 환부거부로 나뉜다. 우리가 채택하고 있는 환부거부제도는 대통령이 법률안에 이의가 있음을 밝히는 이의서를 첨부하여 국회에 재심의를 요청하는 것을 말한다. 하지만 보류거부는 본래 국회로부터 이송받은 법률에 대하여 대통령은 공포 전(15일 이내) 거부권을 행사할 수 있다. 대통령의 법률안 거부권은 국회에 대하여 법률안을 재심의를 요청하는 것이므로 국회가 개회 중이어야 한다. 그런데 대통령의 법률안 공포 전 또는 거부권행사 전에 국회가 폐회하게 되면 대통령은 거부권 행사기일 이내에 이를 실현할 수 없게 된다. 이 경우 대통령은 법률안을 공포하지 않은 채 보류하게 되고 그 상태에서 회기를 마치면 자동적으로 법률안은 폐기되게 하는 제도이다. 이는 회기불계속의 원칙이 적용되는 미국에서 인정되는 제도이다. 하지만 우리나라는 미국과 달리 회기계속의 원칙이 적용되고 있다는 점, 국회의 폐회 중에도 법률안에 대하여 거부권을 할 수 있다는 점(「헌법」 제53조 제2항), 대통령이 거부권을 행사하지 않으면 법률로서 확정된다는 점(「헌법」 제53조 제3항)을 고려한다면 보류거부를 인정할 실익은 없다.

의할 것은 국회의장이 대통령을 대신해 법률안을 공포하는 것은 법률을 확정하는
절차로 볼 수 없다. 일반 법률안과 달리 대통령의 거부권행사로 국회에서 재심의
절차를 거친 법률안은 국회에서 재의결이 확정되면 바로 법률안이 법률로 확정되
기 때문이다.

[그림 6-1] 국회입법절차 체계도

제2절 정부입법절차

1. 개관

1) 정부입법의 형식

오늘날 법규범의 정립은 국회뿐만 아니라 정부에서도 할 수 있다. 「헌법」 제52조는 "국회의원과 정부는 법률안을 제출할 수 있다."고 규정하여 법률에 대한 정부의 입법권한을 선언하고 있다. 또한 제75조에서는 "대통령은 법률에서 구체적인 위임을 받은 사항과 법률을 집행하기 위하여 필요한 사항에 관하여 대통령령을 발할 수 있다."는 규정을, 제95조는 "국무총리 또는 행정각부의 장은 소관사무에 관하여 법률이나 대통령령의 위임 또는 직권으로 총리령 또는 부령을 발할 수 있다."라는 규정을 두고 있다. 따라서 정부는 법률 이외에도 대통령령, 총리령, 부령을 제정[12]할 수 있는 권한이 있다. 한편, 정부는 내부기관 등을 규율하기 위해 고시, 훈령, 예규 등 행정규칙을 정할 수 있는 입법권한도 가지고 있다.

정부는 적법절차 및 법치주의 원칙에 따라 국회와 마찬가지로 정부입법을 위한 절차적 사항을 마련하고 있다. 현재 정부입법절차를 보면, 정부 자체에서 소관 입법사항(법률, 대통령령, 총리령, 부령, 기타 고시 등 행정규칙)에 대한 '사전준비 · 심의 · 의결 절차'와 '국회의 심의 · 의결'이라는 2단계 절차를 거친다. 여기에서 국회의 심의 · 의결 절차는 앞서 제시한 국회입법절차를 말한다. 즉, 정부입법이 정부

---

12) 「헌법」 제52조, 제75조, 제95조에 근거한 행정입법인 대통령령, 총리령, 부령은 실정법상 시행령, 시행규칙으로 표현되고 있다. 통상 대통령령을 시행령이라 하고, 총리령과 부령을 시행규칙이라 한다. 실제 법률에서 "…… 대통령령으로 정하는 바에 따라 ……할 수 있다."는 규정을 두고 있는 경우에는 법률이 시행령에, 법률 또는 시행령에서 "…… 부령(○○○ 장관)이 정하는 바에 따라…… 할 수 있다."는 규정을 두고 있는 경우에는 법률과 시행령에서 시행규칙에 구체적 입법사항을 위임하고 있는 것이다. 다만, 경우에 따라서는 "…… ○○○○ 장관이 정하는 바에 따라…… 할 수 있다."는 규정은 해당 장관에게 고시, 훈령 등의 행정규칙을 제정할 수 있도록 하는 경우가 있다.

내의 절차를 거친 후에는 국회에 송부되어 국회입법에 대한 일반적 절차와 동일
한 절차를 거친다. 그렇기에 정부입법절차의 경우 국회에 송부되기 전 과정이 국
회입법절차와 차별화되어 있는데, 이를 정부입법의 사전준비·심의·의결 절차
라 부른다. 정부입법은 국회에 비하여 매우 엄격하고 다차원적인 심의·의결 절
차를 거친다는 특징을 가진다.[13] 따라서 이하에서는 정부입법 과정 중 국회입법
절차와 중복되지 아니한 정부 내부의 고유한 입법절차에 관하여 설명한다.

2) 정부입법의 규율내용

(1) 법률사항

정부가 정책시행을 위해 입법을 주도하는 경우 법률과 하위법령인 대통령령, 총
리령, 부령 중 어떤 규범의 정립이 필요한가를 정하여야 한다. 우선, 법률사항이란
국민의 기본권, 권리실현과 구제 등 공익목적의 규율사항 중 본질적 사항에 해당
하는 것으로서 반드시 법률에 규율되어야 할 사항을 의미한다(법률유보의 원칙).[14]
통상, 국민의 권리와 의무에 직접적인 영향을 미치는 사항을 법규사항이라 부르
며 이는 법률에 규율될 것을 요구하고 있다. 구체적으로는 국민의 권리에 제한을

---

13) 「헌법」이 정부에 입법권한을 부여하고 있음에도, 또 정부입법에 대한 엄격하고 다차원적인
   심의·의결을 거쳤음에도 불과하고 이를 다시 국회에 송부하여 심의·의결토록 하는 것
   은 오랜 전통인 권력분립의 원칙, 민주주의의 원칙에 의하기 때문이다. 본래 법을 만드는
   권한은 주권자인 국민에 의해 직접 선출되어 민주적 정당성을 부여받은 의회만이 할 수 있
   는 것이다(의회입법의 원칙). 비록 현대국가에서 행정입법의 필요성 때문에 이를 널리 인
   정하고 있지만, 의회입법의 원칙은 오늘날까지도 간접민주주의 혹은 대의제 하에서 권력
   분립을 실현하는 제일 중요한 요소임에 분명하다. 따라서 정부의 법률제정권에 대응하는
   국회차원의 통제로서 국회입법절차는 그 의의를 가진다. 다른 한편, 우리나라처럼 대통령
   제 국가에서 정부의 법률제정권을 인정하는 사례는 흔치 않다. 본래 정부의 법률제정권은
   의원내각제 국가에서 인정될 뿐 대통령제국가는 법률제정권이 아닌 법률보다 하위에 있는
   법령제정권만 부여되는 것이 일반적이다. 그렇기 때문에 우리나라에 있어 정부의 법률제
   정권에 대한 국회의 통제는 중요한 의미를 갖는다.
14) 이를 법학의 영역에서는 법률유보이론이라 하며, 현재 법률유보이론은 중요사항 유보설·본
   질성론·의회유보론 등 지배적 학설에 의해 법률에 규율되어야 할 사항을 설명하고 있다.

가하거나 새로이 의무를 부과하는 등 침익(侵益)적 효과를 야기하는 사항이 대표적인 법률유보사항이다.

다른 한편, 침익적 효과에 반대개념으로 수익(受益)적 효과 또는 급부(給付)적 효과라는 말을 사용한다. 이는 국민의 권리를 강하게 보장하거나 의무를 면제해 주는 등 일련의 사익을 부여하는 국가행정 영역에서 주로 나타난다. 전통적으로 수익 또는 급부 효과를 나타내는 법규범은 법률유보의 예외로 보았으나 오늘날 이들 영역의 법규범도 국민의 참여와 협력, 국가 및 지방자치단체의 의무강화, 법 적용대상자 간의 형평성 제고 등을 위해 법률로 규정하는 것을 원칙으로 하고 있다. 다만, 수익 또는 급부 효과 법규범은 침익효과 법규범에 비하여 행정기관의 입법 및 집행재량을 많이 부여하는 것이 특징이다. 또한 헌법과 다른 법률에서 법률로 정하도록 선언한 것은 모두 법률로 정하여야 한다.

(2) 하위법령 사항

법률 이외 혹은 법률의 위임을 받아 정부가 제정하는 규범형식에는 대통령령, 총리령, 부령 등이 있고 이를 하위법령이라 통칭한다. 하위법령은 법규사항을 규율하고자 하는 경우 반드시 법률에서 구체적 범위를 정하여 위임을 한 경우에만 입법이 가능하다.[15] 이때 법률에 의한 위임의 경우에도 이를 대통령령, 총리령, 부령 중 어떠한 법 형식을 선택하여야 하는지 결정하여야 한다. 이 경우 법률유보사항인지의 여부가 입법형식을 결정하는 가장 중요한 기준이 된다. 우선, 대통령령은 상대적으로 보다 중요한 사항을, 총리령·부령은 그 밖의 것을 정하도록 해야한다. 이를 법률유보이론과 결부시켜 보면, 국민의 권리·의무와 관련된 실체적 법규사항을 위임하는 경우에는 대통령령으로 정하도록 한다. 그리고 행정처분의 기준이나 서식과 같은 단순한 절차에 관한 사항은 총리령·부령으로 정하도록 하여야 한다.

다른 한편, 하위법령의 형식선택에 있어 법규사항 여부만이 유일한 기준이 되는 것은 아니다. 여기에는 당해 입법이 실제 정책을 집행하는 관할 기관을 어느 범위

---

15) 이는 앞서 제시한 법률유보의 원칙, 중요사항 유보설, 본질성론, 의회유보론에 입각한 당연한 결과이다.

까지 포섭할 것인가가 중요한 기준으로 등장한다. 이에 따를 경우, 대통령령은 모든 중앙행정기관에 공통되거나 여러 중앙행정기관과 관련되는 사항을 정한다. 총리령과 부령은 단일의 중앙행정기관의 소관사무의 업무집행을 전제로 한 사항을 규율할 뿐이다. 다만, 소수의 중앙행정기관에만 관련되는 사항이라면 대통령령의 형식이 아니라 관련 기관이 공동으로 발령하는 이른바 '공동부령'의 형식으로 규정하기도 한다.

(3) 행정규칙사항

행정규칙이란 행정조직 내부에서 담당공무원의 행정 사무처리를 위해 그 기준을 정한 것을 말한다. 행정의 사무처리기준을 정한 행정규칙은 행정조직 내부에서만 집행공무원을 상대로 구속력을 미칠 뿐, 국민을 상대로 직접적인 효력을 갖지 않는다. 행정규칙은 강학(講學)상 개념이며 입법실무에서는 고시 · 훈령 · 예규 · 지시 · 일일명령 등의 표현이 사용된다.[16]

다른 한편, 행정규칙은 그 규율대상과 내용에 따라 조직규칙, 영조물규칙, 법령해석규칙, 재량준칙, 법률대체적 규칙, 법령보충적 규칙으로 구분되기도 한다. 첫째, 조직규칙이란 행정기관 내부 조직구성, 조직별 소관업무의 배분, 업무처리절차를 정하고 있는 행정규칙을 말한다.[17] 둘째, 영조물규칙이란 영조물의 관리청이 영조물의 조직 · 관리 · 사용관계에 대하여 규율하는 행정규칙을 말한다.[18] 셋

---

16) '고시'란 행정사무의 처리기준을 정하는 것이다. '훈령'이란 상급기관이 하급기관에 대하여 권한행사의 내용을 지시하기 위하여 발하는 명령이다. '예규'란 법규문서 이외의 문서로 반복적 행정사무의 기준을 제시하는 것을 말한다. '지시'란 상급기관이 직권 또는 하급기관의 문의에 의하여 개별적 · 구체적으로 발하는 명령을 말한다. '일일명령'이란 당직 · 출장 · 시간외근무 등 일일업무에 관한 명령을 말한다.

17) 행정기관의 조직에 관한 사항은 이른바 '행정조직법정주의' 원칙에 따라 주로 법령에서 정해진다. 따라서 행정규칙으로 정할 수 있는 조직에 관한 사항은 사실상 법령으로 규율되지 아니한 분야에 한정된다.

18) 영조물이란 국가 등이 행정목적을 달성하기 위해 설치한 인적 · 물적 종합시설을 말한다. 예를 들어, 국공립학교, 국공립병원, 한국은행, 교도소, 한국가스공사, 한국철도공사 등이 여기에 해당한다. 영조물규칙 중 그 조직 · 관리에 관한 사항은 내부조직관계를 규율하지

째, 법령해석규칙이란 법령의 해석기준·방법 등을 정한 행정규칙을 말한다. 이
는 법령집행기관의 법령해석의 편의를 제고하고, 집행기관 간의 통일적 법 해석
및 적용을 위해 제정된다. 넷째, 재량준칙이란 행정청이 법령에 의해 부과된 재량
권 행사의 기준을 제시하는 행정규칙을 말한다. 재량준칙은 통일적이고 동등한
재량권 행사를 확보하기 위해 어떤 방식으로 재량을 행사할 것인가를 규율하기
위해 제정된다. 다섯째, 법률대체적 규칙이란 법령에서 행정권한 행사에 대한 구
체적 기준 및 방법에 관한 규율이 없거나 혹은 상세히 정하고 있지 않은 경우 그
기준을 정하는 행정규칙을 말한다.[19] 여섯째, 법률보충적 규칙이란 법령의 위임
에 의해 법령의 내용을 보충하는 법규사항을 정하는 행정규칙을 말한다. 따라서
법률보충적 규칙은 입법형식은 행정규칙에 의하지만 그 내용은 국민에 대한 대외
적 구속력을 갖는 법규사항을 규율하므로 일반적인 행정규칙과 그 성질을 달리
한다.

2. 정부입법절차 I: 법률

1) 정부입법계획 수립

정부에서 법률 초안을 작성하는 경우, 우선 정부(법제처)는 매년 10월 31일까지
각 중앙행정기관에게 다음 해에 입법하고자 하는 입법계획을 수립하게 하고, 중
앙행정기관들은 11월 30일까지 입법계획을 제출한다. 제출된 정부입법계획은 법
제처로 송부되며, 법제처는 정부전체 차원에서 입법추진의 우선순위 및 시기 등
을 조정하여 '정부입법계획'을 수립한다.[20] 법제처에서 종합된 정부입법계획은 이

만, 사용관계에 관한 사항은 영조물을 이용하는 국민과의 관계를 규율하기 하기 때문에 부
분적으로 대외적 효력이 있다.

19) 예를 들어, 법령에 '……보조금을 지급할 수 있다.'는 규정만 두고 보조금의 지급기준 및 방
법에 대해 아무런 규정을 두고 있지 않은 경우, 행정규칙을 통해 구체적인 보조금 지급기
준과 방법을 정하게 되면 이를 법률대체적 행정규칙이 된다.

20) 국회와 달리 정부가 법률(안)을 발의하기 위해 정부입법계획을 수립하는 이유는 입법의 특

후 국무회의 보고 및 관보 고시를 한다. 이후 각 중앙행정기관은 법률안 마련 등 본격적인 정부입법절차를 거치게 된다.

[그림 6-2] 정부입법계획 수립 절차도

2) 법령안의 입안

입법계획을 제출한 개별 중앙행정기관은 법제처에 의한 정부입법계획 수립, 국무회의에 보고 및 관보고시 절차를 마친 후, 소관업무별 입법계획에 반영된 정책 시행과 관련된 법령안을 입안하게 된다. 이 과정에서 개별 중앙행정기관은 입법계획과 관련된 전문연구·조사, 정책추진팀 또는 협의체의 구성 등을 통하여 정책의 내용에 관하여 심도 있는 논의를 하고, 법령안의 작성은 이러한 정책결정과정에서 검토·정리한 결과를 객관적인 언어로 구체화·규범화하게 된다.

3) 부패영향평가

각 중앙행정기관은 제·개정법률의 시행 시 발생가능한 부패 유발 요인을 체계적으로 분석·평가하고, 그에 대한 사전정비 및 종합적인 개선 대책을 강구하게 된다. 그리고 필요한 경우 이를 관련 입법안에 반영하는 절차를 거친다.

정시기 집중을 방지함으로써 입법추진의 효율성과 법안심사의 충실성을 제고하기 위해서 이다. 그리고 관보·인터넷 등을 통해 국민에게 알림으로써 투명하고 책임 있는 정부입법 을 추진하기 위해서이다.

4) 관계기관 협의 및 당정협의

원칙적으로 법률(하위법령 포함)은 이를 소관하는 중앙행정기관이 있다. 물론 단일 법률이 단일 소관 중앙행정기관을 예정하는 경우도 있으나 입법실무에서 많은 수의 법률은 필연적으로 다른 중앙행정기관의 소관 법률과 중첩되는 현상이 발생한다. 이 경우 관계하는 중앙행정기관 간의 협의가 이루어지지 않은 채 특정 법률을 제정하거나 혹은 개정하게 되면 중앙행정기관 간의 업무충돌 등의 문제가 발생할 수 있다. 그래서 특정 법률안의 주관 중앙행정기관이 법률안을 입안하면 그 법률안에 대하여 발생할 수 있는 관계 중앙행정기관의 이견을 청취하고 입법충돌 시 발생할 수 있는 문제 등을 사전에 조정하기 위하여 관계기관과의 협의과정을 거치게 된다. 한편, 정부는 국가의 중요정책사항이나 국민생활에 중대한 영향을 미치는 법률을 입안하는 때에는 국회 여당과 당정협의를 하며, 야당에 협조를 구하기도 하는데, 이를 당정협의라 한다. 이는 행정부의 정책 방향을 여당의 입장과 조화시키고, 보다 합리적인 정책대안을 모색하여 정책의 효과를 높이는 동시에 국회에서 원활한 입법추진이 이루어지도록 하기 위한 것이다.

5) 입법예고

입법예고제도는 모든 법령을 제정ㆍ개정 또는 폐지하고자 할 때에 법령안의 내용을 국민에게 미리 예고하는 제도이다. 이 제도는 입법과정에서 국민의 다양한 의견을 수렴, 국민의 입법참여기회 확대를 통해 민주적이고 구체적 타당성을 가진 입법내용을 법안에 담기 위한 절차이며, 향후 실행될 법률의 실효성을 높여 국가정책을 효율적으로 수행하기 위한 제도라 할 수 있다. 입법예고는 법령안의 주요내용, 의견제출기관, 의견제출기간, 홈페이지 주소 등을 명시하여 관보에 공고하거나 신문ㆍ방송ㆍ인터넷 등의 매체를 이용하여 널리 국민에게 공고하는 등의 방법을 활용한다.

6) 규제심사

법률안 주관 중앙행정기관의 장은 국민의 권리제한 또는 의무부과를 내용으로 하는 등 국민의 법률관계에 영향을 주는 규제입법을 신설 또는 강화하는 내용의 법률을 제정하거나 개정하려는 경우에는 해당 법률안에 대한 규제심사를 하여야 한다. 규제심사는 규제개혁위원회에 의해 이루어지는데, 이때 중앙행정기관은 당해 규제법률에 대한 규제영향분석, 자체 심사의견 등을 첨부하여 규제개혁위원회에 규제심사를 요청하여야 한다. 그리고 이 절차는 법제처 심사 절차를 진행하기 전에 거쳐야 한다.

7) 법제처심사

법제처는 정부입법과정에서 가장 중추적 기능을 담당한다. 이에 따라 법제처는 국무회의에 상정될 법령안·조약안과 총리령안 및 부령안의 심사를 주도적으로 수행한다. 법률안 주관 중앙행정기관의 장이 법률안 원안을 확정하면 법제처에 그 심사를 의뢰한다. 이에 법제처는 법령안의 자구·체계 등의 형식적 사항뿐만 아니라 헌법 및 상위법과의 위반 여부, 다른 법령과의 중복·충돌 여부, 입법내용의 적법성 등 실질적인 사항에 대하여 심사를 한다. 그리하여 흠결이 있는 법률안은 법제처의 심사과정에서 보완되거나 혹은 수정된다.

특히 법제처는 법안심사과정에서 보다 충실하고 공정한 심사를 위하여 법률안과 중요 하위법령안에 대하여는 법령안합동심사회의를 구성하여 추가적인 심사를 거치도록 하고 있다.

8) 차관회의·국무회의 심사

법제처 심사를 거친 법률안은 차관회의와 국무회의의 심의를 순차적으로 거치게 된다. 차관회의는 국무회의에 상정될 의안의 중요사항을 국무회의 심의에 앞서 사전에 심의하는 기능을 수행한다. 다만, 사안의 긴급성 등 그 필요성이 인정되는 경우에는 차관회의를 생략하고 바로 국무회의에 상정하여 심의할 수 있다.

9) 대통령 재가 및 관계 국무위원 부서

국무회의의 심의를 마친 법령안(법률안·대통령령안)은 대통령이 서명하고 국무총리 및 관계 국무위원이 부서를 한다. 부서란 대통령이 국법상 행위에 대하여 정부위원 모두가 책임을 지는 일련의 정부합동행위라 할 수 있다. 현재 국무회의 의결사항에 대해서는 의장인 대통령 재가뿐만 아니라 관계 국무위원의 부서를 요구한다.

10) 국회제출

대통령의 재가를 받은 법률안은 지체 없이 대통령 명의로 국회에 제출한다. 국회에 제출된 정부제출 법률안은 국회의장이 본회의에 보고한 후 소관 상임위원회에 회부한다. 이후 소관 상임위원회를 중심으로 국회 입법절차와 동일한 절차를 거쳐 최종적으로 국회 본회의 심의·의결을 거쳐야 하며, 심의의결을 거친 법률안은 다시 정부로 이송되어 대통령의 공포로서 법률로 확정된다.

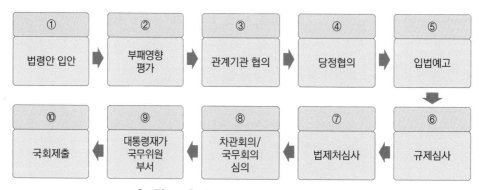

[그림 6-3] 정부입법 법률안 심의절차도

3. 정부입법절차 II: 대통령령, 총리령, 부령

정부가 소관하는 입법사항 중 대통령령은 법률의 경우보다 간이(簡易)한 절차를 거친다. 우선 대통령령이 발의되면 정부입법 중 법률을 대상으로 하는 입법절차

([그림 6-4] 참조)를 동일하게 거친다. 다만, 대통령령은 국회의 심의를 거치지 않고, 대통령의 재가 및 관계 국무위원의 부서, 그리고 대통령의 공포를 통해 절차가 종료된다.

총리령과 부령은 대통령령보다 간이한 입법절차를 진행한다. 총리령과 부령은 법령안의 입안, 부패영향평가, 관계기관협의, 당정협의, 입법예고, 규제심사, 법제처심사를 끝으로 실질적 법안심사가 모두 종료되고 이후 공포함으로써 모든 절차가 종료된다.

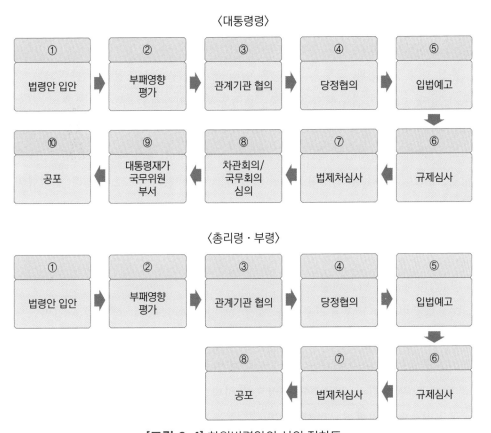

[그림 6-4] 하위법령안의 심의 절차도

4. 정부입법절차 Ⅲ: 행정규칙

1) 대통령훈령 및 총리훈령의 입안절차

(1) 기안

각 행정기관이 대통령훈령 또는 국무총리훈령을 입안하기 위해서는 우선 해당 기관의 주무부서에 의해 행정규칙의 제정·개정·폐지안이 작성되어야 하며, 법제담당부서의 협조를 받아 기안하고 기관장의 결재를 받아야 한다.[21]

(2) 관계부처 협의

통상 대통령훈령과 국무총리훈령은 여러 행정기관의 소관업무와 관련되는 경우가 많다. 따라서 대통령훈령과 국무총리훈령을 입안하는 부처나 기관은 그 훈령안을 관계부처와 협의하고 필요한 경우 내용을 조정하여야 한다. 다만, 정부입법의 기본법인 「법제업무 운영규정」에서는 관계부처 협의의 대상으로 법률, 대통령령, 총리령, 부령 등 법령안으로만 규정하고 있어 원칙적으로 훈령은 부처협의 대상이 아니다. 하지만 실무상 대통령훈령 및 국무총리훈령의 시행과정에서 관계부처로부터 원활한 협조를 얻기 위해 필요한 절차로 운용되고 있다.

(3) 입법예고 및 의견제출

대통령훈령이나 국무총리훈령을 제정·개정·폐지하려는 행정청은 입법안을 예고하여야 한다. 법령보충적 행정규칙은 물론이고 그 밖에 국민생활에 큰 영향을 미치는 사항, 많은 국민의 이해가 상충되거나 또는 불편이나 부담을 주는 사항, 그 밖에 널리 국민의 의견수렴이 필요한 사항을 규율하고 있는 대통령훈령이나 국무총리훈령은 입법예고의 대상이다.[22]

---

21) 대통령비서실 이외의 행정기관이 대통령훈령을 입안하는 경우에는 기안 전 대통령비서실과 협의하여야 하며, 국무총리실 이외의 행정기관이 국무총리훈령을 입안하는 경우에는 기안 전 국무총리실과 협의하여야 한다.

22) 「행정절차법」 제41조에서는 신속한 국민의 권리 보호 또는 예측 곤란한 특별한 사정의 발

또한 행정상 입법예고가 이루어진 경우 누구든지 입법안에 대한 의견을 제출할 수 있으며, 행정청은 의견제출이 있는 경우 특별한 사유가 없으면 이를 검토하고 그 결과를 의견제출자에게 통보하여야 한다. 한편, 행정청은 입법안에 관하여 공청회도 개최할 수 있다.

(4) 규제심사

행정기관의 장은 법령의 위임에 따라 규제를 신설하거나 강화하려는 내용의 행정규칙을 제정·개정하는 경우 규제영향분석서, 자체심사의견, 행정기관·이해관계인의 제출의견 요지를 첨부하여 규제개혁위원회에 규제심사를 요청해야 한다. 이 경우 규제개혁위원회는 행정규칙의 내용이 국민의 일상생활과 사회·경제활동에 미치는 파급효과를 고려하여 중요규제에 해당하는지에 대한 판단을 하고 (예비심사), 중요규제에 해당하는 경우 본심사를 진행한다. 그러나 중요규제에 해당하지 않는다고 판단하는 경우 규제심사를 받은 것으로 간주하여 종결 처리한다.

(5) 법제처심사

중앙행정기관의 장은 대통령훈령 또는 국무총리훈령을 제정·개정하려는 경우 법제처에 해당 훈령안의 심사를 요청하고 이에 법제처는 심사대상 훈령에 대하여 심사한다. 이때 법제처는 대통령훈령 및 국무총리훈령에 대하여 법령에 저촉 여부 등을 심사하고 심사확인증을 첨부하여 그 결과를 중앙행정기관의 장에게 통보한다.

(6) 결재 및 관보게재

소관부처에서는 법제처 심사를 완료한 대통령훈령 또는 국무총리훈령안에 대

생 등으로 입법이 긴급을 요하는 경우, 상위 법령 등의 단순한 집행을 위한 경우, 입법내용이 국민의 권리·의무 또는 일상생활과 관련이 없는 경우, 단순한 표현·자구를 변경하는 경우 등 입법내용의 성질상 예고의 필요가 없거나 곤란하다고 판단되는 경우, 예고함이 공공의 안전 또는 복리를 현저히 해칠 우려가 있는 경우에는 입법예고의 대상에서 제외하고 있다.

하여 결재문서를 작성하여 대통령이나 국무총리의 최종결재를 받아야 한다. 이 중 대통령훈령은 결재를 마친 후 다시 법제처에 제출하고, 법제처는 훈령번호를 붙여 행정안전부 장관에게 관보게재를 요청하게 되고 최종적으로 행정안전부 장관에 의해 관보에 게재된다. 그러나 국무총리훈령은 국무총리의 결재를 받은 후 법제처에 제출함 없이 소관부처에 의해 행정안전부에 바로 제출하고 행정안전부 장관은 훈령번호를 부여한 후, 관보에 게재한다.

(7) 정부입법지원센터 등재

관보에 게재된 대통령훈령 및 국무총리훈령은 법제처장이 정하는 정부입법관련 전산시스템(정부입법지원센터)에 등재하여야 한다. 다만, 「공공기관의 정보공개에 관한 법률」에 따른 비공개 대상인 대통령훈령 및 국무총리훈령인 경우에는 법제처에 비공개 사유를 통보하여야 한다.

(8) 국회제출

행정기관의 장은 법률에서 위임한 사항이나 법률을 집행하기 위하여 필요한 사항을 규정한 대통령훈령 및 국무총리훈령이 제정·개정·폐지된 경우, 국회 소관 상임위원회에 제출하여야 한다.

2) 그 밖의 행정규칙 입안절차

대통령훈령 및 국무총리훈령 이외의 행정규칙 기안 → 입법예고 및 의견제출 → 규제심사 → 법제처 사전자문 → 발령 → 정부입법지원센터 등재 → 법제처 사후심사 절차를 거친다. 이 중 기안, 입법예고 및 의견제출, 규제심사, 정부입법지원센터 등재는 모든 행정규칙에 동일하게 적용되는 절차이다. 따라서 이하에서는 대통령훈령 및 국무총리훈령 이외의 행정규칙에만 적용되는 입법절차를 설명한다.

(1) 법제처 사전자문

중앙행정기관의 장은 훈령·예규 등의 적법성 확보를 위해 필요하다고 인정되는 때에 훈령·예규 등을 발령하기 전에 법제처에 검토를 요청할 수 있다. 이 경우 법제처는 별도의 공식절차를 거치지 않고 전자우편 또는 대면검토 등의 방법을 통해 사전자문을 한다. 특히 법령보충적 규칙은 법제처의 사전자문을 받을 필요성이 매우 큰 행정규칙이다.

(2) 발령

각 행정기관의 법제담당 부서의 심사를 거친 행정규칙은 해당 기관 장의 결재를 받은 후 일련번호를 부여받아 자체 홈페이지에 공표한다. 다만, 법령에 따라 관보에 게재하도록 한 행정규칙은 우선 소관부처에서 의한 행정안전부 장관에 관보게재를 요청하고 행정안전부 장관의 관보게재 절차를 거쳐야 한다.

(3) 법제처 사후심사

각급 행정기관의 장이 발령하는 행정규칙은 그 내용이 적법하고 현실에 적합하게 발령·유지·관리되어야 한다. 그래서 법제처는 정부입법지원센터에 등재된 훈령·예규 등을 수시로 심사하여 법령으로 정해야 할 사항을 훈령 등으로 정하고 있거나, 법령에 저촉되는 사항이나 불합리한 사항을 정한 훈령 등이 있는 경우에는 심사의견을 작성하여 해당 중앙행정기관의 장에게 통보하여야 한다. 이 경우 개선의견을 통보받은 중앙행정기관의 장은 특별한 사유가 없는 한, 이에 해당 훈령이나 관계 법령에 반영하고, 그 처리결과를 법제처에 통보하여야 한다.

〈대통령훈령 및 국무총리훈령〉

① 기안 → ② 관계부처 협의 → ③ 입법예고 및 의견제출 → ④ 규제심사 → ⑤ 법제처심사 → ⑥ 결재 및 관보게재 → ⑦ 정부입법 지원센터 등재 → ⑧ 국회제출

〈기타 행정규칙〉

① 기안 → ② 입법예고 및 의견제출 → ③ 규제심사 → ④ 법제처 사전자문 → ⑤ 발령 → ⑥ 정부입법 지원센터 등재 → ⑦ 법제처 사후심사

[그림 6-5] 행정규칙안의 심의절차도

제7장
사회복지와 조례

제1절 조례의 의의

1. 개념

1) 형식적 개념

조례는 지방자치단체 주민에 의해 선출된 대의기관인 지방의회에서 제정하는 일반적·추상적 법규범의 한 형식을 말한다. 지방자치단체의 자치입법권 범위에는 조례 외에도 규칙이 있지만, 규칙은 지방자치단체 장이 제정한다는 점에서 조례와 구분된다. 조례는 지방자치단체 조직 내부에서 효력을 갖지만, 여기에 그치지 않고 지방자치단체 주민에게 직접 효력을 발생시킨다. 조례가 주민에게 직접 구속력을 발생하는 경우에도 전체 주민에게 효력을 발하는 경우도 있고 특정 주민 또는 사안에 대해서만 효력을 발하기도 한다.

오늘날 조례를 형식적 측면에서 정의하는 경우에는 지방자치단체가 자기책임 하에 자치사무를 처리하기 위한 입법도구라고 할 수 있다. 여기에서 자치사무란 지방자치단체 고유사무로 예정되어 있는 것으로 지방자치단체가 그 업무를 수행할 때 국가나 다른 지방자치단체로부터 간섭을 받지 않고 주민복리 증진을 위해 자기의 의사와 책임으로 처리하는 사무를 말한다.

2) 내용적 개념

조례를 형식적 개념으로만 접근하는 경우 지방자치단체의 자치사무만이 조례의 제정대상이 된다. 그러나 실질에 있어서는 자치사무 이외에 국가가 지방자치단체 또는 지방자치단체 장에게 위임한 국가사무도 조례의 제정대상이 될 수 있다. 보통 국가위임사무 중 국가가 지방자치단체 그 자체에게 위임한 사무를 단체위임사무라 하고, 지방자치단체 장에게 위임한 사무를 기관위임사무라 한다. 여기에서 단체위임사무는 지방자치단체의 자치권을 존중하여 지방의회가 자주적으로 조례를 통해 구체적 규율을 하는 것이 인정된다.

반면, 기관위임사무는 원칙적으로 조례의 제정대상이 될 수 없다. 왜냐하면 법리상 기관위임사무를 처리하는 지방자치단체 장은 국가에 대한 하급행정기관의 지위에서 국가사무를 대신 처리하는 것에 불과하기 때문이다. 그렇기 때문에 기관위임사무는 지방자치단체의 자치권에 해당하는 사무가 아니고, 지방자치단체 장이 처리하지만 여전히 국가사무성이 인정되고 기관위임사무를 처리하는 지방자치단체 장은 전적으로 법령의 규율범위 내에서 위임사무를 처리하여야 한다.

하지만 우리 판례에서는 기관위임사무의 경우에도 조례의 제정대상이 될 수 있음을 인정하고 있다.[1] 이에 따르면, 기관위임사무를 위임한 법률에 조례로 정할 수 있도록 하는 법령위임이 있는 경우에는 예외적으로 기관위임사무도 조례의 제정대상이 될 수 있다.

2. 종류

1) 의무조례

의무조례란 지방자치단체가 반드시 제정하여야 하는 조례로 '필수조례'라고도 한다. 예를 들어, 「지방자치법」 제91조에서 지방의회에 두는 사무직원의 정수는

---

1) 대법원 2000. 5. 30. 99추85 판결; 대법원 2007. 12. 13. 2006추52 판결; 대법원 2009. 12. 24. 2007추141 판결 참조.

조례로 정하도록 하고 있는 것이나, 같은 법 제142조에서 지방자치단체는 행정목적을 달성하기 위한 경우나 공익상 필요한 경우에는 재산을 보유하거나 특정한 자금을 운용하기 위한 기금을 설치할 수 있으며, 이 경우 재산의 보유, 기금의 설치ㆍ운용에 관하여 필요한 사항은 조례로 정하도록 하고 있는 것이 대표적인 의무조례에 해당한다.

2) 임의조례

임의조례란 조례 제정 여부가 지방자치단체의 정책적ㆍ입법적 재량판단에 맡겨진 조례를 말한다. 이는 지방자치단체의 전권한성으로부터 유래하는 것으로 사무수행 여부와 그 수행방식에 관하여 지방자치단체에 재량을 부여한 사무가 그 적용대상이다. 예를 들어, 「지방자치법」 제9조에서 정하는 체육시설을 설치하기 위하여 조례를 제정하는 경우가 여기에 해당한다.

3) 자치조례

자치조례란 지방의회가 법령의 직접적이고 개별적인 근거 없이 스스로의 판단에 따라 재정하는 조례를 말한다. 다만, 자치조례의 경우에도 법령의 범위 안에서 자치조례를 제정할 수 있다는 한계가 있다. 이는 국가법과 조례의 통일성을 기하기 위한 목적으로 「헌법」 제117조 제1항과 「지방자치법」 제22조에 근거하여 요구되는 것이다.

4) 위임조례

위임조례란 법령의 개별적 위임에 근거하여 제정되는 조례를 말한다. 위임조례는 위임의 형식, 위임사무의 내용, 위임의 주체와 객체 등에 따라 단체위임사무 또는 기관위임사무를 그 대상으로 한다. 앞서 제시한 바와 같이 단체위임사무는 조례의 제정대상이나, 기관위임사무는 수권법령에 조례위임을 명시적으로 정한 경우에 한하여 인정된다.

오늘날 조례는 자치조례보다는 위임조례가 다수를 차지한다. 위임조례는 관련 정책에 대한 규범제정과 그 집행이 지방자치단체의 소관이기는 하나 위임사무의 속성상 여전히 그 사무처리의 효과는 해당 사무를 위임해 준 국가에게 귀속되므로 자치조례에 비하여 법령에 대한 구속이 매우 강하게 나타난다. 특히 조례의 내용이 주민의 권리와 의무에 직접적 영향을 미치거나, 벌칙에 관한 내용을 포함하고 있는 경우에는 그렇지 않은 경우에 비하여 더욱 강한 법령의 구속을 받는다.

5) 기본조례

기본조례란 모든 지방자치단체에 공통적으로 적용되는 중요 정책 또는 제도 운영을 위한 기본방침 · 원칙 · 계획 · 준칙 · 대상 등을 명시한 조례로서 표준조례라고도 한다. 기본조례는 여러 지방자치단체에서 개별적으로 정하는 조례의 모법(母法)으로서 보통 국가가 제정하여 지방자치단체에 제시하는 것이 일반적이다. 그리고 지방자치단체는 기본조례를 입법모델로 하여 당해 지방자치단체의 특수성을 반영한 구체적 조례형성을 담당한다. 하지만 국내 자치입법 현실은 국가에서 제시한 기본조례와 별반 다르지 않은 지방자치단체의 조례가 양산되어 지방자치단체 별로 특색 있는 조례를 찾아보기 어려운 경우도 많다. 이 때문에 기본조례가 지방자치단체의 자치입법권을 약화시켜 지방자치제도의 본질을 훼손하고 있다는 부정적 의견도 있고, 반대로 지방자치단체의 현실을 고려하여 다른 일반적인 조례에 비해 우월적 지위를 갖도록 하는 것이 필요하다는 주장도 있다.

제2절 조례의 기능

1. 내적 관계에서의 기능

1) 법규성

조례는 불특정 다수인에 대하여 구속력을 갖는다. 따라서 조례가 지역주민의 법률관계 또는 생활관계, 권리와 의무의 변동 등 직접 영향을 미친다면 법규성 있는 조례라 할 수 있는데, 법규적 조례는 국회에서 제정한 법률과 다를 바 없다. 다만, 모든 조례가 법규성을 갖는 것은 아니고 지방자치단체 조직 내부에서만 효력을 갖는 비법규적 조례도 있다.

2) 지역법 · 자주법

(1) 지역적 특수성 반영

조례는 일정 지역에서만 효력을 갖는다는 의미에서 지역법이고, 지방자치단체 고유의 법이라는 의미에서 자주법이다. 국가법은 보통 전 지역 및 국민에게 적용되기에 법치주의적 관점에서 법적 안정성을 기하는 데 용이하다. 그러나 국가법은 지방자치단체별 지역적 · 주민적 특수성이 고려되지 못하여 구체적 타당성을 결여할 위험성이 있다. 예를 들어, 국내 지방자치단체별로 주민의 경제적 수준, 산업분포도, 일자리의 양과 질, 고용과 실업의 정도, 사회적 약자의 구체적 상황 등이 모두 다르다. 그럼에도 국회 또는 중앙정부가 모든 지역적 현안을 완벽하게 인지할 수 없기에 국가법이 개별 지방자치단체 고유의 특수성을 모두 고려할 수 없다. 이는 국가법과 관련 정책의 실패를 의미하는데, 오늘날 조례의 지역법 · 자주법성이 강조되는 이유도 여기에 있다.

(2) 자치행정의 근거 · 지침

지방자치단체가 독자적으로 주민의 권리와 의무 등에 관한 사항을 규율함에 있

어 조례는 합법성과 법적 안정성을 보장해 준다. 조례는 주민의 대표인 지방의회
에서 제정되기 때문에 그 자체로 민주적 정당성을 획득하고 있다. 민주적 정당성
을 보유한 조례는 자치행정의 지침과 방향을 제공하여 주민에게는 자치행정에 대
한 예측가능성을 부여하고, 지방자치단체 집행기관의 자의적 집행을 방지한다.
따라서 조례는 자치행정의 근거와 기준을 명확히 하는 기능을 하며, 자치행정의
합법성·정당성을 담보한다.

(3) 행정의 계속성 유지

자치행정의 연속성과 계속성은 지방자치단체 장의 교체에도 불구하고 공고히
정립되어야 한다. 따라서 지방자치단체가 수행하고 있는 각종 시책들을 조례를
통하여 규율하면, 시책은 조례에 구속되므로 행정의 연속성이 유지된다. 한편, 유
효하게 성립된 조례는 의회의 의결을 거치지 않고는 폐지 또는 개정되지 않기 때
문에 정책의 지속가능한 운영은 조례를 통해서 가능해진다.

(4) 주민요구의 실현·선도

조례는 지역주민의 다양한 욕구와 이해관계를 조정하고 주민이 필요한 요구를
충족시키는 것을 본래 목적으로 하고 있다. 현대적 의미의 지방자치는 주민 정책
과정에 참여하여 스스로의 요구를 실현시킬 수 있어야 한다. 조례 입법과정에서
주민의 참여는 지방자치의 본질을 실현시키는 중요한 기재이다. 국가법과 달리
조례의 경우에는 지방자치법에서 주민에게 조례의 개·폐 청구권을 인정하고 있
는 이유도 여기에 있다.

다른 한편, 조례는 주민의 권리와 의무관계에 직접 영향을 미치기도 하지만 주
민의 생활태도나 사고방식에도 개입하여 선도기능도 한다. 결국 조례는 지역과
주민 속에 살아 있는 법으로서 불완전하고 미성숙된 행위규범을 완전하고 성숙된
제정법으로서 이끄는 기능을 담당한다.

2. 외적 관계에서의 기능

1) 국가법제의 종합화

대부분의 법령은 국가 행정조직을 중심으로 소관 권한에 속한 것만을 규정한다. 그러나 조례는 모든 유형의 법령과 법령을 연결하여 지역 현장에서 구체적으로 적용한다. 전통적으로 중앙행정기관은 부처별 소관 사항에 따른 권한배분이 엄격해 행정의 종합화가 어려운 것이 현실이다. 이에 비하면 지방자치단체는 행정조직상 주민으로부터 선출된 지방의회와 지방자치단체 장이 지역행정에 관련한 광범위한 사무처리를 할 수 있어 종합적 시각에서 국가법의 효율적 집행을 가능하게 한다. 따라서 다양한 중앙행정기관이 결합된 국가법 또는 정책은 지방자치단체에 이르러서 비로소 효율적인 종합화가 이루어진다. 이때 국가법과 조례가 적정한 기능분담을 한다면 국가정책의 지방자치단체에서의 통일적이면서 유연한 집행을 모두 가능하게 할 것이다.

2) 국가법제의 보완

조례를 비롯한 지방자치단체의 자치입법권은 국가와 대립하기 위해 부여된 것이 아니라 법령과 적절한 분담관계를 전제로 상호보완적으로 기능한다. 국민의 수요와 요구가 다원화하고 있는 오늘날 국가법에 의한 일률적 규제는 지역의 구체적 상황에 충분히 대응할 수 없다. 이러한 점에서 자치입법은 미처 국가법이 고려하지 못한 지역적 사정을 반영하고 국가법령의 흠결을 보충한다. 국가법과 자치입법 간에 원칙법과 보충법의 관계로 정립하는 것은 국가법이 모든 지방자치단체에서 법적 안정성을 구축할 수 있도록 한다. 동시에 지역적 특수성이 보충적으로 조례 등 자치입법을 통해 구체화되기 때문에 구체적 타당성까지 갖출 수 있어 실질적 법치주의를 가능하게 한다.

3) 국가법제의 선도

지방자치단체는 국가가 예정하지 못한 사업, 국가가 예산 또는 지역갈등 등의 문제로 인해 실시하지 못하는 정책 등을 선도적·실험적으로 가능하게 한다. 지방자치단체에서 조례에 기초하여 선도적·실험적 국가사업들을 성공적으로 수행하고, 그 성과가 여러 지방자치단체에게 전파된다면 결국 선도적 조례가 국가법 형성에 관여하여 법률차원의 규범 형성을 가능하게 한다. 바로 이것이 조례가 국가법령을 선도하고, 지방차원의 정책이 국가정책으로 전환하게 되는 것이다. 이를 조례가 갖는 국가형성적 기능이라 부르기도 한다.

4) 지방자치단체 간의 정책유도

일반적으로 어떤 지방자치단체에서 선도적인 조례가 제정되는 경우 같은 문제를 가진 다른 지방자치단체에 널리 확산되는 경향을 보인다. 이 경우 조례를 매개로 지방자치단체 간의 담당자의 교류, 자료 및 정보의 공유를 통해 지방자치단체 상호 간에 거버넌스가 이루어지게 된다. 이 때문에 조례는 지역 내에서뿐만 아니라 지역 외적으로도 파급효과가 발생한다. 지역적 차원에서 이루어진 창의와 혁신이 모델이 되어 전국적으로 확산되면 앞서 말한 바와 같이 조례가 국가법을 선도하는 것뿐만 아니라 전국적 차원의 조례형성에 선순환적 구조가 체계화될 수 있다.

제3절 조례제정 범위와 한계

1. 조례입법의 기본원리

1) 행정의 법률구속성

오늘날 지방자치제도는 국민주권의 실현, 풀뿌리민주주의 실천, 수직적·기능적 권력분립, 지역주민의 요구 충족, 주민의 권리 보장과 사회의 공공복리의 증진, 지방적 문제 해결능력 향상 등을 내실 있게 수행할 수 있게 한다. 현행 「헌법」이 "지방자치단체는 주민의 복리에 관한 사무를 처리하고 재산을 관리하며, 법령의 범위 안에서 자치에 관한 규정을 제정할 수 있다."고 정하면서 지방자치단체가 행사할 수 있는 자치권의 유형으로 자치행정권(주민의 복리에 관한 사무 처리), 자치재정권(재산의 관리)과 자치입법권(자치에 관한 규정 제정)을 제도적으로 보장하고 있는 이유도 여기에 있다(제117조).

　지방자치단체의 자치권 중 가장 기본이 되는 것이 바로 조례와 규칙으로 구성된 자치입법권이다.[2] 한편, 법치주의적 관점에서 자치입법권은 행정주체로서 지방자치단체가 「헌법」상 법치주의 원리에 구속되게 함으로써 자치입법권을 법치주의적 구속과 한계 내로 흡수한다. 그리하여 지방자치단체 모든 행위에 대한 적법성의 통제를 가능하게 하는데, 이를 '행정의 법률구속성'이라 한다.

　다른 한편, 자치법규는 지역법이지만 국가의 법령 내지 시책의 구현과도 매우 밀접한 관련성을 가지기에 행정의 법률적합성은 국가법령들과의 체계정합성을 필요로 한다. 현행 「헌법」은 법률유보의 원칙을 통해 법률과 자치법규의 유기적 연계성을, 법률우위의 원칙을 통해 상위법령에 모순·저촉되는 자치법규의 배제를 구현하고 있다.

2) 법률유보의 원칙

「헌법」 제117조 제1항은 "지방자치단체는…… 법령의 범위 안에서 자치에 관한 규정을 제정할 수 있다."고 정하고 있고, 「지방자치법」 제22조는 "지방자치단체는 법령의 범위 안에서 그 사무에 관하여 조례를 제정할 수 있다. 다만, 주민의 권리 제한 또는 의무부과에 관한 사항이나 벌칙을 정할 때에는 법률의 위임이 있어야

---

[2] 민주주의의 본질을 다양성을 존중하는 자기결정의 원리라고 할 때, 어떤 조직체의 자기결정의 유무를 판단함에 있어 가장 중요한 요소는 바로 규범정립권의 유무라고 할 수 있고, 따라서 자치입법권의 확대는 자기책임적 사무수행을 보장하기 위한 불가결한 요소이며, 자치입법권의 충실한 보장은 지방자치보장에 있어 핵심적 내용이라고 하여야 할 것이다.

한다."고 정하고 있다.

　현행「헌법」과「지방자치법」이 법령의 범위 안에서 조례를 제정할 수 있도록 하고 있고, 주민의 권리제한 또는 의무부과에 관한 사항, 벌칙 등은 반드시 법률의 위임이 있을 것을 요구하고 있다. 이에 대하여 헌법재판소는 "조례에 대한 법률의 위임은 법규명령에 대한 법률의 위임과 같이 반드시 구체적으로 범위를 정하여 할 필요가 없으며, 포괄적인 것으로 족하다."고 하였다.[3] 대법원은 기본적으로 기본권 제한적 조례에 대해서는 매우 강한 법률유보의 원칙을 요구[4]하면서도 주민의 권리제한, 의무부과, 벌칙을 정하는 것이 아니고 주민에게 권리를 부여하거나 급부를 제공하는 경우에는 법률의 위임 없이도 조례를 제정할 수 있는 것으로 보

---

3) 헌법재판소 1995. 4. 20. 92헌마264 결정; 헌법재판소 2004. 9. 23. 2002헌바76 결정; 헌법재판소 2012. 11. 29. 2012헌바97 결정.

4)「지방자치법」제15조 단서는 지방자치단체가 법령의 범위 안에서 그 사무에 관하여 조례를 제정하는 경우에 벌칙을 정할 때에는 법률의 위임이 있어야 한다고 규정하고 있는데, 불출석 등의 죄, 의회모욕죄, 위증 등의 죄에 관하여 형벌을 규정한 조례안에 관하여 법률에 의한 위임이 없었을 뿐만 아니라, 구「지방자치법」(1994. 3. 16. 법률 제4741호로 개정되기 전의 것) 제20조가 조례에 의하여 3월 이하의 징역 등 형벌을 가할 수 있도록 규정하였으나 개정된「지방자치법」제20조는 형벌권을 삭제하여 지방자치단체는 조례로써 조례 위반에 대하여 1,000만 원 이하의 과태료만을 부과할 수 있도록 규정하고 있으므로, 조례 위반에 형벌을 가할 수 있도록 규정한 조례안 규정들은 현행「지방자치법」제20조에 위반되고, 적법한 법률의 위임 없이 제정된 것이 되어「지방자치법」제15조 단서에 위반되고, 나아가 죄형법정주의를 선언한「헌법」제12조 제1항에도 위반된다(대법원 1995. 6. 30. 93추83 판결); 차고지확보제도 조례안이 자동차·건설기계의 보유자에게 차고지확보의무를 부과하는 한편,「자동차관리법」에 의한 자동차등록(신규·변경·이전) 및 건설기계관리법에 의한 건설기계등록·변경신고를 하려는 자동차·건설기계의 보유자에게 차고지확보 입증서류의 제출의무를 부과하고 그 입증서류의 미제출을 위 등록 및 신고수리의 거부사유로 정함으로써 결국 등록·변경신고를 하여 자동차·건설기계를 운행하려는 보유자로 하여금 차고지를 확보하지 아니하면 자동차·건설기계를 운행할 수 없도록 하는 것을 그 내용으로 하고 있다면, 이는 주민의 권리를 제한하고 주민에게 의무를 부과하는 것임이 분명하므로「지방자치법」제15조 단서의 규정에 따라 그에 관한 법률의 위임이 있어야만 적법하다(대법원 1997. 4. 25. 96추251 판결).

고 있다.[5]

이렇게 볼 때, 조례와 법률유보의 원칙은 기본권 관련성을 기준으로 판단하여야 한다. 기본권 제한 조례는 반드시 법률의 위임에 근거해야 하고, 이때의 위임은 개별적 · 구체적이어야 한다. 그래야만 「지방자치법」 제22조 단서와 규범조화적 해석이 가능해진다.[6] 하지만 기본권 제한 조례가 아닌 한, 그만큼 법령종속성이 낮고 지방의회의 입법재량은 폭넓게 인정되는 것으로 이해해야 한다. 이 경우 조례에서 정할 수 있는 범위와 한계는 법령에서 정하는 범위 내에서 자율적으로 결정할 수 있는 것으로 해석될 수 있다.[7]

3) 법률우위의 원칙

(1) 국가법과 조례

법률우위의 원칙은 국가법령의 자치법규에 대한 우위를 의미하는 것으로서 이

---

5) 지방자치단체는 그 내용이 주민의 권리의 제한 또는 의무의 부과에 관한 사항이거나 벌칙에 관한 사항이 아닌 한 법률의 위임이 없더라도 조례를 제정할 수 있다 할 것인데 청주시의회에서 의결한 청주시행정정보공개조례안은 행정에 대한 주민의 알 권리의 실현을 그 근본내용으로 하면서도 이로 인한 개인의 권익침해 가능성을 배제하고 있으므로 이를 들어 주민의 권리를 제한하거나 의무를 부과하는 조례라고는 단정할 수 없고 따라서 그 제정에 있어서 반드시 법률의 개별적 위임이 따로 필요한 것은 아니다(대법원 1992. 6. 23. 92추17 판결).

6) 「지방자치법」 제22조 단서에 대하여 "「헌법」 제117조 제1항은 지방자치단체의 사무에 관하여 법령의 범위 안에서, 즉 법령에 위반되지 않은 한 조례를 제정할 수 있는 것으로 자치입법권을 보장하고 있는데, 지방자치법 제22조 단서는 지방자치단체의 사무에 있어서도 주민의 권리제한 등에 관한 사항에 관하여는 법률의 위임이 있어야 조례가 제정될 수 있는 것으로 헌법에서 정하지 아니한 추가적 제한을 규정하고 있으므로 헌법 제11조 제1항에 반하는 위헌조항이다."라는 견해가 있지만(박윤흔, 『최신행정법강의(하)』, 박영사, 2004, 131면), 현재 판례는 합헌이라 보고 있다(대법원 1995.5.12, 94추28 판결; 대법원 1997. 4. 25. 96추251 판결; 대법원 2009. 5. 28. 2007추134 판결; 헌법재판소 1995. 4. 20. 92헌마264 결정 참조).

7) 기본권 보장적 또는 기본권 보충적 성격의 조례는 법령의 위임 없이도 얼마든지 자유롭게 지방의회의 조례제정권의 대상으로 포섭할 수 있겠지만, 만일 법령에서 기본권보장의 기준 또는 수준을 정하고 있다면 이러한 범위 내에서 조례입법재량은 축소될 수밖에 없다.

에 반하는 조례는 위법하다는 것을 의미한다. 지방자치단체의 자치입법은 행정의 한 부분이고, 국가법체계 내에서 통일성이 유지되어야 하기 때문에 조례는 헌법과 법령에 구속되어야 한다. 「헌법」과 「지방자치법」이 조례제정권의 범위와 한계로서 '법령의 범위 안에서'로 제한을 두고 있는 것도 그러한 이유이다.[8]

여기에서 법령은 헌법, 법률, 명령을 모두 포함하는 것이며, 순수한 의미의 행정규칙이 아닌 상위법령과 결합하여 대외적인 구속력을 갖는 법령보충적 행정규칙도 조례를 구속하는 법령에 해당한다.[9] 하지만 이 경우에도 조례를 구속하는 국가법령이 일의적으로 적용될 수 있는 것은 아니고 지방자치권 보장의 문제와 결

---

8) 대법원도 「지방자치법」 제22조 본문은 "지방자치단체는 법령의 범위 안에서 그 사무에 관하여 조례를 제정할 수 있다."고 규정한다. 여기서 '법령의 범위 안에서'란 '법령에 위반되지 아니하는 범위 내에서'를 말하고, 지방자치단체가 제정한 조례가 법령에 위배되는 경우에는 효력이 없다(대법원 2009. 4. 9. 2007추103 판결). 이에 따라 법령의 범위 안에서의 개념범주에는 법률유보뿐만 아니라 법률우위의 원칙이 포함되어 있음을 대법원은 지지하는 것으로 판단된다.

9) 「헌법」 제117조 제1항에서 규정하고 있는 '법령'에 법률 이외에 「헌법」 제75조 및 제95조 등에 의거한 '대통령령' '총리령' 및 '부령'과 같은 법규명령이 포함되는 것은 물론이지만, 헌법재판소의 "법령의 직접적인 위임에 따라 수임행정기관이 그 법령을 시행하는 데 필요한 구체적 사항을 정한 것이면, 그 제정형식은 비록 법규명령이 아닌 고시, 훈령, 예규 등과 같은 행정규칙이더라도, 그것이 상위법령의 위임한계를 벗어나지 아니하는 한, 상위법령과 결합하여 대외적인 구속력을 갖는 법규명령으로서 기능하게 된다고 보아야 한다."고 판시한 바에 따라, 「헌법」 제117조 제1항에서 규정하는 '법령'에는 법규명령으로서 기능하는 행정규칙이 포함된다…… 「헌법」 제117조 제1항은 "지방자치단체는 법령의 범위안에서 자치에 관한 규정을 제정할 수 있다."고 하여 법령의 규정이 지방자치단체의 자치입법권에 우선하고 있음을 명시하고 있거니와 여기서 말하는 '법령' 가운데에는 법규명령으로서 기능하는 행정규칙이 포함되는 것이므로 문제조항이 법규명령으로 기능하는 행정규칙에 의하여 청구인의 법률상의 권한을 제한하도록 한 것이라면, 그 제한이 지방자치의 본질을 침해하는 것이 아닌 한, 이는 청구인의 권한을 침해하는 것이 아니다. 그리고 문제조항에서 말하는 '행정자치부장관이 정하는 범위'라는 것은 '법규명령으로 기능하는 행정규칙에 의하여 정하여지는 범위'를 가리키는 것이고 법규명령이 아닌 단순한 행정규칙에 의하여 정하여지는 것은 이에 포함되지 않는다고 해석되므로 문제조항은 법규명령에 의한 자치권의 제한 이상을 의미하는 것이 아니므로, 청구인의 법률상 권한을 침해하는 것이 아니다(헌법재판소 2002. 10. 31. 2001헌라1 결정).

부되어 다양한 논의가 전개되고 있는데,[10] 법률선점론과 수정 법률선점론이 대표적이다.

① 법률선점론

법률선점론이란 법률로 규율하는 영역에 대하여 조례가 다시 동일한 목적으로 규율하는 것은 법률이 이미 선점한 영역을 침해하는 것이므로 법률에서 특별한 위임이 없는 한 허용되지 않는다는 이론이다. 이는 국가법령의 조례에 대한 절대적 우위의 결과로 당연히 도출되는 것으로 보고 있다.

② 수정 법률선점론

수정 법률선점론이란 지방자치단체의 자치입법권을 보장하기 위하여 국가법령이 정하는 사항이라도 지역의 특수성을 고려하여 조례로 달리 정할 수 있다는 견해로 법률선점론을 완화하는 이론이다. 이에 따르면, 국가법령이 조례로 지역실정에 맞게 별도로 규율하는 것을 용인하는 것으로 해석되는 한 당해 조례가 국가법령이 정하는 기준과 상이하더라도 그 자체로 위법이라 할 수 없는 것으로 보고 있다.[11]

---

10) 본 고에서 제시하지 아니한 다양한 논의전게의 상세한 내용은 조정환, "자치입법권 특히 조례제정권과 법률우위와의 관계문제", 「공법연구」 제29집 제1호, 한국공법학회, 2000, 375면 이하 참조.

11) "지방자치단체는 법령에 위반되지 아니하는 범위 내에서 그 사무에 관하여 조례를 제정할 수 있는 것이고, 조례가 규율하는 특정사항에 관하여 그것을 규율하는 국가의 법령이 이미 존재하는 경우에도 조례가 법령과 별도의 목적에 기하여 규율함을 의도하는 것으로서 그 적용에 의하여 법령의 규정이 의도하는 목적과 효과를 전혀 저해하는 바가 없는 때, 또는 양자가 동일한 목적에서 출발한 것이라고 할지라도 국가의 법령이 반드시 그 규정에 의하여 전국에 걸쳐 일률적으로 동일한 내용을 규율하려는 취지가 아니고 각 지방자치단체가 그 지방의 실정에 맞게 별도로 규율하는 것을 용인하는 취지라고 해석되는 때에는 그 조례가 국가의 법령에 위반되는 것은 아니라고 보아야 할 것이다."(대법원 1997. 4. 25. 96추244 판결).

(2) 광역 및 기초지방자치단체의 조례

「지방자치법」 제24조는 "시·군 및 자치구의 조례는 시·도 조례를 위반해서는 아니 된다."라고 규정하고 있다. 이에 따라 기초 지방자치단체 조례(시·군 및 자치구의 조례)는 광역 지방자치단체 조례(시·도 조례)에 반해서는 안 되고, 이의 위반의 경우 기초 지방자치단체 조례는 법률우위의 원칙에 반하여 무효가 된다.

2. 조례입법의 대상

1) 자치사무

「헌법」 제117조와 「지방자치법」 제22조는 지방자치단체의 조례제정권을 보장하고 있고, 「지방자치법」 제9조 제1항은 지방자치단체의 사무범위에 관련하여 "지방자치단체는 관할 구역의 자치사무와 법령에 따라 지방자치단체에 속하는 사무를 처리한다."고 규정하고 있다. 따라서 조례입법의 우선적 대상은 자치사무라 할 수 있으며 원칙적으로 지방자치단체는 관할 구역의 자치사무에 관하여 별도의 구체적인 법령의 위임이 없더라도 조례를 제정할 수 있다.

2) 단체위임사무

단체위임사무는 국가 등이 지방자치단체에게 그 사무를 개별적으로 위임하는 사무를 말한다. 현행 「지방자치법」 제9조 제1항은 "법령에 의하여 지방자치단체에 속하는 사무"[12] "지방자치단체가 위임받아 처리하는 국가사무" 또는 "시·군 및 자치구가 위임받아 처리하는 사무"로 표현하고 있는데, 이러한 사무가 바로 단체위임사무이다.

일반적으로 단체위임사무는 위임기관인 국가 등과 수임기관이 공동으로 이해관계를 가지는 사무인 경우가 대부분이다. 그러한 이유로 단체위임사무는 지방자

---

12) 「지방자치법」 제9조(지방자치단체의 사무범위) ① 지방자치단체는 관할 구역의 자치사무와 법령에 따라 지방자치단체에 속하는 사무를 처리한다.

치단체의 사무로서 지방자치단체가 관리주체이고, 그 사무처리의 법적 효과도 지방자치단체에 귀속된다. 따라서 단체위임사무는 지방의회에 의한 조례제정대상이다.[13] 다만, 위임사무의 법리상 단체위임사무 처리에 소요되는 비용은 위임기관이 부담하는 것이 원칙이다.

단체위임사무는 본질적으로 위임기관의 사무이기 때문에 국가사무를 지방자치단체에 위임하는 경우에는 반드시 개별법령상의 근거를 두어야 하고, 위임기관인 국가 또는 상위 지방자치단체에 의한 적법성 및 합목적성 통제가 가능하고 사무처리의 기준은 법령과 위임기관의 지시에 구속된다.[14]

3) 기관위임사무

기관위임사무는 국가 등이 지방자치단체의 장에게 그 사무의 일부를 포괄적·개별적으로 위임하는 사무를 의미한다. 현행 「지방자치법」은 제102조[15] 및 제167조[16]를 통해 기관위임사무의 근거를 마련하고 있지만, 기관위임사무는 개별법령에

---

13) 이에 관하여 "본래 단체위임사무는 위임자의 사무이지, 수임지방자치단체의 사무는 아니므로 단체위임사무는 성질상 수임지방자치단체의 자치사무에 대한 입법형식인 조례의 규정사항이 아니라고 볼 것이다. 그러나 적합한 실정법형식이 현재로서는 없다. 뿐만 아니라 현행 「지방자치법」 제22조는 자치사무인가 또는 위임사무인가를 구분함 없이 지방자치단체의 사무에 관하여 조례를 제정할 수 있다고 규정하기 때문에, 단체위임사무에 대해서도 조례가 활용될 수밖에 없다."는 견해가 있다(홍정선, 『행정법원론(하)』, 박영사, 2010, 212면). 이와는 달리 단체위임사무는 자치단체 자체의 사무로 전환되어, 자치사무와 마찬가지로 조례의 제정대상이 된다는 견해가 있다(김동희, 『행정법 II』, 박영사, 2014, 78면).

14) 단체위임사무가 법령에 구속되는 것은 별론으로 하더라도 단체위임사무에 있어서 국가는 지방자치단체에 대하여 일정사무를 부여함과 동시에 그 사무의 수행을 개별적이고도 전문적인 지시에 따라 행하도록 하는 권한을 유보해 둘 수도 있는 것이다(홍정선, 『행정법특강』, 박영사, 2014, 1045면).

15) 「**지방자치법**」 제102조(**국가사무의 위임**) 시·도와 시·군 및 자치구에서 시행하는 국가사무는 법령에 다른 규정이 없으면 시·도지사와 시장·군수 및 자치구의 구청장에게 위임하여 행한다.

16) 「**지방자치법**」 제167조(**국가사무나 시·도 사무 처리의 지도·감독**) ① 지방자치단체나 그 장이

서 직접적 근거를 두고 있는 경우가 대부분이다. 입법기술적으로는 통상 법률에서 국가 또는 광역 지방자치단체의 사무로 정한 후, 대통령령이나 부령 등이 정하는 바에 따른 그 사무를 광역 또는 기초 지방자치단체 장에게 위임하여 수행할 수 있도록 규정하는 형식을 채택하고 있다.

기관위임사무를 집행하는 수임기관은 국가행정조직 또는 광역 지방자치단체 조직의 일부가 되어 위임기관인 국가 또는 광역 지방자치단체 소속 집행기관과 같은 지위를 갖는다. 그리고 기관위임사무는 위임기관이 관리주체로서 사무처리의 법적 효과도 위임기관에게 귀속되기 때문에 지방의회의 조례제정대상 및 일반적인 관여가 배제된다. 다만, 기관위임사무도 개별 법령에서 조례로 정하도록 위임하고 있는 경우에는 예외적으로 조례제정대상이 될 수 있다.[17]

「지방자치법」 제23조에서 "지방자치단체의 장은 법령이나 조례가 위임한 범위에서 그 권한에 속하는 사무에 관하여 규칙을 제정할 수 있다."고 정하고 있는 것을 볼 때, 기관위임사무는 원칙적으로 법령에서 위임하는 것으로 지방자치단체의 장 권한에 속하는 사무에 해당하므로 규칙제정권의 대상이라 할 수 있다.[18]

위임받아 처리하는 국가사무에 관하여 시·도에서는 주무부장관의, 시·군 및 자치구에서는 1차로 시·도지사의, 2차로 주무부장관의 지도·감독을 받는다.
② 시·군 및 자치구나 그 장이 위임받아 처리하는 시·도의 사무에 관하여는 시·도지사의 지도·감독을 받는다.

17) 기관위임사무에 있어서도 그에 관한 개별 법령에서 일정한 사항을 조례로 정하도록 위임하고 있는 경우에는 지방자치단체의 자치조례 제정권과 무관하게 이른바 위임조례를 정할 수 있다고 하겠으나, 이때에도 그 내용은 개별 법령이 위임하고 있는 사항에 관한 것으로서 개별 법령의 취지에 부합하는 것이라야만 하고, 그 범위를 벗어난 경우에는 위임조례로서의 효력도 인정할 수 없다(대법원 1999. 9. 17. 99추30 판결; 대법원 2000. 5. 30. 99추85 판결).

18) 이에 대하여 "기관위임사무는 본래 위임자의 사무이지 수임청이 속한 지방자치단체의 사무는 아니다. 따라서 수임청이 속한 지방자치단체의 자치사무에 대하여 수임청이 발하는 입법형식인 규칙으로 기관위임사무를 규정하는 것은 성질상 적절하지 않다. 그러나 적합한 실정법형식이 현재로서 없다. 뿐만 아니라 현행 「지방자치법」 제23조는 "자치사무·단체위임사무·기관위임사무의 구별 없이 지방자치단체의 장은 법령이나 조례가 위임한 범위에서 그 권한에 속하는 사무에 관하여 규칙을 제정할 수 있다."고 규정하고 있기 때문에 기관위임사무에 대하여 규칙이 활용될 수밖에 없다는 견해가 있다.

제4절 자치법규 입법절차

1. 조례

지방자치단체에서 정하는 자치법규 중 조례는 지방의회 의원, 지방자치단체의 장, 주민에 의해 발의될 수 있다. 다만, 지방자치법은 조례 발의권자가 누구인가 에 따라 다소 상이한 절차를 거치도록 하고 있다.

1) 지방의회 의원발의 조례안

조례안은 지방의회의 재적의원 5분의 1 이상 또는 의원 10명 이상의 연서로 발 의된다. 지방의회 의원에 의해 발의된 조례안은 입안 → 지방의회 발의 → 입법예 고 → 지방의회 심의·의결 → 조례안 이송 → 공포의 절차를 거친다.

(1) 입안
지방의회 의원은 조례의 제정·개정·폐지의 권한을 가지고 있다. 이에 따라 지방의회 의원은 조례안을 입안하여 지방의회에 발의하여야 한다.

(2) 발의 및 제출
지방의회 의원이 조례의 제정·개정·폐지를 내용으로 하는 조례안을 입안한 후에는 지방의회 의원은 재적의원 5분의 1 이상 또는 의원 10명 이상의 연서로 이 를 지방의회 의장에게 제출하여야 한다. 조례안을 제출받은 지방의회 의장은 소 관 상임위원회[19]에 회부하여야 한다.

---

19) 「지방자치법」 제56조에서는 지방의회에 조례로 정하는 바에 따라 상임위원회와 특별위원 회를 두도록 하고 있다. 따라서 지방의회에 설치할 수 있는 상임위원회의 유형은 조례로 정하도록 하고 있기 때문에 지방자치단체마다 다소간의 차이가 있을 수 있다. 대표적으로 서울시의 경우를 살펴보면, 「서울특별시의회 기본조례」 제32조에 의해 상임위원회는 운영

(3) 입법예고

지방의회는 심사대상인 조례안에 대하여 일정기간 그 취지, 주요내용, 전문을 공보나 인터넷 홈페이지 등을 이용하여 예고할 수 있다. 다만, 지방의회 의원의 발의하는 조례에 대한 예고제도는 법령 및 지방자치단체의 장이 발의하는 조례안과 달리 지방의회의 재량사항이다.

(4) 지방의회 심의 · 의결

지방의회에 제출된 조례안은 우선 소관 상임위원회의 심의절차를 거친다. 지방의회 의장으로부터 조례안을 제출받은 소관 상임위원회는 제안자의 취지 설명, 전문위원 검토보고, 질의 및 토론, 표결 등의 절차를 거쳐 심의한다. 소관 상임위원회의 심의를 마친 조례안은 다시 지방의회 의장에게 보고되며, 지방의회 의장은 보고받은 조례안을 본회의에 상정한다. 본회의에서는 상정된 조례안에 대한 최종적인 심의를 거치는데, 이 경우 재적의원 과반수의 출석과 출석의원 과반수의 찬성으로 의결한다.

(5) 이송 및 공포

지방의회 본회의 의결을 마친 조례안은 다시 지방자치단체의 장에게 이송되고, 지방자치단체의 장의 조례안 공포에 의해 조례로서 확정된다. 다만, 지방자치단체의 장은 이송받은 조례안에 이의가 있으면 조례의 공포 전 지방의회에 재의를 요구할 수 있다. 이때 재의를 요구받은 지방의회가 재적의원 과반수의 출석과 출석의원 3분의 2 이상의 찬성으로 전과 같은 의결을 하면 그 조례안은 조례로서 확정된다. 재의결된 조례는 다시 지방자치단체의 장에게 이송되고, 지방자치단체의 장은 이를 공포하여야 한다. 그러나 재의결된 조례를 지방자치단체의 장이 공포하지 않으면 지방의회 의장이 대신하여 공포할 수 있고, 그 사실을 지방자치단체의 장에게 통지하여야 한다.

위원회, 행정자치위원회, 기획경제위원회, 환경수자원위원회, 문화체육관광위원회, 보건복지위원회, 도시안전건설위원회, 도시계획관리위원회, 교통위원회, 교육위원회를 두고 있다.

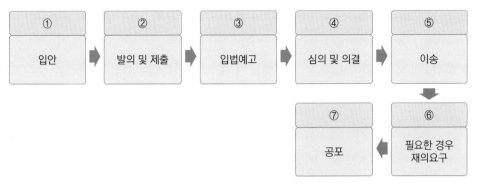

[그림 7-1] 지방의회 의원 발의 조례안 입법절차

2) 지방자치단체장 발의 조례안

지방자치단체의 장이 발의하는 조례안은 기본방침 결정 → 사전승인·협의, 관계부서 협의 → 입법예고 → 규제심사 → 법제심사 → 조례규칙심의회 심의 → 조례안 공고·지방의회 제출 → 지방의회 의결 → 조례 이송 → 재의요구 및 재의결 → 사전보고 → 관보게재 및 공포의 절차를 거친다.

(1) 기본방침 결정

지방자치단체의 장이 조례의 제정·개정·폐지안을 발의하기 위해서는 우선 소관부서에 의해 입안 기본방침을 수립하여야 한다. 여기에서 기본방침은 조례입법계획에 해당한다. 기본방침 수립 시에는 해당 지방자치단체의 법무부서와 입안 형식 및 기준, 절차 등에 관하여 사전협의를 거쳐야 한다. 관계부서와 협의하여야 하고, 특히 근거법령의 규정에 따라 관련 행정기관 또는 상급기관과 협의 또는 승인을 거쳐야 한다.

(2) 사전승인·협의, 관계부서 협의

조례안은 관련 법령 또는 자치법규에서 주무부장관 또는 시·도자사의 사전승인·협의를 받도록 하는 경우 이를 거쳐야 한다. 또한 조례안의 내용이 다른 기관 또는 부서와 협의를 필요로 하는 사항인 경우에는 그 협의절차를 거쳐야 한다. 예를 들어, 조직관련 사항은 조직부서, 예산수반 사항은 예산부서, 소속기관

등의 변경에 관한 사항은 관련 사무의 지도·감독 부서, 시·군·구 관련사항은 시·군·구와 협의하여야 한다.

한편, 이 과정에서 조례안이 「부패방지 및 국민권익위원회의의 설치와 운영에 관한 법률」에 따른 부패영향평가대상,[20] 「성별영향분석평가법」에 따른 성별영향 평가[21] 대상인 경우에는 해당부서와 협의하여 평가를 실시하여야 한다.

(3) 입법예고

지방자치단체의 장이 발의하는 조례안은 일정 기간 입법예고를 하여야 한다. 입법예고 기간 동안 주민은 누구든지 자유롭게 조례안에 대한 의견을 제출할 수 있다. 그리고 주민의 의견을 제출받은 지방의회는 특별한 사유가 없는 한 이를 분석하여 조례에 반영여부를 결정하여야 하고, 그 결과를 의견제출자에게 통보하여야 한다. 이처럼 입법예고절차를 마련하고 있는 이유는 주민의 일상생활과 직접 관련되는 자치법규안에 대한 주민의 알권리를 충족시키기 위함이고, 더 나아가 주민에게 의견제출의 기회를 부여함으로써 입법참여절차를 확보하는 등 입법의 민주화를 위해 실시하는 것이다.

---

20) 「부패방지 및 국민권익위원회의의 설치와 운영에 관한 법률」 제28조 제1항에서는 "법률·대통령령·총리령·부령 및 그 위임에 따른 훈령·예규·고시·공고와 조례·규칙의 부패 유발요인을 분석·검토하여 그 법령 등의 소관 기관의 장에게 그 개선을 위하여 필요한 사항을 권고할 수 있다."고 정하고 있다. 따라서 지방자치단체의 장이 부패유발요인을 포함하는 조례안을 발의하는 경우 반드시 국민권익위원회에 의한 부패영향평가를 실시하여야 한다.

21) 「성별영향분석평가법」 제5조 제1항에서는 "중앙행정기관의 장 및 지방자치단체의 장은 제정·개정을 추진하는 법령(법률·대통령령·총리령·부령 및 조례·규칙을 말한다)과 성평등에 중대한 영향을 미칠 수 있는 계획 및 사업 등(이하 '대상 정책'이라 한다)에 대하여 분석평가를 실시한다."고 정하고 있다. 따라서 지방자치단체의 장은 성평등에 중대한 영향을 미치는 사항을 포함하는 조례안을 발의하는 경우에는 반드시 성별영향평가를 실시하여야 한다.

(4) 규제심사

지방자치단체의 장이 규제를 신설하거나 강화하는 조례안을 발의하는 경우에는 규제영향분석서, 자체심사의견서, 규제존속기한, 행정기관·이해관계인의 제출의견을 첨부하여 규제담당부서에 의한 규제심사를 받아야 한다. 보통 규제심사는 법무부서 심사와 동일한 기관에서 실시하고 있다. 하지만 규제심사는 법무부서 심사 이전에 실시하여야 한다.

(5) 법무부서 심사

지방자치단체의 장이 발의하는 조례안은 부서협의, 입법예고, 규제심사 등을 통해 제시된 의견을 반영·조정한 후 법무부서에 제출하여 심사를 받아야 한다. 이때 법무부서는 부서협의·입법예고·규제심사 등의 준수 여부, 입안기준 적합성 여부, 시행일 등 부칙규정 적정성 여부 등을 종합적으로 심사한다.

(6) 조례규칙심의회 심의

지방자치단체의 장이 발의한 조례가 법무부서 심사를 마친 때에는 심사결과를 토대로 조례를 수정·보완하여 지방자치단체의 장 소속하에 설치된 조례규칙심의회에 제출하고, 조례규칙심의회에 의한 심의·의결 절차를 거쳐야 한다.

(7) 조례안 공고 · 지방의회 제출

지방자치단체 조례규칙심의회 의결을 마친 조례안에 대하여 지방자치단체의 장은 미리 공고하고 이를 지방의회에 부의한다. 다만, 공고를 기다릴 시간적 여유가 없는 것이 사회통념상 객관적으로 인정되는 것으로서, 그 회기 중에 처리 하지 않으면 적정한 시행일을 경과할 우려가 있는 경우, 심사 중인 안건과 관련이 있어 함께 처리할 필요가 있는 경우, 상위법령의 시행과 관련하여 조례의 시행이 시급히 요청되는 경우에는 사전공고 없이 지방의회에 부의할 수 있다. 그리고 지방자치단체의 장이 발의하는 조례안이 예산상 또는 기금상의 조치를 수반하는 경우에는 비용추계서와 재원조달방안에 관한 자료를 조례안에 첨부하여야 한다.

(8) 지방의회 의결

지방자치단체의 장이 발의한 조례안에 대하여 지방의회가 심의 · 의결하는 절차는 지방의회가 발의하는 조례의 심의 · 의결 절차와 동일하다.

(9) 조례안 이송 및 공포

지방의회의 의결절차를 거친 조례안은 다시 지방자치단체의 장에게 이송되고, 조례안을 이송받은 지방자치단체의 장은 시 · 도지사의 경우 행정안전부장관에게, 시 · 군 · 구청장의 경우 시 · 도지사에게 사전보고한다.[22] 다만, 사전보고를 받은 행정안전부장관 또는 시 · 도지사는 조례안의 내용이 월권 또는 법령을 위반한 경우, 공익을 해치는 경우, 예산상 집행할 수 없는 경비를 포함하는 경우 해당 지방자치단체의 장에게 재의를 요구하여야 한다. 이 경우 조례안은 다시 지방의회로 넘어가 재의결 절차를 거친다. 그리고 지방의회에서 전과 같은 의결을 하면 그 의결사항은 확정된다. 그러나 지방의회의 재의결 사항이 여전히 법령위반사항을 포함하고 있는 경우에는 지방자치단체의 장은 대법원에 제소하여야 한다. 만일 지방자치단체의 장이 제소를 하지 않을 경우에는 시 · 도의 경우 행정안전부장관이, 시 · 군 · 구의 경우 시 · 도지사가 대법원에 직접 제소 및 집행정지 결정을 신청할 수 있다.

이상 재의요구, 제소 등이 없이 사전보고를 마친 조례안은 지방자치단체의 장에 의해 공포된다.

---

22) 조례안에 대한 사전보고는 주무부장관 또는 시 · 도지사에게 자치법규안이 법령에 위반되거나 공익을 현저히 해치는지 여부를 판단하도록 하여,「지방자치법」제172조에 따라 재의요구 등이 필요하면 그 기회를 보장하기 위해 마련한 것이다.

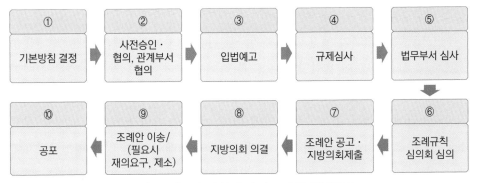

①	②	③	④	⑤
기본방침 결정	사전승인 · 협의, 관계부서 협의	입법예고	규제심사	법무부서 심사

⑩	⑨	⑧	⑦	⑥
공포	조례안 이송/ (필요시 재의요구, 제소)	지방의회 의결	조례안 공고 · 지방의회제출	조례규칙 심의회 심의

[그림 7-2] 자치단체장 발의 조례안 입법절차

3) 주민청구조례안

조례안은 주민에 의해 발의될 수도 있다. 다만, 주민발의 조례안은 지방자치단체의 장 또는 지방의회 의원에게 인정되는 조례의 제정 · 개정 · 폐지 권한과는 달리「지방자치법」에 의해 주민의 권리로서 보장되고 있으며, 엄격한 요건하에서만 권리행사가 가능하다는 점에 차이가 있다. 이처럼 주민이 직접 조례의 제정 · 개정 · 폐지를 요구할 수 있는 권리를 조례의 제정 및 개폐청구권이라 한다. 통상 주민청구조례안은 청구 → 공표 → 조례규칙심의회 심의 → 조례안 공고 및 예고 → 지방의회 심의 · 의결 → 이송 → 공포의 절차를 거친다. 이 중 조례심의회 심의, 조례안 공고 및 예고, 지방의회 심의 · 의결, 이송, 공포 절차는 지방자치단체의 장이 발의하는 조례안의 처리절차와 동일하다. 따라서 이하에서는 주민청구조례안의 처리과정에 특유하게 적용되는 절차적 사항을 살펴보도록 한다.

(1) 청구

주민의 조례 제정 및 개폐청구권은 지방자치단체가 관할하는 지역의 19세 이상의 주민에게만 인정되고 있다. 다만, 시 · 도와 인구 50만 명 이상 대도시에서는 19세 이상 주민 총수의 100분의 1 이상 70분의 1 이하, 시 · 군 및 자치구에서는 19세 이상 주민 총수의 50분의 1 이상 20분의 1 이하의 범위에서 지방자치단체의 조례로 정하는 19세 이상의 주민 수 이상의 연서(連署)와 조례의 제정 및 개폐안을 갖추어 관할 지방자치단체의 장에게 청구하여야 한다.

(2) 공고

주민으로부터 조례의 제정 및 개폐청구를 받은 지방자치단체의 장은 그 내용을 공표하고, 모든 주민이 열람할 수 있도록 하여야 한다. 이때 청구인 명부에 이의가 있는 주민은 지방자치단체의 장에게 이의신청을 할 수 있다. 이의신청을 받은 지방자치단체의 장은 이의신청 사항에 대한 심의 후 이의가 있다고 인정할 경우 청구인명부를 수정하고 그 사실을 이의신청자와 조례의 제정 및 개폐청구권자에게 통지하여야 한다. 또한 지방자치단체의 장은 이의신청이 없거나 제기된 이의신청에 대하여 심의와 통지 절차를 마치게 되면, 청구를 수리하거나 각하하여야 한다. 이때 지방자치단체의 장은 청구인에게 의견제출의 기회를 주어야 한다.

(3) 조례규칙심의회 심의

주민의 조례의 제정 및 개폐청구권에 의하여 청구된 조례안은 관할 지방자치단체 장의 소속하에 있는 조례규칙심의회 심의를 거쳐야 한다. 조례규칙심의회는 우선 조례의 제정 및 개폐청구권 행사의 적법요건에 대하여 심사하고, 그 밖의 심의절차는 지방자치단체의 장이 발의하는 조례안을 심의하는 것과 동일하게 처리한다.

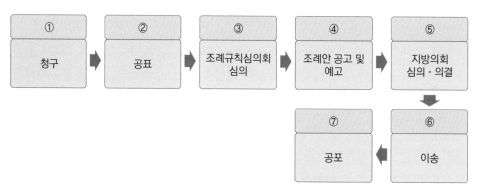

[**그림 7-3**] 주민청구조례안 입법절차

2. 규칙

　규칙은 지방자치단체의 장이 법령 또는 조례의 위임을 받아 제정하는 자치법규이다. 통상 규칙은 기본방침의 결정 → 사전승인 · 협의, 관계부서 협의 → 입법예고 → 규제심사 → 법무부서 심사 → 조례규칙심의회 심의 → 사전보고 → 공포의 절차를 거친다. 다만, 절차별 구체적 내용은 지방자치단체의 장이 발의하는 조례안의 입법절차와 동일하다.

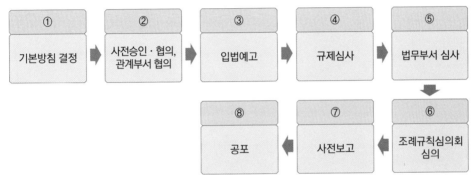

[그림 7-4] 규칙 입법절차

Social Welfare
Law and
Practice

제2부

사회복지법률

제8장
사회보장에 관한 기본법

이 장은 사회보장에 관한 기본법을 다루는 장이다. 사회보장법은 형식적으로 사회보장제도에 관련된 법의 총체이며, 이념적으로는 생존권을 직접적으로 구체적으로 실현하는 법체계이며, 실질적으로는 국민의 사회보장의 권리 및 이를 실현해야 할 국가의 의무관계를 규정한 법체계를 의미한다. 따라서 이 장에서는 제시한 사회보장법의 목적에 부합하는 「사회보장기본법」과 「사회보장급여의 이용·제공 및 수급권자 발굴에 관한 법률」을 다루고자 한다. 특히 「사회보장기본법」은 국가의 기본법인 「헌법」의 하위법으로서, 「헌법」의 생존권 규정의 이념에 근거를 두고 있지만 다른 사회복지에 관한 법들의 상위법으로서 그 법들의 제·개정의 범위와 방향을 정해 주기 때문에 남다른 중요한 의의가 있다고 본다. 또한 사회보장제도의 통합적 시행을 위해 제정된 「사회보장급여의 이용·제공 및 수급권자 발굴에 관한 법률」도 함께 다루어져야 함은 당연하다고 본다. 구체적인 내용으로는 각 법률의 연혁 및 체계, 목적과 기본원칙, 급여대상, 급여의 종류 및 내용, 전달체계와 위원회, 급여의 실시와 조사, 권리구제 순으로 살펴보고자 한다.

제1절 │ 사회보장기본법

1. 연혁 및 체계

「사회보장기본법」은 기존의 「사회보장에 관한 법률」을 폐지하고 우리나라의 경

제 · 사회의 발전수준과 국민의 복지욕구에 부합하는 사회보장제도를 확립하여
국민복지의 증진을 도모하기 위하여 제정되었다. 「사회보장기본법」은 제1장 총
칙, 제2장 사회보장에 관한 국민의 권리, 제3장 사회보장 기본계획과 사회보장위
원회, 제4장 사회보장정책의 기본방향, 제5장 사회보장제도의 운영, 제6장 사회보
장정보의 관리, 제7장 보칙으로 구성되어 있다.

<표 8-1> 주요 연혁 및 현행 법률의 체계

주요 연혁		체계
1995. 12. 30.	• 「사회보장기본법」 제정	제1장 총칙 제2장 사회보장에 관한 국민의 권리 제3장 사회보장 기본계획과 사회보장위원회 제4장 사회보장정책의 기본방향 제5장 사회보장제도의 운영 제6장 사회보장정보의 관리 제7장 보칙
2005. 1. 27.	• 사회보장심의위원회 위원의 관련 부처의 참여 확대	
2009. 6. 9.	• 사회보장장책에 대한 총괄기능 강화, 현행제도의 운영미비점 보완	
2012. 1. 26. 〈전부개정〉	• 사회보장제도를 확대 및 재정립하여 복지국가 설립 토대 마련	
2015. 12. 29.	• 국민기초생활보장제도의 급여별 수급자 선정기준 다층화, 중위소득제도 도입	
2018. 12. 11.	• 보건복지부장관 이외의 중앙행정기관의 장과 지방자치단체의 장의 업무관련 위탁 근거 마련	
2020. 4. 7.	• 보건복지부장관이 사회보장재정 추계 및 사회보장통계 업무를 정부출연연구기관 등에 위탁할 수 있는 근거 마련	
2021. 6. 8.	• 사회보장위원회가 사회보장 관련 행정 데이터를 제공받아 주요 시책의 심의 · 조정할 수 있는 법적 근거 마련 • 보건복지부장관이 사회보장행정 데이터 분석센터를 설치 · 운영	

2 목적과 기본이념 및 운영원칙

1) 목적과 기본이념

「사회보장기본법」은 사회보장에 관한 국민의 권리와 국가 및 지방자치단체의 책임을 정하고 사회보장정책의 수립 · 추진과 관련 제도에 관한 기본적인 사항을 규정함으로써 국민의 복지증진에 이바지하는 것을 목적으로 한다(제1조). 또한 사회보장은 모든 국민이 다양한 사회적 위험으로부터 벗어나 행복하고 인간다운 생활을 향유할 수 있도록 자립을 지원하며, 사회참여 · 자아실현에 필요한 제도와 여건을 조성하여 사회통합과 행복한 복지사회를 실현하는 것을 기본이념으로 한다(제2조).

2) 기본원리

「사회보장기본법」의 기본원리는 3가지를 들 수 있다.

\<표 8-2\> 「사회보장기본법」의 기본원리

구분	관련조문	내용
평생사회안전망의 구축과 운영	제22조	모든 국민이 생애 동안 삶의 질을 유지 · 증진할 수 있도록 평생사회안전망을 구축하여야 하고, 평생사회안전망을 구축 · 운영함에 있어 사회적 취약계층을 위한 공공부조를 마련하여 최저생활을 보장
사회서비스의 보장	제23조	모든 국민의 인간다운 생활과 자립, 사회참여, 자아실현 등을 지원하여 삶의 질을 향상될 수 있도록 사회서비스에 관한 시책을 마련하여야 하고, 사회서비스 보장과 소득보장이 효과적이고 균형적으로 연계
소득보장	제24조	다양한 사회적 위험 하에서도 모든 국민이 인간다운 생활을 할 수 있도록 소득을 보장하는 제도를 마련하여야 하고, 공공부문과 민간부문의 소득보장제도가 효과적으로 연계

3) 운영원칙

(1) 보편성의 원칙

국가와 지방자치단체가 사회보장제도를 운영할 때에는 이 제도를 필요로 하는 모든 국민에게 포괄적으로 적용하여야 한다. 사회보장이 사회보험을 중심으로 각 국에서 처음 시행되었을 때에는 근로자를 대상으로 하였으나 제2차 세계대전을 계기로 전 국민을 대상으로 하는 제도로 변화하였다.

(2) 형평성의 원칙

국가와 지방자치단체는 사회보장제도의 급여수준과 비용부담 등에서 형평성을 유지하여야 한다. 개인은 자신이 기여한 바에 비례하여 급여를 받아야 한다는 의미로 소득비례연금이 대표적인 예라고 할 수 있다.

(3) 민주성의 원칙

국가와 지방자치단체는 사회보장제도의 정책결정 및 시행과정에 공익의 대표자 및 이해관계인 등을 참여시켜 이를 민주적으로 결정하고 시행하여야 한다. 행정의 민주원칙으로 사회보장행정에 있어서 민주원칙과 가입자 참여가 존중되어야 한다.

(4) 연계성 · 전문성의 원칙

국가와 지방자치단체가 사회보장제도를 운영할 때에는 국민의 다양한 복지 욕구를 효율적으로 충족시키기 위하여 연계성과 전문성을 높여야 한다.

(5) 공공성의 원칙

사회보험은 국가의 책임으로 시행하고, 공공부조와 사회서비스는 국가와 지방자치단체의 책임으로 시행하는 것을 원칙으로 한다. 다만, 국가와 지방자치단체의 재정 형편 등을 고려하여 이를 협의 · 조정할 수 있다. 모든 사회보장제도의 관리 운영을 국가가 담당하여 국가 책임하에 진행되어야 한다.

<표 8-3>「사회보장기본법」의 핵심용어

핵심용어	내용
사회보장	출산, 양육, 실업, 노령, 장애, 질병, 빈곤 및 사망 등의 사회적 위험으로부터 모든 국민을 보호하고 국민 삶의 질을 향상시키는 데 필요한 소득·서비스를 보장하는 사회보험, 공공부조, 사회서비스
사회보험	국민에게 발생하는 사회적 위험을 보험의 방식으로 대처함으로써 국민의 건강과 소득을 보장하는 제도
공공부조	국가와 지방자치단체의 책임하에 생활유지 능력이 없거나 생활이 어려운 국민의 최저생활을 보장하고 자립을 지원하는 제도
사회서비스	국가·지방자치단체 및 민간부문의 도움이 필요한 모든 국민에게 복지, 보건의료, 교육, 고용, 주거, 문화, 환경 등의 분야에서 인간다운 생활을 보장하고 상담, 재활, 돌봄, 정보의 제공, 관련 시설의 이용, 역량 개발, 사회참여 지원 등을 통하여 국민의 삶의 질이 향상되도록 지원하는 제도
평생사회안전망	생애주기에 걸쳐 보편적으로 충족되어야 하는 기본욕구와 특정한 사회위험에 의하여 발생하는 특수욕구를 동시에 고려하여 소득·서비스를 보장하는 맞춤형 사회보장제도
사회보장 행정데이터	국가, 지방자치단체, 공공기관 및 법인이 법령에 따라 생성 또는 취득하여 관리하고 있는 자료 또는 정보로서 사회보장 정책 수행에 필요한 자료 또는 정보

4) 협의 및 조정

국가와 지방자치단체는 사회보장제도를 신설하거나 변경할 경우 기존 제도와의 관계, 사회보장전달체계와 재정 등에 미치는 영향 등을 사전에 충분히 검토하고 상호협력하여 사회보장급여의 중복 또는 누락되지 아니하여야 한다(제26조 제1항).

중앙행정기관의 장과 지방자치단체의 장은 사회보장제도를 신설하거나 변경할 경우 이에 따른 타당성, 기존제도와의 관계, 사회보장전달체계에 미치는 영향 및 운영방안에 대하여 보건복지부장관과 협의하여야 하고, 이에 따른 효율적 업무수행을 위해 필요하다고 인정하는 경우에는「정부출연연구기관 등의 설립·운영 및 육성에 관한 법률」에 따라 설립된 정부출연 연구기관,「사회보장급여의 이용·제공 및 수급권자 발굴에 관한 법률」의 한국사회보장정보원, 대통령령으로 정하는 전문기관 또는 단체에 관련 자료의 수집 · 조사 및 분석에 관한 업무를 위탁할 수 있다(제26조 제3항).

만약 보건복지부장관과 협의가 이루어지지 아니할 경우 위원회가 이를 조정하고(제26조 제4항), 보건복지부장관은 사회보장급여 관련 업무에 공통적으로 적용되는 기준을 마련할 수 있다(제26조 제5항).

3. 급여대상

모든 국민은 사회보장 관계 법령에서 정하는 바에 따라 사회보장급여를 받을 권리를 가진다(제9조). 한편, 국내에 거주하는 외국인에게 사회보장제도를 적용할 때에는 상호주의의 원칙에 따르되, 관계 법령에서 정하는 바에 따른다(제8조).

4. 급여의 종류 및 내용

1) 사회보장급여의 수준

국가와 지방자치단체는 모든 국민이 건강하고 문화적인 생활을 유지할 수 있도록 사회보장급여의 수준 향상을 위하여 노력하여야 한다. 국가는 관계 법령에서 정하는 바에 따라 최저보장수준과 최저임금을 매년 공표하여야 하고, 최저보장수준과 최저임금 등을 고려하여 사회보장급여의 수준을 결정하여야 한다(제10조). 특히「사회보장기본법」제10조는 최저생활을 보장하는 헌법적 과제의 내용이 객관화되고, 하위 실정법을 통한 조치는「헌법」의 추상적인 내용을 구체화하는 의미를 갖는다고 할 수 있다. 따라서 개인은 이러한 기준에 따라 결정되는 공공부조급여에 대해서 헌법상의 청구권을 갖는다고 해석할 수 있다(전광석, 2016).

2) 사회보장수급권의 보호

사회보장수급권은 관계 법령에서 정하는 바에 따라 다른 사람에게 양도하거나

담보로 제공할 수 없으며, 이를 압류할 수 없다(제12조). 이는 대인전속적 급여로
서 본질적으로는 양도·압류 및 담보제공이 불가능하다. 그러나 현금급여의 경
우에는 세분화된 규율이 필요하다.[1] 왜냐하면 사회보험의 급여비용 같은 경우에
는 그 자체로서 혹은 수급권자의 다른 재산 및 소득을 포함하여 적절한 생활을 보
장하기에 충분하다면 그 이상의 급여에 대해서 양도·압류 및 담보제공을 금지할
필요가 없기 때문이다.

3) 사회보장수급권의 제한

사회보장수급권은 제한되거나 정지될 수 없다. 다만, 관계 법령에서 따로 정하
고 있는 경우에는 그러하지 아니하다. 사회보장수급권이 제한되거나 정지되는 경
우에는 제한 또는 정지하는 목적에 필요한 최소한의 범위에 그쳐야 한다(제13조).
기존의 사회보장법에 규정되어 있는 청구권 제한에 대한 규정이 매우 포괄적이
고, 모호한 표현을 사용하고 있어, 타당성이 결여되어 있고, 남용의 위험이 있을
수 있으므로 이러한 급여의 제한은 개인의 기본권을 제한하는 효과를 갖기 때문
에 제한의 요건을 명확히 할 필요가 있다.

4) 사회보장수급권의 포기

사회보장수급권은 정당한 권한이 있는 기관에 서면으로 통지하여 포기할 수 있
으며, 사회보장수급권의 포기는 취소할 수 있다. 이때 사회보장수급권을 포기하
는 것이 다른 사람에게 피해를 주거나 사회보장에 관한 관계 법령에 위반되는 경
우에는 사회보장수급권을 포기할 수 없다(제14조). 권리의 포기는 어떤 일을 주체
적으로 자유롭게 처리하거나 타인에 대하여 당연히 주장하고 요구하는 것을 소멸

---

1) 양도·담보·압류가능성에 대해서 「민사집행법」은 임금채권과 연금채권에 대해서 1/2의
   범위 내에서는 압류를 허용하고 있다. 하지만 「사회보장기본법」을 비롯하여 개별 사회보장
   법의 규정들은 「민사집행법」에 대해서 일반법과 특별법의 관계로 보고, 충돌 시에는 「사회
   보장기본법」을 우선 적용하여야 한다.

시키기 위하여 하는 행위로서 원칙적으로는 포기할 수 있지만 타인의 이익을 해치는 경우에는 포기할 수 없는 것이다. 한편, 사회보장수급권의 성질상 유효하게 성립한 법률행위의 효력을 소급하여 소멸하는 의사표시가 가능한데 이를 취소라고 한다.

5) 구상권

제3자의 불법행위로 피해를 입은 국민이 그로 인하여 사회보장수급권을 가지게 된 경우 사회보장제도를 운영하는 자는 그 불법행위의 책임이 있는 자에 대하여 관계 법령에서 정하는 바에 따라 구상권(求償權)을 행사할 수 있다(제15조). 타인을 대신하여 채무를 갚아 준 사람이 그 타인에 대해 가지는 반환청구권으로서, 즉 A라는 사람이 B라는 사람의 빚을 대신 변제한 뒤 그 변제한 금액을 B에게 청구하는 권리를 뜻한다. 따라서 타인의 불법행위로 인해 발생한 손해배상 의무를 이해하는 사람이 손해배상을 한 후 나중에 당사자에게 변제를 청구하는 경우가 이에 해당한다.

5. 전달체계, 보장기관 및 위원회

1) 전달체계의 역할

국가와 지방자치단체는 모든 국민이 쉽게 이용할 수 있고 사회보장급여가 알맞은 때에 제공되도록 지역적 · 기능적으로 균형 잡힌 사회보장 전달체계를 구축하여야 한다. 국가와 지방자치단체는 사회보장 전달체계의 효율적 운영에 필요한 조직, 인력, 예산 등을 갖추어야 하며, 공공부문과 민간부문의 사회보장 전달체계가 효율적으로 연계되도록 노력하여야 한다(제28조).

2) 사회보장위원회

사회보장에 관한 주요 시책을 심의 · 조정하기 위하여 국무총리 소속으로 사회보장위원회를 둔다. 위원회는 사회보장 증진을 위한 기본계획, 사회보장 관련 주요 계획, 사회보장제도의 평가 및 개선, 사회보장제도의 신설 또는 변경에 따른 우선순위, 둘 이상의 중앙행정기관이 관련된 주요 사회보장정책, 사회보장급여 및 비용부담, 국가와 지방자치단체의 역할 및 비용분담, 사회보장의 재정추계 및 재원조달 방안, 사회보장 전달체계 운영 및 개선, 사회보장통계, 사회보장정보의 보호 및 관리, 그 밖에 위원장이 심의에 부치는 사항을 심의·조정한다.

위원장은 확정된 기본계획, 심의하고 조정한 결과를 중앙행정기관의 장과 지방자치단체의 장에게 통지하여야 하며, 관계 중앙행정기관의 장과 지방자치단체의 장은 위원회의 심의 및 조정 사항을 반영하여 사회보장제도를 운영 또는 개선하여야 한다(제20조).

위원회는 사회보장정책의 심의·조정 및 연구를 위하여 관계기관의 장에게 사회보장 행정데이터가 모집단의 대표성을 확보할 수 있는 범위에서 사회보장 행정데이터[2]의 제공을 요청할 수 있다. 이 경우 사회보장 행정데이터의 제공을 요청받은 관계 기관의 장은 특별한 사유가 없으면 이에 따라야 한다. 또한 요청할 수 있는 사회보장 행정데이터의 구체적인 내용 및 모집단의 대표성을 확보할 수 있는

---

2) 사회보장 행정데이터의 해당내용은 다음과 같다(제42조 제1항).
1. 사회보험, 공공부조 및 사회서비스에 관한 다음 각 목의 자료 또는 정보
    가. 국민연금·건강보험·고용보험·산업재해보상보험 등 사회보험에 관한 자료 또는 정보
    나. 국민기초생활보장·기초연금 등 공공부조에 관한 자료 또는 정보
    다. 아이돌봄서비스·장애인활동지원서비스 등 사회서비스에 관한 자료 또는 정보
2. 「고용정책 기본법」 제15조 제1항에 따른 고용·직업에 관한 정보
3. 「국세기본법」 제81조의13 및 「지방세기본법」 제86조에 따른 과세정보로서 다음 각 목의 정보
    가. 「소득세법」 제4조 제1항에 따른 소득 및 같은 법 제127조에 따른 원천징수
    나. 「조세특례제한법」 제100조의2에 따른 근로장려금 및 같은 법 제100조의27에 따른 자녀장려금의 결정·환급 내역
    다. 「지방세법」에 따른 재산세
4. 「주민등록법」 제30조 제1항에 따른 주민등록전산정보자료
5. 그 밖에 위원회의 업무 수행을 위하여 필요하다고 대통령령으로 정하는 자료 또는 정보

범위 등에 관한 사항은 대통령령으로 정하고, 사회보장 행정데이터를 제공하는 경우 「개인정보보호법」에 따라 가명정보로 제공하여야 하며, 사회보장 행정데이터의 처리 및 보호에 관하여는 본 법에서 정하는 사항을 제외하고는 「개인정보보호법」에 따라야 한다(제42조).

3) 사회보장 행정데이터 분석센터

보건복지부장관은 사회보장 정책의 심의·조정 및 연구를 위하여 제공받은 사회보장 행정데이터의 원활한 분석, 활용 등을 위하여 사회보장 행정데이터 분석센터를 설치·운영할 수 있다. 사회보장 행정데이터 분석센터의 설치·운영 등에 필요한 사항은 보건복지부령으로 정한다(제43조).

6. 급여의 실시와 조사: 사회보장정보의 관리

1) 사회보장정보시스템의 구축 및 운영 등

국가와 지방자치단체는 국민편익의 증진과 사회보장업무의 효율성 향상을 위하여 사회보장업무를 전자적으로 관리하도록 노력하여야 한다. 국가는 관계 중앙행정기관과 지방자치단체에서 시행하는 사회보장수급권자 선정 및 급여 관리 등에 관한 정보를 통합하고 연계하여 처리, 기록 및 관리하는 시스템을 구축·운영할 수 있다.

보건복지부장관은 사회보장정보시스템의 구축·운영을 총괄하며, 사회보장정보시스템을 구축하고 운영의 전 과정에서 개인정보 보호를 위하여 필요한 시책을 마련하여야 한다(제37조).

2) 개인정보 등의 보호

사회보장 업무에 종사하거나 종사하였던 자는 사회보장업무 수행과 관련하여 알게 된 개인과 법인 또는 단체의 정보를 관계 법령에서 정하는 바에 따라 보호하여야 한다. 국가와 지방자치단체, 공공기관, 법인 및 단체, 개인을 조사하거나 제공받은 개인 및 법인 또는 단체의 정보는 이 법과 관련한 법률에 근거하지 아니하고 보유, 이용, 제공되어서는 아니 된다(제38조).

7. 권리구제

위법 또는 부당한 처분을 받거나 필요한 처분을 받지 못함으로써 권리 또는 이익을 침해받은 국민은 「행정심판법」에 따른 행정심판을 청구하거나 「행정소송법」에 따른 행정소송을 제기하여 그 처분의 취소 또는 변경 등을 청구할 수 있다(제39조).

국가와 지방자치단체는 국민생활에 중대한 영향을 미치는 사회보장 계획 및 정책을 수립하려는 경우 공청회 및 정보통신망 등을 통하여 국민과 관계 전문가의 의견을 충분히 수렴하여야 한다(제40조).

제2절 사회보장급여의 이용·제공 및 수급권자 발굴에 관한 법률

1. 연혁 및 체계

「사회보장급여의 이용·제공 및 수급권자 발굴에 관한 법률」은 늘어나는 복지예산과 서비스의 다양화에도 불구하고 현행 복지전달체계가 중앙행정기관과 지방자치단체별로 분절적으로 운영되고 있어 서비스의 효율적인 연계를 기대하기 어렵고, 같은 대상자에게 복지혜택이 중복하여 적용되거나 세부적인 실행방안과 절차가 미비하여 발생하는 문제점들을 보완하여 복지사각지대를 해소하기 위해 제정되었다. 이 법은 제1장 총칙, 제2장 사회보장급여, 제3장 사회보장정보, 제4장 사회보장에 관한 지역계획 및 운영 체계 등, 제5장 보칙, 제6장 벌칙으로 구성되어 있다.

〈표 8-4〉주요 연혁 및 현행 법률의 체계

주요 연혁		체계
2014. 12. 30.	•「사회보장급여의 이용·제공 및 수급권자 발굴에 관한 법률」제정	
2016. 2. 3.	• 지도감독 대상자의 권리를 보호 및 합리적인 조사	
2017. 3. 21.	• 사회보장정보시스템 처리 및 맞춤형 통합사례관리 실시의 근거 마련 • 지역사회보장협의체의 복지위원 규정 삭제	
2018. 12. 11.	• 분기별 지원대상자 발굴조사실시, 지원대상자 발굴체계의 운영실태 매년 정기점검 • 부정수급 신고포상제 근거마련 • 자살자 또는 자살시도자 등 위기가구 발굴 신설	제1장 총칙 제2장 사회보장급여 제3장 사회보장정보 제4장 사회보장에 관한 지역 계획 및 운영체계 등
2019. 12. 3.	• 한국사회보장정보원의 명칭이 한국사회보장정보원으로 변경	제5장 보칙 제6장 벌칙
2020. 4. 7.	• 보장기관의 장은 시·도 사회보장위원회의 효율적 운영을 위하여 필요한 운영비 등 경비를 지원할 수 있도록 법적 근거 마련	
2020. 12. 29.	• 신청방식의 다양화, 정보의 범위 확대, 주기적 맞춤형 급여 안내 제도 도입, 사회서비스정보시스템의 구축·운영 근거를 신설	
2021. 7. 27.	• 사회보장 관련 자료 등을 교육감, 「초·중등교육법」에 따른 학교의 장에게도 제공하여 복지 사각지대 해소	

2. 목적과 기본원칙

1) 목적

「사회보장급여의 이용 · 제공 및 수급권자 발굴에 관한 법률」은 「사회보장기본법」에 따른 사회보장급여의 이용 및 제공에 관한 기준과 절차 등 기본적 사항을 규정하고 지원을 받지 못하는 지원대상자를 발굴하여 지원함으로써 사회보장급여를 필요로 하는 사람의 인간다운 생활을 할 권리를 최대한 보장하고, 사회보장급여가 공정하고 효과적으로 제공되도록 하며, 사회보장제도가 지역사회에서 통합적으로 시행될 수 있도록 그 기반을 구축하는 것을 목적으로 한다(제1조).

2) 기본원칙

사회보장급여가 필요한 사람은 누구든지 자신의 의사에 따라 사회보장급여를 신청할 수 있으며, 보장기관은 이에 필요한 안내와 상담 등의 지원을 충분히 제공하여야 한다.

<표 8-5> 사회보장급여의 이용 · 제공 및 수급권자 발굴에 관한 법률의 기본원칙

구분	내용
지원대상자의 발굴과 제공의 적절성	보장기관은 지원이 필요한 국민이 급여대상에서 누락되지 아니하도록 지원대상자를 적극 발굴하여 이들이 필요로 하는 사회보장급여를 적절하게 제공받을 수 있도록 노력하여야 한다.
개인과 단체의 효과적인 서비스 제공	보장기관은 국민의 다양한 복지욕구를 충족시키고 생애주기별 필요에 맞는 사회보장급여가 공정 · 투명 · 적정하게 제공될 수 있도록 노력하여야 하며, 사회보장급여와 사회복지법인, 사회복지시설 등 사회보장 관련 민간 법인 · 단체 · 시설이 제공하는 복지혜택 또는 서비스를 효과적으로 연계하여 제공할 수 있도록 노력하여야 한다.
사회보장정책 시행과 사회보장 수준의 균등화	보장기관은 국민이 사회보장급여를 편리하게 이용할 수 있도록 사회보장 정책 및 관련 제도를 수립 · 시행하기 위하여 노력하여야 하며, 지역의 사회보장 수준이 균등하게 실현될 수 있도록 노력하여야 한다.

〈표 8-6〉 사회보장급여의 이용·제공 및 수급권자 발굴에 관한 법률의 핵심용어

핵심용어	내용
사회보장급여	「사회보장기본법」제3조 제1호에 따라 제공하는 현금, 현물, 서비스 및 그 이용권
수급권자	「사회보장기본법」제9조에 따른 사회보장급여를 제공받을 권리를 가진 사람
수급자	사회보장급여를 받고 있는 사람
지원대상자	사회보장급여를 필요로 하는 사람
보장기관	관계 법령 등에 따라 사회보장급여를 제공하는 국가기관과 지방자치단체

3. 급여대상

1) 지원대상자 발굴

(1) 지원대상자 발굴 및 정보지원

보장기관의 장은 지원대상자를 발굴하기 위하여 사회보장급여의 내용 및 제공 규모, 수급자가 되기 위한 요건과 절차, 그 밖에 사회보장급여 수급을 위하여 필요한 정보의 제공과 홍보에 노력하여야 한다(제10조).

(2) 관계기관에 대한 협조 요청

보장기관의 장은 관할 지역에 거주하는 지원대상자를 발굴하기 위하여 사회복지법인 및 사회복지시설, 국민연금공단, 국민건강보험공단, 보건소, 학교, 경찰서, 소방대, 그 밖에 대통령령으로 정하는 기관·법인·단체·시설의 장에게 소관 업무의 수행과 관련하여 취득한 정보의 공유, 지원대상자의 거주지 등 현장조사 시 소속 직원의 동행 등 필요한 사항에 대한 협조를 요청할 수 있다. 이 경우 관계 기관·법인·단체·시설의 장은 정당한 사유가 없으면 이에 따라야 한다(제11조).

(3) 사회보장정보시스템상의 정보 처리

보건복지부장관은 보장기관이 업무를 효율적으로 수행할 수 있도록 지원하기

위하여 「사회보장기본법」에 따른 사회보장정보시스템을 통하여 단전, 단수, 단가스 가구정보, 학교생활기록 정보 중 담당교원이 위기상황에 처하여 있다고 판단한 학생의 가구정보, 보험료를 6개월 이상 체납한 사람의 가구정보, 「국민기초생활보장법」 또는 「긴급복지지원법」에 따른 신청 또는 지원 중 탈락가구의 가구정보, 시설의 장이 입소 탈락자나 퇴소자 중 위기상황에 처하여 있다고 판단한 사람의 가구정보, 종합신용정보집중기관이 보유하고 있는 개인신용정보 중 보건복지부장관이 위기상황에 처하여 있다고 판단한 사람의 대통령령으로 정하는 기준에 해당하는 연체정보(대출금·신용카드대금을 말한다.)로서 금융위원회 위원장과 협의하여 정하는 개인신용정보, 공공주택사업자가 보유하고 있는 정보로서 임대료를 3개월 이상 체납한 임차인의 가구정보, 공공주택관리주체가 보유하고 있는 정보로서 관리비를 3개월 이상 체납한 입주자의 가구정보, 그 밖에 지원대상자의 발굴을 위하여 필요한 정보로서 대통령령으로 정하는 정보의 자료 또는 정보를 처리할 수 있다(제12조 제1항). 또한 시·도의 교육감은 「아동복지법」상의 학생에 대한 학대 예방 및 지원을 위하여 보건복지부 장관으로부터 제공받은 자료 또는 정보를 「유아교육법」에 따른 유치원의 장 또는 「초·중등교육법」에 따른 학교의 장에게 제공할 수 있다(제12조 제6항). 이렇게 제공받은 자료 또는 정보를 취득한 사람은 학대 예방 및 지원을 위한 목적 외에 해당 자료 또는 정보를 사용하거나 다른 사람에게 제공 또는 누설하여서는 아니 된다(제12조 제7항).

(4) 발굴조사의 실시 및 실태점검

보장기관의 장은 지원대상자에 대한 발굴조사를 분기마다 정기적으로 실시하여야 한다. 다만, 「긴급복지지원법」 제7조의2에 따라 발굴조사를 실시한 경우에는 그러하지 아니하다. 또한 보건복지부장관은 지원대상자 발굴체계의 운영 실태를 매년 정기적으로 점검하고 개선방안을 마련하여야 한다(제12조의2).

(5) 지원대상자

지원대상자를 발견한 경우 신고의무자[3]들은 지체 없이 보장기관에 알리고, 지

---

3) 〈부록 3〉 아동학대와 노인학대 및 사회보장급여 지원대상자 신고의무자 비교 참고.

원대상자가 신속하게 지원을 받을 수 있도록 노력하여야 한다. 또한 보장기관의 장은 신고 등을 통하여 사회보장급여가 필요하다고 인정되는 지원대상자에 대하여 사회보장급여의 신청할 수 있도록 노력하여야 한다(제13조).

2) 수급자 등의 지원

(1) 상담, 안내, 의뢰 등

보장기관의 업무담당자는 수급권자 또는 지원대상자(이하 "수급권자 등"이라 한다.)가 필요한 사회보장급여를 편리하게 이용할 수 있도록 사회보장급여의 명칭, 수급권자의 선정기준, 보장내용 및 신청방법 등에 관한 사항을 상담하고 안내하여야 하며, 이를 위하여 사회보장정보시스템에서 지원하는 정보를 최대한 활용하여야 한다. 또한 수급권자 등이 필요로 하는 사회보장급여의 이용이 다른 보장기관의 권한에 속한다고 판단되는 경우 신청인 또는 수급권자 등에게 해당 보장기관을 안내하고, 필요한 경우 해당 보장기관 또는 관계 기관·법인·단체·시설에 사회보장급여 또는 복지혜택·서비스의 제공을 의뢰하여야 한다.

보건복지부장관은 상담·안내·의뢰가 사회보장정보시스템을 통하여 효율적으로 이루어질 수 있도록 하여야 한다(제16조).

(2) 보호자에 대한 지원

보장기관의 장은 급여 제공이 결정된 수급권자를 자신의 가정에서 돌보는 사람의 부담을 줄이기 위하여 상담을 실시하거나 금전적 지원 등을 할 수 있다(제18조).

4. 급여의 종류 및 내용

1) 사회보장급여의 신청

지원대상자와 그 친족, 「민법」에 따른 후견인, 「청소년 기본법」에 따른 청소년상담사·청소년지도사, 지원대상자를 사실상 보호하고 있는 자(관련 기관 및 단체의 장을 포함) 등은 지원대상자의 주소지 관할 보장기관에 사회보장급여를 신청할 수 있다. 다만, 중앙행정기관의 장이 지원대상자의 이용 편의, 사회보장급여의 제공 유형 등을 고려하여 필요하다고 결정한 사회보장급여의 경우에는 지원대상자의 주소지 관할 아닌 보장기관에도 신청할 수 있다(제5조 제1항).

보장기관의 업무담당자는 지원대상자가 누락되지 아니하도록 하기 위하여 관할 지역에 거주하는 지원대상자에 대한 사회보장급여의 제공을 직권으로 신청할 수 있다. 이 경우 지원대상자의 동의를 받아야 하며, 동의를 받은 경우에는 지원대상자가 신청한 것으로 본다(제5조 제2항).

제2항의 후단에도 불구하고 보장기관의 업무담당자는 지원대상자가 심신미약 또는 심신상실 등 대통령령으로 정하는 경우에 해당하면 지원대상자의 동의 없이 직권으로 사회보장급여의 제공을 신청할 수 있다. 이 경우 보장기관의 업무담당자는 직권 신청한 사실을 보장기관의 장에게 지체 없이 보고하여야 한다(제5조 제3항).

보장기관의 장이 지정한 법인·단체·시설·기관 등은 사회보장급여 신청권자의 요청에 따라 신청을 지원할 수 있다(제5조 제4항).

2) 사회보장 요구의 조사 및 수급자격의 조사

보장기관의 장은 사회보장급여의 신청을 받으면 지원대상자의 사회보장 요구와 관련된 사항, 지원대상자의 건강상태, 가구 구성 등 생활 실태에 관한 사항, 그 밖에 지원대상자에게 필요하다고 인정되는 사회보장급여에 관한 사항을 조사하여야 한다(제6조).

보장기관의 장은 사회보장급여의 신청을 받으면 지원대상자와 그 부양의무자(배우자와 1촌의 직계혈족 및 그 배우자를 말한다.)에 대하여 사회보장급여의 수급자격 확인을 위하여 인적사항 및 가족관계 확인에 관한 사항, 소득·재산·근로능력 및 취업상태에 관한 사항, 사회보장급여 수급이력에 관한 사항, 그 밖에 수급권자를 선정하기 위하여 보장기관의 장이 필요하다고 인정하는 사항 중 어느 하나에 해당하는 자료 또는 정보를 제공받아 조사하고 처리(「개인정보보호법」 제2조 제2호의 처리를 말한다.)할 수 있다. 다만, 부양의무자에 대한 조사가 필요하지 아니하거나 그 밖에 대통령령으로 정하는 사유에 해당하는 경우는 제외한다.

보장기관의 업무담당자는 사회보장급여의 수급자격 확인을 위하여 필요한 경우 그 권한을 표시하는 증표 및 조사기간, 조사범위, 조사담당자, 관계 법령 등 보건복지부령으로 정하는 사항이 기재된 서류를 제시하고 거주지 및 사실 확인에 필요한 관련 장소를 방문할 수 있다.

보장기관의 장이 위의 조사를 실시하기 위하여 주민등록전산정보·가족관계 등록전산정보, 금융·국세·지방세, 토지·건물·건강보험·국민연금·고용보험·산업재해보상보험·출입국·병무·보훈급여·교정 등 대통령령으로 정하는 관련 전산망 또는 자료를 이용하고자 하는 경우에는 관계 중앙행정기관, 법원행정처, 지방자치단체, 관련 기관 및 단체, 법인·시설 등에 협조를 요청할 수 있다. 이 경우 자료의 제출을 요청받은 기관 및 단체, 법인·시설 등은 정당한 사유가 없으면 이에 따라야 한다.

보장기관은 신청인 또는 지원대상자와 그 부양의무자가 조사를 방해 또는 기피하거나 자료 제출 요구를 두 번 이상 거부하는 경우에는 해당 사회보장급여의 신청을 각하할 수 있다(제7조).

중앙행정기관의 장 또는 지방자치단체의 장은 지원대상자와 그 부양의무자에 대하여 금융정보 등에 대한 조사가 필요한 경우 동의한다는 서면을 받아야 한다(제8조).

3) 사회보장급여 제공의 결정

보장기관의 장이 조사를 실시한 경우에는 사회보장급여의 제공 여부 및 제공 유형을 결정하되, 제공하고자 하는 사회보장급여는 지원대상자가 현재 제공받고 있는 사회보장급여와 보장내용이 중복되도록 하여서는 아니 된다. 보장기관의 장은 사회보장급여의 제공 결정에 필요한 경우 지원대상자와 그 친족, 그 밖에 관계인의 의견을 들을 수 있다.

보장기관의 장이 사회보장급여의 제공 여부 및 제공 유형을 결정할 때 제7조와 제8조의 제공받은 자료·정보의 전부 또는 일부를 통해 평가한 지원대상자와 그 부양의무자의 소득·재산 수준이 보건복지부장관이 정하는 기준 이하인 경우에는 소득·재산 관련 조사의 일부를 생략하고 사회보장급여의 지급을 결정할 수 있다(제9조).

4) 위기가구의 발굴

보장기관의 장은 누락된 지원대상자가 적절한 사회보장급여를 제공받을 수 있도록 위기상황에 처하여 있다고 판단한 사람의 가구, 자살자가 발생한 가구 또는 자살시도자가 발생한 가구로서 대통령령으로 정하는 기준에 해당하는 가구를 발굴하기 위하여 노력하여야 하고, 발굴한 위기가구의 구성원이 필요로 하는 적절한 사회보장급여를 제공받을 수 있도록 지원하여야 한다(제9조의2).

5. 보장기관 및 위원회

1) 한국사회보장정보원

사회보장정보시스템의 운영·지원을 위하여 한국사회보장정보원을 설립한다. 한국사회보장정보원은 위탁 등을 받아 사회보장정보시스템의 구축 및 유지·기능개선·관리 등 운영에 관한 사항, 자료 또는 정보의 처리 및 사회보장정보의 처리, 사회보장급여의 수급과 관련된 법령 등에 따른 신청·접수·조사·결정·환수 등 업무의 전자적 처리지원,「사회서비스 이용 및 이용권 관리에 관한 법률」등 관계 법령 등에 따른 사회서비스이용권의 이용·지급 및 정산 등에 필요한 정보시스템의 운영, 사회서비스이용권을 통하여 사회서비스를 제공하는 사업의 관리에 관한 사항, 사회보장 관련 민간 법인·단체·시설에 대한 전자화 지원, 사회보장제도의 운영에 필요한 정책정보 및 통계정보의 생산·분석, 제공과 사회보장정책 지원을 위한 조사·연구, 대국민 포털의 운영에 관한 사항, 그 밖에 이 법 또는 다른 법령에 따라 보건복지부장관, 국가 또는 지방자치단체로부터 위탁받은 업무 등을 수행한다(제29조).

2) 시·도사회보장위원회

시·도지사는 시·도의 사회보장 증진을 위하여 '시·도사회보장위원회'를 둔다. 시·도사회보장위원회는 시·도의 지역사회보장계획 수립·시행 및 평가에 관한 사항, 시·도의 지역사회보장조사 및 지역사회보장지표에 관한 사항, 시·도의 사회보장급여 제공에 관한 사항, 시·도의 사회보장 추진과 관련한 중요 사항, 읍·면·동 단위 지역사회보장협의체의 구성 및 운영에 관한 사항, 사회보장과 관련된 서비스를 제공하는 관계 기관·법인·단체·시설과의 연계·협력 강화에 관한 사항, 그 밖에 위원장이 필요하다고 인정되는 사항 등의 업무를 심의·자문한다(제40조).

3) 지역사회보장협의체

시장·군수·구청장은 지역의 사회보장을 증진하고, 사회보장과 관련된 서비스를 제공하는 관계 기관·법인·단체·시설과 연계·협력을 강화하기 위하여 해당 시·군·구에 '지역사회보장협의체'를 둔다. 지역사회보장협의체는 시·군·구의 지역사회보장계획 수립·시행 및 평가에 관한 사항, 시·군·구의 지역사회보장조사 및 지역사회보장지표에 관한 사항, 시·군·구의 사회보장급여 제공에 관한 사항, 시·군·구의 사회보장 추진에 관한 사항, 읍·면·동 단위 지역사회보장협의체의 구성 및 운영에 관한 사항, 그 밖에 위원장이 필요하다고 인정하는 사항의 업무를 심의·자문한다(제41조).

4) 사회보장에 관한 사무 전담기구

특별자치시장 및 시장·군수·구청장은 사회보장에 관한 업무를 효율적으로 수행하기 위하여 관련 조직, 인력, 관계 기관 간 협력체계 등을 마련하여야 하며, 필요한 경우에는 사회보장에 관한 사무를 전담하는 기구를 별도로 설치할 수 있다(제42조).

5) 통합사례관리

보건복지부장관, 시·도지사 및 시장·군수·구청장은 지원대상자의 사회보장 수준을 높이기 위하여 지원대상자의 복합적인 특성에 따른 상담과 지도, 사회

보장에 대한 욕구조사, 서비스 제공계획의 수립을 실시하고, 그 계획에 따라 지원
대상자에게 보건·복지·고용·교육 등에 대한 사회보장급여 및 민간 법인·단
체·시설 등이 제공하는 서비스를 종합적으로 연계·제공하는 통합사례관리를
실시할 수 있다. 필요한 경우에는 특별자치시 및 시·군·구에 통합사례관리사를
둘 수 있다. 또한 보건복지부장관은 통합사례관리사업의 전문적인 지원을 위하여
해당 업무를 공공 또는 민간기관·단체 등에 위탁하여 실시할 수 있다(제42조의2).

6. 급여의 실시와 조사

1) 사회보장급여의 관리

(1) 적정성 확인조사
보장기관의 장은 수급자에 대한 사회보장급여의 적정성을 확인하기 위하여 제7
조 제1항[4] 각 호에 해당하는 정보를 조사할 수 있다(제19조).

(2) 사회보장급여 부정수급 실태조사
보건복지부장관은 속임수 등의 부정한 방법으로 사회보장급여를 받거나 타인
으로 하여금 사회보장급여를 받게 한 경우에 대하여 보장기관이 효과적인 대책을
세울 수 있도록 그 발생 현황, 피해사례 등에 관한 실태조사를 3년마다 실시하고,

---

4) **제7조(수급자격의 조사)** ① 보장기관의 장은 제5조에 따른 사회보장급여의 신청을 받으면 지
원대상자와 그 부양의무자(배우자와 1촌의 직계혈족 및 그 배우자를 말한다. 이하 같다)에
대하여 사회보장급여의 수급자격 확인을 위하여 다음 각 호의 어느 하나에 해당하는 자료
또는 정보를 제공받아 조사하고 처리(「개인정보보호법」 제2조 제2호의 처리를 말한다. 이하
같다.)할 수 있다. 다만, 부양의무자에 대한 조사가 필요하지 아니하거나 그 밖에 대통령령
으로 정하는 사유에 해당하는 경우는 제외한다.
1. 인적사항 및 가족관계 확인에 관한 사항
2. 소득·재산·근로능력 및 취업상태에 관한 사항
3. 사회보장급여 수급이력에 관한 사항
4. 그 밖에 수급권자를 선정하기 위하여 보장기관의 장이 필요하다고 인정하는 사항

그 결과를 공개하여야 한다. 또한 보건복지부장관은 실태조사를 위하여 필요한 경우 관계 중앙행정기관의 장,「공공기관의 운영에 관한 법률」에 따른 공공기관의 장, 그 밖에 관련 시설·법인·단체의 장에게 필요한 자료의 제출 또는 의견의 진술 등을 요청할 수 있다. 이 경우 관계 중앙행정기관의 장 등은 특별한 사유가 없으면 그 요청에 따라야 한다(제19조의2).

(3) 사회보장급여의 변경·중지

보장기관의 장은 사회보장급여의 적정성 확인조사 및 수급자의 변동신고에 따라 수급자 및 그 부양의무자의 인적사항, 가족관계, 소득·재산 상태, 근로능력 등에 변동이 있는 경우에는 직권 또는 수급자나 그 친족, 그 밖의 관계인의 신청에 따라 수급자에 대한 사회보장급여의 종류·지급방법 등을 변경할 수 있다. 보장기관의 장은 변동으로 수급자에 대한 사회보장급여의 전부 또는 일부가 필요 없게 된 때에는 사회보장급여의 전부 또는 일부를 중지하거나 그 종류·지급방법 등을 변경하여야 한다. 다만, 변동이 소득·재산 상태 등의 변동수준, 수급기간 등을 고려하여 보건복지부장관이 정하는 기준에 해당하는 경우에는 그러하지 아니 한다(제21조).

(4) 사회보장급여의 환수

수급자가 신고를 고의로 회피하거나 속임수 등의 부정한 방법으로 사회보장급여를 받거나 타인으로 하여금 사회보장급여를 받게 한 경우에는 사회보장급여를 제공한 보장기관의 장은 그 사회보장급여의 전부 또는 일부를 그 사회보장급여를 받거나 받게 한 자(부정수급자)로부터 환수할 수 있다. 보장기관의 장은 수급권이 없는 자에게 사회보장급여를 제공하거나 그 변경·중지로 인하여 수급자에게 이미 제공한 사회보장급여 중 과잉지급분이 발생한 경우에는 즉시 이를 제공받은 사람에 대하여 그 전부 또는 일부의 반환을 명하여야 한다. 다만, 이를 이미 소비하였거나 그 밖에 수급자에게 부득이한 사유가 있는 때에는 그 반환을 면제할 수 있다(제22조).

(5) 맞춤형 급여 안내

보건복지부장관과 보장기관의 장은 사회보장급여 신청권자의 신청을 받아 주기적으로 사회보장급여의 수급가능성을 확인하여 그 결과를 안내할 수 있다. 맞춤형 급여 안내를 받고자 하는 자는 보건복지부장관 또는 보장기관의 장에게 신청하여야 한다. 다만, 「국민기초생활보장법」「한부모가족지원법」「기초연금법」「장애인연금법」「장애인복지법」에서 정하는 사업의 수급자와 「장애인연금법」「기초연금법」「장애인복지법」에서 정하는 사업의 수급희망 이력관리 신청자의 경우 보건복지부령으로 정하는 바에 따라 신청을 거부하지 아니하는 경우 맞춤형 급여 안내를 신청한 것으로 본다.

보건복지부장관과 보장기관의 장은 수급가능성을 확인한 결과 신청인과 그 가구원의 사회보장급여 수급가능성이 인정되는 경우에는 지원대상자의 동의를 받아 신청인이 제출한 자료 또는 정보를 활용하여 사회보장급여 신청, 사회보장 요구의 조사, 수급자격의 조사, 금융정보 등의 제공, 사회보장급여 제공의 결정 등의 조치를 할 수 있다(제22조의2).

2) 사회보장정보 및 사회보장정보시스템의 이용 등

(1) 사회보장정보의 처리

보건복지부장관은 보장기관이 수급권자의 선정 및 급여관리 등에 관한 업무를 효율적으로 수행할 수 있도록 사회보장정보시스템을 통하여 근거 법령, 보장대상 및 내용, 예산 등 사회보장급여 현황에 관한 자료 또는 정보, 상담·신청·조사 및 자격의 변동관리에 필요한 인적사항·소득·재산 등에 관한 자료 또는 정보, 사회보장급여 수급이력에 관한 자료 또는 정보, 보건복지부장관이 위임·위탁받은 업무를 수행하는 데 필요한 자료 또는 정보, 사회보장정보와 관련된 법령 등에 따른 상담·신청·조사·결정·제공·환수 등의 업무처리내역에 관한 자료 또는 정보, 사회보장 관련 민간 법인·단체·시설의 사회보장급여 제공 현황 및 보조금 수급이력에 관한 자료 또는 정보, 그 밖에 사회보장급여의 제공·관리 및 사회보장정보시스템 구축·운영에 필요한 정보로서 대통령령으로 정하는 자료 또는 정보를 처리할 수 있다. 보건복지부장관은 사회보장정보를 처리하기 위하여 관계 중앙행정기관, 지방자치단체, 관계 기관·법인·단체·시설의 장에게 필요한 자료 또는 정보를 요청할 수 있다(제23조).

(2) 사회보장정보시스템의 이용
① 사회보장정보 시스템 이용에 따른 보건복지부장관과의 협의

보장기관의 장은 업무를 효율적으로 수행하기 위하여 사회보장정보시스템을 이용하거나 관할 업무시스템과 사회보장정보시스템을 연계하여 이용할 수 있다. 이 경우 보장기관의 장은 사회보장정보시스템을 이용하여 처리하고자 하는 자료 또는 정보와 그 범위, 처리 목적·방식, 해당 자료 또는 정보의 보유기관 등을 특정하여 보건복지부장관과 협의하여야 한다. 또한 보장기관의 장은 사회보장정보시스템을 통한 사회보장정보를 이 법에서 정한 목적 외의 용도로 이용하여서는 아니 된다(제23조 제4항).

② 보건복지부장관의 사회보장정보시스템 제공

보건복지부장관은 사회보장의 사각지대를 해소하기 위하여 사회보장정보시스템을 통하여 처리된 정보를 보장기관의 장에게 제공할 수 있으며, 보장기관의 장은 필요한 경우 지원대상자의 동의를 받아 대통령령으로 정하는 법인·단체·시설의 장이 활용할 수 있도록 지원할 수 있다. 보건복지부장관은 사회보장정보를 제공하는 경우에는 이용 목적을 고려하여 필요한 최소한의 사회보장정보를 제공하여야 한다. 보장기관의 장과 협의를 완료하고 사회보장정보시스템을 이용하여 처리하는 사회보장급여의 목록은 보건복지부장관이 정하여 고시한다(제24조).

③ 보건복지부장관의 사회서비스정보시스템의 구축 및 운영

보건복지부장관은 보장기관이 「사회복지사업법」의 사회복지법인 및 사회복지시설, 「사회서비스 이용 및 이용권 관리에 관한 법률」의 사회서비스 제공자, 「사회보장기본법」의 사회서비스를 제공하는 기관으로서 대통령령으로 정하는 기관 등의 업무를 전자화하고 업무 수행에 필요한 정보를 통합·연계하여 처리·기록 및 관리하는 정보시스템을 구축·운영할 수 있다.

사회서비스 제공기관의 운영자, 종사자 및 그 밖에 보건복지부령으로 정하는 자는 위기가구의 발굴지원, 민관협력 및 지원계획의 실행에 필요한 업무, 보장기관이 의뢰한 사회보장급여의 이용 및 제공에 관한 업무, 통합사례관리의 수행에 관한 업무, 사례관리 사업 사이의 연계 및 협업에 관한 업무, 사회복지법인 및 사회복지시설 종사자, 거주자 및 이용자에 관한 자료 등 운영에 필요한 정보의 처리 · 기록 · 관리 업무, 사회서비스전자이용권의 관리에 관한 업무 등을 수행하기 위하여 사회서비스정보시스템을 이용할 수 있다(제24조의2).

④ 보건복지부장관의 사회보장정보시스템 또는 사회서비스정보시스템 활용

보건복지부장관은 사회서비스 제공기관이 사회보장급여와 복지혜택 또는 서비스를 제공하거나 상담 · 안내하는 데 필요할 경우 보건복지부령으로 정하는 절차에 따라 대상자의 동의를 받아 사회보장정보시스템 또는 사회서비스정보시스템에 등록된 대상자의 정보를 이용하게 할 수 있다. 다만, 개별법에서 규정하는 불가피한 경우에는 동의 절차를 생략할 수 있다.

⑤ 보건복지부장관의 대국민 포털 구축

보건복지부장관은 사회보장급여가 필요한 국민에게 사회보장 관련 자료 또는 정보의 검색, 조회 등 온라인 서비스를 제공하는 인터넷 기반의 대국민 포털을 구축 · 관리하고 그 활용을 촉진하여야 한다(제25조).

(3) 사회보장정보의 정확성 유지 및 표준화

정보보유기관의 장은 사회보장정보의 정확성을 유지하기 위하여 노력하여야 한다. 보건복지부장관은 사회보장정보를 주기적으로 갱신하여야 하며, 그 정보에 오류가 있다고 판단되는 경우에는 원천 자료 또는 정보를 제공한 정보보유기관의 장에게 해당 자료 또는 정보의 수정 또는 보완을 요구할 수 있다(제26조).

보건복지부장관은 사회보장정보의 공동 활용을 통하여 국민이 사회보장급여의 이용을 편리하게 할 수 있도록 사회보장정보와 관련된 각종 기준, 절차, 방법, 서식 등을 표준화하여 보장기관의 장에게 제시할 수 있다. 이 경우 보장기관의 장은 정당한 사유가 없으면 이에 따라야 한다(제27조).

3) 사회보장정보의 보호

(1) 사회보장정보의 보호대책 수립 · 시행

보건복지부장관은 사회보장정보시스템의 사회보장정보를 안전하게 보호하기 위하여 물리적 · 기술적 대책을 포함한 보호대책을 수립 · 시행하여야 한다. 한국 사회보장정보원의 장은 제1항에 따른 보호대책을 시행하기 위한 실행계획을 매년 수립하여 보건복지부장관에게 제출하여야 한다(제30조).

(2) 침해행위 등의 금지

누구든지 사회보장정보를 처리할 때 사회보장정보의 처리업무를 방해할 목적으로 사회보장정보를 위조 · 변경 · 훼손하거나 말소하는 행위, 정당한 사유 없이 사회보장정보를 위조 · 변경 · 훼손 · 말소 · 유출하거나 그 방법 또는 프로그램을 공개 · 유포 · 사용하는 행위, 정당한 사유 없이 사회보장정보시스템을 위조 · 변경 · 훼손하거나 이용하는 행위, 정당한 권한이 없거나 허용된 권한을 초과하여 사회보장정보를 처리하는 행위를 하여서는 아니 된다(제31조).

(3) 사회보장정보 보호 교육

보건복지부장관은 사회보장정보를 처리하는 자에게 사회보장정보 보호에 관한 교육을 실시하여야 한다. 또한 이 교육을 한국사회보장정보원 또는 한국보건복지 인재원에 위탁할 수 있다(제31조의2).

(4) 침해행위의 시정요구

보건복지부장관은 사회보장정보 또는 사회보장정보시스템에 대한 침해행위가 발생하였다고 판단할 상당한 근거가 있고 이를 방치할 경우 회복하기 어려운 피해가 발생할 우려가 있다고 인정되면 침해행위를 한 자에 대하여 사회보장정보 또는 사회보장정보시스템 침해행위의 중지, 정보처리의 일시적인 정지, 그 밖에 사회보장정보의 보호 및 침해행위 방지를 위하여 필요한 조치를 요구할 수 있다. 이 경우 요구를 받은 자는 이에 따라야 한다(제33조).

(5) 비밀유지의무

사회보장급여와 관련한 신청, 조사, 결정, 확인조사, 환수 등 급여의 제공 및 관리 등에 관한 업무, 사회보장정보의 처리 등에 관한 업무, 사회서비스정보시스템의 자료 또는 정보의 처리 등에 관한 업무, 통합사례관리에 관한 업무 등에 종사하거나 종사하였던 사람은 직무상 알게 된 비밀을 다른 사람에게 누설하거나 직무상 목적 외의 용도로 이용하여서는 아니 된다(제49조).

(6) 신고포상금의 지급 등

부정수급자와 법령에 위반되거나 부당한 방법으로 사회보장급여를 제공한 사회복지법인, 사회복지시설 등 사회보장 관련 법인·단체·시설에 해당하는 자를 신고한 사람에게 예산의 범위에서 포상금을 지급할 수 있다. 다만, 공무원이 그 직무와 관련하여 신고한 경우에는 포상금을 지급하지 아니한다(제53조의2).

4) 지역사회보장에 관한 지역계획 및 운영체계

(1) 지역사회보장에 관한 계획의 수립

특별시장·광역시장·특별자치시장·도지사·특별자치도지사 및 시장·군수·구청장은 지역사회보장계획을 4년마다 수립하고, 매년 지역사회보장계획에 따라 연차별 시행계획을 수립하여야 한다. 이 경우「사회보장기본법」에 따른 사회보장에 관한 기본계획과 연계되도록 하여야 한다. 시장·군수·구청장은 해당 시·군·구의 지역사회보장계획을 지역주민 등 이해관계인의 의견을 들은 후 수립하고, 지역사회보장협의체의 심의와 해당 시·군·구 의회의 보고를 거쳐 시·도지사에게 제출하여야 한다. 시·도지사는 지역사회보장계획을 시·도사회보장위원회의 심의와 해당 시·도 의회의 보고를 거쳐 보건복지부장관에게 제출하여야 한다. 이 경우 보건복지부장관은 제출된 계획을 사회보장위원회에 보고하여야 한다. 보장기관의 장은 지역사회보장계획의 수립 및 지원 등을 위하여 지역 내 사회보장 관련 실태와 지역주민의 사회보장에 관한 인식 등에 관하여 필요한 조사를 실시할 수 있으며, 시·도지사 및 시장·군수·구청장은 지역사회보장계획을 수립할 때 필요하다고 인정하는 경우에는 사회보장 관련 기관·법인·단체·시설에 자료 또는 정보의 제공과 협력을 요청할 수 있다. 보장기관의 장은 지역사회보장계획의 수립 및 지원 등을 위하여 지역 내 사회보장 관련 실태와 지역주민의 사회보장에 관한 인식 등에 관하여 필요한 조사를 실시할 수 있으며, 시·도지사 및 시장·군수·구청장은 지역사회보장계획 수립 시 지역사회보장조사 결과를 반영할 수 있다. 보건복지부장관 또는 시·도지사는 지역사회보장계획의 내용이 대통령령으로 정하는 사유에 해당하는 경우에는 시·도지사 또는 시장·군수·구청장에게 그 조정을 권고할 수 있다. 이 경우 보건복지장관은 관계 중앙행정기관의 장의 의견을 들을 수 있다(제35조).

(2) 지역사회보장계획의 내용

시·군·구 지역사회보장계획은 다음 각 호의 사항을 포함하여야 한다(제36조 제1항).

> 1. 지역사회보장 수요의 측정, 목표 및 추진전략
> 2. 지역사회보장의 목표를 점검할 수 있는 지표(지역사회보장지표)의 설정 및 목표
> 3. 지역사회보장의 분야별 추진전략, 중점 추진사업 및 연계협력 방안
> 4. 지역사회보장 전달체계의 조직과 운영
> 5. 사회보장급여의 사각지대 발굴 및 지원 방안
> 6. 지역사회보장에 필요한 재원의 규모와 조달 방안
> 7. 지역사회보장에 관련한 통계 수집 및 관리 방안
> 8. 지역 내 부정수급 발생 현황 및 방지대책
> 9. 그 밖에 대통령령으로 정하는 사항

특별시·광역시·도·특별자치도 지역사회보장계획은 다음 각 호의 사항을 포함하여야 한다(제36조 제2항).

> 1. 시·군·구의 사회보장이 균형적이고 효과적으로 추진될 수 있도록 지원하기 위한 목표 및 전략
> 2. 지역사회보장지표의 설정 및 목표
> 3. 시·군·구에서 사회보장급여가 효과적으로 이용 및 제공될 수 있는 기반 구축 방안
> 4. 시·군·구 사회보장급여 담당 인력의 양성 및 전문성 제고 방안
> 5. 지역사회보장에 관한 통계자료의 수집 및 관리 방안
> 6. 시·군·구의 부정수급 방지대책을 지원하기 위한 방안
> 7. 그 밖에 지역사회보장 추진에 필요한 사항

특별자치시 지역사회보장계획은 다음 각 호의 사항을 포함하여야 한다(제36조 제3항).

> 1. 시·군·구의 지역사회보장계획의 각의 사항
> 2. 사회보장급여가 효과적으로 이용 및 제공될 수 있는 기반 구축 방안
> 3. 사회보장급여 담당 인력의 양성 및 전문성 제고 방안
> 4. 그 밖에 지역사회보장 추진에 필요한 사항

(3) 지역사회복지계획의 시행과 변경 및 시행결과의 평가

① 지역사회보장계획의 시행

시·도지사 또는 시장·군수·구청장은 지역사회보장계획을 시행하여야 한다. 시·도지사 또는 시장·군수·구청장은 지역사회보장계획을 시행할 때 필요하다고 인정하는 경우에는 사회보장 관련 민간법인·단체·시설에 인력, 기술, 재정 등의 지원을 할 수 있다(제37조).

② 지역사회보장계획의 변경

시·도지사 또는 시장·군수·구청장은 사회보장의 환경 변화, 사회보장에 관한 기본계획의 변경 등이 있는 경우에는 지역사회보장계획을 변경할 수 있으며 그 변경 절차는 지역사회보장에 관한 계획 수립절차를 준용한다(제38조).

③ 지역사회보장계획 시행결과의 평가

보건복지부장관은 시·도 지역사회보장계획의 시행결과를 시·도지사는 시·군·구 지역사회보장계획의 시행결과를 각각 보건복지부령으로 정하는 바에 따라 평가할 수 있다. 시·도지사는 평가를 시행한 경우 그 결과를 보건복지부장관에게 제출하여야 한다. 보건복지부장관은 이를 종합·검토하여 사회보장위원회에 보고하여야 한다. 보건복지부장관 또는 시·도지사는 필요한 경우 평가결과를 지방자치단체의 지원에 반영할 수 있다(제39조).

5) 지역사회보장 지원 및 균형 발전

(1) 지역사회보장의 균형발전

중앙행정기관의 장 및 시·도지사는 시·도 및 시·군·구 간 사회보장 수준의 차이를 최소화하기 위하여 예산 배분, 사회보장급여의 제공기관 등의 배치 등에 필요한 조치를 하여야 한다(제45조).

(2) 지역사회보장균형발전지원센터

보건복지부장관은 시·도 및 시·군·구의 사회보장 추진 현황 분석, 지역사회보장계획의 평가, 지역 간 사회보장의 균형발전 지원 등의 업무를 효과적으로 수행하기 위하여 지역사회보장균형발전지원센터를 설치·운영할 수 있다. 또한 지역사회보장균형발전지원센터의 운영을 관련 전문기관에 위탁할 수 있다(제46조).

(3) 지방자치단체에 대한 지원

중앙행정기관의 장은 시·도지사 및 시장·군수·구청장에게 사회보장 사업의 수행에 필요한 비용을 지원할 수 있으며, 이 경우 지역사회보장계획 시행결과의 평가에 반영할 수 있다(제47조).

(4) 사회보장 특별지원구역 운영

중앙행정기관의 장 또는 시·도지사는 「공공주택특별법」에 따른 영구임대주택단지, 저소득층 밀집 거주기, 그 밖에 보건, 복지, 고용, 주거, 문화 등 특정 분야의 서비스가 취약한 지역을 사회보장 특별지원구역으로 선정하여 지원할 수 있다. 이 경우 관계 행정기관의 장과 협의하여야 한다(제48조).

7. 권리구제: 이의신청

「사회보장급여의 이용·제공 및 수급권자 발굴에 관한 법률」에 따른 처분에 이의가 있는 수급권자 등은 그 처분을 받은 날로부터 90일 이내에 처분을 결정한 보장기관의 장에게 이의신청을 할 수 있다. 다만, 정당한 사유로 인하여 그 기간 내에 이의신청을 할 수 없음을 증명한 때에는 그 사유가 소멸한 때부터 60일 이내에 이의신청을 할 수 있다. 보장기관의 장은 이의신청을 받은 날부터 10일 이내에 그 이의신청에 대하여 결정하고 그 결과를 신청인에게 지체 없이 통지하여야 한다. 다만, 부득이한 사유로 정하여진 기간 이내에 결정할 수 없을 때에는 그 기간의 만료일 다음 날부터 기산하여 10일 이내의 범위에서 연장할 수 있으며, 연장 사유를 신청인에게 통지하여야 한다(제17조).

제9장
공공부조법

　이 장은 공공부조에 대해서 다루고 있다. 공공부조는 사회보험과 더불어 국민의 최저생활 보장을 목적으로 하며, 빈곤에 대응한 사회적 지원 제도이다. 우리나라의 대표적인 공공부조법으로는 「국민기초생활보장법」, 「의료급여법」, 「긴급복지지원법」, 「기초연금법」, 「장애인연금법」이 있다. 「국민기초생활보장법」은 공공부조법의 일반적인 내용을 정하여 국민의 기본적인 삶을 보장하는 법률이고, 「의료급여법」은 국민의 건강을 보장하기 위한 법으로 사회보험으로 운영되는 「국민건강보험법」과 달리 조세에 의해 운영되는 특징이 있다. 「긴급복지지원법」은 「국민기초생활보장법」에서 해결하지 못하는 긴급한 상황에 처한 국민을 신속히 지원하고자 규정된 법률이다. 「기초연금법」은 노인빈곤을 해결하고 노후의 안정적인 삶에 기여하기 위해 기본적인 소득을 보장하는 내용이고, 「장애인연금법」은 노동능력이 상실 내지 감소된 중증장애인을 대상으로 생활안정과 복지증진에 기여함을 목적으로 한다.

제1절　공공부조법의 의미 및 특성

1. 공공부조법의 의미

　공공부조는 「사회보장기본법」 제3조 제3호에 따르면, 국가와 지방자치단체의 책임 하에 생활 유지 능력이 없거나 생활이 어려운 국민의 최저생활을 보장하고 자립을 지원하는 제도를 말한다. 즉, 공공부조제도는 근로의 능력이 없거나 생활이 어려운 자에게 국가의 책임하에 최저한도의 건강하고 문화적인 생활을 할 권리를 보장해 주는 것이라고 할 수 있다. 공공부조법은 사회보험법, 사회서비스법과 함께 사회복지법의 3대 구성체계의 하나이다. 그러나 그 목적과 대상자의 특수성으로 인하여 국가와 지방자치단체가 전적으로 책임을 지고 비용을 부담한다는 점에서 다른 2개의 법과는 차이가 있다.

공공부조법은 과거의 자선과 시혜와 같은 소극적 개념에서 급여의 권리성을 인정하는 방향으로 진전이 되어, 「국민기초생활보장법」에서는 저소득층의 권리성을 강화하게 되었다. 또한 「헌법」에서 말하는 "인간다운 생활을 할 권리를 가진다."는 제34조 제1항의 생존권 규정을 구체적이고 직접적으로 실현하고자 하는 법적 근거를 제시하고 있는 법률이다.

2. 공공부조법의 기본 원리

1) 국가책임의 원리

공공부조를 통하여 생활이 어려운 국민의 생존권을 실현하는 것을 국가의 책임으로 하는 원리이다.

2) 생존권 보장의 원리

모든 국민은 누구나 생활이 어려운 때에는 국가에 대하여 보호를 청구할 권리가 있고, 국가는 국민의 이러한 요구를 들어줄 의무가 있다는 원리이다.

3) 최저생활보장의 원리

공공부조의 보호수준은 건강하고 문화적인 생활수준을 유지할 수 있는 최저한도의 생활이 보장되어야 한다는 원리이다.

4) 무차별 평등의 원리

급부내용에 있어서 수급자의 인종, 성별, 종교 및 사회적 신분에 차별 없이 평등하게 보호를 받을 권리가 있음을 의미한다.

5) 보충성의 원리

수급자가 가지고 있고 이용할 수 있는 자산·능력 및 그 밖의 모든 것을 최대한 활용하고 난 다음에도 최저생활을 유지할 수 없을 때 최종적으로 그 부족분을 보충하여 준다는 원리이다.

6) 자립조장의 원리

수급자의 잠재능력을 개발·육성하여 자력으로 사회생활에 적응하게 하는 원리이다.

3. 공공부조법의 특성

빈곤에 대한 최후의 국가적 대응책인 공공부조는 자산조사와 같은 자격요건의 심사가 요청된다. 또한 대상자를 선정하여 원조를 제공하므로 선택주의제도이다. 이는 자격요건을 갖춘 모든 대상자에게 급여를 제공하는 사회보험적 성향과는 구별된다.

공공부조에 필요한 재원 조달은 일반조세를 통하여 마련되고, 소득이전을 통해 소득의 재분배적 기능을 도모할 수 있어서 소득의 불평등을 완화할 수 있는 기회가 된다.

제2절 국민기초생활보장법

1. 연혁 및 체계

「국민기초생활보장법」은 저소득 계층, 영세 도시빈민, 실업자 등을 지원하여 빈
곤문제에 대한 사회안전망의 기초 구축과, 빈곤가구별로 자활지원계획을 수립하
고 자활급여를 실시함으로써 빈곤을 방지하기 위해 1999년 9월 7일에 제정되었
다. 1961년 제정된 「생활보호법」을 기원으로 두고 있는 「국민기초생활보장법」은
제1장 총칙, 제2장 급여의 종류와 방법, 제2장의2 자활 지원, 제3장 보장기관, 제
4장 급여의 실시, 제5장 보장시설, 제6장 수급자의 권리와 의무, 제7장 이의신청,
제8장 보장비용, 제9장 벌칙으로 구성되어 있다.

<표 9-1> 주요 연혁 및 현행 법률의 체계

주요 연혁		현행 법률의 체계
1961. 12. 30.	• 「생활보호법」 제정	제1장 총칙 제2장 급여의 종류와 방법 제2장의2 자활지원 제3장 보장기관 제4장 급여의 실시 제5장 보장시설 제6장 수급자의 권리와 의무 제7장 이의신청 제8장 보장비용 제9장 벌칙
1999. 9. 7.	• 「국민기초생활보장법」 제정 • 기초생활에 대한 범주적 제한을 폐지하고, 국민일반에 대한 보장과 권리개념을 도입	
2005. 12. 23.	• 부양의무자 범위를 1촌 직계혈족 및 그 배우자로 축소	
2014. 12. 30.	• 전물량방식의 절대적 빈곤방식에서 기준중위소득을 활용하는 상대적 빈곤방식으로의 전환 • 통합급여에서 개별급여로 전환하고 급여별 선정기준을 다양화	
2019. 1. 15.	• 자활지원사업의 체계를 개편, 보장기관의 자활기금 설치의무화, 자활지원사업 참여자에 대한 지속적인 권리를 위한 법적 근거 마련 • 중앙자활센터의 명칭을 한국자활복지개발원으로 변경하고 한국자활연수원을 둠.	
2021. 7. 27.	• 자활기업의 인정 및 인정취소, 공공기관의 자활기업생산품 우선구매, 투명한 기업관리를 위한 보고의무 등 신설	

2. 목적 및 기본원리

「국민기초생활보장법」은 생활이 어려운 사람에게 필요한 급여를 실시하여 이들
의 최저생활을 보장하고 자활을 돕는 것을 목적으로 한다(제1조). 급여는 수급자
가 자신의 생활을 유지·향상하기 위하여 그의 소득, 재산, 근로능력 등을 활용하
여 최대한 노력하는 것을 전제로 이를 보충·발전시키는 것을 기본원칙으로 한
다. 또한 부양의무자의 부양과 다른 법령에 따른 보호는 이 법에 따른 급여에 우
선하여 행해지는 것으로 한다. 다만, 다른 법령에 따른 보호의 수준이 이 법에서
정하는 수준에 이르지 아니하는 경우에는 나머지 부분에 관하여 이 법에 따른 급
여를 받을 권리를 잃지 않는다(제3조).

급여는 건강하고 문화적인 최저생활을 유지할 수 있어야 하고, 급여의 기준은
수급자의 연령, 가구 규모, 거주 지역, 그 밖의 생활여건 등을 고려하여 급여의 종
류별로 보건복지부장관이 정하거나 급여를 지급하는 중앙행정기관의 장이 보건
복지부장관과 협의하여 정한다. 보장기관은 이 법에 따른 급여를 개별가구 단위
로 실시하되, 필요하다고 인정하는 경우에는 개인 단위로 실시할 수 있다. 지방자
치단체는 조례로 정하는 바에 따라 「국민기초생활보장법」에 따른 급여의 범위 및
수준을 초과하여 급여를 지급실시할 수 있다. 이 경우 해당 지방자치단체의 장은
보건복지부장관 및 소관 중앙행정기관의 장에게 알려야 한다(제4조).

〈표 9-2〉 핵심용어 및 내용

핵심용어	내용
수급권자	이 법에 따른 급여를 받을 수 있는 자격을 가진 사람을 말하며, 급여를 받고 있는 수급자와는 구별하여 사용해야 함.
수급자	이 법에 따른 급여를 받는 사람을 말함.
수급품	이 법에 따라 수급자에게 지급하거나 대여하는 금전 또는 물품을 말함.
보장기관	이 법에 따른 급여를 실시하는 국가 또는 지방자치단체를 말함.
부양의무자	수급권자를 부양할 책임이 있는 사람으로서 수급권자의 1촌의 직계혈족 및 그 배우자를 말하며, 사망한 1촌의 직계혈족의 배우자는 제외함.

최저보장수준	국민의 소득·지출 수준과 수급권자의 가구 유형 등 생활실태, 물가상 승률 등을 고려하여 급여의 종류별로 공표하는 금액이나 보장수준을 말함.
최저생계비	국민이 건강하고 문화적인 생활을 유지하기 위하여 필요한 최소한의 비용으로서 보건복지부장관이 계측하는 금액을 말함.
개별가구	이 법에 따른 급여를 받거나 이 법에 따른 자격요건에 부합하는지에 관한 조사를 받는 기본단위로서 수급자 또는 수급권자로 구성된 가구 를 말함.
소득인정액	보장기관이 급여의 결정 및 실시 등에 사용하기 위하여 산출한 개별가 구의 소득평가액과 재산의 소득환산액을 합산한 금액을 말함.
차상위계층	수급권자에 해당하지 아니하는 계층으로서 소득인정액이 대통령령으 로 정하는 기준 이하인 계층을 말함. 종래에는 최저생계비 120% 이하 가구가 차상위 계층이었으나, 2015년 7월부터 중위소득 50% 이하 가 구로 변경됨.
기준 중위소득	보건복지부장관이 급여의 기준 등에 활용하기 위하여 중앙생활보장위 원회의 심의·의결을 거쳐 고시하는 국민 가구소득의 중위값을 말한 다. 통계청이 공표하는 통계자료의 가구 경상소득(근로소득, 사업소 득, 재산소득, 이전소득을 합산한 소득)의 중간값에 최근 가구소득 평 균 증가율, 가구규모에 따른 소득수준의 차이 등을 반영하여 가구규모 별로 산정함.

3. 급여대상

1) 급여대상

수급권자란 급여를 받을 수 있는 자격을 가진 사람을 말하며, 수급자란 급여를 받는 사람을 말한다(제2조 제1호). 부양의무자란 수급권자를 부양할 책임이 있는 사람으로서 수급권자의 1촌의 직계혈족 및 그 배우자를 말하며, 다만 사망한 1촌 의 직계혈족의 배우자는 제외한다(제2조 제5호). 한편, 국내에 체류하고 있는 외국 인 중 대한민국 국민과 혼인하여 본인 또는 배우자가 임신 중이거나 대한민국 국 적의 미성년 자녀를 양육하고 있거나 배우자의 대한민국 국적인 직계존속과 생계나 주거를 같이하고 있는 사람으로서 대통령령으로 정하는 사람이 이 법에 따른 급여를 받을 수 있는 자격을 가진 경우에는 수급권자가 된다(제5조의2).

2) 급여대상 선정 기준

수급권자가 되기 위해서 개별 가구는 소득인정액 기준과 부양의무자 기준을 충족해야 한다. 가구별로 산정된 소득인정액과 국가에서 결정한 가구규모별·급여종류별 선정기준과 비교하여 급여종류에 따라 수급자를 선정하고 급여액을 결정한다. 수급자 선정을 위한 소득은 기준 중위소득[1]을 활용하며 급여종류별 선정기준과 생계급여 지급액을 정하는 기준이고, 부양의무자의 부양능력을 판단하는 기준이 된다. 또한 수급자 선정 및 급여 기준으로 최저생계비 기준을 활용하지 않더라도 기준 중위소득이 수급자의 최저생활을 보장하는지 여부를 확인하기 위하여 최저생계비를 3년마다 계측한다.

부양의무자 기준을 충족하기 위해서는 부양의무자가 없는 경우, 부양의무자가 있어도 부양능력이 없는 경우, 부양의무자의 부양능력이 미약한 경우로서 수급권자에 대한 부양비 지원을 전제로 부양능력이 없는 것으로 인정하는 경우, 부양의무자가 있어도 부양을 받을 수 없는 경우로 본다.

"부양의무자가 혼인한 딸이거나 혼인한 딸의 직계존속인 경우, 부양의무자 가구에 중증장애인이 있는 경우, 노인·장애인·한부모가족 등 수급권자가 가구의 특성으로 인하여 특히 생활이 어렵다고 보건복지부장관이 정하는 경우"에는 부양능력 인정기준을 완화하여 정할 수 있다(「국민기초생활보장법 시행령」 제5조의6). 조건

---

[1] 기준 중위소득이란? 맞춤형급여 도입 이전의 '최저생계비'에 해당하는 개념으로 보건복지부장관이 급여의 기준 등에 활용하기 위하여 중앙생활보장위원회의 심의·의결을 거쳐 고시한다. 통계청이 공표하는 통계자료의 가구 경상소득(근로소득, 재산소득, 이전소득을 합산한 소득)의 중간값에 최근 가구소득 평균 증가율, 가구규모에 따른 소득수준의 차이 등을 반영하여 가구규모별로 산정한다. 2021년 기준 중위소득은 다음과 같다.

1인 가구	2인 가구	3인 가구	4인 가구	5인 가구	6인 가구	7인 가구
1,827,831	3,088,079	3,983,950	4,876,290	5,757,373	6,628,603	7,497,198

※ 8인 이상의 기준 중위소득은 1인 증가 시 868,595원씩 증가

부수급자는 자활사업에 참가할 것을 조건으로 하여 생계급여를 지급받는 사람으로 근로능력이 있는 수급자를 의미한다(동법 시행령 제8조). 주거급여, 교육급여는 부양의무자 부양능력 판정기준을 적용하지 않는다.

소득인정액의 산정방식

소득인정액[2]=소득평가액[3]+재산의 소득환산액[4]
    소득평가액=실제소득−가구특성별 지출비용−근로소득공제
    재산의 소득환산액=(재산−기본재산액−부채)×소득환산율
    ※ 소득평가액, 재산의 소득환산액이 (−)인 경우는 0원으로 처리

소득인정액 기준

가구의 소득인정액을 '가구규모별 · 급여종류별 선정기준'과 비교하여 급여종류별로 수급자 선정 및 생계 · 주거급여액 결정

---

2) 소득인정액이란? 개별가구의 소득과 재산을 합산하여 정하는 개념으로, 소득평가액과 재산의 소득환산액을 합산한 금액이다.

3) 소득평가액이란? 개별가구의 실제소득에도 불구하고 보장기관이 급여의 결정 및 실시 등에 사용하기 위하여 산출한 금액으로 '근로소득, 사업소득, 재산소득, 이전소득'을 합한 개별가구의 실제소득에서 장애 · 질병 · 양육 등 가구 특성에 따른 지출요인, 근로를 유인하기 위한 요인, 그 밖에 추가적인 지출요인에 해당하는 금액을 감하여 산정한다.

4) 재산의 소득환산액이란? 재산에서 기본재산액과 부채를 감한 다음 재산에 따라 정해진 비율인 소득환산율을 곱하여 소득으로 환산하는 금액을 말한다.
「국민기초생활보장법」상 재산의 소득환산율은 다음과 같다.

구분	주거용재산	일반재산 (주거용재산 제외)	금융재산	소득환산율이 100% 적용되는 자동차
수급(권)자	월 1.04%	월 4.17%	월 6.26%	월 100%
부양의무자	월 1.04%	월 2.08%		

※ 부양의무자의 자동차는 부양의무자가 장애의 정도가 심한 등록장애인으로 장애인사용자동차를 보유한 경우 동 자동차는 재산가액 산정에서 제외(배기량 기준 없음)하고, 그 외 자동차는 일반재산 환산율 적용한다.

가구규모	1인 가구	2인 가구	3인 가구	4인 가구	5인 가구	6인 가구	7인 가구
생계급여 선정기준 (기준 중위소득 30% 이하)	548,349	926,424	1,195,185	1,462,887	1,727,212	1,988,581	2,249,159
의료급여 선정기준 (기준 중위소득 40% 이하)	731,132	1,235,232	1,593,580	1,950,516	2,302,949	2,651,441	2,998,879
주거급여 선정기준 (기준 중위소득 45% 이하)	822,524	1,389,636	1,792,778	2,194,331	2,590,818	2,982,871	3,373,739
교육급여 선정기준 (기준 중위소득 50% 이하)	913,916	1,544,040	1,991,975	2,438,145	2,878,687	3,314,302	3,748,599

4. 급여의 종류 및 내용

「국민기초생활보장법」에 따른 급여의 종류는 생계급여, 주거급여, 의료급여, 교육급여, 해산급여, 장제급여, 자활급여가 있다. 수급권자에 대한 급여는 수급자의 필요에 따라 급여의 전부 또는 일부를 실시하는 것으로 하며, 차상위계층에 속하는 차상위자에 대한 급여는 보장기관이 차상위자의 가구별 생활여건을 고려하여 예산의 범위에서 주거급여, 의료급여, 교육급여, 장제급여, 자활급여에 따른 급여의 전부 또는 일부를 실시할 수 있다(제7조).

1) 생계급여

생계급여는 수급자에게 의복, 음식물 및 연료비와 그 밖에 일상생활에 기본적으로 필요한 금품을 지급하여 그 생계를 유지하게 하는 것이다. 생계급여 수급권자는 부양의무자가 없거나, 부양의무자가 있어도 부양능력이 없거나 부양을 받을 수 없는 사람으로서 그 소득인정액이 중앙생활보장위원회의 심의·의결을 거쳐 결정하는 금액(생계급여 선정기준) 이하인 사람으로 한다. 생계급여 선정기준은 기준 중위소득의 100분의 30 이상으로 하며 생계급여 최저보장수준은 생계급여와 소득인정액을 포함하여 생계급여 선정기준 이상이 되도록 하여야 한다(제8조).

생계급여는 금전을 지급하는 것으로 한다. 다만, 금전으로 지급할 수 없거나 금전으로 지급하는 것이 적당하지 아니하다고 인정하는 경우에는 물품을 지급할 수 있다. 수급품은 매월 정기적으로 수급자에게 직접 지급한다. 다만, 보장시설이나 타인의 가정에 위탁하여 생계급여를 실시하는 경우에는 그 위탁받은 사람에게 이를 지급할 수 있으며 이 경우 보장기관은 정기적으로 수급자의 수급 여부를 확인하여야 한다(제9조).

2) 주거급여

주거급여는 수급자에게 주거 안정에 필요한 임차료, 수선유지비, 그 밖의 수급품을 지급하는 것으로 한다. 주거급여에 관하여 필요한 사항은 따로 법률에서 정하도록 하여(제11조), 「주거급여법」이 제정되어 시행되고 있다. 「주거급여법」에 따라 주거급여 선정기준은 기준 중위소득의 100분의 43 이상으로 하도록 규정되어 있다(「주거급여법」 제5조).

3) 교육급여

교육급여는 수급자에게 입학금, 수업료, 학용품비, 그 밖의 수급품을 지급하는 것으로 하되, 학교의 종류·범위 등에 관하여 필요한 사항은 대통령령으로 정한다. 교육급여는 교육부장관의 소관으로 한다. 교육급여 수급권자는 부양의무자가 없거나, 부양의무자가 있어도 부양능력이 없거나 부양을 받을 수 없는 사람으로서 그 소득인정액이 중앙생활보장위원회의 심의·의결을 거쳐 결정하는 교육급여 선정기준 이하인 사람으로 한다. 이 경우 교육급여 선정기준은 기준 중위소득의 100분의 50 이상으로 한다(제12조).

4) 의료급여

의료급여는 수급자에게 건강한 생활을 유지하는 데 필요한 각종 검사 및 치료 등을 지급하는 것으로 한다. 의료급여 수급권자는 부양의무자가 없거나, 부양의무자가 있어도 부양능력이 없거나 부양을 받을 수 없는 사람으로서 그 소득인정액이 중앙생활보장위원회의 심의·의결을 거쳐 결정하는 의료급여 선정기준 이하인 사람으로 한다. 이 경우 의료급여 선정기준은 기준 중위소득의 100분의 40 이상으로 한다(제12조의3).

5) 해산급여

해산급여는 하나 이상의 급여를 받는 수급자에게 조산(助産), 분만 전과 분만 후에 필요한 조치와 보호급여를 실시하는 것으로 한다. 해산급여는 보건복지부령으로 정하는 바에 따라 보장기관이 지정하는 의료기관에 위탁하여 실시할 수 있다. 해산급여에 필요한 수급품은 보건복지부령으로 정하는 바에 따라 수급자나 그 세대주 또는 세대주에 준하는 사람에게 지급한다. 다만, 그 급여를 의료기관에 위탁하는 경우에는 수급품을 그 의료기관에 지급할 수 있다(제13조).

6) 장제급여

장제급여는 생계급여, 주거급여, 의료급여 중 하나 이상의 급여를 받는 수급자가 사망한 경우 사체의 검안·운반·화장 또는 매장, 그 밖의 장제조치를 하는 것으로 한다. 장제급여는 실제로 장제를 실시하는 사람에게 장제에 필요한 비용을 지급하는 것으로 한다. 다만, 그 비용을 지급할 수 없거나 비용을 지급하는 것이 적당하지 아니하다고 인정하는 경우에는 물품을 지급할 수 있다(제14조).

7) 자활급여

자활급여는 수급자의 자활을 돕기 위하여 자활에 필요한 금품의 지급 또는 대여, 자활에 필요한 근로능력의 향상 및 기능습득의 지원, 취업알선 등 정보의 제공, 자활을 위한 근로기회의 제공, 자활에 필요한 시설 및 장비의 대여, 창업교육, 기능훈련 및 기술·경영 지도 등 창업지원, 자활에 필요한 자산형성 지원, 그 밖에 대통령령으로 정하는 자활을 위한 각종 지원의 급여를 실시하는 것을 말한다(제15조).

8) 급여의 특례

생계급여, 주거급여, 교육급여, 의료급여, 해산급여, 장제급여, 자활급여의 수급권자에 해당하지 아니하여도 생활이 어려운 사람으로서 일정 기간 동안 이 법에서 정하는 급여의 전부 또는 일부가 필요하다고 보건복지부장관 또는 소관 중앙행정기관의 장이 정하는 사람은 수급권자로 본다(제14조의2).

5. 전달체계

1) 보장기관

급여는 수급권자 또는 수급자의 거주지를 관할하는 시·도지사와 시장·군수·구청장이 실시하며, 교육급여인 경우에는 특별시·광역시·특별자치시·도·특별자치도의 교육감이 실시한다. 다만, 주거가 일정하지 아니한 경우에는 수급권자 또는 수급자가 실제 거주하는 지역을 관할하는 시장·군수·구청장이 실시한다. 보장기관은 수급권자·수급자·차상위계층에 대한 조사와 수급자 결정 및 급여의 실시 등 이 법에 따른 보장업무를 수행하게 하기 위하여 사회복지전담공무원을 배치하여야 한다. 이 경우 자활급여 업무를 수행하는 사회복지 전담공무원은 따로 배치하여야 한다(제19조).

2) 보장시설

보장시설이란 급여를 실시하는 「사회복지사업법」에 따른 사회복지시설(장애인거주시설, 노인의료복지시설, 아동복지시설 및 통합 시설, 정신요양시설 및 정신재활시설, 노숙인재활시설 및 노숙인요양시설, 가정폭력피해자 보호시설, 성매매피해자 등을 위한 지원시설, 성폭력피해자보호시설, 한부모가족복지시설, 사회복지시설 중 결핵 및 한센병요양시설, 그 밖에 보건복지부령으로 정하는 시설)을 말한다(제32조).

3) 생활보장위원회

생활보장사업의 기획ㆍ조사ㆍ실시 등에 관한 사항을 심의ㆍ의결하기 위하여 보건복지부와 시ㆍ도 및 시ㆍ군ㆍ구(자치구)에 각각 생활보장위원회를 둔다. 다만, 시ㆍ도 및 시ㆍ군ㆍ구에 두는 생활보장위원회는 그 기능을 담당하기에 적합한 다른 위원회가 있고 그 위원회의 위원이 제4항에 규정된 자격을 갖춘 경우에는 시ㆍ도 또는 시ㆍ군ㆍ구의 조례로 정하는 바에 따라 그 위원회가 생활보장위원회의 기능을 대신할 수 있다.

보건복지부에 두는 중앙생활보장위원회는 기초생활보장 종합계획의 수립, 소득인정액 산정방식과 기준 중위소득의 결정, 급여의 종류별 수급자 선정기준과 최저보장수준의 결정, 급여기준의 적정성 등 평가 및 실태조사에 관한 사항, 급여의 종류별 누락ㆍ중복, 차상위계층의 지원사업 등에 대한 조정, 자활기금의 적립ㆍ관리 및 사용에 관한 지침의 수립, 그 밖에 위원장이 회의에 붙이는 사항 등을 심의ㆍ의결한다. 중앙생활보장위원회는 위원장을 포함하여 16명 이내의 위원으로 구성하고 위원은 보건복지부장관이 위촉ㆍ지명하며 위원장은 보건복지부장관으로 한다.

시ㆍ도 및 시ㆍ군ㆍ구 생활보장위원회의 위원은 시ㆍ도지사 또는 시장ㆍ군수ㆍ구청장이 사회보장에 관한 학식과 경험이 있는 사람, 공익을 대표하는 사람, 관계 행정기관 소속 공무원인 사람 중에서 위촉ㆍ지명하며 위원장은 해당 시ㆍ도지사 또는 시장ㆍ군수ㆍ구청장으로 한다(제20조).

소관 중앙행정기관의 장은 수급자의 최저생활을 보장하기 위하여 3년마다 소관별로 기초생활보장 기본계획을 수립하여 보건복지부장관에게 제출하여야 한다. 보건복지부장관은 수급권자, 수급자 및 차상위계층 등의 규모ㆍ생활실태 파악, 최저생계비 계측 등을 위하여 3년마다 실태조사를 실시ㆍ공표하여야 한다(제20조의2).

4) 한국자활복지개발원

수급자 및 차상위자의 자활촉진에 필요한 사업을 수행하기 위하여 한국자활복지개발원을 설립한다. 한국 자활복지개발원은 법인으로 한다. 한국 자활복지개발원은 그 주된 사무소의 소재지에서 설립등기를 함으로써 성립한다. 보건복지부장관은 자활복지개발원을 지도·감독하며 자활복지개발원에 대하여 업무·회계 및 재산에 관하여 필요한 사항을 보고하게 하거나 소속 공무원에게 자활복지개발원에 출입하여 장부, 서류, 그 밖의 물건을 검사하게 할 수 있다(제15조의2).

● 한국 자활복지개발원의 업무

1. 자활 지원을 위한 사업(자활지원사업)의 개발 및 평가
2. 자활 지원을 위한 조사·연구 및 홍보
3. 광역자활센터, 지역자활센터 및 자활기업의 기술·경영 지도 및 평가
4. 자활 관련 기관 간의 협력체계 구축·운영
5. 자활 관련 기관 간의 정보네트워크 구축·운영
6. 취업·창업을 위한 자활촉진 프로그램 개발 및 지원
7. 고용지원서비스의 연계 및 사회복지서비스의 지원 대상자 관리
8. 수급자 및 차상위자의 자활촉진을 위한 교육·훈련, 광역자활센터 등 자활 관련 기관의 종사자 및 참여자에 대한 교육·훈련 및 지원
9. 국가 또는 지방자치단체로부터 위탁받은 자활 관련 사업
10. 그 밖에 자활촉진에 필요한 사업으로서 보건복지부장관이 정하는 사업

---

5) 자활기업

수급자 및 차상위자는 상호 협력하여 자활기업을 설립·운영할 수 있다. 자활기업을 설립·운영하려는 자는 조합 또는 「부가가치세법」상 사업자의 형태를 갖출 것, 설립 및 운영 주체는 수급자 또는 차상위자를 2인 이상 포함하여 구성할 것, 다만 설립 당시에는 수급자 또는 차상위자였으나 설립 이후 수급자 또는 차상위자를 면하게 된 사람이 계속하여 그 구성원으로 있는 경우에는 수급자 또는 차상위자로 산정한다. 그 밖에 운영기준에 관하여 보건복지부장관이 정하는 사항을 갖출 것 등을 모두 갖추어 보장기관의 인정을 받아야 한다. 보장기관은 자활기업에서 직접 또는 자활복지개발원, 광역자활센터 및 지역자활센터를 통하여 자활을 위한 사업자금 융자, 국유지·공유지 우선 임대, 국가나 지방자치단체가 실시하는 사업의 우선 위탁, 자활기업 운영에 필요한 경영·세무 등의 교육 및 컨설팅 지원, 그 밖에 수급자의 자활촉진을 위한 각종 사업 등의 지원을 할 수 있다(제18조).

6. 급여의 실시와 조사

1) 급여의 신청

수급권자와 그 친족, 그 밖의 관계인은 관할 시장 · 군수 · 구청장에게 수급권자에 대한 급여를 신청할 수 있다. 사회복지 전담공무원은 이 법에 따른 급여를 필요로 하는 사람이 누락되지 아니하도록 하기 위하여 관할지역에 거주하는 수급권자에 대한 급여를 직권으로 신청할 수 있다. 이 경우 수급권자의 동의를 구하여야 하며 수급권자의 동의는 수급권자의 신청으로 볼 수 있다. 급여신청을 할 때나 사회복지 전담공무원이 급여신청을 하는 것에 수급권자가 동의하였을 때에는 수급권자와 부양의무자는 자료 또는 정보의 제공에 대하여 동의한다는 서면을 제출하여야 한다. 수급권자 등이 급여를 신청할 경우 사회복지 전담공무원은 신청한 사람이 급여에 관한 정보의 부족 등으로 불리한 입장에 놓이지 아니하도록 수급권자의 선정기준, 급여의 내용 및 신청방법 등을 알기 쉽게 설명하여야 한다(제21조).

2) 조사

시장 · 군수 · 구청장은 급여신청이 있는 경우에는 사회복지 전담공무원으로 하여금 급여의 결정 및 실시 등에 필요한 부양의무자의 유무 및 부양능력 등 부양의무자와 관련된 사항, 수급권자 및 부양의무자의 소득 · 재산에 관한 사항, 수급권자의 근로능력, 취업상태, 자활욕구 등 자활지원계획 수립에 필요한 사항, 그 밖에 수급권자의 건강상태, 가구 특성 등 생활실태에 관한 사항을 조사하게 하거나 수급권자에게 보장기관이 지정하는 의료기관에서 검진을 받게 할 수 있다(제22조).

시장 · 군수 · 구청장은 수급자 및 수급자에 대한 급여의 적정성을 확인하기 위하여 매년 연간조사계획을 수립하고 관할구역의 수급자를 대상으로 매년 1회 이상 정기적으로 조사하여야 하며, 특히 필요하다고 인정하는 경우에는 보장기관이 지정하는 의료기관에서 검진을 받게 할 수 있다(제23조).

시장 · 군수 · 구청장은 급여의 종류별 수급자 선정기준의 변경 등에 의하여 수급권자의 범위가 변동함에 따라 다음 연도에 급여가 필요할 것으로 예측되는 수급권자의 규모를 조사하기 위하여 차상위계층에 대하여 조사할 수 있다(제24조).

3) 급여의 결정

시장·군수·구청장은 조사를 하였을 때에는 지체 없이 급여 실시 여부와 급여의 내용을 결정하여야 하며, 급여 실시 여부와 급여 내용을 결정하였을 때에는 그 결정의 요지, 급여의 종류·방법 및 급여의 개시 시기 등을 서면으로 수급권자 또는 신청인에게 통지하여야 한다. 신청인에 대한 통지는 급여의 신청일부터 30일 이내에 하여야 한다(제26조).

4) 급여의 실시 및 자활지원계획

급여 실시 및 급여 내용이 결정된 수급자에 대한 급여는 급여의 신청일부터 시작한다(제27조). 보장기관이 급여를 금전으로 지급할 때에는 수급자의 신청에 따라 수급자 명의의 지정된 계좌로 입금하여야 한다(제27조의2).

시장·군수·구청장은 수급자의 자활을 체계적으로 지원하기 위하여 보건복지부장관이 정하는 바에 따라 조사 결과를 고려하여 수급자 가구별로 자활지원계획을 수립하고 그에 따라 급여를 실시하여야 한다. 보장기관은 수급자의 자활을 위하여 필요한 경우에는 「사회복지사업법」 등 다른 법률에 따라 보장기관이 제공할 수 있는 급여가 있거나 민간기관 등이 후원을 제공하는 경우 자활지원계획에 따라 급여를 지급하거나 후원을 연계할 수 있다(제28조).

7. 권리구제: 수급자의 권리·의무 및 이의신청

수급자에 대한 급여는 정당한 사유 없이 수급자에게 불리하게 변경할 수 없으며(제34조), 수급자에게 지급된 수급품과 이를 받을 권리는 압류할 수 없다(제35조). 수급자는 급여를 받을 권리를 타인에게 양도할 수 없다(제36조).

수급자나 급여 또는 급여 변경을 신청한 사람은 시장·군수·구청장의 처분에 대하여 이의가 있는 경우에는 그 결정의 통지를 받은 날부터 60일 이내에 해당 보장기관을 거쳐 시 · 도지사에게 서면 또는 구두로 이의를 신청할 수 있다(제38조).

시 · 도지사가 시장 · 군수 · 구청장으로부터 이의신청서를 받았을 때에는 30일 이내에 필요한 심사를 하고 이의신청을 각하 또는 기각하거나 해당 처분을 변경 또는 취소하거나 그 밖에 필요한 급여를 명하여야 한다(제39조).

처분 등에 대하여 이의가 있는 사람은 그 처분 등의 통지를 받은 날부터 60일 이내에 시 · 도지사를 거쳐 보건복지부장관에게 서면 또는 구두로 이의를 신청할 수 있다(제40조).

제3절　의료급여법

1. 연혁 및 체계

1961년 제정된 「생활보호법」에 근거하여 의료보호제도를 시행하였으나, 제대로 실효성을 거두지 못한 상태에서 의료보호사업이 본격화되기 시작하면서 「의료보호법」이 1977년 12월 31일 제정되어 의료보호사업이 공공부조제도로서 정착할 기틀이 마련되었다. 이후 생활이 어려운 저소득 국민의 건강을 증진하기 위하여 의료급여 수급기간의 제한을 폐지하여 연중 기간제한 없이 의료급여를 받을 수 있도록 하며, 수급권자의 진료편의 도모를 위해 의료급여기관에 대한 의료보호제도의 운영상에 나타난 미비점을 전반적으로 개선 · 보완하기 위해 2001년 5월 24일 「의료급여법」이 제정되었다.

〈표 9-3〉 주요 연혁 및 현행 법률의 체계

주요 연혁		현행 법률의 체계
1977. 12. 31.	• 「의료보호법」 제정	제1조 목적 제2조 정의 제3조 수급권자 제3조의2 난민에 대한 특례 제3조의3 수급권자의 인정절차 등 ⋮ 제5조의2 사례관리 ⋮ 제7조 의료급여의 내용 등 제9조 의료급여기관 ⋮ 제37조(과태료)
2001. 10. 1.	• 「의료급여법」으로 변경 • 「국민기초생활보장법」에서 의료보호를 의료급여로 변경하고, 이에 따라 「의료급여법」 제정	
2006. 10. 4.	• 난민으로 인정된 자 중 「국민기초생활보장법」 수급기준에 해당할 경우 수급권 인정	
2011. 11. 30.	• 의료급여 수급권자에 대한 사례관리실시 및 이를 위한 의료급여관리사 제도 신설	
2013. 6. 12.	• 의료급여 수급권자의 인정 절차 마련 • 사무장 병원 등에 부당이득 징수 할 수 있는 근거 마련 • 업무정지처분의 효과 승계 • 이의신청 제도의 개선 • 포상금 및 장려금 지급 제도 마련	
2014. 1. 28.	• 의료급여 분쟁관련 행정심판을 「국민건강보험법」 건강보험분쟁조정위원회로 이관	
2017. 3. 21.	• 의료급여의 적정성 평가 결과 공개 • 급여비용 이의신청의 주체 및 대상 확대	

2. 목적

생활이 어려운 사람에게 의료급여를 지급함으로써 국민보건의 향상과 사회복지의 증진에 이바지함을 목적으로 한다(제1조).

〈표 9-4〉 핵심용어 및 내용

핵심용어	내용
수급권자	이 법에 따라 의료급여를 받을 수 있는 자격을 가진 사람을 말함.
의료급여기관	수급권자에 대한 진료 · 조제 또는 투약 등을 담당하는 의료기관 및 약국 등을 말함.

| 부양의무자 | 수급권자를 부양할 책임이 있는 사람으로서 수급권자의 1촌 직계혈족 및 그 배우자를 말함. |

3. 급여 대상

1) 수급권자

「의료급여법」은 경제적으로 취약한 대상자가 기본적 수급권자이기는 하지만 이외에 국가에서 공공부조 성격의 의료급여를 실시할 필요가 있다고 생각하는 사람에게 폭넓게 적용하여 시행하고 있다. 따라서 「국민기초생활보장법」에 의한 수급자를 기본으로 이재민, 의사상자, 입양아동 및 독립유공자, 난민 등도 의료급여 수급권을 부여하고 있다. 「의료급여법」에 따른 구체적인 수급권자는 다음과 같다.

- 「국민기초생활보장법」에 따른 의료급여 수급자
- 「재해구호법」에 따른 이재민으로서 보건복지부장관이 의료급여가 필요하다고 인정한 사람
- 「의사상자 등 예우 및 지원에 관한 법률」에 따라 의료급여를 받는 사람
- 「입양특례법」에 따라 국내에 입양된 18세 미만의 아동
- 「독립유공자예우에 관한 법률」, 「국가유공자 등 예우 및 지원에 관한 법률」 및 「보훈보상대상자 지원에 관한 법률」의 적용을 받고 있는 사람과 그 가족으로서 국가보훈처장이 의료급여가 필요하다고 추천한 사람 중에서 보건복지부장관이 의료급여가 필요하다고 인정한 사람
- 「무형문화재 보전 및 진흥에 관한 법률」에 따라 지정된 국가무형문화재의 보유자(명예보유자를 포함한다)와 그 가족으로서 문화재청장이 의료급여가 필요하다고 추천한 사람 중에서 보건복지부장관이 의료급여가 필요하다고 인정한 사람
- 「북한이탈주민의 보호 및 정착지원에 관한 법률」의 적용을 받고 있는 사람과 그 가족으로서 보건복지부장관이 의료급여가 필요하다고 인정한 사람
- 「5 · 18 민주화운동 관련자 보상 등에 관한 법률」 제8조에 따라 보상금 등을 받은 사람과 그 가족으로서 보건복지부장관이 의료급여가 필요하다고 인정한 사람
- 「노숙인 등의 복지 및 자립지원에 관한 법률」에 따른 노숙인 등으로서 보건복지부장관이 의료급여가 필요하다고 인정한 사람
- 그 밖에 생활유지 능력이 없거나 생활이 어려운 사람으로서 대통령령으로 정하는 사람(제3조)
- 「난민법」에 따른 난민인정자로서 「국민기초생활보장법」 제12조의3제2항에 따른 의료급여 수급권자의 범위에 해당하는 사람(제3조의2)

2) 1종 및 2종 수급권자

의료급여 수급권자는 1종과 2종으로 구분되는데, 「의료급여법」은 1종 수급권자를 규정하고 이외의 의료급여 수급권자를 2종으로 인정하는 방식으로 취하고 있다. 즉, 의료급여 수급권자 중에서 1종 수급권자가 누구인지를 숙지하게 되면, 이를 제외한 수급권자가 2종이 되므로 의료급여 1종 및 2종 수급권자를 구분할 수 있게 된다. 1종과 2종 수급권자를 구분하는 가장 큰 실익은 본인부담금의 차등 등 지원혜택에 차이가 있으며 1종 수급권자가 2종 수급권자에 비해 적은 비용을 부담한다.

(1) 1종 수급권자

1종 수급권자는 「국민기초생활보장법」에 의한 수급자와 타법에 의한 수급자로 크게 나누어지며, 이외에 일정한 거소가 없거나 보건복지부 장관이 1종 의료급여가 필요하다고 인정하는 자도 해당된다.

① 「국민기초생활보장법」에 의한 수급자 중 다음에 해당하는 자

- 다음 중 어느 하나에 해당하는 자 또는 근로능력이 없거나 근로가 곤란하다고 인정하여 보건복지부 장관이 정하는 자만으로 구성된 세대의 구성원
  - 18세 미만인 자
  - 65세 이상인 자
  - 「장애인고용촉진 및 직업재활법」 제2조 제2호에 해당하는 중증장애인(장애인 중 근로능력이 현저하게 상실한 자)
  - 질병, 부상 또는 그 후유증으로 치료나 요양이 필요한 사람 중에서 근로능력평가를 통하여 시장·군수·구청장이 근로능력이 없다고 판정한 자
  - 임신 중에 있거나 분만 후 6개월 미만의 여자
  - 「병역법」에 의한 병역의무를 이행 중인 자
- 「국민기초생활보장법」에 따른 보장시설에서 급여를 받고 있는 자
- 보건복지부장관이 정하여 고시하는 결핵질환, 희귀난치성질환 또는 중증질환을 가진 자

② 타법에 의한 의료급여 수급권자

- 「재해구호법」에 따른 이재민으로서 보건복지부장관이 의료급여가 필요하다고 인정한 사람
- 「의사상자 등 예우 및 지원에 관한 법률」에 따라 의료급여를 받는 사람
- 「입양특례법」에 따라 국내에 입양된 18세 미만의 아동
- 「독립유공자예우에 관한 법률」, 「국가유공자 등 예우 및 지원에 관한 법률」 및 「보훈보상대상자 지원에 관한 법률」의 적용을 받고 있는 사람과 그 가족으로서 국가보훈처장이 의료급여가 필요하다고 추천한 사람 중에서 보건복지부장관이 의료급여가 필요하다고 인정한 사람
- 「무형문화재 보전 및 진흥에 관한 법률」에 따라 지정된 국가무형문화재의 보유자(명예보유자를 포함한다)와 그 가족으로서 문화재청장이 의료급여가 필요하다고 추천한 사람 중에서 보건복지부장관이 의료급여가 필요하다고 인정한 사람
- 「북한이탈주민의 보호 및 정착지원에 관한 법률」의 적용을 받고 있는 사람과 그 가족으로서 보건복지부장관이 의료급여가 필요하다고 인정한 사람
- 「5 · 18 민주화운동 관련자 보상 등에 관한 법률」 제8조에 따라 보상금등을 받은 사람과 그 가족으로서 보건복지부장관이 의료급여가 필요하다고 인정한 사람
- 「노숙인 등의 복지 및 자립지원에 관한 법률」에 따른 노숙인 등으로서 보건복지부장관이 의료급여가 필요하다고 인정한 사람

③ 일정한 거소가 없는 사람으로서 경찰관서에서 무연고자로 확인된 자
④ 그 밖에 보건복지부장관이 1종 의료급여가 필요하다고 인정하는 자

(2) 2종 수급권자

- 「국민기초생활보장법」에 따른 의료급여 수급자 중 1종 수급권자에 해당하지 아니하는 자
- 보건복지부장관이 2종 의료급여가 필요하다고 인정하는 자

3) 수급권자의 인정 신청

수급권자가 되려는 사람은 보건복지부령으로 정하는 바에 따라 특별자치시장 · 특별자치도지사 · 시장(특별자치도의 행정시장은 제외) · 군수 · 구청장(구청장은 자치구의 구청장을 말하며, 이하 '시장 · 군수 · 구청장'이라 한다.)에게 수급권자 인정 신청을 하여야 한다(제3조의3 제1항). 시장 · 군수 · 구청장은 신청인을 수급권자로 인정하는 것이 타당한지를 확인하기 위하여 필요한 경우 그 신청인에게 「국민기초생활보장법」 제21조 제3항 각 호에 따른 자료 또는 정보의 제공에 동의한다는

서면을 제출하게 할 수 있다(제3조의3 제2항). 시장ㆍ군수ㆍ구청장은 인정 신청을 한 사람 중에서 제3조 제2항에 따른 수급권자의 인정기준에 따라 수급권자를 정하여야 한다(제3조의3 제5항).

4) 적용 배제

수급권자가 업무 또는 공무로 생긴 질병ㆍ부상ㆍ재해로 다른 법령에 따른 급여나 보상 또는 보상을 받게 되는 경우에는 이 법에 따른 의료급여를 하지 아니한다. 수급권자가 다른 법령에 따라 국가나 지방자치단체 등으로부터 의료급여에 상당하는 급여 또는 비용을 받게 되는 경우에는 그 한도에서 이 법에 따른 의료급여를 하지 아니한다(제4조).

4. 급여의 종류 및 내용

1) 의료급여의 내용

수급권자의 질병ㆍ부상ㆍ출산 등에 대한 의료급여의 내용은 진찰ㆍ검사, 약제ㆍ치료재료의 지급, 처치ㆍ수술과 그 밖의 치료, 예방ㆍ재활, 입원, 간호, 이송과 그 밖의 의료목적 달성을 위한 조치이다(제7조).

시장ㆍ군수ㆍ구청장은 수급권자에게 의료급여증을 발급하여야 한다. 다만, 부득이한 사유가 있는 경우에는 의료급여증을 갈음하여 의료급여증명서를 발급하거나 보건복지부령으로 정하는 바에 따라 의료급여증을 발급하지 아니할 수 있다(제8조).

2) 의료급여기관 및 종류

의료급여기관은 의료급여를 실시하는 기관으로서 아래와 같이 크게 4가지 형태로 구분된다. 의료급여기관의 종류는 제1차에서 3차 의료기관으로 나누어진다.

의료급여기관	• 「의료법」에 따라 개설된 의료기관 • 「지역보건법」에 따라 설치된 보건소·보건의료원 및 보건지소 • 「농어촌 등 보건의료를 위한 특별조치법」에 따라 설치된 보건진료소 • 「약사법」에 따라 개설등록된 약국 및 같은 법 제91조에 따라 설립된 한국희귀·필수의약품센터

의료급여기관의
종류
	• 제1차 의료급여기관
	  – 「의료법」 제33조 제3항에 따라 개설신고를 한 의료기관
	  – 「지역보건법」에 따라 설치된 보건소·보건의료원 및 보건지소, 「농어촌 등 보건의료를 위한 특별조치법」에 따라 설치된 보건진료소, 「약사법」에 따라 개설 등록된 약국 및 같은 법 제91조에 따라 설립된 한국희귀·필수의약품센터 등에 따른 의료급여기관
	• 제2차 의료급여기관: 「의료법」 제33조 제4항 전단에 따라 개설허가를 받은 의료기관
	• 제3차 의료급여기관: 제2차 의료급여기관 중에서 보건복지부장관이 지정하는 의료기관

보건복지부장관은 공익상 또는 국가시책상 의료급여기관으로 적합하지 아니하다고 인정할 때에는 대통령령[5]으로 정하는 바에 따라 의료급여기관에서 제외할 수 있다.

3) 급여비용

급여비용은 그 전부 또는 일부를 의료급여기금에서 부담하되, 의료급여기금에

---

5) 의료급여기관에서 제외할 수 있는 의료기관(「의료급여법 시행령」 제12조)
  1. 부속의료기관
  2. 면허자격정지처분을 5년 동안 2회 이상 받은 의료인 또는 약사가 개설·운영하는 의료기관 또는 약국
  3. 업무정지 또는 과징금 처분을 5년 동안에 2회 이상 받은 의료기관 또는 약국
  4. 업무정지처분의 절차가 진행 중이거나 업무정지처분을 받은 의료급여기관의 개설자가 개설한 의료기관 또는 약국

서 일부를 부담하는 경우 그 나머지 비용은 본인이 부담한다(제10조). 의료급여기관은 의료급여기금에서 부담하는 급여비용의 지급을 시장·군수·구청장에게 청구할 수 있다. 이 경우 심사청구는 시장·군수·구청장에 대한 급여비용의 청구로 본다(제11조).

4) 요양비

시장·군수·구청장은 수급권자가 보건복지부령으로 정하는 긴급하거나 그 밖의 부득이한 사유로 의료급여기관과 같은 기능을 수행하는 기관으로서 보건복지부령으로 정하는 기관(업무정지기간 중인 의료급여기관을 포함한다)에서 질병·부상·출산 등에 대하여 의료급여를 받거나 의료급여기관이 아닌 장소에서 출산을 하였을 때에는 그 의료급여에 상당하는 금액을 보건복지부령으로 정하는 바에 따라 수급권자에게 요양비로 지급한다(제12조).

5) 장애인 및 임산부에 대한 특례

시장·군수·구청장은 「장애인복지법」에 따라 등록한 장애인인 수급권자에게 보장구(補裝具)에 대하여 급여를 실시할 수 있으며, 임신한 수급권자가 임신기간 중 의료급여기관에서 받는 진료에 드는 비용(출산비용을 포함한다)에 대하여 추가 급여를 실시할 수 있다(제13조).

6) 건강검진

시장·군수·구청장은 이 법에 따른 수급권자에 대하여 질병의 조기발견과 그에 따른 의료급여를 하기 위하여 건강검진을 할 수 있다(제14조).

7) 의료급여의 제한, 변경, 중지

시장·군수·구청장은 수급권자가 자신의 고의 또는 중대한 과실로 인한 범죄

행위에 그 원인이 있거나 고의로 사고를 일으켜 의료급여가 필요하게 된 경우, 수급권자가 정당한 이유 없이 이 법의 규정이나 의료급여기관의 진료에 관한 지시에 따르지 아니한 경우에는 의료급여를 실시하지 아니한다. 다만, 보건복지부장관이 의료급여를 할 필요가 있다고 인정하는 경우에는 그러하지 아니하다(제15조).

시장 · 군수 · 구청장은 수급권자의 소득, 재산상황, 근로능력 등이 변동되었을 때에는 직권으로 또는 수급권자나 그 친족, 그 밖의 관계인의 신청을 받아 의료급여의 내용 등을 변경할 수 있다(제16조). 시장 · 군수 · 구청장은 수급권자에 대한 의료급여가 필요 없게 된 경우, 수급권자가 의료급여를 거부한 경우에는 의료급여를 중지하여야 한다(제17조).

5. 전달체계

1) 보장기관

의료급여에 관한 업무는 수급권자의 거주지를 관할하는 특별시장 · 광역시장 · 도지사와 시장 · 군수 · 구청장이 한다. 특별시장 · 광역시장 · 도지사 및 시장 · 군수 · 구청장은 수급권자의 건강 유지 및 증진을 위하여 필요한 사업을 실시하여야 한다(제5조). 건강보험의 경우 보건복지부장관 및 국민건강보험공단이 보장기관인 것에 비해 의료급여는 지방자치단체의 장이 보장기관이라는 점에서 차이가 있다. 이러한 차이는 의료급여제도가 조세를 통해 재원을 마련되며 이를 시행하는 주체가 국가 및 지방자치단체라는 점에서 기인한다.

2) 사례관리

보건복지부장관, 특별시장 · 광역시장 · 도지사 및 시장 · 군수 · 구청장은 수급권자의 건강관리 능력 향상 및 합리적 의료이용 유도 등을 위하여 사례관리를 실시할 수 있다. 사례관리를 실시하기 위하여 특별시 · 광역시 · 특별자치시 · 도 · 특별자치도 및 시(특별자치도의 행정시를 제외) · 군 · 구에 의료급여 관리사를 둔다. 보건복지부장관은 사례관리 사업의 전문적인 지원을 위하여 해당 업무를 공공 또는 민간 기관 · 단체 등에 위탁하여 실시할 수 있다(제5조의2).

3) 의료급여심의위원회

의료급여사업의 실시에 관한 사항을 심의하기 위하여 보건복지부, 시 · 도 및 시 · 군 · 구에 각각 의료급여심의위원회를 둔다. 보건복지부에 두는 의료급여심의위원회(이하 '중앙의료급여심의위원회'라 한다)는 의료급여사업의 기본방향 및 대책 수립에 관한 사항, 의료급여의 기준 및 수가에 관한 사항, 그 밖에 보건복지부장관 또는 위원장이 부의하는 사항 등을 심의한다(제6조).

6. 권리구제: 수급자의 권리 · 의무 및 이의신청

의료급여를 받을 권리는 양도하거나 압류할 수 없다(제18조). 시장 · 군수 · 구청장은 제3자의 행위로 인하여 수급권자에게 의료급여를 한 경우에는 그 급여비용의 범위에서 제3자에게 손해배상을 청구할 권리를 얻는다. 의료급여를 받은 사람이 제3자로부터 이미 손해배상을 받은 경우에는 시장 · 군수 · 구청장은 그 배상액의 한도에서 의료급여를 하지 아니한다(제19조).

수급권자의 자격, 의료급여 및 급여비용에 대한 시장 · 군수 · 구청장의 처분에 이의가 있는 자는 시장 · 군수 · 구청장에게 이의신청을 할 수 있다. 급여비용의 심사 · 조정, 의료급여의 적정성 평가 및 급여 대상 여부의 확인에 관한 급여비용심사기관의 처분에 이의가 있는 보장기관, 의료급여기관 또는 수급권자는 급여비용심사기관에 이의신청을 할 수 있다.

이의신청은 처분이 있음을 안 날부터 90일 이내에 문서(전자문서를 포함한다)로 하여야 하며, 처분이 있은 날부터 180일이 지나면 제기하지 못한다. 다만, 정당한 사유에 따라 그 기간에 이의신청을 할 수 없었음을 소명한 경우에는 그러하지 아니하다(제30조).

급여비용심사기관의 이의신청에 대한 결정에 불복이 있는 자는 「국민건강보험법」 제89조에 따른 건강보험분쟁조정위원회에 심판청구를 할 수 있다(제30조의2).

제4절　긴급복지지원법

1. 연혁 및 체계

　경제 양극화 및 이혼의 증가 등 사회변화 속에서 소득상실, 질병과 같이 갑작스
러운 위기상황이 발생한 경우 누구든지 손쉽게 도움을 청하고 필요한 지원을 받
을 수 있는 제도를 마련하기 위하여 지역사회의 각종 복지지원을 활용하여 위기
상황에 처한 자를 조기에 발견할 수 있는 체계를 갖추고, 신속히 필요한 지원을 받
을 수 있는 제도를 마련하기 위하여 2005년 12월 23일 「긴급복지지원법」이 제정
되었다. 기존의 공공부조제도나 사회서비스와 연계되도록 하였다.

<표 9-5> 주요 연혁 및 현행 법률의 체계

주요 연혁		현행 법률의 체계
2005. 12. 23.	• 「긴급복지지원법」 제정(5년 한시법)	
2009. 5. 28.	• 「긴급복지지원법」 한시법 부칙조항 삭제	제1조 목적
2012. 10. 22.	• 위기상활에 대한 최저생계비 기준 규정 삭제를 통해 적용기준 완화	제2조 정의 제3조 기본원칙
2014. 12. 30.	• 긴급지원에 대한 지방자치단체 판단기능 부여 및 정기적 조사 실시, 운영실태 점검, 긴급지원담당공무원의 권한 확대 • 긴급지원대상자에게 지급되는 금전에 대한 압류방지 및 생계보호 강화	⋮ 제5조 긴급지원대상자 제6조 긴급지원기관
2015. 12. 29.	• 긴급지원담당공무원이 신청조사 시 권한표시 증표뿐만 아니라 조사기간, 조사범위 등의 서류 제시 • 최저생계비를 기준 중위소득의 100분의 40으로 정비	⋮ 제9조 긴급지원의 　　　종류 및 내용
2018. 12. 11.	• 위기상황에 자연재해 및 휴업·폐업 또는 사업장 화재 등으로 실질적인 영업이 곤란해지거나 실직으로 소득을 상실한 경우를 추가	⋮ 제13조 사후조사
2021. 7. 27.	• 제도의 접근성을 높이기 위해 시장·군수·구청장이 지정한 민간법인·단체·시설·기관에서도 긴급복지 신청서 작성, 제출 등을 지원	⋮ 제19조 벌칙

2. 목적 및 기본원칙

생계곤란 등의 위기상황에 처하여 도움이 필요한 사람을 신속하게 지원함으로써, 위기상황에서 벗어나 건강하고 인간다운 생활을 하게 함을 목적으로 하며, 위기상황에 처한 사람에게 일시적으로 신속하게 지원하는 것을 기본원칙으로 한다(제1조).

위기상황이란 본인 또는 본인과 생계 및 주거를 같이 하고 있는 가구구성원이 다음 각 호의 어느 하나에 해당하는 사유로 인하여 생계유지 등이 어렵게 된 것을 말한다(제2조).

위기상황이란 본인 또는 본인과 생계 및 주거를 같이 하고 있는 가구구성원이 다음 각 호의 어느 하나에 해당하는 사유로 인하여 생계유지 등이 어렵게 된 것을 말함(제2조)
1. 주소득자(主所得者)가 사망, 가출, 행방불명, 구금시설에 수용되는 등의 사유로 소득을 상실한 경우
2. 중한 질병 또는 부상을 당한 경우
3. 가구구성원으로부터 방임(放任) 또는 유기(遺棄)되거나 학대 등을 당한 경우
4. 가정폭력을 당하여 가구구성원과 함께 원만한 가정생활을 하기 곤란하거나 가구구성원으로부터 성폭력을 당한 경우
5. 화재 등으로 인하여 거주하는 주택 또는 건물에서 생활하기 곤란하게 된 경우
6. 보건복지부령으로 정하는 기준에 따라 지방자치단체의 조례로 정한 사유가 발생한 경우
7. 그 밖에 보건복지부장관이 정하여 고시하는 사유가 발생한 경우

「재해구호법」,「국민기초생활보장법」,「의료급여법」,「사회복지사업법」,「가정폭력방지 및 피해자보호 등에 관한 법률」,「성폭력방지 및 피해자보호 등에 관한 법률」 등 다른 법률에 따라 이 법에 따른 지원 내용과 동일한 내용의 구호·보호 또는 지원을 받고 있는 경우에는 이법에 따른 지원을 하지 아니한다(제3조).

국가 및 지방자치단체는 위기상황에 처한 사람을 발굴하여 최대한 신속하게 필요한 지원을 하도록 노력하여야 하며, 긴급지원의 지원대상 및 소득 또는 재산 기준, 지원 종류·내용·절차와 그 밖에 필요한 사항 등 긴급지원사업에 관하여 적극적으로 안내하여야 한다. 또한 국가 및 지방자치단체는 이 법에 따른 지원 후에도 위기상황이 해소되지 아니하여 계속 지원이 필요한 것으로 판단되는 사람에게는 다른 법률에 따른 구호·보호 또는 지원을 받을 수 있도록 노력하여야 하며, 구

호 · 보호 또는 지원이 어렵다고 판단되는 경우에는 민간기관 · 단체와의 연계를 통하여 구호 · 보호 또는 지원을 받을 수 있도록 노력하여야 한다(제4조).

3. 급여대상

「긴급복지지원법」에 따른 지원대상자는 위기상황에 처한 사람으로서 이 법에 따른 지원이 긴급하게 필요한 사람으로 한다(제5조). 긴급복지지원은 긴급지원대 상자의 거주지를 관할하는 시장이 한다.

다만, 긴급지원대상자의 거주지가 분명하지 아니한 경우에는 지원요청 또는 신고를 받은 시장 · 군수 · 구청장이 한다. 거주지가 분명하지 아니한 사람에게 지원 요청 또는 신고가 특정지역에 집중되는 경우에는 보건복지부령으로 정하는 바에 따라 긴급지원기관을 달리 정할 수 있으며, 시장 · 군수 · 구청장은 이 법에 따른 긴급지원사업을 수행할 담당공무원(이하 '긴급지원담당공무원'이라 한다.)을 지정하 여야 한다(제6조).

4. 급여의 종류 및 내용

1) 급여의 종류

긴급복지 수급권자인 경우 급여는 금전 또는 현물을 직접 지원하며 민간기관 단 체와의 연계 등의 지원을 실시한다. 긴급복지 급여 중 생계지원과 주거지원의 경우 「국민기초생활보장법」에 따른 기준 중위소득의 100분의 40을 각각 한도로 한다.

금전 또는 현물 등의 직접지원과 민간기관 · 단체와의 연계 등의 지원이 있으며 그 내용은 다음과 같다.

(1) 금전 또는 현물 등의 직접지원(제9조)

- 생계지원: 식료품비·의복비 등 생계유지에 필요한 비용 또는 현물 지원
- 의료지원: 각종 검사 및 치료 등 의료서비스 지원
- 주거지원: 임시거소(臨時居所) 제공 또는 이에 해당하는 비용 지원
- 사회복지시설 이용 지원: 「사회복지사업법」에 따른 사회복지시설 입소(入所) 또는 이용 서비스 제공 이나 이에 필요한 비용 지원
- 교육지원: 초·중·고등학생의 수업료, 입학금, 학교운영지원비 및 학용품비 등 필요한 비용 지원
- 그 밖의 지원: 연료비나 그 밖에 위기상황의 극복에 필요한 비용 또는 현물 지원

(2) 민간기관·단체와의 연계 등의 지원(제9조)

- 「대한적십자사 조직법」에 따른 대한적십자사, 「사회복지공동모금회법」에 따른 사회복지공동모금회 등의 사회복지기관·단체와의 연계 지원
- 상담·정보 제공, 그 밖의 지원

2) 긴급지원의 기간

생계, 주거, 사회복지시설 이용, 그 밖의 지원에 따른 긴급지원은 1개월간의 생계유지 등에 필요한 지원으로 한다. 다만, 시장·군수·구청장이 긴급지원대상자의 위기상황이 계속된다고 판단하는 경우에는 1개월씩 두 번의 범위에서 기간을 연장할 수 있다.

의료지원은 위기상황의 원인이 되는 질병 또는 부상을 검사·치료하기 위한 범위에서 한 번 실시하며, 교육지원도 한 번 실시한다.

시장·군수·구청장은 지원에도 불구하고 위기상황이 계속되는 경우에는 긴급지원심의위원회의 심의를 거쳐 지원을 연장할 수 있다. 이 경우 생계, 주거, 사회복지시설 이용, 그 밖의 지원에 따른 지원은 규정된 지원기간을 합하여 총 6개월을 초과하여서는 아니 되고, 주거지원은 규정된 지원기간을 합하여 총 12개월을 초과하여서는 아니 되며, 의료지원은 규정에 따른 지원횟수를 합하여 총 2번, 교육지원은 규정에 따른 지원횟수를 합하여 총 4번을 초과하여서는 아니 된다(제10조).

5. 지원요청 및 실시

1) 지원요청 및 신고

긴급지원대상자와 친족, 그 밖의 관계인은 구술 또는 서면 등으로 관할 시장·군수·구청장에게 이 법에 따른 지원을 요청할 수 있다. 누구든지 긴급지원대상자를 발견한 경우에는 관할 시장·군수·구청장에게 신고하여야 한다.

다음 어느 하나에 해당하는 사람은 진료·상담 등 직무수행 과정에서 긴급지원대상자가 있음을 알게 된 경우에는 관할 시장·군수·구청장에게 이를 신고하고, 긴급지원대상자가 신속하게 지원을 받을 수 있도록 노력하여야 한다.

- 「의료법」에 따른 의료기관의 종사자
- 「유아교육법」 「초·중등교육법」 및 「고등교육법」에 따른 교원, 직원, 산학겸임교사, 강사
- 「사회복지사업법」에 따른 사회복지시설의 종사자
- 「국가공무원법」 및 「지방공무원법」에 따른 공무원
- 「장애인활동 지원에 관한 법률」 제20조에 따른 활동지원기관의 장 및 그 종사자와 같은 법 제26조에 따른 활동지원인력
- 「학원의 설립·운영 및 과외교습에 관한 법률」 제6조에 따른 학원의 운영자·강사·직원 및 같은 법 제14조에 따른 교습소의 교습자·직원
- 「건강가정기본법」 제35조에 따른 건강가정지원센터의 장과 그 종사자
- 「청소년기본법」 제3조 제6호에 따른 청소년시설 및 같은 조 제8호에 따른 청소년단체의 장과 그 종사자
- 「청소년 보호법」 제35조에 따른 청소년 보호·재활센터의 장과 그 종사자
- 「평생교육법」 제2조에 따른 평생교육기관의 장과 그 종사자
- 그 밖에 긴급지원대상자를 발견할 수 있는 자로서 보건복지부령으로 정하는 자

시장·군수·구청장이 지정한 법인·단체·시설·기관 등은 긴급지원대상자(친족, 그 밖의 관계인 포함)의 구술 또는 서면 등으로 지원요청을 지원할 수 있다. 관계 중앙행정기관의 장은 위의 어느 하나에 해당하는 사람의 자격취득 또는 보수교육 과정에 긴급지원사업의 신고와 관련된 교육 내용을 포함하도록 하여야 하며, 긴급복지 신고의무자가 소속된 기관·시설 등의 장은 소속 긴급복지 신고의무자에게 신고의무 교육을 실시하고, 그 결과를 관계 중앙행정기관의 장에게 제

출하여야 한다. 교육의 내용, 시간, 방법 그 밖에 필요한 사항은 보건복지부령으로 정한다. 국가 및 지방자치단체는 위의 어느 하나에 해당하는 사람에게 긴급지원사업에 관한 홍보를 실시하여야 한다(제7조).

2) 위기상황 발굴조사

국가 및 지방자치단체는 위기상황에 처한 사람에 대한 발굴조사를 연 1회 이상 정기적으로 실시하여야 한다. 국가 및 지방자치단체는 정기 발굴조사 또는 수시 발굴조사를 위하여 필요한 경우 관계 기관·법인·단체 등의 장에게 자료의 제출, 위기상황에 처한 사람의 거주지 등 현장조사 시 소속 직원의 동행 등 협조를 요청할 수 있다. 이 경우 관계 기관·법인·단체 등의 장은 정당한 사유가 없으면 이에 따라야 한다(제7조의2).

3) 현장 확인 및 지원

시장·군수·구청장은 지원요청 또는 신고를 받거나 위기상황에 처한 사람을 찾아낸 경우에는 지체 없이 긴급지원담당공무원으로 하여금 긴급지원대상자의 거주지 등을 방문하여 위기상황을 확인하여야 한다. 위기상황을 확인하기 위하여 필요한 경우에는 관할 경찰관서, 소방관서 등 관계 행정기관의 장에게 협조를 요청할 수 있으며, 이 경우 관계 행정기관의 장은 정당한 사유가 없으면 그 요청에 따라야 한다.

시장·군수·구청장은 현장 확인 결과 위기상황의 발생이 확인된 사람에 대하여는 지체 없이 지원의 종류 및 내용을 결정하여 지원을 하여야 한다. 이 경우 긴급지원대상자에게 신속히 지원할 필요가 있다고 판단되는 경우 긴급지원담당공무원으로 하여금 우선 필요한 지원을 하도록 할 수 있다. 현장을 확인하는 긴급지원담당공무원은 권한을 표시하는 증표 및 조사기간, 조사범위, 조사담당자, 관계 법령 등 보건복지부령으로 정하는 사항이 기재된 서류를 지니고 이를 관계인에게 내보여야 한다(제8조).

6. 전달체계

보건복지부장관은 위기상황에 처한 사람에게 상담·정보제공 및 관련 기관·단체 등과의 연계서비스를 제공하기 위하여 담당기구를 설치·운영할 수 있다. 시장·군수·구청장은 긴급지원사업을 원활하게 수행하기 위하여 지역사회복지협의체를 통하여 사회복지·보건의료 관련 기관·단체 간의 연계·협력을 강화하여야 한다(제11조).

긴급지원연장 결정, 긴급지원의 적정성 심사, 긴급지원의 중단 또는 지원비용의 환수 결정, 그 밖에 긴급지원심의위원회의 위원장이 회의에 부치는 사항을 심의·의결하기 위하여 시·군·구에 긴급지원심의위원회를 둔다(제12조).

7. 사후조사와 심사 및 지원중단 또는 비용환수

시장·군수·구청장은 지원을 받았거나 받고 있는 긴급지원대상자에 대하여 소득 또는 재산 등 대통령령으로 정하는 기준에 따라 긴급지원이 적정한지를 조사하여야 한다(제13조). 긴급지원심의위원회는 시장·군수·구청장이 한 사후조사 결과를 참고하여 긴급지원의 적정성을 심사한다(제14조).

시장·군수·구청장은 심사결과 거짓이나 그 밖의 부정한 방법으로 지원을 받은 것으로 결정된 사람에게는 긴급지원심의위원회의 결정에 따라 지체 없이 지원을 중단하고 지원한 비용의 전부 또는 일부를 반환하게 하여야 한다. 심사결과 긴급지원이 적정하지 아니한 것으로 결정된 사람에게는 지원을 중단하고 지원한 비용의 전부 또는 일부를 반환하게 할 수 있으며, 지원기준을 초과하여 지원받은 사람에게는 그 초과 지원 상당분을 반환하게 할 수 있다(제15조).

8. 권리구제: 이의신청과 압류 등의 금지

지원의 종류 및 내용에 따른 결정이나 반환명령에 이의가 있는 사람은 그 처분을 고지받은 날부터 30일 이내에 해당 시장·군수·구청장을 거쳐 특별시장·광역시장·도지사·특별자치도지사에게 서면으로 이의신청할 수 있다. 이 경우 시장·군수·구청장은 이의신청을 받은 날부터 10일 이내에 의견서와 관련 서류를 첨부하여 시·도지사에게 송부하여야 한다. 시·도지사는 송부를 받은 날부터 15일 이내에 이를 검토하고 처분이 위법·부당하다고 인정되는 때는 시정, 그 밖에 필요한 조치를 하여야 한다(제16조).

이 법에 따라 긴급지원대상자에게 지급되는 금전 또는 현물은 압류할 수 없다. 긴급지원수급계좌의 긴급지원금과 이에 관한 채권은 압류할 수 없다. 긴급지원대상자는 이 법에 따라 지급되는 금전 또는 현물을 생계유지 등의 목적 외의 다른 용도로 사용하기 위하여 양도하거나 담보로 제공할 수 없다(제18조).

제5절 기초연금법

1. 연혁 및 체계

국가재정의 지속가능성을 확보하면서 노인세대를 위한 안정적인 공적연금제도를 마련하여 65세 이상의 노인 중 소득기반이 취약한 70%의 노인에게 기초연금을 지급함으로써 노인 빈곤 문제를 해소하고 노인의 생활안정과 복지 증진에 기여하고자 2014년 5월 20일 「기초연금법」이 제정되었다.

이 법은 제1장 총칙, 제2장 기초연금액의 산정 등, 제3장 기초연금의 신청 및 지급 결정 등, 제4장 기초연금 수급자 사후관리, 제5장 기초연금 수급권자의 권리 보호, 제6장 보칙, 제7장 벌칙으로 구성되어 있다.

<표 9-6> 주요 연혁 및 현행 법률의 체계

주요 연혁		현행 법률의 체계
2007. 4. 25.	• 「기초노령연금법」 제정	제1장 총칙 제2장 기초연금액의 　　산정 등 제3장 기초연금의 신청 　　및 지급 결정 제4장 기초연금 수급자 　　사후관리 제5장 기초연금 수급권 　　자의 권리보호 제6장 보칙 제7장 벌칙
2014. 5. 20.	• 「기초연금법」 제정	
2016. 2. 3.	• 보건복지부장관 또는 지방자치단체의 장이 65세 노인에게 기초연금 관련 정보 제공	
	• 신고의무자의 기초연금 수급자의 사망신고 시 기초연금 수급권 상실신고로 간주	
2020. 1. 21.	• 모든 기초연금 수급자의 기준연금액을 30만 원으로 인상	
2021. 6. 8.	• 복지관 · 병원 등 민간기관에서도 수급자의 요청이 있으면 지급신청 가능 • 신청자의 소득 · 재산 수준이 일정기준 이하 인 경우 추가적인 조사 생략, 공적자료기반으 로 조사 및 판정	

2. 목적

이 법은 국민의 노령, 장애 또는 사망에 대하여 연금급여를 실시함으로써 국민의 생활 안정과 복지 증진에 이바지하는 것을 목적으로 한다(제1조).

<표 9-7> 핵심용어 및 내용

핵심용어	내용
기초연금 수급권	기초연금을 받을 권리를 말함.
기초연금 수급권자	기초연금 수급권을 가진 사람을 말함.
기초연금 수급자	기초연금을 지급받고 있는 사람을 말함.
소득인정액	본인 및 배우자의 소득평가액과 재산의 소득환산액을 합산한 금액을 말함.

3. 급여대상

기초연금은 65세 이상인 사람으로서 소득인정액이 보건복지부장관이 정하여 고시하는 금액[6](선정기준액) 이하인 사람에게 지급한다. 보건복지부장관은 선정 기준액을 정하는 경우 65세 이상인 사람 중 기초연금 수급자가 100분의 70 수준 이 되도록 한다. 이때 공무원, 사립학교교직원, 군인, 별정우체국 직원 등 직역연 금수급권자 및 그 배우자는 기초연금 수급대상에서 제외한다(제3조).

4. 기초연금액의 산정 등

1) 기초연금액의 산정

기초연금 수급권자에 대한 기초연금의 금액(기초연금액)은 기준연금액과 국민 연금 급여액 등을 고려하여 산정한다. 기준연금액은 보건복지부장관이 그 전년도 의 기준연금액에 대통령령으로 정하는 바에 따라 전국소비자물가변동률(「통계법」 제3조에 따라 통계청장이 매년 고시하는 전국소비자물가변동률을 말한다.)을 반영하여 매년 고시한다. 이 경우 고시한 기준연금액의 적용기간은 해당 조정연도 1월부터 12월까지로 한다. 이런 규정이 있음에도 불구하고 2021년 기준연금액은 30만 원 으로 한다(제5조).

---

6) 「기초연금 지급대상자 선정기준액, 기준연금액 및 소득인정액 산정 세부기준에 관한 고시」 제2조(2021년도 선정기준액) 법 제3조, 영 제4조 제1항 및 제2항에 따른 2021년 선정기준액 은 배우자가 없는 노인가구의 경우 월 소득인정액 169만 원, 배우자가 있는 노인가구의 경 우 월 소득인정액 270.4만 원으로 한다.

●● 기초연금 수급대상과 기초연금액의 산정

(1) 기준연금액(30만 원)을 적용하는 기초연금 수급대상

① 국민연금 급여 등의 수급권이 없는 사람
- 공적 연금(국민연금, 직역연금, 연계연금) 수급권이 없는 사람(무연금자)
- 국민연금 · 연계연금의 수급권을 포기한 사람

② 국민연금 급여의 수급권이 있으나 다음의 어느 하나에 해당하는 사람
- 「국민연금법」에 따른 장애연금 · 유족연금 수급권자
- 국민연금과 직역연금의 연계에 관한 법률에 다른 연계노령유족(퇴직유족)연금 수급권자
- 국민연금 급여액 등이 기준연금액의 150% 이하인 국민연금 노령연금 · 분할연금 수급권자 및 연계노령연금 · 연계퇴직연금 수급권자
- 중복급여 조정으로 국민연금 · 연계연금 지급이 정지된 노령연금 수급권자 및 분할연금 수급권자
- 「장애인연금법」에 따른 수급권자
- 「국민기초생활보장법」에 따른 수급권자

③ 국민연금 급여의 수급권이 있으나, 다음 어느 하나의 사유로 인해 지급받고 있는 국민연금 · 연계연금 급여액이 없는 사람
- 「국민연금법」에 따라 임의계속 중인 사람
- 「국민연금법」에 따라 분할연금수급권자로서 해당급여를 청구하지 아니한 사람
- 국민연금과 직역연금의 연계에 관한 법률에 따라 유족연금 수급권을 선택한 연계노령연금 수급권자

(2) 소득재분배급여(A급여)에 따른 기초연금액 산정

① 적용대상
- 기준연금액을 적용하는 기초연금 수급대상에 해당하지 않는 사람으로서, 「국민연금법」상 노령연금 · 분할연금 수급권자, 「북한이탈주민 보호법」에 따른 국민연금 수급권자

② 산정방법: (기준연금액−2/3×A급여액)+부가연금액

2) 기초연금액의 감액

본인과 그 배우자가 모두 기초연금 수급권자인 경우에는 각각의 기초연금액에서 기초연금액의 100분의 20에 해당하는 금액을 감액한다. 소득인정액과 기초연금액을 합산한 금액이 선정기준액 이상인 경우에는 선정기준액을 초과하는 금액의 범위에서 기초연금액의 일부를 감액할 수 있다(제8조).

3) 기초연금액의 적정성 평가

보건복지부장관은 5년마다 기초연금 수급권자의 생활수준, 「국민연금법」제51조 제1항 제1호에 따른 금액의 변동률, 전국소비자물가변동률 등을 종합적으로 고려하여 기초연금액의 적정성을 평가하고 그 결과를 반영하여 기준연금액을 조정하여야 한다. 적정성 평가를 할 때에는 노인 빈곤에 대한 실태 조사와 기초연금의 장기적인 재정 소요에 대한 전망을 함께 실시하여야 한다(제9조).

5. 기초연금 지급과 관리

1) 기초연금 지급 신청 및 지급 결정

기초연금을 지급받으려는 사람(기초연금 수급희망자) 또는 보건복지부령으로 정하는 대리인은 특별자치시장·특별자치도지사·시장·군수·구청장에게 기초연금의 지급을 신청할 수 있다. 특별자치시장·특별자치도지사·시장·군수·구청장이 지정한 법인·시설·기관 등은 기초연금 수급희망자의 요청에 따라 기초연금 지급 신청을 할 수 있다.

기초연금 수급희망자와 그 배우자는 기초연금 지급 신청을 할 때 다음 각 호[7]의 자료 또는 정보를 보건복지부장관 및 특별자치시장·특별자치도지사·시장·군수·구청장에게 제공하는 것에 대하여 동의한다는 서면을 제출하여야 한다. 특별자치시장·특별자치도지사·시장·군수·구청장이 지정한 법인·단체·시설·기관 등은 기초연금 수급희망자의 요청에 따라 기초연금 지급 신청을 지원할 수

---

7) 「금융실명거래 및 비밀보장에 관한 법률」에 따른 금융자산 및 금융거래에 관한 자료 또는 정보 중 예금의 평균잔액과 그 밖에 대통령령으로 정하는 자료 또는 정보(제10조 제2항 제1호).
「신용정보의 이용 및 보호에 관한 법률」에 따른 신용정보 중 채무액과 그 밖에 대통령령으로 정하는 자료 또는 정보(제10조 제2항 제2호).
「보험업법」에 따른 보험에 가입하여 납부한 보험료와 그 밖에 대통령령으로 정하는 자료 또는 정보(제10조 제2항 제3호).

있다. 기초연금의 지급 신청과 동의의 방법·절차 등에 관하여 필요한 사항은 대통령령으로 정한다(제10조).

보건복지부장관 또는 특별자치시장·특별자치도지사·시장·군수·구청장은 65세 이상인 사람에게 기초연금의 지급대상, 금액 및 신청방법 등 기초연금 관련 정보를 제공하여야 한다(제10조의2).

보건복지부장관 또는 특별자치시장·특별자치도지사·시장·군수·구청장은 기초연금 수급권의 발생·변경·상실 등을 확인하기 위하여 기초연금을 신청한 기초연금 수급희망자, 기초연금 수급권자, 기초연금 수급자와 그 각각의 배우자 및 고용주(기초연금 수급권자등)에게 필요한 서류나 그 밖에 소득·재산 등에 관한 자료의 제출을 요구할 수 있으며, 소속 공무원으로 하여금 기초연금 수급권자 등의 집이나 그 밖의 필요한 장소에 방문하여 서류 등을 조사하게 하거나 관계인에게 필요한 질문을 하게 할 수 있다(제11조). 조사 후, 특별자치시장·특별자치도지사·시장·군수·구청장은 기초연금 수급권의 발생·변경·상실 등을 결정한다. 또한 특별자치시장·특별자치도지사·시장·군수·구청장은 기초연금 수급권의 발생 여부를 결정할 때 소득과 재산, 인적사항에 관한 자료 또는 정보의 전부 또는 일부를 통해 평가한 기초연금 수급희망자와 그 배우자의 소득·재산 수준이 보건복지부장관이 정하는 기준 이하인 경우에는 관련 조사의 일부를 생략하고 기초연금 수급권의 발생을 결정할 수 있다, 특별자치시장·특별자치도지사·시장·군수·구청장은 결정 내용을 서면으로 그 이유를 구체적으로 밝혀 기초연금 수급권자에게 지체 없이 통지하여야 한다(제13조).

2) 기초연금 지급 및 지급시기

특별자치시장·특별자치도지사·시장·군수·구청장은 기초연금 수급권자로 결정한 사람에 대하여 기초연금의 지급을 신청한 날이 속하는 달부터 기초연금 수급권을 상실한 날이 속하는 달까지 매월 정기적으로 기초연금을 지급한다. 기초연금의 지급이 정지된 기간에는 기초연금을 지급하지 아니한다(제14조).

3) 기초연금 수급자의 사후관리

(1) 미지급

기초연금 수급자가 사망한 경우로서 그 기초연금 수급자에게 지급되지 아니한 기초연금액이 있는 경우에는 그 기초연금 수급자의 사망 당시 생계를 같이한 부양의무자(배우자와 직계혈족 및 그 배우자)는 미지급 기초연금을 청구할 수 있다. 이 경우 특별자치시장·특별자치도지사·시장·군수·구청장은 지체 없이 그 지급 여부를 결정하여 그 부양의무자에게 통지하여야 한다(제15조).

(2) 지급의 정지

특별자치시장·특별자치도지사·시장·군수·구청장은 기초연금 수급자가 기초연금 수급자가 금고 이상의 형을 선고받고 교정시설 또는 치료감호시설에 수용되어 있는 경우, 기초연금 수급자가 행방불명되거나 실종되는 등 대통령령으로 정하는 바에 따라 사망한 것으로 추정되는 경우, 기초연금 수급자의 국외 체류 기간이 60일 이상 지속되는 경우(이 경우 국외 체류 60일이 되는 날을 지급 정지의 사유가 발생한 날로 본다.) 그 사유가 발생한 날이 속하는 달의 다음 달부터 그 사유가 소멸한 날이 속하는 달까지는 기초연금의 지급을 정지한다(제16조).

(3) 수급권 상실

기초연금 수급권자는 사망한 때, 국적을 상실하거나 국외로 이주한 때, 기초연금 수급권자에 해당하지 아니하게 된 때에 기초연금 수급권을 상실한다(제17조).

6. 전달체계

1) 국민연금공단

보건복지부장관 또는 특별자치시장·특별자치도지사·시장·군수·구청장은 기초연금사업의 원활한 수행을 위하여 대통령령으로 정하는 바에 따라 신청의 접수, 정보제공, 조사·질문의 지원, 기초연금의 지급, 미지급 기초연금 청구의 접수, 신고의 접수, 환수금의 고지와 독촉 및 징수, 이의신청의 접수, 기초연금정보 시스템의 구축 및 운영에 관한 업무를 「국민연금법」에 따라 국민연금공단에 위탁 할 수 있다(제28조 제2항).

2) 기초연금정보시스템

보건복지부장관은 기초연금 관련 자료 또는 정보의 효율적 처리·관리를 위하 여 대통령령으로 정하는 바에 따라 기초연금정보시스템을 구축·운영할 수 있다. 보건복지부장관은 기초연금 업무를 효율적으로 수행하기 위하여 「사회복지사업 법」에 따른 정보시스템과 기초연금정보시스템을 연계하여 사용할 수 있다(제 26조).

7. 권리구제: 수급권자의 권리·의무 및 이의신청

기초연금 수급권은 양도하거나 담보로 제공할 수 없으며, 압류 대상으로 할 수 없다. 또한 기초연금으로 지급받은 금품은 압류할 수 없다(제21조).

기초연금 지급에 대한 결정 등이나 그 밖에 이 법에 따른 처분에 이의가 있는 사 람은 특별자치시장·특별자치도지사·시장·군수·구청장에게 이의신청을 할 수 있다. 이의신청은 그 처분이 있음을 안 날부터 90일 이내에 서면으로 하여야 한다. 다만, 정당한 사유로 인하여 그 기간 이내에 이의신청을 할 수 없었음을 증명 한 때에는 그 사유가 소멸한 때부터 60일 이내에 이의신청을 할 수 있다(제22조).

제6절 장애인연금법

1. 연혁 및 체계

경제활동이 어려운 근로무능력 중증장애인은 생활수준이 열악하고, 국민연금

등 공적소득보장제도의 사각지대에 놓인 경우가 많으므로, 18세 이상의 중증장애인으로서 소득인정액이 일정 수준 이하인 자에게 매월 일정액의 무기여(無寄與)연금을 지급하는 장애인연금제도를 도입하여 중증장애인에 대한 사회보장 사각지대를 해소하고 사회통합을 강화하고자 2010년 4월 12일「장애인연금법」이 제정되었다.

<표 9-8> 주요 연혁 및 현행 법률의 체계

주요 연혁		현행 법률의 체계
2010. 4. 12.	• 「장애인연금법」 제정	제1조 목적 제2조 정의 ⋮
2016. 2. 3.	• 보건복지부장관 또는 지방자치단체의 장이 중증장애인에게 수급권자의 범위, 장애인연금의 종류·내용·신청방법 등 관련 정보 제공	
2016. 5. 29.	• 장애인연금만이 입금되는 계좌에 대한 채권은 압류금지	제4조 수급권자의 범위 제5조 장애인연금의 종류 및 내용 제6조 기초급여액
2017. 12. 19.	• '장애등급'을 '장애정도'로 변경 • 장애인연금의 소멸사유 및 서면통지 대상에 수급권자 또는 그 배우자가 직역연금을 취득한 경우를 명시	⋮ 제8조 장애인연금의 신청
2018. 3. 27.	• 장애인연금 기초급여액 25만 원으로 인상	제10조 장애인연금 지급의 결정 등 ⋮
2018. 12. 11.	• 중증장애인은 중증장애수당이 아닌 장애인연금을 지급	제15조 수급권의 소멸과 지급정지
2020. 1. 21.	• 모든 장애인연금 수급자의 기초급여액을 30만 원으로 인상 • 해당 조정연도를 1월부터 12월까지로 변경하여 다른 공적 연금과 형평성 확보	⋮ 제18조 이의신청 제19조 압류금지 등 제20조 시효
2021. 6. 8.	• 장애인연금의 적정성 확인조사 결과 소득인정액의 변동이 소득·재산 상태 등의 변동수준, 수급기간 등을 고려하여 일정 기준에 해당하는 경우 수급자격 중지·변동의 예외를 인정하는 근거 마련	⋮ 제25조 벌칙 제26조 양벌규정 제27조 과태료

2. 목적

이 법은 장애로 인하여 생활이 어려운 중증장애인에게 장애인연금을 지급함으
로써 중증장애인의 생활 안정 지원과 복지 증진 및 사회통합을 이루는 데 이바지
함을 목적으로 한다(제1조).

<표 9-9> 핵심용어 및 내용

핵심용어	내용
중증장애인	「장애인복지법」 제32조에 따라 등록한 장애인 중 근로능력이 상실되거나 현저하게 감소된 사람으로서 같은 법 제2조 제2항에 따라 제1급 및 제2급의 장애등급을 받은 사람과 제3급의 장애등급을 받은 사람 중 대통령령으로 정하는 사람을 말함.
수급권	이 법에 따라 장애인연금을 받을 수 있는 자격을 말함.
수급권자	수급권을 가진 사람을 말함.
수급자	이 법에 따라 장애인연금을 받는 사람을 말함.
소득인정액	수급권자와 그 배우자의 소득평가액과 재산의 소득환산액을 합산한 금액을 말함.
수급권자와 그 배우자의 소득평가액	수급권자와 그 배우자의 실제 소득에도 불구하고 장애인연금의 지급 결정 및 실시 등에 사용하기 위하여 산출한 금액을 말함.
재산의 소득환산액	수급권자와 그 배우자의 재산가액에 재산의 소득환산율을 곱하여 산출한 금액을 말함.

3. 급여대상

수급권자는 18세 이상의 중증장애인으로서 소득인정액이 그 중증장애인의 소
득·재산·생활수준과 물가상승률 등을 고려하여 보건복지부장관이 정하여 고
시하는 금액(선정기준액) 이하인 사람으로 한다. 다만, 20세 이하로서「초·중등교
육법」 제2조에 따른 학교에 재학 중인 사람은 제외한다. 보건복지부장관은 선정
기준액을 정하는 경우에 18세 이상의 중증장애인 중 수급자가 100분의 70 수준이
되도록 한다.

다음 각 호의 어느 하나에 해당하는 연금을 받을 자격이 있는 사람과 그 배우자나 다음의 어느 하나에 해당하는 연금을 받은 사람 중 대통령령으로 정하는 사람과 그 배우자에게는 장애인연금을 지급하지 아니한다(제4조).

- 「공무원연금법」 제42조 및 「사립학교교직원 연금법」 제42조에 따른 퇴직연금, 퇴직연금일시금, 퇴직연금공제일시금, 장해연금, 장해보상금, 유족연금, 유족연금일시금, 순직유족연금 또는 유족일시금(유족일시금의 경우에는 「공무원연금법」 제56조 제1항 제3호에 해당하는 경우로서 유족이 같은 법 제60조에 따라 유족연금을 갈음하여 선택한 경우로 한정한다.)
- 「군인연금법」 제6조에 따른 퇴역연금, 퇴역연금일시금, 퇴역연금공제일시금, 상이연금, 유족연금 또는 유족연금일시금
- 「별정우체국법」 제24조 제2항에 따른 퇴직연금, 퇴직연금일시금, 퇴직연금공제일시금, 유족연금 또는 유족연금일시금
- 「국민연금과 직역연금의 연계에 관한 법률」 제10조 또는 제13조에 따른 연계퇴직연금 또는 연계퇴직유족연금 중 같은 법 제2조 제1항 제7호에 따른 직역재직기간이 10년 이상인 경우의 연계퇴직연금 또는 연계퇴직유족연금

---

4. 장애인연금의 종류 및 내용

1) 기초급여

기초급여란 근로능력의 상실 또는 현저한 감소로 인하여 줄어드는 소득을 보전(補塡)하여 주기 위하여 지급하는 급여를 말한다(제5조). 기초급여의 금액(이하 '기초급여액'이라 한다.)은 보건복지부장관이 그 전년도 기초급여액에 대통령령으로 정하는 바에 따라 전국소비자물가변동률(「통계법」 제3조에 따라 통계청장이 매년 고시하는 전국소비자물가변동률을 말한다)을 반영하여 매년 고시한다. 다만, 「기초연금법」 제9조 제3항에 따라 기준연금액을 고시한 경우 그 기준연금액을 기초급여액으로 한다.

수급권자와 그 배우자가 모두 기초급여를 받는 경우에는 각각의 기초급여액에서 기초급여액의 100분의 20에 해당하는 금액을 감액한다. 다만, 소득인정액과 기초급여액을 합한 금액이 선정기준액 이상인 경우에는 대통령령으로 정하는 바에 따라 기초급여액의 일부를 감액하여 지급할 수 있으며, 수급권자 중 「기초연금법」에 따른 기초연금 수급권자에게는 기초급여를 지급하지 아니한다(제6조).

2) 부가급여

부가급여란 장애로 인하여 추가로 드는 비용의 전부 또는 일부를 보전하여 주기 위하여 지급하는 급여를 말한다(제5조). 부가급여액은 월정액으로 하며, 수급권자와 그 배우자의 소득 수준 및 장애로 인한 추가비용 등을 고려하여 대통령령으로 정한다(제7조).

5. 장애인연금의 신청 및 지급결정

1) 장애인연금 지급 신청

장애인연금을 지급받으려는 사람(이하 '수급희망자'라 한다.)은 특별자치시장 · 특별자치도지사 · 시장 · 군수 · 구청장[8]에게 장애인연금의 지급을 신청할 수 있다. 특별자치시 · 특별자치도 · 시 · 군 · 구 소속 공무원은 장애인연금을 필요로 하는 사람이 누락되지 아니하도록 하기 위하여 관할 지역에 거주하는 수급희망자 또는 수급권자에 대한 장애인연금의 지급을 신청할 수 있다. 이 경우 그 수급희망자 또는 수급권자의 동의를 받아야 하며, 그 동의는 수급희망자 또는 수급권자의 신청으로 본다.

장애인연금을 신청할 때나 특별자치시 · 특별자치도 · 시 · 군 · 구 소속 공무원이 장애인연금을 신청하는 것에 수급희망자 또는 수급권자가 동의하였을 때에는 그 수급희망자 또는 수급권자와 그 배우자는 다음 각 호의 자료 또는 정보를 보건복지부장관 및 특별자치시장 · 특별자치도지사 · 시장 · 군수 · 구청장에게 제공한다는 것에 대하여 동의한다는 뜻을 서면(전자문서를 포함한다.)으로 제출하여야 한다(제8조).

---

8) 관할 특별자치시장 · 특별자치도지사 · 시장 · 군수 · 구청장에서 '관할'이 삭제되어 개정된 이유가 매우 중요하다. 현행법이 중증장애인의 장애인연금에 대한 접근성이 제한되고 있어 신청 시 특별자치시 · 특별자치도 · 시 · 군 · 구 간 경계 없이 전국 어느 지역에서나 신청할 수 있도록 제도를 개선한 것이다.

보건복지부장관 또는 특별자치시장·특별자치도지사·시장·군수·구청장은 중증장애인에게 수급권자의 범위, 장애인연금의 종류·내용·신청방법 등 장애인연금 관련 정보를 제공하여야 한다(제8조의2).

2) 조사

보건복지부장관 또는 특별자치시장·특별자치도지사·시장·군수·구청장은 장애인연금의 신청을 받으면 소속 공무원으로 하여금 장애인연금의 지급 결정 및 실시 등에 필요한 수급희망자 또는 수급권자와 그 배우자의 소득 및 재산에 관한 사항, 수급희망자 또는 수급권자의 가구 특성 및 장애등급에 관한 사항, 수급희망자 또는 수급권자의 지급계좌 등 장애인연금의 지급에 필요한 사항을 조사하게 할 수 있다.

보건복지부장관 또는 특별자치시장·특별자치도지사·시장·군수·구청장은 신청을 받은 경우, 해당 수급희망자 또는 수급권자의 장애 상태와 장애등급을 확인하기 위하여 장애등급을 재심사할 수 있다.

보건복지부장관 또는 특별자치시장·특별자치도지사·시장·군수·구청장은 장애인연금의 지급 결정 및 실시 등에 필요한 사항을 확인하거나 재심사를 하기 위하여 필요한 자료를 확보하기 곤란한 경우에는 보건복지부령으로 정하는 바에 따라 수급희망자·수급권자, 그 배우자 또는 그 밖의 관계인(이하 '수급권자 등'이라 한다.)에게 소득·재산 및 장애등급 등의 확인에 필요한 자료의 제출을 요구할 수 있다. 또한 장애인연금의 지급 결정 및 실시 등에 필요한 사항에 대한 조사를 위하여 국세·지방세, 토지·주택·건축물·자동차·선박·항공기, 국민건강보험·국민연금·고용보험·산업재해보상보험·보훈급여·군인연금·사립학교교직원연금·공무원연금·별정우체국연금·기초연금, 출입국, 교정시설·치료감호시설의 입소·출소, 매장·화장·장례, 주민등록·가족관계등록 등에 관한 자료의 제공을 관계 기관의 장에게 요청할 수 있다. 이 경우 자료의 제공을 요청받은 관계 기관의 장은 특별한 사유가 없으면 이에 따라야 한다.

보건복지부 또는 특별자치시·특별자치도·시·군·구의 소속 공무원 또는 소속 공무원이었던 자와 업무를 위탁받은 자는 규정에 따라 얻은 정보와 자료를 이 법에서 정한 목적 외의 다른 용도로 사용하거나 다른 사람 또는 기관에 제공하거나 누설하여서는 안 되며, 규정에 따른 조사 결과를 대장으로 작성하여 갖추어 두어야 한다. 다만, 전산정보처리조직으로 관리되는 경우에는 전산파일로 대체할 수 있다.

특별자치시장 · 특별자치도지사 · 시장 · 군수 · 구청장은 수급권자 등이 조사 및 재심사에 필요한 서류 · 자료의 제출 및 조사 · 질문 또는 자료제출 요구를 두 번 이상 거부 · 방해 또는 기피하는 경우에는 장애인연금 지급의 신청을 각하할 수 있다. 이 경우 서면으로 그 이유를 분명하게 밝혀 수급권자 등에게 통지하여야 한다(제9조).

3) 장애인연금 지급의 결정

특별자치시장 · 특별자치도지사 · 시장 · 군수 · 구청장은 조사를 하였을 때에는 지체 없이 장애인연금 지급의 여부와 내용을 결정하여야 한다. 장애인연금 지급의 여부와 내용을 결정하였을 때에는 그 결정의 요지, 장애인연금의 종류 및 지급 개시시기 등을 서면으로 해당 수급희망자 또는 수급권자에게 통지하여야 한다.

수급희망자 또는 수급권자에 대한 통지는 장애인연금 지급의 신청일부터 30일 이내에 하여야 하며, 수급희망자 또는 수급권자와 그 배우자의 소득 · 재산의 조사나 수급희망자 또는 수급권자의 장애등급의 재심사에 시일이 필요한 특별한 사유가 있는 경우, 수급권자 등이 조사나 자료제출 요구를 거부 · 방해 또는 기피하는 경우에는 신청일부터 60일 이내에 통지할 수 있다. 이 경우 통지서에 그 사유를 분명하게 밝혀야 한다(제10조).

4) 장애인연금 수급희망 이력관리

장애인연금의 지급을 신청한 수급희망자 등 보건복지부령으로 정하는 사람은 수급권을 가지지 못한 경우에 특별자치시장 · 특별자치도지사 · 시장 · 군수 · 구청장에게 수급권자의 범위에 포함될 가능성을 확인받을 수 있다.

수급권자의 범위에 포함될 가능성을 확인받으려는 사람은 보건복지부령으로 정하는 신청서를 작성하여 특별자치시장 · 특별자치도지사 · 시장 · 군수 · 구청장에게 제출하여야 한다.

특별자치시장 · 특별자치도지사 · 시장 · 군수 · 구청장은 신청서를 제출한 사람에 대하여 제4조에 따른 수급권자의 범위에 포함될 가능성을 확인하여야 하며, 확인 결과 수급권자의 범위에 포함될 가능성이 확인된 사람에게 장애인연금 신청방법 및 절차를 안내하여야 한다(제10조의2).

5) 장애인연금 지급기간 및 지급시기

특별자치시장 · 특별자치도지사 · 시장 · 군수 · 구청장은 장애인연금의 지급이 결정되면 해당 수급권자에게 장애인연금을 신청한 날이 속하는 달부터 수급권이 소멸한 날이 속하는 달까지 매월 정기적으로 지급한다.

장애인연금은 그 지급을 정지하여야 할 사유가 발생한 경우에는 그 사유가 발생한 날이 속하는 달의 다음 달부터 그 사유가 소멸한 날이 속하는 달까지는 지급하지 아니한다. 다만, 정지 사유가 발생한 날과 그 사유가 소멸한 날이 같은 달에 속하는 경우에는 그 지급을 정지하지 아니한다(제13조).

특별자치시장 · 특별자치도지사 · 시장 · 군수 · 구청장은 수급자의 신청이 있는 경우에는 장애인연금을 수급자 명의의 지정된 계좌(이하 '장애인연금수급계좌'라 한다)로 입금하여야 한다. 다만, 정보통신장애나 그 밖에 대통령령으로 정하는 불가피한 사유로 장애인연금수급계좌로 이체할 수 없을 때에는 현금 지급 등 대통령령으로 정하는 바에 따라 장애인연금을 지급할 수 있다. 장애인연금수급계좌가 개설된 금융기관은 이 법에 따른 장애인연금만이 장애인연금수급계좌에 입금되도록 관리하여야 한다(제13조의2).

수급자가 사망한 경우 그 수급자에게 지급되어야 할 장애인연금으로서 아직 지급되지 아니한 것이 있을 때에는 수급자의 사망 당시 생계를 같이 한 유족의 청구에 의하여 그 미지급 장애인연금을 지급한다(제14조).

6) 수급권의 소멸 및 지급정지

수급권자가 사망한 경우, 국적을 상실하거나 외국으로 이주하기 위하여 출국하는 경우, 수급권자의 요건에 해당하지 아니하게 된 경우, 장애정도의 변경 등으로 중증장애인에 해당하지 아니하게 된 경우에 해당하게 되면 그 수급권은 소멸한다. 다만 제4조의 수급권자의 범위에 해당하지 아니하게 된 경우 소득 · 재산 상태 등의 변동수준, 수급기간 등을 고려하여 보건복지부장관이 정하는 기준에 해당하는 경우에는 소멸하지 않는다.

특별자치시장 · 특별자치도지사 · 시장 · 군수 · 구청장은 수급자가 금고 이상의 실형을 선고받고 「형의 집행 및 수용자의 처우에 관한 법률」 또는 「치료감호법」에 따른 교정시설 또는 치료감호시설에 수용 중인 경우, 수급자가 행방불명 또는 실종 등의 사유로 사망한 것으로 추정되는 경우, 수급자의 국외 체류기간이 60일 이상 지속되는 경우(이 경우 국외 체류 60일이 되는 날을 지급 정지의 사유가 발생한 날로 본다.)에 해당하게 되면 장애인연금의 지급을 정지한다.

특별자치시장 · 특별자치도지사 · 시장 · 군수 · 구청장은 수급권이 소멸하거나 장애인연금의 지급을 정지하는 경우에는 서면으로 그 이유를 분명하게 밝혀 수급권자 또는 수급자나 그 배우자에게 통지하여야 한다(제15조).

7) 신고의무

수급자는 수급권의 소멸, 대통령령으로 정하는 기준에 해당하는 수급자 또는 그 배우자의 소득 또는 재산의 변동, 수급자의 결혼 또는 이혼의 사유가 발생한 경우에는 보건복지부령으로 정하는 바에 따라 특별자치시장 · 특별자치도지사 · 시장 · 군수 · 구청장에게 신고하여야 한다. 다만, 수급권 소멸의 경우에는 「가족관계의 등록 등에 관한 법률」 제85조에 따른 신고의무자가 30일 이내에 그 사망 사실을 특별자치시장 · 특별자치도지사 · 시장 · 군수 · 구청장에게 신고하여야 한다(제16조).

6. 장애인연금 수급자에 대한 사후관리 및 환수

1) 사후관리

　보건복지부장관은 수급자에 대한 장애인연금 지급의 적정성을 확인하기 위하여 매년 연간조사계획을 수립하고, 전국의 수급자를 대상으로 수급희망자 또는 수급권자와 그 배우자의 소득 및 재산에 관한 사항, 수급희망자 또는 수급권자의 가구 특성 및 장애등급에 관한 사항, 수급희망자 또는 수급권자의 지급계좌 등 장애인연금의 지급에 필요한 사항을 조사하여야 한다. 특별자치시장·특별자치도지사·시장·군수·구청장은 연간조사계획에 따라 관할 지역의 연간조사계획을 수립하고, 관할 지역의 수급자를 대상으로 수급희망자 또는 수급권자와 그 배우자의 소득 및 재산에 관한 사항, 수급희망자 또는 수급권자의 가구 특성 및 장애등급에 관한 사항, 수급희망자 또는 수급권자의 지급계좌 등 장애인연금의 지급에 필요한 사항을 조사하여야 한다.
　특별자치시장·특별자치도지사·시장·군수·구청장은 수급자, 그 배우자 또는 그 밖의 관계인이 조사 및 자료제출 요구를 두 번 이상 거부·방해 또는 기피한 경우에는 수급자에 대한 장애인연금 지급 결정을 취소하거나 장애인연금 지급을 정지할 수 있다. 이 경우 서면으로 그 이유를 분명하게 밝혀 수급자에게 통지하여야 한다(제11조).

2) 장애인연금의 환수

　특별자치시장·특별자치도지사·시장·군수·구청장은 장애인연금을 받은 자가 거짓이나 그 밖의 부정한 방법으로 장애인연금을 받은 경우, 장애인연금을 받은 후 그 장애인연금을 받게 된 사유가 소급하여 소멸한 경우, 잘못 지급된 경우에 해당되면 그가 받은 장애인연금의 전부 또는 일부를 환수하여야 한다. 다만, 거짓이나 그 밖의 부정한 방법으로 장애인연금을 받은 경우에는 대통령령으로 정하는 이자를 가산하여 환수하여야 한다.
　환수하여야 할 장애인연금을 받은 사람(그 사람이 사망한 경우에는 유족을 말한다.)

에게 지급할 장애인연금이 있는 경우 그 지급할 장애인연금을 환수할 장애인연금
과 상계할 수 있다. 특별자치시장·특별자치도지사·시장·군수·구청장은 장애
인연금을 반환하여야 할 사람이 기간 내에 이를 반환하지 아니하면 국세 또는 지
방세 체납처분의 예에 따라 징수할 수 있으며, 장애인연금을 징수할 때 반환하여
야 할 자가 행방불명되거나 재산이 없거나 그 밖의 불가피한 사유가 있어 환수가
불가능하다고 인정할 때에는 결손처분할 수 있다(제17조).

7. 권리구제: 이의신청과 압류금지 등

장애인연금의 지급 결정이나 그 밖에 이 법에 따른 처분에 이의가 있는 사람은
특별자치시장·특별자치도지사·시장·군수·구청장에게 이의신청을 할 수 있
다. 이의신청은 그 처분이 있음을 안 날부터 90일 이내에 서면으로 할 수 있다. 다
만, 정당한 사유로 그 기간 내에 이의신청을 할 수 없음을 증명한 경우에는 그 사
유가 소멸한 날부터 60일 이내에 이의신청을 할 수 있다(제18조).

수급자에게 장애인연금으로 지급된 금품이나 이를 받을 권리는 압류할 수 없
다. 장애인연금수급계좌의 예금에 관한 채권은 압류할 수 없다. 수급자는 장애인
연금을 받을 권리를 다른 사람에게 양도하거나 담보로 제공할 수 없다(제19조).

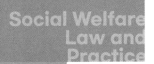

제10장
사회보험법

우리나라는 사회보험을 중심으로 사회보장법이 발달한 국가이다. 사회보험은 사회구성원 전체가 연대하여 노령, 장애, 사망, 건강, 실업, 산업재해 등의 사회적 위험을 보호하는 제도이다. 또한 사회보험은 공공부조, 사회서비스 법제영역과 다른 특유의 운영원리(강제성, 사전 기여성 등)에 의해 지배되며, 이 때문에 사회보험수급권에 매우 강한 재산적 권리성이 보장되고 있다.

사회적 위험은 모든 국민에게 발생할 수 있는 것이지만 사회보험은 일정한 소득이 있는 근로자 및 자영업자를 주요 보호대상으로 한다. 이러한 사회보험에는 흔히 4대 사회보험이라 부르는 「국민연금법」, 「국민건강보험법」, 「고용보험법」, 「산업재해보상보험법」이 있고, 비교적 근래에 제정된 「노인장기요양보험법」도 사회보험 분야에 속한다. 이들 사회보험법은 개별법마다 독자적으로 사회적 위험을 규율하고 이에 따른 급여체계를 구축하고 있다.

제1절 사회보험법의 운영원리

1. 보호위험

사회보험법이란 국가가 노령, 장애, 질병, 사망, 요양, 재해, 실업 등의 사회적 위험으로부터 국민의 건강과 소득 등을 직접적·적극적으로 보호하는 영역이다. 이 중 노령, 장애, 사망은 주로 공적연금법제(「국민연금법」, 「공무원연금법」, 「사립학교교직원연금법」, 「군인연금법」)의 과제이다. 노령은 노인의 근로능력의 상실 및 감소, 이로 인한 소득상실 및 감소 때문에 발생하는 본인과 가족의 부양능력 상실을 보호한다. 장애는 장애로 인하여 발생하는 소득의 상실 혹은 감소를 보호한다. 장애는 장애로 말미암아 발생한 실제 소득의 상실 또는 감소를 보호하는 경우와 의제된 소득상실 혹은 감소를 보호하는 제도로 구별된다. 전자는 실제소득의 상실 혹은 감소여부가 보호수준을 결정하는 기준이 되며, 후자는 장애로 인한 신체의 완전성의 훼손정도가 보호수준을 결정하는 기준이 된다. 사망은 부양받던 유족의 상실 및 감소된 소득을 보호한다.

한편, 질병은 질병으로 인한 치료수요, 감소된 근로능력과 소득활동 등을 보호하며 주로 「국민건강보험법」의 과제이다. 다만, 질병에 대처하는 방식은 질병에 따른 치료서비스 수요만 보호하는 유형, 질병으로 인한 소득상실 위험을 보호하는 유형, 사회보험법과 노동법을 통합적으로 운영하여 질병과 소득상실을 병행하여 보호하는 유형으로 구분된다. 요양은 질병과 유사하나 주로 노인 특유의 신체적·정신적 질환을 보호하며, 「노인장기요양보험법」의 과제이다.

재해와 실업은 경제생활 영역에서 고용에 수반되어 나타나는 위험을 보호한다. 이 중 재해는 재해로 인한 치료와 재해로 인해 발생하는 소득상실 및 감소를 보호대상으로 하며, 「산업재해보상보험법」의 과제이다. 여기에는 일상생활에서 발생하는 모든 유형의 재해를 보호하는 유형, 산업재해만을 보호하는 유형으로 구분된다. 실업은 고용기회의 상실로 인해 경제적 기반이 상실되는 위험을 보호하며 「고용보험법」의 과제이다. 여기에는 실업에 따른 소득상실의 위험 보호하는 유형과, 소득상실과 함께 직업재활, 고용기회 부여까지 보호하는 유형이 있다.

최근 사회보험법제 영역에서는 사회적 위험에 대한 예방과 사회적 위험 발생 후 재활을 중요 과제로 하고 있다. 예방과 재활은 이미 발생된 사회적 위험에 대한 보호에 조치에 그치는 것이 아니라 사회적 위험의 사전제거, 적극적인 사회적 위험의 극복을 통한 조기 사회복귀조치까지 사회보험법제가 담당하도록 한다. 예를 들어, 「국민건강보험법」에 따른 건강진단, 「산업재해보상보험법」에 따른 산업안전시설 설치의무 및 산업현장에서 응급조치 등이 예방적 급여에 해당한다. 또한 「국민건강보험법」에 따른 장애인보장구 급여, 「고용보험법」에 따른 구직활동을 전제로 한 급여, 「산업재해보상보험법」에 따른 직업재활 및 사회재활을 위한 급여는 재활에 해당한다.

2. 사회연대의 원리

1) 개념

전통적으로 노령, 장애, 사망, 질병, 빈곤 등의 문제는 개인적 책임과 위험으로 보는 경향이 강했다. 그러나 19세기 산업사회의 도래와 함께 자본주의의 모순이 발생하자 대거 도시빈곤층이 양산되었고 이들을 중심으로 광범위하게 나타나는 빈곤문제는 더 이상 개인의 책임으로 극복될 수 없는 한계에 봉착하게 되었다. 이 가운데 빈곤은 개인이 아닌 사회구조적 원인에서 출발한다는 견해가 유력하게 대두되면서, 기존 개인적 위험이 사회문제 때문에 발생하는 사회적 위험이라는 정치적·사회적 관점이 지배하게 되었다. 이후 빈곤뿐만 아니라 노령, 장애, 사망, 질병 등의 문제가 개인적 차원을 넘어 사회적 위험으로 인식되었고 국가 및 사회공동체 전체의 참여와 협력으로 극복되어야 한다는 점이 부각되었다.

20세기를 전후하여 이러한 사상은 더욱 발전하여 사회는 개인적 삶의 기초이지만, 사회공동체 내에 모든 사람이 다른 사람의 물질적·문화적인 생존에 관하여 공통의 의무와 책임을 부담하여야 한다는 것이 사회이론으로 자리매김하게 되었다. 이처럼 공동체 구성원 전체가 사회적 위험을 책임지고, 공동체가 개인상호간 존재를 보장하게 하여 사회의 존속을 유지하고자 하는 이론을 '사회연대의 원리'라고 부른다.

사회연대의 원리는 대부분의 국가에서 제정한 「헌법」에 반영되어 복지국가 원리, 실질적 평등의 보장, 재산권의 사회적 구속성, 인간다운 생활을 할 권리의 보장, 경제민주화 등으로 구현되었다. 그리고 이들 헌법원리는 국가적 차원의 사회연대로 복지국가 정책을 통해 실현할 것을 주문하고 있다. 즉, 초기 이론과 이념에 머무르던 사회연대의 원리가 국가 최고법인 「헌법」에 기반을 두고 제도적으로 실행되는 계기를 마련한 것이다. 이에 따라, 국가는 모든 국민의 사회보장·사회복지 증진을 위한 입법을 하게 되고, 사회연대의 원리는 사회보장 또는 사회복지 입법을 통해 구체화되었는데, 특히 사회보험법제는 사회연대의 원리가 가장 강하게 나타나는 영역이다.

2) 사회연대원리의 구체화 방법

(1) 강제가입

사회연대의 원리는 사회보험법 영역에서 사회적 위험에 대하여 사회구성원 전체가 책임질 것을 요구한다. 이에 따라 사회보험법에서는 원칙적으로 모든 국민에게 가입을 강제한다. 강제가입은 사회보험의 존속 · 유지에 결정적인 역할을 담당한다. 사회보험은 강제가입을 통하여 위험발생 가능성이 높아 사회적 보호의 필요성이 크지만 경제적 능력의 부족으로 가입 가능성이 낮은 사람들을 보험공동체로 끌어들인다. 그 결과 보험관계의 내용은 당사자들이 개별적으로 선택할 수 없고 법률로 정해진다.

강제가입은 보험가입자의 자립을 가능하게 한다. 사회적 위험에 많이 노출되었거나 소득수준이 낮은 사람일수록 사(私)보험에 가입하는 것이 어렵거나 불가능하다. 그런데 이러한 사람들도 사회보험에 강제가입되어 사회적 보호를 받을 수 있게 된다. 강제가입이 아니었다면 질병, 장애 등이 발생하여 자립이 불가능하거나 생활에 위협을 받았을 사람들이 사회보험에 의한 급여를 받고 자립하거나 자립을 위한 기반을 마련할 수 있도록 사회연대의 원리가 작동한다.

(2) 소득비례 보험료의 납부

사회보험의 가입자는 원칙적으로 개인의 경제능력에 따라 보험료를 차등 납부한다. 즉, 사회보험에서는 개별적인 보험위험(연령, 성별, 병력 등)은 보험료 책정에서 고려되지 않고, 오로지 가입자의 지급능력, 즉 소득을 기준으로 보험료가 결정된다. 이에 따라 소득이 높은 가입자는 고액의 보험료를 부담하고, 그렇지 않은 가입자는 낮은 보험료를 부담한다. 이처럼 소득에 따른 기여는 가입자 본인의 장래 보험수급권 형성에 기초가 되지만, 여기에 그치지 않고 다른 가입자에게 필요한 급여 제공의 재정적 토대에 기여하게 된다. 또한 경제능력에 따른 기여는 소득에 따른 부담의무를 정당화함으로써 사회보장의 확대에 따른 재정적인 수요에 능동적으로 대응할 수 있게 한다. 이 때문에 경제능력에 따른 기여는 사회연대의 본

질적인 구성부분이기도 하다. 즉, 사회보험상 가입자의 소득비례 보험료 납부는
강제가입제도와 함께 사회적 위험을 공동체 구성원 모두가 연대하여 책임을 지고
사회적 위험에 대한 구성원 간 분산효과를 도모하게 한다.

(3) 소득재분배

사회보험법은 보험료납부 및 급여지급 단계에서 실질적 평등의 원칙을 구현한
다. 우선 사회보험의 보험료는 소득에 비례하여 책정되기 때문에 실질적 평등이
적용되고 있다. 사회보험법제 가운데 공적연금법제는 연금급여 지급 단계에서 높
은 보험료를 납부한 가입자는 자신이 납부한 보험료보다 조금은 덜 받게 되고, 낮
은 보험료를 납부한 가입자는 조금 더 받도록 설계되어 있다. 이로써 사회보험은
가입자 간의 수직적 소득재분배 효과를 도모한다.

다른 한편, 사회보험법은 재정운용과정에 있어 원칙적으로 부과방식을 채택하
고 있다. 그래서 현 근로세대인 가입자가 납부한 보험료를 가입자 본인을 위해 사
용하는 것이 아니라 현재 사회적 위험에 처하여 사회보험급여를 필요로 하는 자
에게 이전시켜 급여를 지급하도록 한다. 이로써 사회보험은 보험료를 납부하는
근로세대와 현재 사회적 위험에 처한 세대 간에 수평적 소득재분배효과(또는 세대
간 소득재분배)를 도모하는 효과를 발휘한다.[1]

(4) 보험 및 사회조정 원리 융합

사회보험은 원칙적으로 보험의 원리에 의해 운영된다. 즉, 가입자가 납부한 보
험료와 이에 대한 반대급부로서 사회보험급여가 지급되는 것이다. 이러한 점은
민간이 운영하는 사(私)보험과 다르지 않다. 그러나 사회보험은 보험의 원리에 사
회조정적 요소를 가미하여 사(私)보험에서는 볼 수 없는 차별적 요소를 가지고
있다.

---

1) 이러한 모습은 공적연금법제에서 잘 나타난다. 공적연금법제는 가입자가 납부한 보험료를
　재원으로 현재 노령, 장애, 사망 등 사회적 위험에 따른 연금급여 수급권자에게 연금을 지급
　한다. 이에 따라 공적연금법제는 수평적 소득재분배 또는 세대간 소득재분배 효과를 도모
　한다.

사(社)보험은 보험료가 가입자의 연령, 성별, 병력 등을 기준으로 책정되고, 개인에게 나타난 실제 위험의 정도 및 발생빈도를 기준으로 급여가 지급된다. 하지만 사회보험은 소득비례 보험료, 사회적 위험의 발생에 따른 급여형성과정에 소득재분배효과가 나타나도록 설계되어 있다. 그리고 급여의 지급 단계에서도 사회적 위험이 발생하면 그 위험정도와 발생빈도에 상관없이 급여가 지급되도록 규율하고 있다. 예를 들어, 공적연금법제는 노령 또는 퇴직이라는 사회적 위험을 보호하며 이에 따른 법정요건을 충족하면 급여가 지급된다. 이때 급여의 지급 단계에서 노령과 퇴직에 따른 위험정도와 발생빈도를 구체적으로 고려하지 않는다. 즉, 노령은 근로능력의 상실 또는 감소를 나타나게 하고, 근로능력의 상실 또는 감소는 소득의 상실 또는 감소로 이어지며, 그 결과 본인과 가족이 빈곤에 처할 수 있다는 것을 의제할 뿐, 실제평가하지 않는다는 것이다. 물론 공적연금법상 장애급여는 장애등급결정이 이루어지기 때문에 위험의 정도와 발생빈도를 구체적으로 평가하고는 있으나, 그렇다고 하여 장애로 인한 파급효과의 정도와 발생빈도까지 평가하는 것은 아니며, 장애등급에 따라 법정화되어 있는 급여가 지급된다는 점에서 일반 공적연금급여의 운영과 동일하다.

그 밖에도 「산업재해보상보험법」에서 급여의 산정기초로 평균임금을 사용하고, 근로자의 평균임금이 매년 고시되는 최저보상기준에 미달하는 경우 그 최저보상기준 금액을 근로자의 평균임금으로 간주하여 급여를 지급하는 것도 사회조정의 한 모습이다. 또한 「국민건강보험법」에서 피부양자가 추가적인 보험료 납부하지 않고 가입자와 동일한 치료급여를 받을 수 있도록 하는 것도 사회조정적 요소라 할 수 있다.

2. 사회보험법의 운영체계

1) 수급권 보장

사회보험법제는 가입자의 사전기여(강제가입, 보험료의 강제납부)를 전제로 개별 법령에서 정하는 수급권을 반대급부로서 보장한다. 따라서 사회보험의 가입자는 가입기간 동안 보험료 납부의무를 이행하여야 하고 의무이행을 전제로 사회보험

수급권을 보장받는다. 그러나 보험료 납부의무를 이행하지 아니할 경우에는 사회
보험수급권 자체가 부정되는 것은 아니다. 「국세징수법」에 따른 체납처분의 예에
따라 강제징수 될 수 있을 뿐이다. 하지만 정상적인 급여수급권의 행사는 불가능
해지며 급여지급에 있어 제한조치가 수반된다.

　　다른 한편, 공적연금법제에서 보장하는 연금수급권은 장기간에 걸친 사전적 법
률관계를 전제로 수급권이 형성되고, 그 수급권 형성은 보험료의 강제납부라는
재산권 제한조치를 수반한다(자기기여성). 또한 연금수급권은 현금급여인 연금을
대상으로 행사된다. 이에 따라 연금은 수급권자 자신에 귀속되어 생활에 기초가
되며(자기귀속성), 사법(私法)상 소유권성을 가져 수급권자가 임의로 처분할 수 있
다(임의처분성). 이처럼 공법상 청구권인 공적연금 수급권이 자기기여성, 자기귀
속성, 임의처분성을 전제로 보장되는 경우에는 사법상의 재산권성이 인정된다.
결국 공적연금법제는 공공부조법제, 사회서비스법제와 달리 구체적 청구권에 재
산권성까지 부여되어 매우 강한 법적 보호를 받는다.

　　이와 관련하여 비교해 볼 것이 「조세법」상의 조세납부의무이다. 「조세법」은 소
득이 있는 모든 국민에게 강제로 조세납부의무를 부과하고 있다는 점에서 사회보
험과 유사하다. 하지만 「조세법」은 조세납부에 따른 반대급부를 예정하고 있지 않
다는 점에서 사회보험과 다르다.

2) 급여내용

　　사회보험법제에서 규율하는 각종의 급여는 크게 현금급여, 현물급여가 있다. 첫
째, 공적연금법제는 현금급여를 원칙으로 하며, 사회적 위험이 발생하기 이전 기
존 생활수준 또는 소득을 보호한다. 이와 유사하게 「고용보험법」도 실업급여 등
현금급여를 원칙으로 한다. 다만, 「고용보험법」은 실업급여 이외에 고용의 창출·
조정·안정·직업능력개발 등에 따른 기업과 시설을 대상으로 한 현금성 지원을
규율하고 있다. 기업과 시설에 대한 현금지원은 현금급여라는 점에서 실업급여와
공통적이다. 하지만 전자는 가입자에게 권리로서 보장하는 데 반해 후자는 그렇
지 않다.

　　둘째, 「국민건강보험법」의 경우 가입자 및 부양가족에게는 질병치료를 위한 현

물급여를 원칙으로 한다. 다만, 급여제공기관(병원 및 약국)에게는 현금보상을 원칙으로 한다. 그리고 가입자 및 부양가족은 현물인 치료급여를 수급받는 경우, 전체 비용의 일부를 부담한다. 이러한 급여내용은 「노인장기요양보험법」에서도 유사하게 나타난다.

셋째, 「산업재해보상보험법」은 현금급여와 현물급여를 병행한다. 「산업재해보상보험법」에 따른 직업재활급여, 휴업급여, 장애급여, 유족급여, 직업훈련비용 및 수당, 직장복귀지원금, 직장적응훈련비, 재활운동비 등은 대표적인 현금급여이다. 하지만 요양급여 · 간병급여 등은 현물급여에 해당한다.

3) 비용부담

사회보험법제는 재정운영에 있어 가입자가 납부한 보험료를 주된 재원으로 하며, 여기에 국가가 조세를 재원으로 일부 지원하는 방식을 채택하고 있다. 이에 따라 개별 사회보험법에서는 가입자(직장가입자 및 지역가입자), 직장가입자의 경우 가입자를 고용하고 있는 사업장의 사업주에게 보험료 납부의무를 부과하고 있다. 그 결과 대부분의 사회보험법제에서는 가입자와 사용자가 가입자 소득에 비례한 보험료를 균분(均分)하여 부담한다. 다만, 「산업재해보상보험법」만은 근로자를 고용하고 있는 사업주에게만 보험료 전액의 부담을 지우고 있다.

국가는 사회보험 운용에 소요되는 재정 중 일부를 지원할 뿐이다. 그래서 사회보험법제에서 비용부담자로서 국가의 역할은 보충적이다. 「사회보장기본법」 제28조 제2항에서는 "사회보험에 드는 비용은 사용자, 피용자(被傭者) 및 자영업자가 부담하는 것을 원칙으로 하되, 관계 법령에서 정하는 바에 따라 국가가 그 비용의 일부를 부담할 수 있다."라고 정하여 이를 분명히 하고 있다.

사회보험법제에 있어 비용부담자는 사회보험수급권자의 지위를 가지며 개별 사회보험법에서 정하고 있는 개별 급여를 받게 된다. 즉, 급여형성자와 급여수급자가 일치하고 있는 것이다. 그러나 「국민건강보험법」과 「산업재해보상보험법」은 이러한 원칙에 예외를 마련하고 있다. 예를 들어, 「국민건강보험법」에 따른 비용부담자는 가입자 본인이지만, 가입자의 가족인 피부양자는 별도의 비용부담 없이 가입자와 동일한 치료급여를 받는다. 또한 「산업재해보상보험법」은 근로자를 고용하고 있는 사용자에게만 가입자격을 부여하고 있다. 그래서 보험료납부의무도 가입자인 사용자가 부담한다. 그러나 「산업재해보상보험법」에 따른 각종 급여는 근로자에게 지급된다.

4) 재정운용

사회보험법제에 있어 재정운용은 크게 적립방식과 부과방식으로 구분할 수 있다. 적립방식이란 가입자가 납부한 보험료를 적립하고 가입자에게 급여사유가 발생한 경우 가입자 본인이 납부한 보험료를 재원으로 급여가 제공되는 방식이다. 하지만 부과방식은 현재 가입자가 납부한 보험료 전체를 현재 급여를 필요로 하는 자에게 이전시키는 방식이다. 특히 부과방식은 현 근로세대가 납부한 보험료를 현 보호세대에게 이전하여 급여를 지급하는 방식으로 설명된다. 통상 부과방식은 사회연대의 원리를 확장하여 현 보험료납부세대와 급여수급세대 간의 세대 간 연대까지 도모한다. 그래서 부과방식은 사회적 연대의 원리에 따라 모든 국민의 사회적 평등 실현을 목표로 적극적 소득재분배를 가능하게 한다.

연혁적 차원에서 보면, 사회보험법제 시행초기에는 주로 적립방식을 활용되었으나, 사회보험제도가 보편적으로 수용된 이후에는 부과방식이 대세를 이루고 있다. 그러나 저출산·고령화 등 인구구조 불균형문제, 만성적 경기침체, 노동과 자본의 세계화 및 이동, 고용유연화 및 실업률 증가 등 사회문제 때문에 사회보험 재정안정성의 문제가 대두되면서, 부과방식의 한계를 맞이하였다. 그래서 최근에는 사회보험법제가 미래세대의 안정적인 보호를 염두에 두지 않을 수 없게 되었다. 그 결과, 현재 사회보험 재정운용에 있어 많은 변화의 움직임이 있었는데, 대표적으로 부과방식의 적립방식으로 전환, 부과방식과 적립방식의 혼용, 보험료 증액 및 조세지원 확대를 통한 재정안정성 유지 등이 여기에 해당한다.

우리나라는 사회보험의 재정운영을 원칙적으로 부과방식을 채택하고 있다. 다만, 「국민연금법」에서는 연금기금을 적립할 수 있도록 하고 있어, 이 경우에만 부분적으로 적립방식이 혼용되고 있다고 할 수 있다.

5) 관리주체

사회보험법제는 국가가 관리운용의 주체가 된다. 「사회보장기본법」 제25조 제5항은 "사회보험은 국가의 책임으로 시행하고, 공공부조와 사회서비스는 국가와 지방자치단체의 책임으로 시행하는 것을 원칙으로 한다."고 정하여 이를 분명히 하고 있다. 여기에서 국가란 법적으로는 중앙행정기관을 의미하는데, 오늘날 사회보험을 전적으로 중앙행정기관이 직접 담당하는 것은 현실적으로 불가능할 뿐만 아니라 타당하지도 않다. 그래서 실제에 있어서 국가는 사회보험을 전문적으로 운영할 수 있는 공법상 법인을 설치하고, 이들로 하여금 사회보험을 관리 · 운영하도록 하고 있다.

현재 우리나라 사회보험은 중앙행정기관인 보건복지부를 소관부처로 하지만, 사회보험제도 운영 실무는 공법상 법인인 공단에서 수행하고 있다. 예를 들어, 「국민연금법」에 따른 국민연금공단, 「사립학교교직원연금법」에 따른 사립학교교직원연금공단, 「공무원연금법」에 따른 공무원연금공단, 「국민건강보험법」에 따른 국민건강보험공단, 「산업재해보상보험법」 및 「고용보험법」에 따른 근로복지공단 등이 여기에 해당한다. 다만, 「군인연금법」에 따른 군인연금제도는 별도의 공법상 법인을 설치하지 않고 국방부에서 직접 관리하고 있어 유일하게 중앙행정기관이 관리운영 주체로 자리하고 있다.

이처럼 국가 또는 국가가 설치한 공법상 법인이 사회보험에 관리운영주체가 되면, 국가가 사회보험법적 법률관계의 당사자가 되기 때문에 제도의 안정성 · 지속가능성이 확보된다. 그리고 국가가 객관적이고 중립적 위치에서 소득재분배 등 사회조정을 할 수 있게 한다.

제2절 │ 국민연금법

1. 연혁 및 체계

　「국민연금법」은 1973년 12월 24일 제정된 「국민복지연금법」을 시초로 한다. 「국민복지연금법」은 국민의 노령·폐질 또는 사망 등에 대하여 연금급여를 실시함으로써 국민의 생활안정과 복지증진에 기여하고자 하는 목적을 가지고 있었다. 그러나 「국민복지연금법」은 제정된 이래 그 시행일을 미루면서 본격적인 연금제도의 시행이 이루어지지는 못했다. 하지만 1980년대부터 국민의 평균수명 연장, 가족구조의 변화(핵가족화)가 심화되면서 국가가 국민의 노후대책을 마련할 필요성이 커지게 되었다. 게다가 국내 경제성장과 함께 사업장에서 각종 사고로 인하여 소득능력을 상실한 자 등에 대한 생활보장의 요구가 커짐에 따라 1986년 12월 31일 기존 「국민복지연금법」을 전부개정하고 법명을 변경한 「국민연금법」이 탄생하였다. 이에 따라 국내에서는 1988년부터 본격적인 국민연금제도가 실시되었다.

　현재 「국민연금법」은 제1장 총칙, 제2장 국민연금가입자, 제3장 국민연금공단, 제4장 급여, 제5장 비용부담 및 연금보험료의 징수 등, 제6장 국민연금기금, 제7장 심사청구와 재심사청구, 제8장 보칙, 제9장 벌칙으로 구성되어 있다.

<표 10-1> 주요 연혁 및 현행 법률의 체계

주요 연혁		현행 법률의 체계
1973. 12. 24.	• 「국민복지연금법」 제정	
1986. 12. 31.	• 「국민복지연금법」 전부개정에 따라 법명을 「국민연금법」으로 변경	
	• 가입대상(18세 이상 60세 미만의 국민) 및 가입자 유형(사업장가입자, 지역가입자, 임의계속가입자)을 정함.	
	• 급여의 종류(노령연금, 장해연금, 유족연금, 반환일시금)로 정함. • 연금재원의 확보 및 충당을 위해 국민연금기금 설치 근거 마련	

1995. 1. 5.	• 국민연금 적용대상 확대(농어민, 농어촌지역 자영업자) • 지역가입자 보험료율 9%로 확정, 농어민에 대한 보험료 지원	
1995. 8. 4.	• 당연적용 사업장에 근무하는 외국인에게도 가입자격 확대	
2007. 7. 23.	• 「국민연금법」 전부개정 • 소득의 정의 구체화 • 연금보험료 부과기준 변경, 기본연금액 인하, 분할연금제도 강화 • 군복무 크레딧, 출산 크레딧 제도 도입	제1장 총칙 제2장 국민연금가입자 제3장 국민연금공단
2009. 5. 21.	• 연금보험료 징수업무 국민건강보험공단으로 일원화	제4장 급여
2011. 12. 31.	• 국민연금 지급시기 변경 • 노령연금과 재직자노령연금 통합 • 연금지급연기제도 도입 및 유족연금지급기간 연장 • 일부 벌금의 과태료로 전환	제5장 비용 부담 및 연금 보험료의 징수 등 제6장 국민연금기금
2015. 4. 29.	• 미성년근로자에 대한 사업장가입자격부여 • 실업 크레딧 제도 도입 • 유족연금지급 제한 사유 변경 • 연금보험료의 신용카드 납부제도 도입	제7장 심사청구와 재심사청구 제8장 보칙 제9장 벌칙
2016. 5. 29.	• 전업주부 및 경력단절여성의 수급권 강화 • 유족연금 중복지급률 상향 및 지급대상 연령 조정 • 군복무 크레딧 적용대상 확대	
2017. 10. 24.	• 입양 및 파양에 따른 유족급여 대상자 보호 강화 • 반환일시금제도 보완	
2017. 12. 19	• 분할연금 수급요건 개선	
2020. 1. 21.	• 미납 연금보험료 연체금 인하 • 사업중단 · 실직 · 휴직으로 인한 연금보험료 미납 지역가입자에 대한 지원 강화	
2020. 12. 29.	• 사망일시금 수급대상 확대(노령연금 및 장애연금 수급권자) • 연금보험료 추납 기간 축소 • 고액 · 상습 체납자 인적사항 공개요건 완화	
2021. 6. 8.	• 사업장가입자의 체납 연금보험료 완납(기여금 및 부담금)시 가입기간 인정기준 개선	

2. 목적

「국민연금법」은 국민의 노령, 장애, 사망 등 사회적 위험으로부터 국민을 보호하기 위하여 연금급여를 실시하여 국민의 노후소득보장과 생활 안정, 복지 증진에 이바지하는 것을 목적으로 한다(제1조).

<표 10-2> 핵심용어

용어	내용
근로자	직업의 종류가 무엇이든 사업장에서 노무를 제공하고 그 대가로 임금을 받아 생활하는 자(법인의 이사와 그 밖의 임원을 포함한다.)를 말한다.[2]
사용자	근로자가 소속되어 있는 사업장의 사업주를 말한다.
사업장가입자	사업장에 고용된 근로자 및 사용자로서 제8조에 따라 국민연금에 가입된 자를 말한다.
지역가입자	사업장가입자가 아닌 자로서 제9조에 따라 국민연금에 가입된 자를 말한다.
임의가입자	사업장가입자 및 지역가입자 외의 자로서 제10조에 따라 국민연금에 가입된 자를 말한다.

---

2) 「국민연금법」은 다음의 자를 근로자에서 제외하고 있다(시행령 제2조).
  1. 일용근로자나 1개월 미만의 기한을 정하여 사용되는 근로자. 다만, 1개월 이상 계속 사용되는 경우는 제외
  2. 소재지가 일정하지 아니한 사업장에 종사하는 근로자
  3. 법인의 이사 중 제3조 제1항 제2호에 따른 소득이 없는 사람
  4. 1개월 동안의 소정근로시간이 60시간 미만인 단시간근로자. 다만, 해당 단시간근로자 중 다음의 어느 하나에 해당하는 사람은 제외
    가. 생업을 목적으로 3개월 이상 계속하여 근로를 제공하는 사람으로서 「고등교육법 시행령」 제7조 제3호에 따른 시간강사
    나. 생업을 목적으로 3개월 이상 계속하여 근로를 제공하는 사람으로서 사용자의 동의를 받아 근로자로 적용되기를 희망하는 사람
    다. 둘 이상 사업장에 근로를 제공하면서 각 사업장의 1개월 소정근로시간의 합이 60시간 이상인 사람으로서 1개월 소정근로시간이 60시간 미만인 사업장에서 근로자로 적용되기를 희망하는 사람

임의계속가입자	국민연금 가입자 또는 가입자였던 자가 제13조 제1항에 따라 가입자로 된 자를 말한다.
연금보험료	국민연금사업에 필요한 비용으로서 사업장가입자의 경우에는 부담금 및 기여금의 합계액을, 지역가입자 · 임의가입자 및 임의계속가입자의 경우에는 본인이 내는 금액을 말한다.
부담금	사업장가입자의 사용자가 부담하는 금액을 말한다.
기여금	사업장가입자가 부담하는 금액을 말한다.

3. 적용대상

원칙적으로 국내에 거주하는 국민으로서 18세 이상 60세 미만인 자는 국민연금 가입대상이 된다(제6조). 그리고 가입자는 사업장가입자, 지역가입자, 임의가입자 및 임의계속가입자로 구분된다(제7조).

1) 사업장가입자

「국민연금법」은 1명 이상의 근로자를 사용하는 사업장, 주한 외국 기관으로서 1명 이상의 대한민국 국민인 근로자를 사용하는 사업장를 당연적용사업장으로 정하면서 이들 사업장에 있는 18세 이상 60세 미만인 근로자와 사용자는 당연히 사업장가입자가 되도록 하고 있다(법 제8조 및 시행령 제19조). 그리고 사업장 상호 간에 본점과 지점 · 대리점 · 출장소 등의 관계에 있고 그 사업 경영이 일체로 되어 있는 경우에는 이를 하나의 당연적용사업장으로 본다(시행령 제19조).

다만, 여기에도 예외는 있다. 첫째, 당연적용사업장이 국민연금 가입 당시 18세 미만 근로자를 고용하고 있는 경우, 이 때 18세 미만의 근로자는 사업장가입자가 되는 것으로 본다. 하지만 본인이 원하지 아니하면 사업장가입자가 되지 아니할 수 있다. 둘째, 원칙적으로 특수직역연금법의 적용대상자가 이미 퇴직 후 퇴직연금, 장해연금 또는 퇴직연금일시금을 받는 상태에서 다시 당연적용사업장에 취업하게 되는 경우에는 원칙적으로 「국민연금법」의 적용대상에서 제외한다. 다만, 이들 퇴직자가 「국민연금과 직역연금의 연계에 관한 법률」에 따라 특수직역연금과 국민연금의 연계 신청을 한 경우에는 사업장가입자 자격을 부여한다. 셋째,「국민기초생활보장법」에 따른 기초생계급여·의료급여 수급자는 본인의 희망에 따라 사업장가입자가 되지 아니할 수 있다. 이는 빈곤층의 근로의욕을 고취시키고, 기초생계급여 등의 수급자에 대한 사회보험 보험료 부담을 완화시키기 위한 조치이다. 한편, 사업장가입자는 사망, 국적상실, 국외이주, 사용관계 종료, 60세 도달을 원인으로 그 자격이 상실된다. 또한 사업장가입자가 특수직역연금법제의 적용대상이 되는 경우에도 동일하다.

2) 지역가입자

「국민연금법」은 사업장가입자가 아닌 자로서 18세 이상 60세 미만인 자는 당연히 지역가입자가 되도록 하고 있다(제9조). 다만, 첫째, 특수직역연금법제의 적용을 받는 자 및「국민연금법」에 따른 사업장가입자·지역가입자·임의계속가입자의 배우자로서 소득이 없는 자, 둘째, 노령연금 및 특수직역연금법제에 따른 퇴직연금 등 수급권자의 배우자로서 소득이 없는 자, 셋째, 18세 이상 27세 미만인 자로서 학생이거나 군복무 등의 이유로 소득이 없는 자, 넷째,「국민기초생활보장법」에 따른 생계급여·의료급여 수급자, 다섯째, 1년 이상 행방불명된 자는 지역가입자 대상에서 제외하고 있다. 또한 및 특수직역연금법제에 따른 퇴직연금 등 수급권자는 원칙적으로 지역가입자의 대상에서 제외하고 있지만「국민연금과 직역연금의 연계에 관한 법률」에 따라 특수직역연금과 국민연금의 연계 신청을 한 경우에는 예외적으로 지역가입자 자격을 부여한다. 한편, 지역가입자는 사망, 국적상실, 국외이주, 사업장가입자 자격취득, 특수직역연금법제 적용대상, 60세 도달, 별도의 소득이 없는 배우자임을 원인으로 가입자격이 상실된다.

3) 임의가입자 및 임의계속가입자

「국민연금법」은 사회보험의 기본원리인 강제가입제도의 예외도 인정하고 있는데, 바로 임의가입자 및 임의계속가입자제도이다. 임의가입자는 사업장가입자, 지역가입자가 아닌 18세 이상이거나 60세 미만인 자가 해당한다. 이들은 본인의 선택에 의해 임의가입자 자격이 부여된다. 또한 임의가입자가 본인의 의사에 의해 언제든지 가입자격 포기할 수 있다(제10조).

한편, 임의계속가입자 역시 65세까지 본인의 선택으로 그 자격이 유지된다(제13조). 여기에는 국민연금 가입자 또는 가입자였던 자로서 60세가 된 자 또는 노령연금 수급권자 · 구「국민복지연금법」에 따른 특례노령연금수급권자 중「국민연금법」에 따른 가입기간의 5분의 3 이상을 가입하거나 가입하였던 자는 본인의 신청에 의해 임의계속가입자의 자격을 취득한다. 이들 임의가입자 및 임의계속가입자는 본인의 선택에 따라 가입자격이 상실되지만, 그 외에도 사망, 국적상실, 보험료체납을 원인으로 가입자격이 상실되기도 한다.

4. 급여의 내용

1) 급여의 지급

「국민연금법」은 연금급여로서 노령연금, 장애연금, 유족연금, 반환일시금 등을 정하고 각각 급여의 산정기준 및 지급형태를 달리하고 있다. 한편, 이들 급여는 원칙적으로 기본연금액에 부양가족연금액을 포함한 총액이 지급된다. 여기에서 기본연금액은 연금수급 전 3년간 전체가입자의 월평균소득, 가입자 본인의 보험가입 기간 중 월평균소득 그리고 보험가입기간이 고려되어 산정된다. 그리고 보험가입기간이 20년을 초과하는 매 1년마다 기본연금액의 5%가 가산되도록 하고 있다(제5조). 한편, 부양가족연금액은 연금수급자에 의해 생계를 유지받고 있는 자에 한하여 지급되며, 그 금액은 정액으로 지급된다. 다만,「국민연금법」은 부양가족연금액의 지급대상인 경우에도 배우자를 제외한 그 밖의 부양가족에 대해 일련의 제한조건을 규율하고 있다(제52조).[3]

---

3) 「국민연금법」에 따를 경우, 배우자는 제한조건 없이 연 15만원, 자녀(배우자가 혼인 전에 얻은 자녀를 포함)는 19세 미만이거나 장애등급 2급 이상인 자로서 연 10만 원, 부모(부 또는 모의 배우자, 배우자의 부모를 포함)는 60세 이상이거나 장애등급 2급 이상인 자로서 연 10만 원이 지급된다. 또한 부양가족이「국민연금법」에 따른 연금 수급권자인 경우, 특수직역연

(1) 노령연금

노령연금은 노령이라는 사회적 위험으로 말미암아 상실 또는 감소된 소득을 보호하는 것을 목적으로 한다. 이에 따라 「국민연금법」은 연령과 가입기간을 기준으로 노령을 정하고 이에 따른 다양한 형태의 연금제도를 규율하고 있다.

일반적으로 가입기간이 10년 이상인 가입자 또는 가입자였던 자에 대하여는 60세 (특수직종근로자는 55세)가 된 때부터 그가 생존하는 동안 노령연금을 지급한다(제61조). 다만, 노령연금의 수급권자로서 60세 이상 65세 미만인 사람이 연금지급의 연기를 희망하는 경우에는 1회에 한하여 (65세) 전까지의 기간에 대하여 그 연금의 전부 또는 일부의 지급을 연기할 수 있다. 현재 「국민연금법」은 노령연금을 완전노령연금, 감액노령연금, 조기노령연금, 재직자노령연금, 분할연금으로 구분하고 있다.

① 완전노령연금

완전노령연금은 가입기간 20년 이상, 연령 60세에 달한 가입자에게 기본연금액에 부양가족연금액을 합산하여 지급한다.

② 감액노령연금

감액노령연금은 연령 60세에 달한 자가 10년 이상 20년 이내의 가입기간을 충족하는 경우 지급된다. 감액노령연금은 기본연금액의 50%에 해당하는 금액에 부양가족연금을 합산하여 지급한다. 다만, 가입기간이 10년을 초과하는 매 1년마다 기본연금액의 5%가 가산된다.

금법에 따른 퇴직연금 등 수급권자 및 유족연금 수급권자인 경우에도 부양가족연금 계산에서 제외한다. 그리고 부양가족이 사망, 수급권자에 의한 생계유지 종료, 배우자의 이혼, 자녀의 타인의 의한 입양 또는 파양(罷養)된 때에도 부양가족연금의 지급에서 제외되며, 그 밖에 자녀가 19세가 된 때(장애등급 2급 이상의 상태에 있는 자녀 제외), 장애등급 2급 이상의 상태에 있던 자녀 또는 부모가 그 장애상태에 해당하지 아니하게 된 때, 배우자가 혼인 전에 얻은 자녀와의 관계가 이혼으로 인하여 종료된 때, 재혼한 부 또는 모의 배우자와 수급자의 관계가 부모와 그 배우자의 이혼으로 인하여 종료된 경우 역시 이와 같다.

③ 조기노령연금

조기노령연금은 보험가입 10년 이상인 자가 55세부터 59세 사이에 연금을 받을 수 있도록 한 것인데, 20년 이상 가입한 자가 55세를 기준으로 조기노령연금을 신청하면 기본연금액의 70%에 부양가족연금액을 합산하여 지급된다. 그리고 연금수급연령을 1년 늦출 때마다 기본연금액의 6%가 추가로 지급되도록 하고 있다. 그래서 59세를 연금지급연령으로 선택하면 기본연금액의 94%와 부양가족연금액이 합산되어 지급된다.

④ 재직자노령연금

재직자노령연금은 60세 이후 소득활동을 유지하는 경우 65세까지 실제 월소득을 기준으로 일정금액을 제외하고 연금을 지급하는 제도이다(제63조의2).[4] 다만, 재직자노령연금은 부양가족연금액을 제외하며, 65세 이후에는 연금전액이 지급되도록 하고 있다.

(2) 분할연금

분할연금은 가입자와 5년 이상의 혼인기간[5]을 유지하고 있던 배우자가 이혼 시 행사하는 연금분할청구권에 근거하여 지급되는 연금이다. 따라서 분할연금은 가

---

4) 「국민연금법」은 재직자노령연금을 다음과 같이 정하고 있다.
  1. 초과소득월액이 100만 원 미만인 사람: 초과소득월액의 1천분의 50
  2. 초과소득월액이 100만 원 이상 200만 원 미만인 사람: 5만원＋(초과소득월액－100만 원) ×1천분의 100
  3. 초과소득월액이 200만 원 이상 300만 원 미만인 사람: 15만원＋(초과소득월액－200만 원) ×1천분의 150
  4. 초과소득월액이 300만 원 이상 400만 원 미만인 사람: 30만원＋(초과소득월액－300만 원) ×1천분의 200
  5. 초과소득월액이 400만 원 이상인 사람: 50만 원＋(초과소득월액－400만 원)×1천분의 250
5) 배우자의 가입기간 중의 혼인기간으로서 별거, 가출 등의 사유로 인하여 실질적인 혼인관계가 존재하지 아니하였던 기간은 제외한다(제64조 제1항). 또한 「민법」 제27조 제1항에 따른 실종기간, 「주민등록법」 제20조 제6항에 따라 거주불명으로 등록된 기간은 혼인기간에서 제외한다(시행령 제45조의1 제1항).

입자였던 배우자와 이혼을 전제로 하며, 노령연금 수급권자의 배우자일 것을 필요로 한다. 그리고 이혼 후 60세가 달하여야 비로소 연금이 지급된다(제64조). 다만, 연령기준 이전에 이혼하는 경우에는 이혼의 효력이 발생하는 때부터 분할연금을 미리 청구할 수 있다(제64조의3 제1항). 그리고 분할연금 수급권자가 배우자였던 사람과 재혼한 경우에는 수급권을 포기할 수 있다(제64조의4 제1항).

한편, 분할연금은 원칙적으로 노령연금을 균분 분할하여 지급하는데 예외적으로 협의이혼에 따라 연금분할액수를 별도로 정할 수 있다(제64조의2). 그리고 분할연금은 배우자였던 자의 노령연금 수급권 소멸·정지에도 불구하고 영향을 받지 않으며(제65조 제1항), 분할연금 수급권자가 2 이상의 분할연금 수급권이 생겨도 이를 합산하여 지급하며(제65조 제2항), 분할연금 수급권자에게 노령연금 수급권이 발생한 경우에도 이를 합산하여 지급한다(제65조 제4항). 다만, 2 이상의 분할연금 수급권과 노령연금을 제외한 다른 급여 수급권이 생기면, 2 이상의 분할연금 수급권을 하나의 수급권으로 보고 본인의 선택에 따라 분할연금과 다른 급여 중 하나만 지급받을 수 있다(제65조 제2항).

(3) 장애연금

장애연금은 장애로 인한 소득상실의 위험을 연금을 통해 보호하는 목적을 가진다. 그래서 가입자 또는 가입자였던 자가 질병이나 부상으로 신체상 또는 정신상의 장애가 발생한 경우에 지급된다. 다만, 「국민연금법」은 장애연금 수급권에 대한 일련의 요건을 정하고 있다. 첫째, 장애연금 수급권자는 질병 또는 부상의 초진일 당시 연령이 18세 이상이고 노령연금의 지급 연령 미만이어야 한다. 둘째, 일정 기간 국민연금 가입을 하거나 혹은 보험료를 납부한 사실이 있어야 한다.[6]

---

6) 이에 대하여 「국민연금법」은 다음과 같이 정하고 있다.
   1. 해당 질병 또는 부상의 초진일 당시 연금보험료를 낸 기간이 가입대상기간의 3분의 1 이상일 것
   2. 해당 질병 또는 부상의 초진일 5년 전부터 초진일까지의 기간 중 연금보험료를 낸 기간이 3년 이상일 것. 다만, 가입대상기간 중 체납기간이 3년 이상인 경우는 제외한다.
   3. 해당 질병 또는 부상의 초진일 당시 가입기간이 10년 이상일 것

장애연금은 「국민연금법」이 별도로 정하는 장애등급에 따라 차등 지급된다. 현재 「국민연금법」은 장애등급을 4개 등급으로 구분하고 있으며, 첫째, 장애 1급은 기본연금액에 부양가족연금액을 더한 금액, 둘째, 장애 2급은 기본연금액의 80%에 부양가족연금액을 더한 금액, 셋째, 장애 3급은 기본연금액의 60%에 부양가족연금액을 더한 금액, 넷째, 장애 4급은 기본연금액의 225%를 일시금을 지급하되, 부양가족연금액은 포함시키지 않는다.

한편, 장애는 악화되거나 완화될 수도 있고, 또 최초장애를 발생했던 원인과는 다른 원인에 의해 추가해서 나타날 수도 있다. 「국민연금법」은 이러한 장애의 특성을 예정하여 장애연금에 대한 조정과 변경을 규율하고 있다. 이에 따라 장애연금 수급권자에게 다시 장애연금을 지급하여야 할 장애가 발생한 때에는 전후의 장애를 병합(倂合)한 장애 정도에 따라 장애연금을 지급하도록 하고 있다. 다만, 전후의 장애를 병합한 장애 정도에 따른 장애연금이 전의 장애연금보다 적으면 전의 장애연금을 지급한다(제69조). 또한 장애연금 수급권자의 장애 정도를 심사하여 장애등급이 다르게 되면 그 등급에 따라 장애연금액을 변경하고, 장애등급에 해당되지 아니하면 장애연금 수급권을 소멸시키도록 하고 있다(제70조).

(4) 유족연금

유족연금은 가입자 또는 가입자였던 자에 의해 부양받던 가족의 보호를 목적으로 한다. 이에 따라 노령연금 수급권자, 가입기간이 10년 이상인 가입자 또는 가입자였던 자, 연금보험료를 낸 기간이 가입대상기간의 3분의 1 이상인 가입자 또는 가입자였던 자, 사망일 5년 전부터 사망일까지의 기간 중 연금보험료를 낸 기간이 3년 이상인 가입자 또는 가입자였던 자(가입대상기간 중 체납기간이 3년 이상인 사람은 제외), 장애등급이 2급 이상인 장애연금 수급권자가 사망하면 그 유족에게 유족연금을 지급하도록 하고 있다(제72조).

유족연금액은 사망한 가입자 또는 가입자였던 자의 가입기간을 기준으로 산정된다. 이에 따라 「국민연금법」은, 첫째, 가입기간이 10년 미만이면 기본연금액의 40%, 둘째, 가입기간이 10년 이상 20년 미만이면 기본연금액의 50%, 셋째, 가입기간이 20년 이상이면 기본연금액의 60%에 해당하는 금액을 지급한다(제74조). 다만, 법정 요건을 갖춘 유족이 없는 경우에는 유족연금을 대신하여 사망일시금

을 지급한다. 이 경우 사망일시금을 지급받을 수 있는 자는 배우자·자녀·부
모·손자녀·조부모·형제자매 또는 4촌 이내 방계혈족(傍系血族)이다(제80조).

유족연금을 받은 수 있는 자는 배우자, 자녀(25세 미만이거나 장애등급 2급 이상인
자), 부모(배우자의 부모를 포함하며, 60세 이상이거나 장애등급 2급 이상인 자), 손자녀
(19세 미만이거나 장애등급 2급 이상인 자), 조부모(배우자의 조부모를 포함하며, 60세
이상이거나 장애등급 2급 이상인 자)이다. 그리고 유족급여의 지급순서 역시 배우자,
자녀, 부모, 손자녀, 조부모 순에 따른다(제73조). 그러나 유족연금 수급권은 그 수
급자가 사망한 때, 배우자인 수급권자가 재혼한 때, 자녀나 손자녀인 수급권자가
다른 사람에게 입양되거나 파양된 때, 장애등급 2급 이상에 해당하지 아니한 자녀
인 수급권자가 25세가 된 때 또는 장애등급 2급 이상에 해당하지 아니한 손자녀인
수급권자가 19세가 된 때, 장애로 수급권을 취득한 자가 장애등급 2급 이상에 해
당하지 아니하게 된 때 상실된다(제75조).

(5) 반환일시금

「국민연금법」은 수급자가 가입기간 미달, 사망, 국적상실 및 국외이주 등의 사유
가 있는 경우 반환일시금을 지급하도록 하고 있다. 이에 따르면, 가입자 또는 가
입자였던 자가 가입기간이 10년 미만인 자가 60세가 된 때, 가입자 또는 가입자였
던 자가 사망한 때(유족연금이 지급되는 경우 제외), 국적을 상실하거나 국외로 이주
한 때에 반환일시금이 지급된다(제77조). 하지만 반환일시금은 수급권자가 다시
가입자로 된 때, 수급권자가 노령연금의 수급권을 취득한 때, 수급권자가 장애연
금의 수급권을 취득한 때, 수급권자의 유족이 유족연금의 수급권을 취득한 때에
소멸한다(제79조).

5. 급여의 제한 및 조정 등

1) 제한 및 정지

가입자 또는 가입자였던 자가 고의로 질병·부상 또는 그 원인이 되는 사고를
일으켜 그로 인하여 장애를 입은 경우에는 그 장애를 지급 사유로 하는 장애연금

을 지급하지 아니할 수 있다. 또한 가입자 또는 가입자였던 자가 고의나 중대한
과실로 요양 지시에 따르지 아니하거나 정당한 사유 없이 요양 지시에 따르지 않
아 장애를 입거나 사망한 경우, 그 원인이 되는 사고를 발생시킨 경우 등에는 급여
의 전부 또는 일부를 지급하지 않을 수 있다(제82조). 그리고 장애연금의 수급권자
가 고의나 중대한 과실로 요양 지시에 따르지 않거나 정당한 사유 없이 요양 지시
에 따르지 않아 장애를 악화시키거나 회복을 방해한 경우에는 장애연금액을 변경
하지 않을 수 있다(제83조).

다른 한편, 수급권자가 정당한 사유 없이 「국민연금법」에서 정하는 각종의 서류
및 자료 제출의무 불이행한 때, 공단의 진단 요구 또는 확인에 불응한 때, 고의나
중대한 과실로 요양 지시에 따르지 않거나 정당한 사유 없이 요양 지시에 따르지
아니하여 회복을 방해한 때, 수급권자가 정당한 사유 없이 신고의무를 불이행한
때에는 급여의 전부 또는 일부를 정지할 수 있다.

2) 조정, 구상권, 환수

수급권자에게 이 법에 따른 2 이상의 급여 수급권이 생기면 수급권자의 선택에
따라 그중 하나만 지급하고 다른 급여의 지급은 정지된다. 그러나 수급권자가 선
택하지 아니한 급여가 유족연금일 때(반환일시금 제외)에는 유족연금액의 30%에
해당하는 금액을, 반환일시금일 때(선택한 급여가 장애연금이고, 선택하지 아니한 급
여가 본인의 연금보험료 납부로 인한 반환일시금일 때 제외)에는 사망일시금에 상당하
는 금액을 추가하여 지급한다(제56조).

또한 장애연금 또는 유족연금의 수급권자가 「근로기준법」에 따른 장해보상, 유
족보상, 일시보상을 받은 경우, 「산업재해보상보험법」에 따른 장해급여, 유족급
여, 진폐보상연금 또는 진폐유족연금 등을 받은 경우에는 수급권자가 받을 수 있
는 장애연금액 또는 유족연금액의 2분의 1에 해당하는 금액만 지급한다(제113조).
이는 「국민연금법」과 다른 법률에서 정한 유사 목적 급여 간에 조정을 하는 것이다.

그 밖에도 「국민연금법」은 제3자의 행위로 장애연금이나 유족연금의 지급 사유
가 발생하여 장애연금이나 유족연금을 지급한 때에는 그 급여액의 범위에서 제3자
에 대한 수급권자의 손해배상청구권에 관하여 수급권자를 대위(代位)할 수 있도

록 하여 채권자대위권 관계를 준용하고 있다(제114조). 그리고 급여를 받은 자가 거짓이나 그 밖의 부정한 방법으로 급여를 받은 경우, 신고 오류로 급여를 지급받은 경우, 사망이 추정되어 유족연금이 지급되었으나 생존이 확인된 경우, 기타 잘못 지급받은 경우에는 지급받은 급여 전액이 환수된다(제57조).

6. 권리구제

「국민연금법」에서는 심사 및 재심사청구와 같은 쟁송 이외의 간이(簡易)한 불복절차와 함께 행정심판 및 행정소송 등 쟁송절차에 관하여 정하여 수급자의 권리구제를 위한 절차를 마련하고 있다.

1) 심사 및 재심사

가입자의 자격, 기준소득월액, 연금보험료, 그 밖의 이 법에 따른 징수금과 급여에 관한 국민연금공단의 처분에 이의가 있는 자는 국민연금공단에 심사청구를 할수 있다(제108조). 그리고 심사청구에 대한 국민연금공단의 심사청구 결정에 불복하는 자는 결정통지를 받은 날부터 90일 이내에 보건복지부에 설치되어 있는 국민연금재심사위원회에 재심사를 청구할 수 있다(제110조). 이 경우 국민연금재심사위원회의 재심사 및 재결은 「행정심판법」에 따른 행정심판으로 간주하며 「행정심판법」을 준용한다(제112조).

2) 행정쟁송

「국민연금법」은 임의적 행정심판전치주의[7]를 채택하고 있다. 따라서 국민연

---

7) 국내 행정쟁송절차는 크게 행정심판과 행정소송으로 구분하고, 이들 쟁송방법의 관계를 필요적 행정심판전치주의와 임의적 행정심판전치주의로 설정하고 있다. 필요적 행정심판전치주의란 행정청의 위법한 처분에 대하여 행정소송을 제기하기 위해서는 반드시 사전에 행정심판을 거치고 행정심판 재결에 불복하는 경우에만 행정소송을 제기하도록 하는 방식이

공단의 심사결정 또는 국민연금재심사위원회의 재심사 및 재결에 불복하는 자는 원칙적으로 행정심판을 제기한 후 행정심판 재결에 불복하는 경우 다시 행정소송을 제기할 수도 있고, 행정심판을 거치지 아니하고 바로 행정소송을 제기할 수도 있다. 하지만 「국민연금법」은 국민연금재심사위원회의 재심사 및 재결을 행정심판으로 보고 있기 때문에 국민연금재심사위원회 재심사 및 재결에 불복하는 자는 다시 행정심판을 제기할 수 없고, 바로 행정소송을 제기하여야 한다(제112조).

제3절 국민건강보험법

1. 연혁 및 체계

「국민건강보험법」은 1963년 12월 16일 제정된 「의료보험법」에서 출발한다. 「의료보험법」은 근로자들을 대상으로 업무 외의 사유로 발생한 질병 · 부상 · 사망 또는 분만과 근로자의 부양가족의 질병 · 부상 · 사망 또는 분만에 관하여 사회보험 방식으로 급여를 지급하기 위해 제정되었다. 한편, 근로자 이외의 공무원 및 사립학교교직원은 별도의 법에 의해 의료급여체계가 규율되었는데, 1977년 12월 31일 제정된 「공무원 및 사립학교교직원 의료보험법」이 바로 그것이다. 이에 따라 국내 의료보험제도는 「의료보험법」에 따른 직장의료보험 및 지역의료보험, 「공무원 및 사립학교교직원 의료보험법」에 따른 공무원의료보험 및 사립학교교직원의료보험 등 조합주의방식에 따른 운영체계를 갖추게 되었다. 그러나 조합주의방식에 따른 개별 의료보험체계 간의 재정격차에 따른 개별 의료보험 가입자 간의 갈등, 국고보조문제의 한계가 발생하면서 점진적인 의료보험 통합이 추진되었다.

1997년 12월 31일 「국민의료보험법」을 제정하여 점진적인 통합의료보험 체계를

다. 반면, 임의적 행정심판전치주의는 행정청의 위법한 처분에 대하여 청구인 본인의 선택에 따라 행정심판을 제기할 수도 있고, 행정심판 없이 바로 행정소송을 제기할 수도 있도록 하는 방식이다.

위한 준비를 하게 되었고, 1998년 2월 8일 「국민의료보험법」을 폐지하고 이를 대체하는 통합 의료보험법으로 현행 「국민건강보험법」이 제정되었다. 이로써 국내에서는 조합주의 방식의 「의료보험법」 시대를 탈피하여 종래 다보험자 방식으로 운영되고 있는 의료보험 관리체계를 단일보험자로 통합 운영하였다. 이로써 국내에서는 운영의 효율성과 보험료 부담의 형평성을 제고함과 동시에 질병치료 외에 예방·건강증진 등을 포함하는 포괄적인 의료서비스 제공을 내용으로 하는 건강보험체계를 갖추게 되었다.

현행 「국민건강보험법」은 제1장 총칙, 제2장 가입자, 제3장 국민건강보험공단, 제4장 보험급여, 제5장 건강보험심사평가원, 제6장 보험료, 제7장 이의신청 및 심판청구 등, 제8장 보칙, 제9장 벌칙으로 구성되어 있다.

<표 10-3> 주요 연혁 및 현행 법률의 체계

주요 연혁		현행 법률의 체계
1963. 12. 16.	• 「의료보험법」 제정	
1970. 8. 7.	• 「의료보험법」 전부개정 • 전국민(근로자, 공무원, 군인)대상 의료보험제도로 확대 • 강제가입제도 도입 • 의료보험조합, 의료보험조합중앙연합회 설립, 의료보험금고 설치	제1장 총칙 제2장 가입자 제3장 국민건강보험공단 제4장 보험급여
1977. 12. 31.	• 「공무원 및 사립학교교직원 의료보험법」 제정(「의료보험법」 적용대상에서 공무원, 군인, 사립학교교직원 분리)	제5장 건강보험심사 평가원 제6장 보험료
1997. 12. 31.	• 「국민의료보험법」 제정(「의료보험법」 및 「공무원 및 사립학교교직원 의료보험법」 폐지-통합 「의료보험법」 체계로 전환)	제7장 이의신청 및 심판청구 등 제8장 보칙
1999. 2. 8.	• 「국민건강보험법」 제정(「국민의료보험법」 폐지)	제9장 벌칙
2000. 12. 29.	• 직장가입자 5인 미만 사업장으로 확대 및 비전형특수형태근로자 및 사용자 가입 제외	

2006. 12. 30.	• 건강보험 재정건전화 추진 • 보험료 부과기준(표준보수월액 및 부과표준소득)의 등급제 폐지 • 보험료 경감대상 확대(65세 이상인 자, 장애인 휴직자 등) • 보험료 체납자 분할납부제도 도입 • 실업자 특례조항 신설
2008. 3. 28.	• 사업장의 신고의무 부과 • 건강보험증 제시의무 완화 • 보험료 납부능력 없는 미성년자에 대한 지역가입자 보험료 연대납부의무 면제 • 업무정지처분 받은 요양기관에 대한 처분효과의 승계제도 도입 • 위법 부당하게 요양급여비용을 청구한 요양기관에 대한 공표제도 도입
2009. 5. 21.	• 사회보험료 징수기관을 국민건강보험공단으로 통합
2011. 12. 31.	• 「국민건강보험법」 전부개정 • 공단의 자산관리 및 운영방법 법정화 • 요양기관의 신고의무(시설 · 장비 · 인력) 부과 • 약제 · 치료재료에 대한 요양급여비용 산정기준 명확화 • 보험료체납자 명단공개제도 도입 • 이의신청제도 보완(온라인신청 도입) • 건강보험재정에 대한 정부지원 연장
2013. 5. 22.	• 보험료 납부기한 연장조항 신설 • 임의계속가입 신청기간 연장조항 신설 • 부정수급행위에 대한 처벌강화
2016. 2. 3.	• 국민건강보험종합계획 및 시행계획 수립, 국회보고에 관한 조항 신설

2017. 4. 18.	• 피부양자인정요건 명확화 • 보험료 상한 및 하한 기준 일원화 • 보험료 부과제도 적정성평가제도 도입
2018. 3. 27.	• 체납보험료 분할납부제도 개선
2018. 12. 11.	• 방문요양급여 신설 • 일반 건강검진 대상 확대 • 급여제한 대상에서 저소득 보험료 체납 지역가입자 제외 • 진료비 부당이득 연대징수 대상 확대
2019. 1. 15.	• 외국인 · 재외국민의 지역가입자 당연 가입, 가입 제외, 보험료 체납에 따른 급여제한 신설
2019. 4. 23.	• 체납보험료 분할납부 승인취소 제도 개선 • 보험료 체납자 인적사항 공개제도 개선
2019. 12. 3.	• 명의대여 요양기관(개설자 포함)의 체납사실 공개제도 신설
2020. 12. 29.	• 지역별 요양급여비용 차등지급 제도 시설 • 준요양기관 및 장애인 보조기기 판매업자의 요양비 · 보험급여 신청권 및 부당이득 징수 신설
2021. 6. 8.	• 의약품공급자에 대한 과징금 제도 신설

2. 목적

「국민건강보험법」은 모든 국민을 질병과 부상 등의 사회적 위험으로부터 보호하기 위하여 예방 · 진단 · 치료 · 재활과 출산 · 사망 및 건강증진에 대하여 보험급여를 실시하여 국민보건 향상과 사회보장 증진에 이바지함을 목적으로 한다(제1조).

<표 10-4> 핵심용어

용어	내용
근로자	직업의 종류와 관계없이 근로의 대가로 보수를 받아 생활하는 사람(법인의 이사와 그 밖의 임원을 포함한다)으로서 공무원 및 교직원을 제외한 사람을 말한다.
사용자	• 근로자가 소속되어 있는 사업장의 사업주 • 공무원이 소속되어 있는 기관의 장[8] • 교직원이 소속되어 있는 사립학교(「사립학교교직원 연금법」 제3조에 규정된 사립학교)를 설립·운영하는 자
사업장	사업소나 사무소를 말한다.
공무원	국가나 지방자치단체에서 상시 공무에 종사하는 사람을 말한다.
교직원	사립학교나 사립학교의 경영기관에서 근무하는 교원과 직원을 말한다.

3. 적용대상

「국민건강보험법」은 국내에 거주하는 모든 국민으로서 건강보험의 가입자 또는 피부양자로서 적용대상이 되도록 하여 전 국민대상 보편적 건강보험체계를 갖추

---

8) 공무원이 소속된 기관의 장이란 다음과 같다(시행령 별표 1).

구분	기관장
입법부	국회사무총장, 국회도서관장
행정부	가. 감사원장, 대통령비서실장, 국가정보원장, 방송통신위원회위원장 나. 국무조정실장, 공정거래위원회 위원장, 금융위원회 위원장, 국민권익위원회 위원장 다. 중앙행정기관의 장 라. 특별시장, 광역시장, 도지사, 특별자치도지사, 시장, 군수, 자치구의 구청장 마. 대학교 및 대학의 장, 전문대학의 장 바. 교육감, 교육장
사법부	법원행정처장, 각급 법원 및 법원 지원(支院)의 장
헌법재판소	사무처장
선거관리위원회	중앙선거관리위원회 사무총장, 특별시·광역시·도선거관리위원회, 선거관리위원회 사무처장

고 있다. 여기에서 가입자란 직장가입자와 지역가입자를 말하여, 피부양자란 직장가입자의 배우자, 직계존속 및 비속(배우자의 직계존속 및 비속을 포함한다.)과 그 배우자, 직장가입자의 형제·자매 중 직장가입자에게 주로 생계를 의존하는 사람으로서 보수나 소득이 없는 사람을 말한다(제5조 제2항). 다만, 현행법은 「의료급여법」에 따라 의료급여를 받는 사람, 「독립유공자예우에 관한 법률」 및 「국가유공자 등 예우 및 지원에 관한 법률」에 따라 의료보호를 받는 사람은 제외하고 있다(제5조 제1항).

1) 직장가입자

「국민건강보험법」은 국내 모든 사업장을 적용대상사업장으로 정하면서 여기에 근무하는 근로자 및 사용자, 공무원 및 교직원에게 직장가입자의 자격을 부여하고 있다(제6조 제2항). 다만, 고용기간이 1개월 미만인 일용근로자, 「병역법」의 적용을 받는 현역병(지원에 의하지 아니하고 임용된 하사를 포함한다)·전환복무된 사람·군간부후보생, 선거에 당선되어 취임하는 공무원으로서 매월 보수 또는 보수에 준하는 급료를 받지 아니하는 사람은 직장가입자의 대상에서 제외하고 있다.

또한 사업장의 특성, 고용 형태 및 사업의 종류 등을 고려하여 비상근 근로자 또는 1개월 동안의 소정(所定)근로시간이 60시간 미만인 단시간근로자, 비상근 교직원 또는 1개월 동안의 소정근로시간이 60시간 미만인 시간제공무원 및 교직원, 소재지가 일정하지 아니한 사업장의 근로자 및 사용자, 근로자가 없거나 제1호에 해당하는 근로자만을 고용하고 있는 사업장의 사업주는 직장가입대상에서 제외된다(시행령 제9조). 이는 사회보험방식으로 운영되는 「국민건강보험법」의 특성상 사업장 또는 근로시간, 소득 등이 일정하지 아니한 자에 대한 보험료 부과 및 납부의무 이행의 기대가능성이 적기 때문에 특례를 인정하고 있는 것이다.

2) 지역가입자

「국민건강보험법」은 직장가입자 외에도 지역가입자를 정하고 있다. 이에 따라 현행법은 직장가입자와 그 피부양자를 제외한 자를 모두 지역가입자로 정하고 있다(제6조 제3항). 현행법은 지역가입자의 피부양자 개념을 별도로 정하고 있지 않으며, 지역가입자는 부양가족과 함께 연대하여 가입자로서의 권리와 의무를 연대하게 하고 있다.

4. 급여의 내용(요양급여, 요양비, 부가급여)

「국민건강보험법」은 현물급여를 내용으로 하는 요양급여로서 법정급여와 재량급여의 지급을 정하고 있으며, 예외적으로 요양비 및 부가급여 등 현금급여가 지급되도록 하고 있다.

「국민건강보험법」이 정하고 있는 법정급여로 가입자와 피부양자의 질병, 부상, 출산 등에 대하여 진찰·검사, 약제(藥劑)·치료재료의 지급, 처치·수술 및 그 밖의 치료, 예방·재활, 입원, 간호, 이송(移送)의 요양급여를 정하고 있다(제41조). 한편, 현행법은 장애인에 대한 특례로서 「장애인복지법」에 따라 등록한 장애인인 가입자 및 피부양자에게는 장애인 보장구(補裝具)에 대하여 보험급여를 할 수 있도록 하고 있는데, 이는 재량급여에 해당한다(제51조).

「국민건강보험법」은 이상 법정급여 등 현물급여 이외에도 예외적으로 현금급여가 지급될 수 있도록 하고 있는데, 여기에는 요양비(제49조)와 부가급여(제50조)가 있다. 첫째, 요양비는 가입자나 피부양자가 긴급하거나 그 밖의 부득이한 사유로 요양기관과 비슷한 기능을 하는 기관(준요양기관)에서 질병·부상·출산 등에 대하여 요양을 받거나 요양기관이 아닌 장소에서 출산한 경우에는 그 요양급여에 상당하는 금액을 가입자나 피부양자에게 지급[9]하는 것을 말한다. 둘째, 부가급여는 요양급여 이외에 임신·출산 진료비, 장제비, 상병수당, 그 밖의 급여를 말하는데, 이 역시 재량급여의 성격을 가지고 있으며 현재는 임신·출산 진료비가 현금급여인 부가급여로 운용되고 있다.[10]

---

9) 준요양기관은 요양을 받은 가입자나 피부양자의 위임이 있는 경우 공단에 요양비의 지급을 직접 청구할 수 있다. 이 경우 공단은 지급이 청구된 내용의 적정성을 심사하여 준요양기관에 요양비를 지급할 수 있다(제49조 제3항).

10) 「국민건강보험법 시행령」 제23조에서는 임신·출산과 관련된 진료에 드는 비용, 임신·출

　그 밖에도「국민건강보험법」은 요양급여의 대상인 질병이 되기 위해서는 비정상적인 신체·정신·심리상태의 발생, 업무 또는 일상생활을 곤란성, 치료의 필요성 등을 요구하고 있다.[11] 다만, 현행법은 경제성 또는 치료효과성 등이 불확실하여 그 검증을 위하여 추가적인 근거가 필요하거나, 경제성이 낮아도 가입자와 피부양자의 건강회복에 잠재적 이득이 있는 경우 또는 이에 준하는 경우로서 요양급여에 대한 사회적 요구가 있거나 국민건강 증진의 강화를 위하여 특히 필요하다고 인정되는 경우에는 예비적인 요양급여인 선별급여로 지정하여 실시할 수 있도록 하고 있다(제41조의4 및 시행령 제18조의4).

　이와 더불어 최근 예방과 재활이 새로운 형태의 사회적 위험에 대응하는 수단으로 등장하면서 개별 사회보장법에 이를 구체화하는 급여를 정하고 있는데,「국민건강보험법」에서는 가입자와 피부양자에 대하여 질병의 조기 발견과 그에 따른 요양급여를 하기 위하여 건강검진을 실시하도록 하고 있다(제52조).[12]

　산과 관련하여 처방된 약제·치료재료의 구입에 드는 비용, 1세 미만 영유아의 진료에 드는 비용, 1세 미만 영유아에게 처방된 약제·치료재료의 구입에 드는 비용을 결재할 수 있는 임신·출산 진료비 이용권을 인신·출산한 가입자 또는 피부양자, 1세 미만인 가입자 또는 피부양자의 법정 대리인(출산한 가입자 또는 피부양자가 사망한 경우에 한한다.)에게 발급한다(제2항 및 제3항). 한편, 현재 이용권으로 결제할 수 있는 금액의 상한은 하나의 태아를 임신·출산한 경우 60만 원, 둘 이상의 태아를 임신·출산한 경우 100만 원으로 하고 있다(제6항).

11) 현행「국민건강보험법」은 질병의 법적 개념을 명시적으로 정하고 있는 것은 아니지만, 보건복지부령인「국민건강보험 요양급여의 기준에 관한 규칙」에서 일률적으로 비급여항목을 정하면서 이와 같은 요소를 기준으로 급여항목(질병)과 비급여항목(비질병)을 구별하고 있다.

12) 현행법상 건강검진은 일반건강검진, 암검진, 영유아건강검진으로 유형화하고 있다. 일반건강검진은 직장가입자, 세대주인 지역가입자, 20세 이상인 지역가입자 및 20세 이상인 피부양자를, 암검진은「암관리법」제11조 제2항에 따른 암의 종류별 검진주기와 연령 기준 등에 해당하는 사람을, 영유아건강검진은 6세 미만의 가입자 및 피부양자를 대상으로 한다(제52조 제2항).

5. 급여의 제한 및 정지 등

1) 제한 및 정지

국민건강보험공단은 보험급여를 받을 수 있는 사람이 고의 또는 중대한 과실로 인한 범죄행위에 그 원인이 있거나 고의로 사고를 일으킨 경우, 고의 또는 중대한 과실로 공단이나 요양기관의 요양에 관한 지시에 따르지 아니한 경우, 고의 또는 중대한 과실로 문서와 그 밖의 물건의 제출을 거부하거나 질문 또는 진단을 기피한 경우, 업무 또는 공무로 생긴 질병·부상·재해로 다른 법령에 따른 보험급여나 보상(報償) 또는 보상(補償)을 받게 되는 경우 보험급여를 하지 아니한다(제53조 제1항 제1호부터 제3호). 또한 가입자가 일정 기간 이상 보험료를 체납한 경우 그 체납한 보험료를 완납할 때까지 그 가입자 및 피부양자에 대하여 보험급여를 실시하지 아니할 수 있다(제53조 제3항).

가입자를 고용하고 있는 사용자가 보험료를 체납한 경우에는 그 체납에 대하여 직장가입자 본인에게 귀책사유가 있는 경우에 한하여 보험급여를 지급하지 않을 수 있다(제53조 제4항). 다만, 체납한 보험료를 완납하거나 공단으로부터 분할납부를 승인받고 1회 이상 보험료를 납부한 경우에는 제한되었던 급여가 다시 지급된다(제53조 제5항).[13]

보험급여를 받을 수 있는 사람이 국외 체류하는 경우에는 그 기간 동안 보험급여를 하지 아니한다(제54조 제1호). 그리고 보험급여를 받을 수 있는 자가 「병역법」에 따른 현역병, 전환복무된 사람 및 군간부후보생 해당하게 된 경우, 교도소 및 그 밖에 이에 준하는 시설에 수용되어 있는 경우에는 원칙적으로 그 기간 동안 보험급여를 하지 않지만, 일정한 요양급여·요양비·요양급여비용[14]은 실시한다(제54조 제3호 및 제4호, 제60조).

---

13) 다만, 제82조에 따른 분할납부 승인을 받은 사람이 정당한 사유 없이 5회(같은 조 제1항에 따라 승인받은 분할납부 횟수가 5회 미만인 경우에는 해당 분할납부 횟수를 말한다.) 이상 그 승인된 보험료를 내지 아니한 경우에는 그러하지 아니하다(제53조 제5항 단서).

2) 조정

국민건강보험공단은 보험급여를 받을 수 있는 사람이 다른 법령에 따라 국가나 지방자치단체로부터 보험급여에 상당하는 급여를 받거나 보험급여에 상당하는 비용을 지급받게 되는 경우에는 그 한도에서 보험급여를 하지 아니한다(제53조 제1항 제4호). 또한 공단은 보험급여를 받을 수 있는 사람이 다른 법령에 따라 국가나 지방자치단체로부터 보험급여에 상당하는 급여를 받거나 보험급여에 상당하는 비용을 지급받게 되는 경우에는 그 한도에서 보험급여를 하지 아니한다(제53조 제2항).

3) 부당이득의 환수, 구상권

국민건강보험공단은 속임수나 그 밖의 부당한 방법으로 보험급여를 받은 사람이나 보험급여 비용을 받은 요양기관에 대하여 그 보험급여나 보험급여 비용에 상당하는 금액의 전부 또는 일부를 징수한다(제57조). 그리고 공단은 제3자의 행위로 보험급여사유가 생겨 가입자 또는 피부양자에게 보험급여를 한 경우에는 그 급여에 들어간 비용 한도에서 그 제3자에게 손해배상을 청구할 권리를 얻는다(제58조).

---

14) **시행령 제60조(현역병 등에 대한 요양급여비용 등의 지급)** ① 공단은 제54조 제3호 및 제4호에 해당하는 사람이 요양기관에서 대통령령으로 정하는 치료 등(이하 이 조에서 '요양급여'라 한다)을 받은 경우 그에 따라 공단이 부담하는 비용(이하 이 조에서 '요양급여비용'이라 한다)과 제49조에 따른 요양비를 법무부장관·국방부장관·경찰청장·소방청장 또는 해양경찰청장으로부터 예탁받아 지급할 수 있다. 이 경우 법무부장관·국방부장관·경찰청장·소방청장 또는 해양경찰청장은 예산상 불가피한 경우 외에는 연간(年間) 들어갈 것으로 예상되는 요양급여비용과 요양비를 대통령령으로 정하는 바에 따라 미리 공단에 예탁하여야 한다.
② 요양급여, 요양급여비용 및 요양비 등에 관한 사항은 제41조, 제41조의4, 제42조, 제42조의2, 제44조부터 제47조까지, 제47조의2, 제48조, 제49조, 제55조, 제56조, 제56조의2 및 제59조 제2항을 준용한다.

6. 권리구제

「국민건강보험법」은 쟁송 이외의 간이한 불복절차로 이의신청 및 심판청구절차를 정하고 있다. 다만, 「국민건강보험법」은 이의신청 사유에 따라 이원적 형태로 절차를 운용하고 있다. 우선, 가입자 및 피부양자의 자격, 보험료 등, 보험급여, 보험급여 비용에 관한 공단의 처분에 이의가 있는 자는 국민건강보험공단에 이의신청을 할 수 있다(제87조 제1항). 다음으로 요양급여비용 및 요양급여의 적정성 평가 등에 관한 건강보험심사평가원의 처분에 이의가 있는 공단, 요양기관 또는 그 밖의 자는 건강보험심사평가원에 이의신청을 할 수 있다(제87조 제2항). 한편, 국민건강보험공단 또는 건강보험심사평가원의 이의신청에 대한 결정에 불복하는 자는 보건복지부에 설치되어 있는 건강보험분쟁조정위원회에 심판청구를 할 수 있다(제88조). 여기에서 심판청구는 이의신청에 대한 간이한 불복절차 또는 재심절차의 성격을 갖는다.

국민건강보험공단 또는 건강보험심사평가원의 처분에 이의가 있는 자와 이의신청 또는 심판청구에 대한 결정에 불복하는 자는 「행정소송법」에서 정하는 바에 따라 행정소송을 제기할 수 있다(제90조).

제4절 노인장기요양보험법

1. 연혁 및 체계

노인요양은 전통적으로 노화에 따른 자연현상, 가족부양의 문제로 보았다. 그러나 20세기 이후 핵가족화 · 노인독립세대 증가 등 가족구조 변화와 저출산 · 고령화 등 급격한 인구구조 변화는 노인요양의 문제를 개인과 가족의 전적인 책임이 아닌 국가와 사회공동체가 연대하여 책임져야 할 사회적 위험으로 인식하게 되는 계기가 되었다. 이에 1995년 독일의 「노인수발보험법」 제정과 함께 대부분의 국가에서는 노인요양에 관한 입법을 시도하고 있다.

　우리나라는 2000년대 이후 초고령사회로의 진입을 목전에 두고 노인요양의 문제가 화두로 등장하기 시작했다. 특히 치매·중풍 등으로 독립적 일상생활이 어려운 노인세대의 급증, 노인요양에 대한 가구 내의 경제적 부담의 확대는 노인요양 문제를 국가와 사회공동체 전체가 연대해 해결해야 할 과제로 인식하는 계기가 되었다. 이에 따라 2007년 4월 27일 「노인장기요양보험법」을 제정하여 노인장기요양보험제도를 도입하게 되었다.

　현행법은 제1장 총칙, 제2장 장기요양보험, 제3장 장기요양인정, 제4장 장기요양급여의 종류, 제5장 장기요양급여의 제공, 제6장 장기요양기관, 제7장 재가 및 시설 급여비용 등, 제8장 장기요양위원회, 제8장의2 장기요양요원지원센터, 제9장 관리운영기관, 제10장 심사청구 및 재심사청구, 제11장 보칙, 제12장 벌칙으로 구성되어 있다.

〈표 10-5〉 주요 연혁 및 현행 법률의 체계

주요 연혁		현행 법률의 체계
2007. 4. 27.	• 「노인장기요양보험법」 제정	제1장 총칙
2009. 5. 21.	• 도서·벽지·농어촌 등 지역 수급자 경제적 부담완화 조치 도입	제2장 장기요양보험 제3장 장기요양인정
2010. 3. 17.	• 장기요양기관의 장에게 급여제공자료 기록 및 관리의무 부과 신설 • 「국민기초생활보장법」에 따른 수급자에 대한 본인일부부담금 제도 개선	제4장 장기요양급여의 종류 제5장 장기요양급여의 제공 제6장 장기요양기관 제7장 재가 및 시설
2013. 8. 13.	• 장기요양기관의 금전·물품 등 이익을 제공하는 방법으로 소개, 알선, 유인행위 및 조장행위 금지조항 신설 • 장기요양기관의 제재적 행정처분 사실 공표제도 및 행정제재처분 효과의 승계 제도 도입	급여비용 등 제8장 장기요양위원회 제8장의2 장기요양요원 지원센터 제9장 관리운영기관 제10장 심사청구 및 재심사청구
2015. 12. 29.	• 기타재가급여의 범위 확대 • 결격사유 확대에 따른 장기요양기관의 지정취소, 폐쇄명령제도 보완	제11장 보칙 제12장 벌칙

2015. 12. 29.	• 장기요양기관의 폐업 · 휴업 시 수급자의 권익보호조치 강화, 지방자치단체 장의 이행여부확인 제도 도입 • 장기요양기관 지정취소 또는 폐쇄명령에 따른 재지정 또는 재설치금지 기간 확대 • 행정제재처분의 효과승계기간 연장	
2016. 5. 29.	• 장기요양요원의 처우개선, 복지증진 및 지위향상을 위한 정부의 의무조항 신설 • 지방자치단체의 장기요양요원지원센터 설치 근거 신설	
2016. 12. 2.	• 특별현금급여 수급계좌의 예금에 관한 채권 압류금지 신설	
2018. 3. 27.	• 치매국가책임제 실시에 따라 본인일부부담금제도 개선(60% 범위 내 차등감경)	
2018. 12. 11.	• 표준장기요양이용계획서 실효성 강화 • 장기요양기관 지정제 단일화(장기요양기관 지정의제 제도 폐지) 및 지정제 실효성 강화(지정 유효기간 및 갱신제도 신설) • 심사청구 및 재심사청구 제도 개선	
2019. 4. 23.	• 치매안심센터 장의 장기요양인정 대리신청 인정 • 장기요양기관 종사자 배상책임보험 가입제도 신설	
2020. 3. 21.	• 장기요양기관의 부정한 급여비용 수급에 가담한 자에 대한 제한조치 신설 • 지정취소된 장기요양기관에 대한 공표제도 신설 • 장기요양기관에 대한 급여비용 지급보류제도 신설	

2. 목적

「노인장기요양보험법」은 고령이나 노인성 질병 등의 사유로 일상생활을 혼자서 수행하기 어려운 노인 등에게 제공하는 신체활동 또는 가사활동 지원 등의 장기요양급여에 관한 사항을 규정하여 노후의 건강증진 및 생활안정을 도모하고 그 가족의 부담을 덜어 줌으로써 국민의 삶의 질을 향상하도록 함을 목적으로 한다 (제1조).

<표 10-6> 핵심용어

용어	내용
노인	65세 이상의 노인 또는 65세 미만의 자로서 치매·뇌혈관성질환 등[15] 노인성 질병을 가진 자를 말한다.
장기요양급여	6개월 이상 동안 혼자서 일상생활을 수행하기 어렵다고 인정되는 자에게 신체활동·가사활동의 지원 또는 간병 등의 서비스나 이에 갈음하여 지급하는 현금 등을 말한다.
장기요양사업	장기요양보험료, 국가 및 지방자치단체의 부담금 등을 재원으로 하여 노인등에게 장기요양급여를 제공하는 사업을 말한다.
장기요양기관	제31조에 따라 지정을 받은 기관으로서 장기요양급여를 제공하는 기관을 말한다.
장기요양요원	장기요양기관에 소속되어 노인등의 신체활동 또는 가사활동 지원 등의 업무를 수행하는 자를 말한다.

---

15) 「노인장기요양보험법」에서 정하는 노인성 질병에는 알츠하이머병에서의 치매, 혈관성 치매, 상세불명의 치매, 알츠하이머병, 지주막하출혈, 뇌내출혈, 기타 비외상성 두개내출혈, 뇌경색증, 출혈 또는 경색증으로 명시되지 않은 뇌졸중, 뇌경색증을 유발하지 않은 대뇌동맥의 폐쇄 및 협착, 기타 뇌혈관질환, 달리 분류된 질환에서의 뇌혈관장애, 뇌혈관질환의 후유증, 파킨슨병, 이차성 파킨슨증, 달리 분류된 질환에서의 파킨슨증, 기저핵의 기타 퇴행성 질환, 중풍후유증, 진전(震顫) 등이 있다(시행령 별표 1).

3. 적용대상

「노인장기요양보험법」은 장기요양보험가입자 또는 그 피부양자, 「의료급여법」에 따른 수급권자」 중 65세 이상의 노인 또는 65세 미만인 경우 치매·뇌혈관성질환 등 노인성 질병을 가진 자(이하 '노인등'이라 한다.)로서 혼자 일상생활을 수행하기 어려운 자를 적용대상으로 한다(제1조 및 제2조 제1호).

4. 급여의 인정 및 내용

1) 장기요양인정 절차

(1) 신청

장기요양인정을 신청할 수 있는 자는 노인등으로서 장기요양보험가입자 또는 그 피부양자, 의료급여법에 따른 수급권자의 어느 하나에 해당하는 자격을 갖추어야 한다(제12조). 장기요양인정을 신청하려는 자는 국민건강보험공단에 장기요양인정신청서에 의사 또는 한의사가 발급하는 소견서를 첨부하여 제출하여야 한다(제13조).

(2) 조사

국민건강보험공단은 신청서를 접수한 때 소속 직원으로 하여금 신청인의 심신상태, 신청인에게 필요한 장기요양급여의 종류 및 내용, 그 밖에 장기요양에 관하여 필요한 사항 등을 조사하게 하여야 한다. 다만, 지리적 사정 등으로 직접 조사하기 어려운 경우 또는 조사에 필요하다고 인정하는 경우 특별자치시·특별자치도·시·군·구에 대하여 조사를 의뢰하거나 공동으로 조사할 것을 요청할 수 있다(제14조).

(3) 등급판정

국민건강보험공단은 조사가 완료된 때 조사결과서, 신청서, 의사소견서, 그 밖에 심의에 필요한 자료를 장기요양등급판정위원회에 제출하여야 한다. 장기요양등급판정위원회는 신청인이 신청자격요건을 충족하고 6개월 이상 동안 혼자서 일상생활을 수행하기 어렵다고 인정하는 경우 심신상태 및 장기요양이 필요한 정도 등을 고려하여 장기요양등급판정기준에 따라 수급자로 판정한다(제15조 제1항 및 제2항). 이 경우 장기요양등급판정위원회는 신청인과 그 가족, 의사소견서를 발급한 의사 등 관계인의 의견을 들을 수 있다(제15조 제3항).

(4) 장기요양인정서

국민건강보험공단은 장기요양등급판정위원회가 장기요양인정 및 등급판정의 심의를 완료하면 지체 없이 수급자에게 장기요양인정서를 작성·송부하여야 한다. 이때 장기요양인정서에는 장기요양등급, 장기요양급여의 종류 및 내용, 그 밖에 장기요양급여에 관한 사항 등이 포함되어야 한다(제17조 제1항). 또한 국민건강보험공단은 심의 결과 수급자로 판정받지 못한 신청인에게도 그 내용 및 사유를 통보하여야 한다(제17조 제2항). 한편, 국민건강보험공단이 장기요양인정서를 송부하는 때는 수급자가 장기요양급여를 원활히 이용할 수 있도록 월 한도액 범위 안에서 표준장기요양이용계획서를 작성하여 이를 함께 송부하여야 한다(제17조 제3항).

장기요양인정서의 유효기간은 2년을 원칙으로 하며, 유효기간 만료 이후에도 급여를 계속 받고자 하는 경우 공단에 갱신 신청을 하여야 한다(제19조, 제20조, 시행령 제8조 제1항). 다만, 장기요양인정의 갱신 결과 직전 등급과 같은 등급으로 판정된 경우에는 갱신된 장기요양인정의 유효기간을 탄력적으로 운영하고 있다. 이에 따르면, 장기요양 1등급은 4년, 장기요양 2등급부터 4등급까지는 3년, 장기용양 5등급 및 인지지원등급의 경우에는 2년으로 하고 있다(시행령 제8조 제1항).

2) 장기요양급여

「노인장기요양보험법」에 따른 급여는 크게 재가급여, 시설급여, 특별현금급여로 구분된다. 여기에서 재가급여와 시설급여는 현물급여로, 특별현금급여는 현금급여로 운용된다.

재가급여에는 방문요양, 방문목욕, 방문간호, 주·야간보호, 단기보호, 기타 재가급여가 있다.[16] 시설급여는 장기요양기관에 장기간 입소한 수급자에게 신체활동 지원 및 심신기능의 유지·향상을 위한 교육·훈련을 제공하는 장기요양급여를 말한다(제23조 제1항).

특별현금급여에는 가족요양비, 특례요양비, 요양병원간병비가 있다. 첫째, 가족요양비는 도서·벽지 등 장기요양기관이 현저히 부족한 지역에 거주하는 자, 천재지변이나 그 밖에 이와 유사한 사유로 인하여 장기요양기관이 제공하는 장기요양급여를 이용하기가 어렵다고 인정되는 자, 신체·정신 또는 성격 등의 사유로 인하여 가족 등으로부터 장기요양을 받아야 하는 자가 가족으로부터 방문요양에 상당한 장기요양급여를 받은 때 수급자에게 지급되는 현금급여를 말한다(제24조). 둘째, 특례요양비는 수급자가 장기요양기관이 아닌 노인요양시설 등의 기관 또는 시설에서 재가급여 또는 시설급여에 상당한 장기요양급여를 받은 경우 당해 장기요양급여비용의 일부를 당해 수급자에게 현금으로 지급하는 것을 말한다(제25조). 셋째, 요양병원간병비는 수급자가 「의료법」에 따른 요양병원에 입원한 때 그 장기요양에 사용되는 비용의 일부를 현금으로 지급하는 것을 말한다(제26조).

---

16) 현행법상 재가급여에 해당하는 구체적 급여내용의 정의는 다음과 같다. 첫째, '방문요양'이란 장기요양요원이 수급자의 가정 등을 방문하여 신체활동 및 가사활동 등을 지원하는 장기요양급여를 말한다. 둘째, '방문목욕'이란 장기요양요원이 목욕설비를 갖춘 장비를 이용하여 수급자의 가정 등을 방문하여 목욕을 제공하는 장기요양급여을 말한다. 셋째, '방문간호'란 장기요양요원인 간호사 등이 의사, 한의사 또는 치과의사의 지시서에 따라 수급자의 가정 등을 방문하여 간호, 진료의 보조, 요양에 관한 상담 또는 구강위생 등을 제공하는 장기요양급여를 말한다. 넷째, '주·야간보호'란 수급자를 하루 중 일정한 시간 동안 장기요양기관에 보호하여 신체활동 지원 및 심신기능의 유지·향상을 위한 교육·훈련 등을 제공하는 장기요양급여를 말한다. 다섯째, '단기보호'란 수급자를 보건복지부령으로 정하는 범위 안에서 일정 기간 동안 장기요양기관에 보호하여 신체활동 지원 및 심신기능의 유지·향상을 위한 교육·훈련 등을 제공하는 장기요양급여를 말한다. 마지막으로 '기타 재가급여'란 수급자의 일상생활·신체활동 지원 및 인지기능의 유지·향상에 필요한 용구를 제공하거나 가정을 방문하여 재활에 관한 지원 등을 제공하는 장기요양급여로서 대통령령으로 정하는 것을 말한다(제23조 제1항 제1호).

3) 본인부담

「노인장기요양보험법」은 「국민건강보험법」과 마찬가지로 수급자 본인에게 장기요양급여비용의 일부를 부담하도록 하고 있다. 이에 따라 장기요양급여 수급자는 재가급여의 경우 당해 장기요양급여비용의 15%를, 시설급여의 경우 당해 장기요양급여비용의 20%를 수급자가 직접 부담한다. 다만, 수급자 중 「의료급여법」 제3조 제1항 제1호에 따른 수급자는 그러하지 아니하다(제40조 제1항).

하지만 이 법의 규정에 따른 급여의 범위 및 대상에 포함되지 아니하는 장기요양급여 수급자가 장기요양인정서에 기재된 장기요양급여의 종류 및 내용과 다르게 선택하여 장기요양급여를 받은 경우 그 차액, 장기요양급여의 월 한도액을 초과하는 장기요양급여의 경우 장기요양급여에 대한 비용은 수급자 본인이 전부 부담한다(제40조 제2항). 한편, 「의료급여법」 제3조 제1항 제2호부터 제9호까지에서 정한 수급권자,[17] 소득·재산 등이 보건복지가족부장관이 정하여 고시하는 일정 금액 이하인 자(다만, 도서·벽지·농어촌 등의 지역에 거주하는 자에 대하여 따로 금액을 정할 수 있다.), 천재지변 등 보건복지가족부령으로 정하는 사유로 인하여 생계

---

17) 「의료급여법」 제3조 제1항 제2호부터 제9호까지의 수급권자란, 첫째, 「재해구호법」에 따른 이재민으로서 보건복지부장관이 의료급여가 필요하다고 인정한 사람, 둘째, 「의사상자 등 예우 및 지원에 관한 법률」에 따라 의료급여를 받는 사람, 셋째, 「입양특례법」에 따라 국내에 입양된 18세 미만의 아동, 넷째, 「독립유공자예우에 관한 법률」, 「국가유공자 등 예우 및 지원에 관한 법률」 및 「보훈보상상자 지원에 관한 법률」의 적용을 받고 있는 사람과 그 가족으로서 국가보훈처장이 의료급여가 필요하다고 추천한 사람 중에서 보건복지부장관이 의료급여가 필요하다고 인정한 사람, 다섯째, 「무형문화재 보전 및 진흥에 관한 법률」에 따라 지정된 국가무형문화재의 보유자(명예보유자를 포함한다.)와 그 가족으로서 문화재청장이 의료급여가 필요하다고 추천한 사람 중에서 보건복지부장관이 의료급여가 필요하다고 인정한 사람, 여섯째, 「북한이탈주민의 보호 및 정착지원에 관한 법률」의 적용을 받고 있는 사람과 그 가족으로서 보건복지부장관이 의료급여가 필요하다고 인정한 사람, 일곱째, 「5·18민주화운동 관련자 보상 등에 관한 법률」 제8조에 따라 보상금등을 받은 사람과 그 가족으로서 보건복지부장관이 의료급여가 필요하다고 인정한 사람, 여덟째, 「노숙인 등의 복지 및 자립지원에 관한 법률」에 따른 노숙인 등으로서 보건복지부장관이 의료급여가 필요하다고 인정한 사람을 말한다.

가 곤란한 자 등에 대해서는 본인일부부담금의 60% 범위 내에서 차등 감경한다(제40조 제3항).[18] 그 밖에도 장기요양급여를 받은 금액의 총액이 보건복지부장관이 정하여 고시하는 금액 이하에 해당하는 수급자가 가족 등으로부터 방문요양에 상당한 장기요양을 받은 경우에도 본인일부부담금의 일부를 감면받을 수 있다(제41조).

5. 급여의 제한 및 정지 등

1) 제한

「노인장기요양보험법」은 수급자의 귀책사유로 인정되는 의무위반 또는 부정수급의 경우 급여를 제한하거나 중단할 수 있도록 하고 있다(제29조). 구체적으로는, 첫째, 급여를 받고 있는 자가 정당한 사유 없이 제15조 제4항[19]에 따른 조사나 제60조[20] 또는 제61조[21]에 따른 요구에 응하지 아니하거나 답변을 거절한 경우에는

---

18) 「장기요양 본인부담금 감경에 관한 고시(보건복지부 고시 제2021-283호)」에서는 본인부담금의 60%를 감경하는 경우와 40%를 감경하는 경우로 구분하고 있다(제2조). 전자는 「의료급여법」 제3조 제1항 제2호부터 제9호까지에서 정한 수급권자, 「국민건강보험법 시행규칙」 제15조에 따라 국민건강보험공단으로부터 건강보험 본인부담액 경감인정을 받은 자, 천재지변 등으로 생계가 곤란한 자, 「국민건강보험법」 제69조 제4항 및 제5항의 월별 보험료액이 국민건강보험 가입자 종류별 및 가입자수별 보험료 순위 0~25% 이하에 해당하며, 직장가입자는 재산이 일정기준 이하인 자가 해당한다. 후자는 보험료액이 국민건강보험 가입자 종류별 및 가입자수별(직장가입자는 당해 피부양자를 포함한다) 보험료 순위 25% 초과~50% 이하에 해당하며, 직작가입자는 재산이 일정기준 이하인 자가 해당한다.

19) 장기요양급여를 받고 있거나 받을 수 있는 자가 거짓이나 그 밖의 부정한 방법으로 장기요양인정을 받은 경우 또는 고의로 사고를 발생하도록 하거나 본인의 위법행위에 기인하여 장기요양인정을 받은 경우라고 의심되어 공단이 조사가 필요한 경우를 말한다.

20) 공단이 장기요양보험가입자 또는 그 피부양자 및 의료급여 수급권자, 수급자 및 장기요양기관에게 장기요양사업 수행에 필요하다고 인정되는 각종 자료의 제출을 요구하는 경우 이에 성실히 응해야 할 의무를 말한다.

21) 보건복지부장관 또는 지방자치단체 장이 장기요양보험가입자 · 피부양자 · 의료급여수급

급여의 전부 또는 일부를 제공하지 아니하게 할 수 있다. 둘째, 급여를 받고 있거나 받을 수 있는 자가 장기요양기관이 거짓이나 그 밖의 부정한 방법으로 장기요양급여비용을 받는 데에 가담한 경우에는 급여를 중단하거나 1년의 범위에서 급여의 횟수 또는 제공기간을 제한할 수 있다.[22] 셋째, 장기요양보험료를 체납한 자에게는 「국민건강보험법」에서 정하는 보험료체납자에 대한 급여제한 조치에 관한 사항이 준용된다(제30조).

다른 한편, 지방자치단체의 장은 장기요양기관의 종사자가 거짓이나 그 밖의 부정한 방법으로 재가급여비용 또는 시설급여비용을 청구하는 행위에 가담한 경우 해당 종사자가 장기요양급여를 제공하는 것을 1년의 범위에서 제한할 수 있다(제37조의5).

2) 환수, 구상권

국민건강보험공단은 장기요양급여 또는 장기요양급여비용을 받은 자가, 첫째, 거짓 또는 부정한 방법, 고의로 사고를 발생케 하거나 본의 위법행위에 기인하여 장기요양인정을 받은 것으로 확인된 경우, 둘째, 월 한도액 범위를 초과하여 장기요양급여를 받은 경우, 셋째, 장기요양급여의 제한 등을 받을 자가 장기요양급여를 받은 경우, 넷째, 거짓이나 그 밖의 부정한 방법으로 재가 및 시설 급여비용을 청구하여 이를 지급받은 경우, 다섯째, 그 밖에 이 법상의 원인 없이 공단으로부터 장기요양급여를 받거나 장기요양급여비용을 지급받은 경우에는 그 장기요양급여 또는 장기요양급여비용에 상당하는 금액을 부당이득으로 간주해 징수한다(제43조 제1항).

권자에게 보수, 소득 등에 관한 사항을 보고하게 하거나 자료제출 명령, 소속 공무원의 관계인에 대한 질문 또는 서류검사 등을 하는 경우 이에 응해야할 의무를 말한다.

22) 처분권자는 위반행위의 정도, 내용, 동기와 그 결과 등을 고려하여 급여 제한 기간의 2분의 1 범위에서 늘리거나 줄일 수 있다. 다만, 기간을 늘리는 경우에도 총 제한 기간은 12개월을 초과할 수 없다. 또한 공단이 수급자의 건강유지와 안전을 위해 필요하다고 인정하는 경우에는 급여 제한분을 12회로 나누어 1년간 수급자의 급여 월 한도액에서 매달 차감하고, 차감된 월 한도액 범위 내에서 수급권자에게 급여를 제공할 수 있도록 예외도 마련하고 있다(시행규칙 별표 1 참조).

국민건강보험공단은 거짓 보고 또는 증명에 의하거나 거짓 진단에 따라 장기요양급여가 제공된 때 거짓의 행위에 관여한 자에 대하여 장기요양급여를 받은 자와 연대하여 제1항의 징수금을 납부하게 할 수 있다(제43조 제2항). 또한 거짓이나 그 밖의 부정한 방법으로 장기요양급여를 받은 자와 같은 세대에 속한 자(장기요양급여를 받은 자를 부양하고 있거나 다른 법령에 따라 장기요양급여를 받은 자를 부양할 의무가 있는 자를 말한다.)에 대하여 거짓이나 그 밖의 부정한 방법으로 장기요양급여를 받은 자와 연대하여 제1항의 징수금을 납부하게 할 수 있다(제43조 제3항).

국민건강보험공단은 장기요양기관이 수급자로부터 거짓이나 그 밖의 부정한 방법으로 장기요양급여비용을 받은 때 당해 장기요양기관으로부터 이를 징수하여 수급자에게 지체 없이 지급하여야 한다(제43조 제4항).

한편, 국민건강보험공단은 제3자의 행위로 인한 장기요양급여의 제공사유가 발생하여 수급자에게 장기요양급여를 행한 때 그 급여에 사용된 비용의 한도 안에서 그 제3자에 대한 손해배상의 권리(구상권)를 얻는다. 또한 장기요양급여를 받은 자가 제3자로부터 이미 손해배상을 받은 때 국민건강보험공단은 그 손해배상액의 한도 안에서 장기요양급여를 지급하지 않도록 하여(제44조), 손해배상청구권과 급여청구권 간의 조정을 도모하고 있다.

6. 장기요양기관

1) 장기요양기관의 지정 및 지정취소 등

재가급여 또는 시설급여를 제공하는 장기요양기관을 운영하려는 자는 장기요양에 필요한 시설 및 인력을 갖추어[23] 소재지를 관할하는 특별자치시장·특별자

---

23) 장기요양기관으로 지정받을 수 있는 시설은 「노인복지법」 제31조에 따른 노인복지시설 중 「노인복지법」 제34조에 따른 노인의료복지시설 및 같은 법 제38조에 따른 재가노인복지시설을 말한다(법 제31조 제2항 및 시행령 제14조). 따라서 장기요양기관으로 지정받으려는 자가 갖추어야 하는 시설 및 인력은 「노인복지법」 제38조에 따른 재가노인복지시설 및 인력, 「노인복지법」 제34조에 따른 노인의료복지시설 및 인력을 말한다(시행규칙 제23조).

치도지사·시장·군수·구청장으로부터 지정을 받아야 하며(제31조 제1항), 지정요건 중 중요사항을 변경하려는 경우에는 변경지정을(제33조 제1항), 경미한 사항을 변경하려는 경우에는 변경신고를 하여야 한다(제33조 제2항). 그리고 장기요양기관을 지정 또는 변경지정을 하거나 변경신고를 받은 특별자치시장·특별자치도지사·시장·군수·구청장은 지체 없이 지정 명세를 공단에 통보하여야 한다(제31조 제4항, 제33조 제3항).

장기요양기관 지정의 유효기간은 6년이며(제32조의3), 유효기간 종료 후에도 계속하여 그 지정을 유지하려는 경우에는 지정권자에게 갱신 신청을 하여야 한다(제32조의4).

특별자치시장·특별자치도지사·시장·군수·구청장은 지정받은 장기요양기관에 일정 사유가 발생하면 지정을 취소하거나 6개월의 범위에서 업무정지를 명할 수 있다(제37조).[24] 다만, 특별자치시장·특별자치도지사·시장·군수·구청

다만, 이 법 제23조 제1항 제1호에서 정하고 있는 재가급여를 제공하는 장기요양기관 중 의료기관이 아닌 자가 설치·운영하는 장기요양기관이 방문간호를 제공하는 경우에는 방문간호의 관리책임자로서 간호사를 두어야 한다(제31조 제5항).

24) **제37조(장기요양기관 지정의 취소 등)** ① 특별자치시장·특별자치도지사·시장·군수·구청장은 장기요양기관이 다음 각 호의 어느 하나에 해당하는 경우 그 지정을 취소하거나 6개월의 범위에서 업무정지를 명할 수 있다. 다만, 제1호, 제2호의2, 제3호의5, 제7호, 또는 제8호에 해당하는 경우에는 지정을 취소하여야 한다.

1. 거짓이나 그 밖의 부정한 방법으로 지정을 받은 경우
1의2. 제28조의2를 위반하여 급여외행위를 제공한 경우. 다만, 장기요양기관의 장이 그 위반행위를 방지하기 위하여 해당 업무에 관하여 상당한 주의와 감독을 게을리하지 아니한 경우는 제외한다.
2. 제31조 제1항에 따른 지정기준에 적합하지 아니한 경우
2의2. 제32조의2 각 호의 어느 하나에 해당하게 된 경우. 다만, 제32조의2 제7호에 해당하게 된 법인의 경우 3개월 이내에 그 대표자를 변경하는 때에는 그러하지 아니하다.
3. 제35조 제1항을 위반하여 장기요양급여를 거부한 경우
3의2. 제35조 제5항을 위반하여 본인부담금을 면제하거나 감경하는 행위를 한 경우
3의3. 제35조 제6항을 위반하여 수급자를 소개, 알선 또는 유인하는 행위 및 이를 조장하는 행위를 한 경우
3의4. 제35조의4 제2항 각 호의 어느 하나를 위반한 경우

장은 장기요양기관에 대한 업무정지명령이 해당 장기요양기관을 이용하는 수급자에게 심한 불편을 줄 우려가 있는 등 특별한 사유가 있다고 인정되는 경우에는 업무정지명령을 갈음하여 2억 원 이하의 과징금을 부과할 수 있다(제37조의2 제1항). 아울러 거짓이나 그 밖의 부정한 방법으로 비용을 청구한 장기요양기관에 대한 업무정지명령이 해당 장기요양기관을 이용하는 수급자에게 심한 불편을 줄 우려가 있는 경우에는 업무정지명령을 갈음하여 그 금액의 5배 이하의 금액을 과징금으로 부과할 수 있다(제37조의2 제2항).

다른 한편, 장기요양기관이 거짓으로 일정 금액 이상[25]의 재가·시설급여 비용을 청구하여 특별자치시장·특별자치도지사·시장·군수·구청장에게 지정취소 또는 업무정지명령이 확정된 경우에는 그 위반사실, 처분내용, 장기요양기관 명

3의5. 제36조 제1항에 따른 폐업 또는 휴업 신고를 하지 아니하고 1년 이상 장기요양급여를 제공하지 아니한 경우

3의6. 제36조의2에 따른 시정명령을 이행하지 아니하거나 회계부정 행위가 있는 경우

3의7. 정당한 사유 없이 제54조에 따른 평가를 거부·방해 또는 기피하는 경우

4. 거짓이나 그 밖의 부정한 방법으로 재가 및 시설 급여비용을 청구한 경우

5. 제61조 제2항에 따른 자료제출 명령에 따르지 아니하거나 거짓으로 자료제출을 한 경우나 질문 또는 검사를 거부·방해 또는 기피하거나 거짓으로 답변한 경우

6. 장기요양기관의 종사자 등이 다음 각 목의 어느 하나에 해당하는 행위를 한 경우. 다만, 장기요양기관의 장이 그 행위를 방지하기 위하여 해당 업무에 관하여 상당한 주의와 감독을 게을리하지 아니한 경우는 제외한다.

　　가. 수급자의 신체에 폭행을 가하거나 상해를 입히는 행위

　　나. 수급자에게 성적 수치심을 주는 성폭행, 성희롱 등의 행위

　　다. 자신의 보호·감독을 받는 수급자를 유기하거나 의식주를 포함한 기본적 보호 및 치료를 소홀히 하는 방임행위

　　라. 수급자를 위하여 증여 또는 급여된 금품을 그 목적 외의 용도에 사용하는 행위

　　마. 폭언, 협박, 위협 등으로 수급자의 정신건강에 해를 끼치는 정서적 학대행위

7. 업무정지기간 중에 장기요양급여를 제공한 경우

8. 「부가가치세법」 제8조에 따른 사업자등록 또는 「소득세법」 제168조에 따른 사업자등록이나 고유번호가 말소된 경우

25) 여기에는 거짓으로 청구한 금액이 1천만 원 이상인 경우, 거짓으로 청구한 금액이 장기요양급여비용 총액의 100분의 10 이상인 경우가 있다.

칭·주소, 장기요양기관 장의 성명 등을 대외적으로 공표하도록 하고 있다(제37조의3 제1항). 또한 장기요양기관이 제61조 제2항에 따른 자료제출 명령에 따르지 아니한 경우, 거짓으로 자료제출을 한 경우, 질문 또는 검사를 거부·방해 또는 기피하거나 거짓으로 답변한 경우에 해당하여 지정취소 또는 업무정지명령이 확정된 경우에도 동일한 방식으로 공표하고 있다(제37조의3 제2항).

2) 장기요양기관의 의무

「노인장기요양보험법」 제35조에서는 장기요양기관이 준수해야 할 일반적 의무에 대해 정하고 있는데, 그 내용을 다음과 같다.

우선 장기요양기관은 수급자로부터 장기요양급여신청을 받은 때 정당한 사유가 없는 한 장기요양급여의 제공을 거부할 수 없다(제1항). 장기요양기관은 장기요양급여의 제공 기준·절차 및 방법 등에 따라 장기요양급여를 제공하여야 한다(제2항).

장기요양기관의 장은 장기요양급여를 제공한 수급자에게 장기요양급여비용에 대한 명세서를 교부하여야 한다(제3항). 장기요양기관의 장은 장기요양급여 제공에 관한 자료를 기록·관리하여야 하며, 장기요양기관의 장 및 그 종사자는 장기요양급여 제공에 관한 자료를 거짓으로 작성하여서는 아니 된다(제4항).

장기요양기관은 이 법에서 정한 본인부담금의 면제 또는 감경사유에 해당하는 금액 외에 영리 목적으로 수급자가 부담하는 본인부담금을 면제·감경할 수 없다(제5항). 아울러 누구든지 영리를 목적으로 금전, 물품, 노무, 향응, 그 밖의 이익을 제공하거나 제공할 것을 약속하는 방법으로 수급자를 장기요양기관에 소개, 알선 또는 유인하는 행위 및 이를 조장하는 행위를 하여서는 아니 된다(제6항).

장기요양기관의 장은 보건복지부령으로 정하는 재무·회계에 관한 기준에 따라 장기요양기관을 투명하게 운영하여야 한다(제35조의2). 만일 장기요양기관이 재무·회계기준을 위반하는 경우 특별자치시장·특별자치도지사·시장·군수·구청장은 6개월 이내의 범위 내에서 해당 장기요양기관에게 시정을 명할 수 있다(제36조의2).

장기요양기관의 장은 장기요양요원에 대한 보호의무를 부담한다. 이에 따라 장기요양요원이 수급자 및 그 가족으로부터 폭언·폭행·상해 또는 성희롱·성폭력 피해를 입거나, 급여외행위 제공을 강요받아 고충해소 요청을 하면 장기요양기관의 장은 해당 장기요양요원에 대한 업무 전환 등 적절한 조치를 하여야 한다(제35조의4). 또한 장기요양기관의 장은 장기요양요원에게 급여외행위 제공을 요구하거나 수급자가 부담해야 할 본인부담금의 전부 또는 일부를 부담하도록 요구해서는 안 된다(제35조의4 제2항).

3) 장기요양기관의 폐업 등

장기요양기관의 장이 장기요양기관을 폐업하거나 휴업하고자 하는 경우에는 폐업이나 휴업 예정일 전 30일까지 특별자치시장·특별자치도지사·시장·군수·구청장에게 신고하여야 한다(제36조 제1항). 다만, 장기요양기관을 폐업 또는 휴업(지정갱신 미신청 포함)을 하고자 하는 때에는 해당 기관을 이용하는 수급자 권익보호를 위한 일련의 조치를 하여야 한다(제36조 제3항).[26] 그러나 폐업 또는 휴업을 하고자 하는 장기요양기관의 수급자 보호조치에 차질이 우려되는 경우, 특별자치시장·특별자치도지사·시장·군수·구청장은 장기요양기관에게 폐업 및 휴업의 철회를 권고(지정갱신 신청 권고 포함)하거나 필요한 다른 조치를 강구하여야 한다(제36조 제4항).

7. 권리구제

장기요양인정·장기요양등급·장기요양급여·부당이득·장기요양급여비용 또는 장기요양보험료 등에 관한 국민건강보험공단의 처분에 이의가 있는 자는 공

---

26) 여기에는, 첫째, 해당 장기요양기관을 이용하는 수급자가 다른 장기요양기관을 선택하여 이용할 수 있도록 계획을 수립하고 이행하는 조치, 둘째, 해당 장기요양기관에서 수급자가 제40조 제1항 및 제2항에 따라 부담한 비용 중 정산하여야 할 비용이 있는 경우 이를 정산하는 조치, 셋째, 그 밖에 수급자의 권익 보호를 위하여 필요하다고 인정되는 조치로서 보건복지부령으로 정하는 조치가 있다.

단에 심사청구를 할 수 있다(제55조 제1항). 심사청구는 그 처분이 있음을 안 날부터 90일 이내에 문서로 해야 하며, 처분이 있은 날부터 180일이 경과하면 이를 제기하지 못한다. 다만, 정당한 사유로 그 기간에 심사청구할 수 없음을 증명하면 기간이 지난 후에도 심사청구를 할 수 있다(제55조 제2항).

심사청구에 대한 결정에 불복하는 사람은 그 결정통지를 받을 날부터 90일 이내에 재심사를 청구할 수 있다(제56조 제1항). 이때 재심사는「행정심판법」을 준용하며, 재심사청구 사항에 대하여 재심사를 거친 경우에는 행정심판을 제기할 수 없다(제56조). 이는 현행법상 재심사 절차를 특별행정심판으로 간주하기 때문에 중복적인 행정심판 제기를 방지하기 위한 입법조치로 볼 수 있다. 하지만 공단의 처분에 이의가 있거나, 심사청구 또는 재심사청구에 대한 결정에 불복하는 사람은「행정소송법」에 따른 행정소송을 제기할 수 있도록 하고 있어(제57조), 분쟁당사자는 선택적으로 공단의 처분에 대하여 심사 및 재심사청구, 행정심판, 행정소송을 제기할 수 있다.

제5절 산업재해보상보험법

1. 연혁 및 체계

「산업재해보상보험법」은 1963년 11월 5일 근로자에게 발생하는 업무상 재해에 대한 보상 등 당시「사회보장에 관한 법률」[27]에서 정하고 있는 산업재해보상보험사업을 수행하기 위해 제정되었다. 이후「산업재해보상보험법」은 1994년 12월 22일 전부개정되면서 그동안 정부에서 직접 관리·운영하던 업무를 새로이 설치된 노

---

27)「사회보장에 관한 법률」은 1963년 제정되었다. 이 법은 국내 사회보장·사회복지법제 분야 최초의 기본법이었다는 의의를 갖고 있다. 그러나 이 법은 당시 군부정권에 의해 추진된 경제정책, 정치적·국가재정적 한계 때문에 제대로 시행되지 못한 채 사실상 사문화되었다가, 1995년 12월 30일 현행「사회보장기본법」이 제정되면서 폐지되었다.

동부산하 근로복지공단에 위탁하였고, 이 법과 별도로 운영되던 「산업재해보상보험특별회계법」 및 「산업재해보상보험업무 및 심사에 관한 법률」을 이 법으로 통합시켜 오늘에 이르고 있다.

현행법은 제1장 총칙, 제2장 근로복지공단, 제3장 보험급여, 제3장의2 진폐에 따른 보험급여의 특례, 제4장 근로복지사업, 제5장 산업재해보상보험 및 예방기금, 제6장 심사청구 및 재심사청구, 제7장 보칙, 제8장 벌칙으로 구성되어 있다.

〈표 10-7〉 주요 연혁 및 현행 법률의 체계

주요 연혁		현행 법률의 체계
1963. 11. 5.	•「산업재해보상보험법」 제정	제1장 총칙 제2장 근로복지공단 제3장 보험급여 제3장의2 진폐에 따른 　　　　　보험급여의 특례 제4장 근로복지사업 제5장 산업재해보상보험 　　　　및 예방기금 제6장 심사청구 및 　　　　재심사청구 제8장 보칙 제9장 벌칙
1994. 12. 22.	•「산업재해보상보험법」 전부개정	
1997. 8. 28.	• 현장실습생과 해외연수생 등으로 적용범위 확대 • 권리구제기간 연장	
1999. 12. 31.	• 특수형태근로자의 보험료산정기준 개선 • 노동능력상실에 비례한 휴업급여제도로 개선 • 재해근로자의 사후관리(간병급여) 강화조치 신설 • 유족급여의 임의적 연금 또는 일시금제도 신설 • 장의비 최고 및 최저한도 신설 • 중ㆍ소기업 사업주에 대한 특례신설	
2007. 12. 14.	•「산업재해보상보험법」 전부개정 • 평균임금 증감제도 개선 • 최고ㆍ최저 보상기준제도 개선 • 업무상 재해 인정기준 명확화 •「국민건강보험법」에 따른 종합전문요양기관 당연지정제도 도입 • 부분휴업급여제도 도입 • 저소득근로자의 휴업급여 수준 상향 • 장애등급 재판정제도 도입	

2007. 12. 14.	• 직업재활급여 신설 • 특수형태근로자에 대한 산재보험 적용 • 간병급여 지급대상 확대	
2010. 1. 27.	• 상병보상연금 수급 요건 구체화 • 장해 근로자에 대한 조기 직업훈련 실시	
2010. 5. 20.	• 진폐보상연금ㆍ진폐유족보상연금 신설 • 진폐판정절차 간소화 및 진폐요양 관리 합리화 조치 마련	
2016. 12. 27.	• 보험급여 신청근로자에 대한 불이익 처우 금지조항 신설	
2017. 10. 24.	• 출퇴근 재해의 업무상 재해성 인정	
2018. 6. 12.	• 최고ㆍ최저 보상기준 금액 산정기준 개선 • 유족보상연금 수급자격(연령기준) 확대 • 보험급여 전용계좌 예금 채권 압류금지 신설 • 고의ㆍ상습 부정수급자에 대한 명단공개 신설 • 산재보험 수급권 소멸시효 확대 • 거짓 또는 부정수급에 관여한 자에 대한 처벌 신설	
2019. 1. 15.	• 업무상 재해 인정 기준에 직장 내 괴롭힘, 고객 폭언 등으로 인한 정신적 스트레스 신설	
2020. 12. 8.	• 중소기업 사업주 배우자 또는 4촌 이내 친족에게 보험가입자격 부여	
2021. 1. 5.	• 특수형태근로종사자의 「산업재해보상보험법」 적용제외 사유 개선	

2. 목적

「산업재해보상보험법」은 국가가 산업재해보상보험 사업을 시행하여 근로자의 업무상의 재해를 신속하고 공정하게 보상하며, 재해근로자의 재활 및 사회 복귀를 촉진하기 위하여 이에 필요한 보험시설을 설치ㆍ운영하고, 재해 예방과 그 밖에 근로자의 복지 증진을 위한 사업을 시행하여 근로자 보호에 이바지하는 것을 목적으로 한다(제1항).

〈표 10-8〉 핵심용어

용어	내용
업무상 재해	업무상의 사유에 따른 근로자의 부상·질병·장해 또는 사망을 말한다.
근로자	직업의 종류와 관계없이 임금을 목적으로 사업이나 사업장에 근로를 제공하는 자를 말한다.
유족	사망한 자의 배우자(사실상 혼인 관계에 있는 자를 포함한다. 이하 같다)·자녀·부모·손자녀·조부모 또는 형제자매를 말한다.
치유	부상 또는 질병이 완치되거나 치료의 효과를 더 이상 기대할 수 없고 그 증상이 고정된 상태에 이르게 된 것을 말한다.
장해	부상 또는 질병이 치유되었으나 정신적 또는 육체적 훼손으로 인하여 노동능력이 상실되거나 감소된 상태를 말한다.
중증요양상태[28]	업무상의 부상 또는 질병에 따른 정신적 또는 육체적 훼손으로 노동능력이 상실되거나 감소된 상태로서 그 부상 또는 질병이 치유되지 아니한 상태를 말한다.
진폐(塵肺)	분진을 흡입하여 폐에 생기는 섬유증식성(纖維增殖性) 변화를 주된 증상으로 하는 질병을 말한다.

3. 적용대상

1) 근로자 및 사용자

「산업재해보상보험법」은 근로자를 사용하는 모든 사업 또는 사업장에 적용되며 가입대상은 사업 및 사업장의 근로자와 사용자이다. 다만, 위험률·규모 및 장소

---

28) 2018년 6월 12일 법률 제15665호로 개정된 「산업재해보상보험법」은 구법에서 정한 '폐질(廢疾)'이란 한자용어를 알기 쉽고 이해하기 쉬운 표현인 '중증요양상태'로 개정하였다.

등을 고려하여 대통령령[29]으로 정하는 사업에 대하여는 이 법을 적용하지 아니한다(제6조). 「산업재해보상보험법」은 근로자가 업무상의 사유에 따른 부상·질병·장해 또는 사망을 원인으로 근로자 본인 및 유족에 보호를 내용으로 한다. 다만, 현행법은 국외사업, 해외파견자, 현장실습생, 학생연구자, 중·소기업사업주, 특수형태근로종사자, 「국민기초생활보장법」상의 수급자에 대한 특례를 마련하고 있다.

2) 적용특례

(1) 국외의 사업

국외 근무기간에 발생한 근로자의 재해를 보상하기 위하여 우리나라가 당사국이 된 사회 보장에 관한 조약이나 협정으로 정하는 국가나 지역에서의 사업에 대하여는 고용노동부장관이 금융위원회와 협의하여 지정하는 보험회사에게 이 법에 따른 보험사업을 자기의 계산으로 영위하게 할 수 있다.[30] 보험회사는 「보험업

---

29) **제2조(법의 적용 제외 사업)** ① 「산업재해보상보험법」(이하 '법'이라 한다) 제6조 단서에서 "대통령령으로 정하는 사업"이란 다음 각 호의 어느 하나에 해당하는 사업 또는 사업장(이하 '사업'이라 한다)을 말한다.

　　1. 「공무원 재해보상법」 또는 「군인 재해보상법」에 따라 재해보상이 되는 사업. 다만, 「공무원 재해보상법」 제60조에 따라 순직유족급여 또는 위험직무순직유족급여에 관한 규정을 적용받는 경우는 제외한다.

　　2. 삭제 〈2017. 12. 26.〉

　　4. 가구내 고용활동

　　5. 삭제 〈2017. 12. 26.〉

　　6. 농업, 임업(벌목업은 제외한다), 어업 및 수렵업 중 법인이 아닌 자의 사업으로서 상시 근로자 수가 5명 미만인 사업

　　② 제1항 각 호의 사업의 범위에 관하여 이 영에 특별한 규정이 없으면 「통계법」에 따라 통계청장이 고시하는 한국표준산업분류표(이하 '한국표준산업분류표'라 한다)에 따른다.

30) 국외의 사업과 이를 대상으로 하는 보험사업에 대하여는 현행 「산업재해보상보험법」 제2조(보험의 관장과 보험연도), 제3조 제1항(국가의 부담 및 지원), 제6조 단서, 제8조(산업재해보상보험 및 예방심의위원회), 제82조 제1항(보험급여의 지급)과 제5장(산업재해보상

법」에 따른 사업 방법에 따라 보험사업을 영위하고, 이 법과 근로자를 위한 사회보장 관련 조약에서 정부가 부담하는 모든 책임을 성실히 이행하여야 한다. 또한 보험회사가 지급하는 보험급여는 이 법에 따른 보험급여보다 근로자에게 불이익하여서는 아니 된다(제121조).

(2) 해외파견자

「고용보험 및 산업재해보상보험의 보험료징수 등에 관한 법률」 제5조 제3항 및 제4항에 따른 보험가입자가 근로자를 대한민국 밖의 지역에서 하는 사업에 파견하는 경우, 근로복지공단에 보험 가입 신청을 하여 승인을 받으면 해외파견자를 그 가입자의 대한민국 영역 안의 사업(2개 이상의 사업이 있는 경우에는 주된 사업을 말한다.)에 사용하는 근로자로 간주하여 이 법을 적용할 수 있다. 이때 해외파견자의 보험급여의 기초가 되는 임금액은 그 사업에 사용되는 같은 직종 근로자의 임금액 및 그 밖의 사정을 고려하여 고용노동부장관이 정하여 고시하는 금액으로 한다. 이 법의 적용을 받는 해외파견자의 보험료 산정, 보험 가입의 신청 및 승인, 보험료의 신고 및 납부, 보험 관계의 소멸, 그 밖에 필요한 사항은 「고용보험 및 산업재해보상보험의 보험료징수 등에 관한 법률」로 정하는 바에 따른다(제122조).

(3) 현장실습생

이 법이 적용되는 사업에서 현장실습을 하고 있는 학생 및 직업훈련생 중 고용노동부장관이 정하는 현장실습생은 이 법을 적용할 때는 그 사업에 사용되는 근로자로 보고 현장실습생이 실습과 관련하여 입은 재해는 업무상의 재해로 본다.

현장실습생에 대한 보험급여의 기초가 되는 임금액은 현장실습생이 지급받는 훈련수당 등 모든 금품으로 하되, 이를 적용하는 것이 현장실습생의 재해보상에 적절하지 아니하다고 인정되면 고용노동부장관이 정하여 고시하는 금액으로 할 수 있다. 현장실습생에 대한 보험료의 산정·신고 및 납부 등에 관한 사항은 「고용보험 및 산업재해보상보험의 보험료징수 등에 관한 법률」로 정하는 바에 따른

보험 및 예방기금) 및 제6장(심사청구 및 재심사청구)을 적용하지 않는다(제121조 제4항).

다(제123조).

(4) 학생연구자

「연구실 안전환경 조성에 관한 법률」 제2조 제1호에 따른 대학·연구기관 등은 이 법의 적용을 받는 사업으로 보며, 같은 법 제2조 제8호에 따른 연구활동 종사자 중 대학·연구기관 등이 수행하는 연구개발과제에 참여하는 학생 신분의 연구자는 이 법을 적용할 때 근로자로 본다(제123조의2 제1항 및 제2항).

학생연구자에 대한 보험급여의 산정기준이 되는 평균임금은 고용노동부장관이 고시하는 금액으로 하며(제123조의2 제4항), 학생연구자에 대한 보험 관계의 성립·소멸 및 변경, 보험료의 산정·신고·납부, 보험료나 그 밖에 징수금의 징수에 필요한 사항은 「고용보험 및 산업재해보상보험의 보험료징수 등에 관한 법률」에서 정하는 바에 따른다(제123조의2 제3항). 학생연구자에 대한 보험급여 지급사유인 업무상의 재해의 인정기준 및 보험급여 지급 등에 필요한 사항은 대통령령으로 정한다(제123조의2 제5항 및 제7항).[31]

---

31) 제121조의3(학생연구자의 업무상 재해의 인정 기준) 법 제123조의2 제5항에 따른 학생연구자에 대한 업무상의 재해의 인정기준에 관하여는 제27조, 제28조, 제30조부터 제35조까지 및 제36조를 준용한다. 이 경우 '근로자'는 '학생연구자'로, '사업장'은 「연구실 안전환경 조성에 관한 법률」에 따른 대학·연구기관 등의 연구활동이 수행되는 장소'로, '사업주'는 '대학·연구기관 등'으로 보고, 제27조 제1항 제1호의 '근로계약에 따른 업무수행 행위'는 '대학·연구기관 등이 수행하는 연구개발과제에 참여하여 수행하는 연구활동 행위'로 본다.
제121조의4(학생연구자의 보험급여의 지급 등) ① 법 제123조의2 제2항에 따른 학생연구자의 보험급여의 신청·청구 및 결정·통지 등에 관하여는 제21조, 제37조, 제38조, 제44조, 제45조, 제48조부터 제53조까지, 제55조부터 제69조까지, 제72조, 제72조의2, 제73조부터 제77조까지, 제77조의2, 제78조, 제79조, 제79조의2, 제80조, 제81조, 제81조의2, 제82조, 제83조, 제83조의2, 제83조의3, 제96조부터 제98조까지, 제101조부터 제105조까지 및 제113조부터 제120조까지를 준용한다. 이 경우 '근로자'는 '학생연구자'로, '사업주'는 「연구실 안전환경 조성에 관한 법률」에 따른 대학·연구기관 등'으로 본다.

(5) 중소기업 사업주

중소기업 사업주(근로자를 사용하지 아니하는 자를 포함)[32]는 근로복지공단의 승인을 받아 자기 또는 유족을 보험급여 수급자로 하여 보험에 가입할 수 있다. 또한 중소기업 사업주의 배우자(사실상 혼인관계에 있는 사람을 포함) 또는 4촌 이내의 친족으로서 중소기업 사업주로부터 노무 제공에 대한 보수를 받지 않고 해당 사업에 노무를 제공하는 사람은 공단의 승인을 받아 보험에 가입할 수 있다(제124조 제2항, 시행령 제122조 제1항 및 제4항). 이 경우 사업주와 사업주의 배우자 또는 4촌 이내 친족은 이 법을 적용할 때 근로자로 본다.

중소기업 사업주 등에 대한 업무상 재해 인정범위는 제27조, 제28조, 제30조부터 제35조까지 및 제36조를 준용한다(제124조 제4항 및 시행령 제123조). 다만, 중소기업 사업주에게 발생한 업무상의 재해가 보험료의 체납기간에 발생하면 그 재해에 대한 보험급여의 전부 또는 일부를 지급하지 아니할 수 있다(제124조 제6항). 이 법의 적용을 받는 중소기업 사업주의 보험료의 산정, 보험 가입의 신청 및 승인, 보험료의 신고 및 납부, 보험관계의 소멸, 그 밖에 필요한 사항은「고용보험 및 산업재해보상보험의 보험료징수 등에 관한 법률」로 정하는 바에 따른다(제124조 제8항).

(6) 특수형태근로종사자

계약의 형식에 관계없이 근로자와 유사하게 노무를 제공함에도「근로기준법」등이 적용되지 않는 특수형태 근로자의 노무(勞務)를 제공받는 사업은 이 법의 적용을 받는 사업으로 보며, 이 경우 특수형태근로종사자는 이 법을 적용할 때에는 그 사업의 근로자로 본다. 다만, 특수형태근로종사자가 이 법의 적용 제외를 신청한 경우에는 근로자로 보지 아니한다(제125조 제1항 및 제2항).

특수형태근로종사자가 법정 적용제외 사유[33]에 해당하는 경우에는 특수형태근

---

32) 여기에서 말하는 중소기업 사업주란 보험가입자로서 300명 미만의 근로자를 사용하는 사업주, 근로자를 사용하지 않는 사람(법 제125조 제1항 및 이 법 제125조에 따른 특수형태근로종사자에 해당하는 사람은 제외)을 의미한다(시행령 제122조 제1항).

33) 여기에는, 첫째, 특수형태근로종사자가 부상·질병, 임신·출산·육아로 1개월 이상 휴업하는 경우(제125조 제4항 제1호), 둘째, 사업주의 귀책사유에 따라 특수형태근로종사자가

로종사자 또는 사업주는 근로복지공단에 이 법의 적용 제외를 신청할 수 있으며
(제125조 제4항), 공단이 승인한 경우에는 신청한 날의 다음 날부터 이 법을 적용
하지 않는다(제125조 제5항). 하지만 특수형태근로종사자가 법정 적용제외 사유에
해당하지 않게 된 경우에는 해당사유가 소멸한 날부터 이 법을 적용한다(제125조
제6항).

특수형태근로종사자에 대한 보험급여 산정기준인 평균임금은 고용노동부장관
이 고시하는 금액으로 하며(제125조 제8항),[34] 업무상 재해 인정기준은 법 제27조,
제28조, 제30조부터 제36조를 준용한다(제125조 제9항 및 시행령 제127조). 다만, 업
무상의 재해가 보험료 체납기간 중에 발생한 경우에는 보험급여의 전부 또는 일
부를 지급하지 아니할 수 있다(제125조 제10항).

(7) 국민기초생활보장법상의 수급자

근로자가 아닌 자로서 「국민기초생활보장법」 제15조에 따른 자활급여 수급자
중 고용노동부장관이 정하여 고시하는 사업[35]에 종사하는 자는 이 법의 적용을 받
는 근로자로 본다. 자활급여 수급자의 보험료 산정 및 보험급여의 기초가 되는 임
금액은 자활급여 수급자가 사업에 참여하여 받는 자활급여로 한다(제126조).

1개월 이상 휴업하는 경우(제125조 제4항 제2호), 셋째, 그 밖에 제1호 또는 제2호에 준하
는 사유로서 사업주가 천재지변, 전쟁 또는 이에 준하는 재난이나 「감염병의 예방 및 관리
에 관한 법률」에 따른 감염병의 확산으로 불가피하게 1개월 이상 휴업하는 경우(제125조
제4항 제3호 및 시행령 제126조의2)가 있다.

34) 이에 관해서는 '특수형태근로종사자에 대한 산재보험료 및 보험급여 산정의 기초가 되는
보수액 및 평균임금(고용노동부고시 제2021-59호)' 참조.

35) 「국민기초생활보장법」 제15조 및 같은 법 시행령 제20조에 따라 국가 또는 지방자치단체
가 실시하는 자활근로사업을 말한다[자활급여 수급자가 종사하는 사업(고용노동부고시 제
2015-103호)].

4. 급여의 내용

1) 급여의 지급요건(업무상 재해)

「산업재해보상보험법」은 보험급여의 종류로 요양급여, 휴업급여, 장해급여, 간병급여, 유족급여, 상병(傷病)보상연금, 장례비, 직업재활급여를 정하고 있다. 이러한 급여는 업무상 재해가 발생하였을 때 지급되는데, 현행법은 업무상 재해의 경우 근로자의 업무수행성, 업무상 사고의 발생, 업무상 부상·질병·장해·사망 등(출퇴근 재해 포함) 재해의 발생을 요소로 하고, 이들 요소 간에 상당인과관계(相當因果關係)를 요구하고 있다(제37조 제1항). 현행법은 상당인과관계성이 인정되는 업무상 재해를 업무상 사고, 업무상 질병, 출퇴근재해 등으로 분류하고 구체적 사례에서 적용할 수 있는 각각의 인정기준을 법정화하고 있다(제37조).[36]

<표 10-9> 업무상 재해의 인정기준 입법례

구분	내용
	근로자가 다음 각 호의 어느 하나에 해당하는 사유로 부상·질병 또는 장해가 발생하거나 사망하면 업무상의 재해로 본다. 다만 업무와 재해 사이에 상당인과관계(相當因果關係)가 없는 경우에는 그러하지 아니하다(제37조 제1항).

구분	내용
업무상 사고(제1호)	가. 근로자가 근로계약에 따른 업무나 그에 따르는 행위를 하던 중 발생한 사고 나. 사업주가 제공한 시설물 등을 이용하던 중 그 시설물 등의 결함이나 관리소홀로 발생한 사고 다. 사업주가 주관하거나 사업주의 지시에 따라 참여한 행사나 행사준비 중에 발생한 사고 라. 휴게시간 중 사업주의 지배관리 하에 있다고 볼 수 있는 행위로 발생한 사고 마. 그 밖에 업무와 관련하여 발생한 사고

---

36) 현행법 제37조에서 정하고 있는 업무상 재해 인정기준은 예시규정에 불과하다. 현재 입법되지 않은 수많은 업무상 재해가 행정심판, 행정소송 등 법률분쟁 과정에서 법원의 적극적 해석을 통해 새로이 형성되고 있다.

업무상 질병(제2호)	가. 업무수행 과정에서 물리적 인자(因子), 화학물질, 분진, 병원체, 신체에 부담을 주는 업무 등 근로자의 건강에 장해를 일으킬 수 있는 요인을 취급하거나 그에 노출되어 발생한 질병 나. 업무상 부상이 원인이 되어 발생한 질병 다. 「근로기준법」 제76조의2에 따른 직장 내 괴롭힘, 고객의 폭언 등으로 인한 업무상 정신적 스트레스가 원인이 되어 발생한 질병 라. 그 밖에 업무와 관련하여 발생한 질병
출퇴근 재해(제3호)	가. 사업주가 제공한 교통수단이나 그에 준하는 교통수단을 이용하는 등 사업주의 지배관리하에서 출퇴근하는 중 발생한 사고 나. 그 밖에 통상적인 경로와 방법으로 출퇴근하는 중 발생한 사고

※ 근로자의 고의·자해행위나 범죄행위 또는 그것이 원인이 되어 발생한 부상·질병·장해 또는 사망은 업무상의 재해로 보지 아니한다. 다만, 그 부상·질병·장해 또는 사망이 정상적인 인식능력 등이 뚜렷하게 낮아진 상태에서 한 행위로 발생한 경우로서 대통령령으로 정하는 사유가 있으면 업무상의 재해로 본다(제37조 제2항).

※ 출퇴근 중 발생한 사고 중에서 출퇴근 경로 일탈 또는 중단이 있는 경우에는 해당 일탈 또는 중단 중의 사고 및 그 후의 이동 중의 사고에 대하여는 출퇴근 재해로 보지 아니한다. 다만, 일탈 또는 중단이 일상생활에 필요한 행위로서 대통령령으로 정하는 사유가 있는 경우에는 출퇴근 재해로 본다(제37조 제3항).

※ 출퇴근 경로와 방법이 일정하지 아니한 직종으로 대통령령으로 정하는 경우에는 제1항제3호 나목에 따른 출퇴근 재해를 적용하지 아니한다(제37조 제4항).

2) 급여의 내용

(1) 요양급여

요양급여는 근로자가 업무상의 사유로 부상을 당하거나 질병에 걸린 경우에 그 근로자에게 지급한다. 요양급여는 산재보험 의료기관에서 요양을 하게 하는데 여기에는 진찰 및 검사, 약제 또는 진료재료와 의지(義肢) 그 밖의 보조기의 지급, 처치, 수술, 그 밖의 치료, 재활치료, 입원, 간호 및 간병, 이송 등이 있다(제40조 제1항 및 제4항). 다만, 부득이한 경우에는 요양을 갈음하여 요양비를 지급할 수 있다(제40조 제2항). 하지만 부상 또는 질병이 3일 이내의 요양으로 치유될 수 있으면 요양급여를 지급하지 아니한다(제40조 제3항).

요양급여(진폐에 따른 요양급여는 제외한다.)를 받으려는 자는 소속 사업장, 재해 발생 경위, 그 재해에 대한 의학적 소견, 그 밖에 고용노동부령으로 정하는 사항을 적은 서류를 첨부하여 근로복지공단에 요양급여의 신청을 하여야 한다(제41조).[37] 요양급여의 신청을 한 자는 근로복지공단이 이 법에 따른 요양급여에 관한 결정을 하기 전에는 「국민건강보험법」 제41조에 따른 요양급여 또는 「의료급여법」 제7조에 따른 의료급여(건강보험 요양급여 등)를 받을 수 있도록 하여, 건강보험이 우선 적용될 수 있도록 했다. 이 경우, 건강보험 요양급여 등을 받은 자가 「국민건강보험법」 제44조 또는 「의료급여법」 제10조에 따른 본인 일부 부담금을 산재보험 의료기관에 납부한 후에 이 법에 따른 요양급여 수급권자로 결정된 경우에는 그 납부한 본인 일부 부담금 중 요양급여에 해당하는 금액을 근로복지공단에 청구할 수 있다(제42조).

다른 한편, 업무상의 재해로 요양 중인 근로자가 업무상의 재해로 이미 발생한 부상이나 질병이 추가로 발견되어 요양이 필요한 경우, 업무상의 재해로 발생한 부상이나 질병이 원인이 되어 새로운 질병이 발생하여 요양이 필요한 경우에는 그 부상 또는 질병에 대한 요양급여(추가상병급여)를 신청할 수 있다(제49조). 또한 요양급여를 받은 사람이 치유 후 요양의 대상이 되었던 업무상의 부상 또는 질병이 재발하거나 치유 당시보다 상태가 악화되어 이를 치유하기 위한 적극적인 치료가 필요하다는 의학적 소견이 있으면 다시 요양급여(재요양급여)를 받을 수 있다(제51조).[38]

---

37) 근로자를 진료한 산재보험 의료기관은 그 근로자의 재해가 업무상 재해로 판단되면, 그 근로자의 동의를 받아 요양급여 신청을 대행할 수 있다(제41조 제2항).

38) **시행령 제48조(재요양의 요건 및 절차)** ① 법 제51조에 따른 재요양(이하 '재요양'이라 한다)은 업무상 부상 또는 질병에 대하여 요양급여(요양급여를 받지 아니하고 장해급여를 받는 부상 또는 질병의 경우에는 장해급여)를 받은 경우로서 다음 각 호의 요건 모두에 해당하는 경우에 인정한다.

1. 치유된 업무상 부상 또는 질병과 재요양의 대상이 되는 부상 또는 질병 사이에 상당인 과관계가 있을 것

2. 재요양의 대상이 되는 부상 또는 질병의 상태가 치유 당시보다 악화된 경우로서 나이나 그 밖에 업무 외의 사유로 악화된 경우가 아닐 것

3. 재요양의 대상이 되는 부상 또는 질병의 상태가 재요양을 통해 호전되는 등 치료효과를 기대할 수 있을 것

(2) 휴업급여

① 일반 휴업급여

휴업급여는 업무상 사유로 부상을 당하거나 질병에 걸린 근로자에게 요양으로 취업하지 못한 기간에 대하여 지급하되, 1일당 지급액은 평균임금의 70%에 상당하는 금액으로 한다. 다만, 취업하지 못한 기간이 3일 이내이면 지급하지 아니한다(제52조).

② 부분휴업급여

요양 또는 재요양을 받고 있는 근로자가 그 요양기간 중 일정기간 또는 단시간 취업을 하는 경우에는 그 취업한 날 또는 취업한 시간에 해당하는 그 근로자의 평균임금에서 그 취업한 날 또는 취업한 시간에 대한 임금을 뺀 금액의 90%에 상당하는 금액을 지급할 수 있다. 다만, 최저임금액을 1일당 휴업급여 지급액으로 하는 경우에는 최저임금액에서 취업한 날 또는 취업한 시간에 대한 임금을 뺀 금액을 지급할 수 있다. 단시간 취업하는 경우 취업하지 못한 시간(8시간에서 취업한 시간을 뺀 시간을 말한다.)에 대하여는 1일당 휴업급여 지급액에 8시간에 대한 취업하지 못한 시간의 비율을 곱한 금액을 지급한다(제53조).

③ 저소득 근로자 휴업급여

일반 휴업급여의 예에 따라 산정한 1일당 휴업급여 지급액이 최저 보상기준 금액의 80%보다 적거나 같으면 그 근로자에게는 평균임금의 90%에 상당하는 금액을 1일당 휴업급여 지급액으로 한다. 다만, 그 근로자의 평균임금의 90%에 상당하는 금액이 최저 보상기준 금액의 80%보다 많은 경우에는 최저 보상기준 금액의 80%에 상당하는 금액을 1일당 휴업급여 지급액으로 한다(제54조 제1항). 이 경우 산정한 휴업급여 지급액이 최저임금액보다 적으면 그 최저임금액을 그 근로자의 1일당 휴업급여 지급액으로 한다(제54조 제2항).

④ 고령자 휴업급여

휴업급여를 받는 근로자가 61세가 되면 그 이후의 휴업급여는 '[별표 1] 고령자 휴업급여 지급기준'에 따른 연령별 차등 지급액 산정 기준을 적용한 금액을 지급한다. 다만, 61세 이후에 취업 중인 사람이 업무상의 재해로 요양하거나 61세 전에 제37조 제1항 제2호에 따른 업무상 질병으로 장해급여를 받은 사람이 61세 이후에 그 업무상 질병으로 최초로 요양하는 경우 대통령령으로 정하는 기간에는 예외로 한다(제55조).

⑤ 재요양 기간 중 휴업급여

재요양을 받는 사람에 대하여는 재요양 당시의 임금을 기준으로 산정한 평균임금의 70%에 상당하는 금액을 1일당 휴업급여 지급액으로 한다(제56조 제1항). 다만, 1일당 휴업급여 지급액이 최저임금액보다 적거나 재요양 당시 평균임금 산정의 대상이 되는 임금이 없으면 최저임금액을 1일당 휴업급여 지급액으로 한다(제56조 제2항).

장해보상연금을 지급받는 사람이 재요양하는 경우에는 1일당 장해보상연금액과 제1항 또는 제2항에 따라 산정한 1일당 휴업급여 지급액을 합한 금액이 장해보상연금의 산정에 적용되는 평균임금의 70%를 초과하면 그 초과하는 금액 중 휴업급여에 해당하는 금액은 지급하지 아니한다(제56조 제3항).

(3) 장해급여

장해급여는 근로자가 업무상의 사유로 부상을 당하거나 질병에 걸려 치유된 후 신체 등에 장해가 있는 경우에 그 근로자에게 지급한다. 장해급여는 대통령령으로 정한 장해등급[39]에 따라 장해보상연금 또는 장해보상일시금으로 구분하고 있으며, 수급권자의 선택에 따라 어느 하나를 지급한다. 다만, 노동력을 완전히 상실한 장해등급의 근로자에게는 장해보상연금을 지급하도록 하여 이들에 대한 사회보장성을 높이고 있다. 다른 한편, 장해급여 청구사유 발생 당시 대한민국 국민이 아닌 자로서 외국에서 거주하고 있는 근로자에게는 장해보상일시금을 지급한다.

장해보상연금은 수급권자가 신청하면 그 연금의 최초 1년분 또는 2년분의 2분

---

39) 현행법은 장해등급을 제1급부터 제14급까지 구분하고 있다. 이에 관한 상세한 내용은 「산업재해보상보험법 시행령」 별표 6 참조.

의 1에 상당하는 금액을 미리 지급할 수 있다(제57조). 장해보상연금 수급권자가
재요양을 받는 경우에도 그 연금은 정지되지 않는다(제60조 제1항). 다만, 재요양
을 받고 치유된 후 장해상태가 종전에 비하여 호전되거나 악화된 경우에는 그 호
전 또는 악화된 장해상태에 해당하는 장해등급에 따라 장해급여를 지급한다(제
60조 제2항).

근로복지공단은 장해보상연금 또는 진폐보상연금 수급권자 중 그 장해상태가
호전되거나 악화되어 이미 결정된 장해등급 또는 진폐장해등급이 변경될 가능성
이 있는 자에 대하여는 그 수급권자의 신청 또는 직권으로 장해등급 등을 재판정
할 수 있다. 장해등급 등의 재판정 결과 장해등급 등이 변경되면 그 변경된 장해
등급 등에 따라 장해급여 또는 진폐보상연금을 지급한다(제59조).

(4) 간병급여

간병급여는 요양급여를 받은 자 중 치유 후 의학적으로 상시 또는 수시로 간병
이 필요하여 실제로 간병을 받는 자에게 지급한다(제61조).

(5) 유족급여

유족급여는 근로자가 업무상의 사유로 사망한 경우에 유족에게 지급한다(제62조
제1항). 유족급여는 유족보상연금이나 유족보상일시금으로 하되, 유족보상일시금
은 근로자가 사망할 당시 유족보상연금을 받을 수 있는 자격이 있는 자가 없는 경
우에 지급한다(제62조 제2항).

유족보상연금을 받을 수 있는 자격이 있는 자가 원하면 유족보상일시금의 50%
에 상당하는 금액을 일시금으로 지급하고 유족보상연금은 50%을 차감하여 지급
한다(제62조 제3항). 유족보상연금을 받던 자가 그 수급자격을 잃은 경우 다른 수
급자격자가 없고 이미 지급한 연금액을 지급 당시의 각각의 평균임금으로 나누어
산정한 일수의 합계가 1,300일에 못 미치면 그 못 미치는 일수에 수급자격 상실
당시의 평균임금을 곱하여 산정한 금액을 수급자격 상실 당시의 유족에게 일시금
으로 지급한다(제62조 제4항).

유족보상연금 수급자격자는 근로자가 사망할 당시 그 근로자와 생계를 같이하

고 있던 유족[40] 중 배우자, 부모 또는 조부모로서 각각 60세 이상인 사람, 자녀로서 25세 미만인 사람, 손자녀로서 19세 미만인 사람, 형제자매로서 19세 미만이거나 60세 이상인 사람, 이상 자녀·부모·손자녀·조부모의 요건에 해당하지 아니하는 자녀·부모·손자녀·조부모 또는 형제자매로서 「장애인복지법」 제2조에 따른 장애인 중 고용노동부령으로 정한 장애등급 이상에 해당하는 자로 한다(제63조 제1항). 다만, 근로자가 사망당시 태아(胎兒)였던 자녀가 출생한 경우에는 출생한 때부터 장래를 향해 근로자가 사망할 당시 그 근로자와 생계를 같이하고 있던 유족으로 본다(제63조 제2항).

유족보상연금에 대한 유족 간의 수급권의 우선순위는 배우자·자녀·부모·손자녀·조부모 및 형제자매의 순서로 한다(제63조 제3항). 유족보상일시금에 대한 유족 간 수급권 우선 순위는 첫째, 근로자가 사망할 당시 그 근로자와 생계를 같이하고 있던 배우자·자녀·부모·손자녀 및 조부모, 둘째, 근로자가 사망할 당시 그 근로자와 생계를 같이 하고 있지 아니하던 배우자·자녀·부모·손자녀 및 조부모 또는 근로자가 사망할 당시 근로자와 생계를 같이 하고 있던 형제자매, 셋째, 형제자매 순서로 한다(제65조 제1항). 이 경우, 같은 순위의 수급권자가 2명 이상이면 그 유족에게 똑같이 나누어 지급하나(제65조 제1항), 수급권자인 유족이 사망한 경우 그 보험급여는 같은 순위자가 있으면 같은 순위자에게, 같은 순위자가 없으면 다음 순위자에게 지급한다(제65조 제3항). 그럼에도 불구하고 근로자가 유언으로 보험급여를 받을 유족을 지정하면 그 지정에 따른다(제65조 제4항).

(6) 상병보상연금

요양급여를 받는 근로자가 요양을 시작한 지 2년이 지난 날 이후에도, 첫째, 그 부상이나 질병이 치유되지 아니한 상태, 둘째, 그 부상이나 질병에 따른 중증요양상태의 정도가 대통령령으로 정하는 중증요양상태 등급 기준에 해당하는 상태, 셋째, 요양으로 인하여 취업하지 못하는 상태 등 모두에 해당하고 이러한 상태가 계속되면 휴업급여 대신 상병보상연금을 근로자에게 지급한다(제66조 제1항). 재

---

40) 근로자가 사망할 당시 대한민국 국민이 아닌 자로서 외국에서 거주하고 있던 유족은 제외한다.

요양을 시작한 지 2년이 지난 후에 부상·질병 상태가 여기에 모두에 해당하는 사람에게는 휴업급여 대신 중증요양상태등급에 따라 상병보상연금을 지급한다(제69조 제1항).

이 경우, 저소득 근로자의 상병보상연금에 대한 특례를 마련하고 있다(제67조). 이에 따르면, 첫째, 상병보상연금을 산정할 때 그 근로자의 평균임금이 최저임금액에 70분의 100을 곱한 금액보다 적을 때에는 최저임금액의 70분의 100에 해당하는 금액을 그 근로자의 평균임금으로 보아 산정한다. 둘째, 상병보상연금액을 365로 나눈 1일당 상병보상연금 지급액이 제54조에서 정한 바에 따라 산정한 1일당 휴업급여 지급액보다 적으면 제54조에서 정한 바에 따라 산정한 금액을 1일당 상병보상연금 지급액으로 한다.

다른 한편, 상병보상연금을 받는 근로자가 61세가 되면 이후의 연금은 '[별표 5] 고령자의 1일당 상병보상연금 지급기준'에 따른 연령별 차등산정 기준에 따라 상병보상연금액이 결정된다(제68조).

(7) 장례비

장례비는 근로자가 업무상의 사유로 사망한 경우에 지급하되, 평균임금의 120일분에 상당하는 금액을 그 장례를 지낸 유족에게 지급한다. 다만, 장례를 지낼 유족이 없거나 그 밖에 부득이한 사유로 유족이 아닌 자가 장례를 지낸 경우에는 평균임금의 120일분에 상당하는 금액의 범위에서 실제 드는 비용을 그 장례를 지낸 자에게 지급한다(제71조). 장례비는 근로자가 업무상의 사유로 사망하였다고 추정되는 경우에도 장례를 지내기 전에 유족의 청구에 따라 최저 금액을 장례비로 미리 지급할 수 있다(제71조 제3항).

(8) 직업재활급여

직업재활급여의 종류에는, 첫째, 장해급여 또는 진폐보상연금을 받은 자나 장해급여를 받을 것이 명백한 자로서 대통령령으로 정하는 자(장해급여자) 중 취업을

위하여 직업훈련이 필요한 자에 대하여 실시하는 직업훈련에 드는 비용[41] 및 직업
훈련수당[42]이 있다(제72조 제1항 제1호), 둘째, 업무상의 재해가 발생할 당시의 사
업에 복귀한 장해급여자에 대하여 사업주가 고용을 유지하거나 직장적응훈련 또
는 재활운동을 실시하는 경우에 각각 지급하는 직장복귀지원금, 직장적응훈련비
및 재활운동비[43]가 있다(제72조 제1항 제2호).

(9) 특별급여

보험가입자의 고의 또는 과실로 발생한 업무상의 재해로 근로자가 대통령령으
로 정하는 장해등급 또는 진폐장해등급에 해당하는 장해를 입은 경우에 수급권자
가 「민법」에 따른 손해배상청구를 갈음하여 장해특별급여를 청구하면 장해급여
또는 진폐보상연금 외에 대통령령으로 정하는 장해특별급여를 지급할 수 있다.
다만, 근로자와 보험가입자 사이에 장해특별급여에 관하여 합의가 이루어진 경우
에 한한다(제78조).

보험가입자의 고의 또는 과실로 발생한 업무상의 재해로 근로자가 사망한 경우
에 수급권자가 「민법」에 따른 손해배상청구를 갈음하여 유족특별급여를 청구하면
유족급여 또는 진폐유족연금 외에 대통령령으로 정하는 유족특별급여를 지급할
수 있다(제79조).

---

41) 훈련대상자에 대한 직업훈련은 공단과 계약을 체결한 직업훈련기관에서 실시하며, 직업훈
련에 드는 비용은 직업훈련을 실시한 직업훈련기관에 지급한다(제73조 제1항 및 제2항).

42) 직업훈련수당은 직업훈련을 받는 훈련대상자에게 그 직업훈련으로 인하여 취업하지 못하
는 기간에 대하여 지급하되, 1일당 지급액은 최저임금액에 상당하는 금액으로 한다. 다만,
휴업급여나 상병보상연금을 받는 훈련대상자에게는 직업훈련수당을 지급하지 아니한다
(제74조).

43) 직장복귀지원금, 직장적응훈련비 및 재활운동비는 장해급여자에 대하여 고용을 유지하거
나 직장적응훈련 또는 재활운동을 실시하는 사업주에게 각각 지급한다(제75조 제1항).

5. 급여의 제한 및 정지 등

1) 제한 및 조정

근로복지공단은 근로자가 요양 중인 근로자가 정당한 사유 없이 요양에 관한 지시를 위반하여 부상·질병 또는 장해 상태를 악화시키거나 치유를 방해한 경우, 장해보상연금 또는 진폐보상연금 수급권자가 제59조에 따른 장해등급 또는 진폐장해등급 재판정 전에 자해(自害) 등 고의로 장해 상태를 악화시킨 경우에 해당되면 보험급여의 전부 또는 일부를 지급하지 아니할 수 있다(제83조).

한편, 수급권자가 이 법에 따라 보험급여를 받았거나 받을 수 있으면 보험가입자는 동일한 사유에 대하여「근로기준법」에 따른 재해보상 책임이 면제된다(제80조 제1항). 그리고 수급권자가 동일한 사유에 대하여 이 법에 따른 보험급여를 받으면 보험가입자는 그 금액의 한도 안에서「민법」이나 그 밖의 법령에 따른 손해배상의 책임이 면제된다. 이 경우 장해보상연금 또는 유족보상연금을 받고 있는 자는 장해보상일시금 또는 유족보상일시금을 받은 것으로 본다(제80조 제2항).

수급권자가 동일한 사유로「민법」이나 그 밖의 법령에 따라 이 법의 보험급여에 상당한 금품을 받으면 공단은 그 받은 금품을 대통령령으로 정하는 방법에 따라 환산한 금액의 한도 안에서 이 법에 따른 보험급여를 지급하지 아니한다. 다만, 수급권자가 지급받은 것으로 보게 되는 장해보상일시금 또는 유족보상일시금에 해당하는 연금액에 대하여는 그러하지 아니하다(제80조 제3항).

요양급여를 받는 근로자가 요양을 시작한 후 3년이 지난 날 이후에 상병보상연금을 지급받고 있으면「근로기준법」제23조 제2항 단서를 적용할 때 그 사용자는 그 3년이 지난 날 이후에는 일시보상을 지급한 것으로 본다(제80조 제4항).

2) 환수

근로복지공단은 수급권자가 거짓이나 부정한 방법으로 급여를 받은 경우, 수급권자 또는 수급권이 있었던 사람이 제114조 제2항부터 제4항까지의 규정에 따른 신고의무를 이행하지 아니하여 부당하게 보험급여를 지급받은 경우, 그 밖에 잘

못 지급된 보험급여가 있는 경우 그 급여액에 해당하는 금액을 환수한다.

수급자가 거짓이나 부정한 방법으로 급여를 받은 경우에는 급여액의 2배에 해당하는 금액을 환수한다(제84조 제1항). 이 경우, 보험급여의 지급이 보험가입자·산재보험 의료기관 또는 직업훈련기관의 거짓된 신고, 진단 또는 증명으로 인한 것이면 그 보험가입자·산재보험 의료기관 또는 직업훈련기관도 연대하여 책임을 진다(제84조 제2항).

근로복지공단은 산재보험 의료기관이나 제46조 제1항에 따른 약국이 위의 요건에 해당하는 경우에도 그 진료비나 약제비에 해당하는 금액을 환수하고 있으며, 특히, 거짓이나 부정한 방법으로 진료비나 약제비를 지급받은 경우에는 그 진료비나 약제비의 2배에 해당하는 금액(제44조 제1항에 따라 과징금을 부과하는 경우에는 그 진료비에 해당하는 금액)을 징수한다(제84조 제3항).

다른 한편, 근로복지공단은 부정수급자(연대채임자 포함)로서 매년 직전 연도부터 과거 3년간 부정수급 횟수가 2회 이상이고 부정수급액의 합계가 1억 원 이상인 자 또는 1회의 부정수급액이 2억 원 이상인 자의 명단을 공개할 수 있다(제84조의2 제1항). 다만, 부정수급자 또는 연대책임자의 사망으로 명단 공개의 실효성이 없는 경우 등에는 그 명단을 공개하지 않을 수 있다(제84조의2 제2항).

3) 구상권

근로복지공단은 제3자의 행위에 따른 재해로 보험급여를 지급한 경우에는 그 급여액의 한도 안에서 급여를 받은 자의 제3자에 대한 손해배상청구권을 대위(代位)한다. 다만, 보험가입자인 2 이상의 사업주가 같은 장소에서 하나의 사업을 분할하여 각각 행하다가 그중 사업주를 달리하는 근로자의 행위로 재해가 발생하면 그러하지 아니하다. 수급권자가 제3자로부터 동일한 사유로 이 법의 보험급여에 상당하는 손해배상을 받으면 공단은 그 배상액을 대통령령으로 정하는 방법에 따라 환산한 금액의 한도 안에서 이 법에 따른 보험급여를 지급하지 아니한다(제87조).

6. 권리구제

근로복지공단의 보험급여에 관한 결정, 진료비에 관한 결정, 약제비에 관한 결정, 진료계획 변경 조치등, 보험급여의 일시지급에 관한 결정, 부당이득의 징수에 관한 결정, 수급권의 대위에 관한 결정에 불복하는 자는 공단에 심사청구를 할 수 있다(제103조).

근로복지공단은 심사청구서를 받은 날부터 60일 이내에 산업재해보상보험심사위원회의 심의를 거쳐 결정을 하여야 한다. 다만, 부득이한 사유로 그 기간 이내에 결정을 할 수 없으면 1차에 한하여 20일을 넘지 아니하는 범위에서 그 기간을 연장할 수 있다. 심사청구 기간이 지난 후에 제기된 심사청구 등 대통령령으로 정하는 사유에 해당하는 경우에는 산업재해보상보험심사위원회의 심의를 거치지 아니할 수 있다. 결정기간을 연장할 때에는 최초의 결정기간이 끝나기 7일 전까지 심사청구인 및 보험급여 결정 등을 한 공단의 소속 기관에 알려야 한다(제105조).

심사청구에 대한 결정에 불복하는 자는 산업재해보상보험재심사위원회에 재심사청구를 할 수 있다. 다만, 판정위원회의 심의를 거친 보험급여에 관한 결정에 불복하는 자는 심사청구를 하지 아니하고 재심사청구를 할 수 있다. 재심사청구는 그 보험급여 결정등을 한 공단의 소속 기관을 거쳐 산업재해보상보험재심사위원회에 제기하여야 한다. 재심사청구는 심사청구에 대한 결정이 있음을 안 날부터 90일 이내에 제기하여야 한다. 다만, 심사청구를 거치지 아니하고 재심사청구를 하는 경우에는 보험급여에 관한 결정이 있음을 안 날부터 90일 이내에 제기하여야 한다(제106조). 이 경우 재심사청구에 대한 재결은 「행정소송법」 제18조를 적용할 때 행정심판에 대한 재결로 본다(제111조 제2항).

Social Welfare
Law and
Practice

제6절 고용보험법

1. 연혁 및 체계

「고용보험법」은 적극적 고용정책의 일환으로 근로자의 직업능력개발·실업예방 및 고용기회의 확대 등을 도모하고, 근로자의 실업으로 인한 경제·사회적인 어려움을 해소하는 것을 주된 내용으로 하는 고용보험제도를 시행하기 위하여 1993년 12월 27일 제정되었다.

현행법은 제1장 총칙, 제2장 피보험자의 관리, 제3장 고용안정·직업능력개발사업, 제4장 실업급여, 제5장 육아휴직급여 등, 제6장 고용보험기금, 제7장 심사 및 재심사청구, 제8장 보칙, 제9장 벌칙으로 구성되어 있다.

<표 10-10> 주요 연혁 및 현행 법률의 체계

주요 연혁		현행 법률의 체계
1993. 12. 27.	• 「고용보험법」 제정	제1장 총칙 제2장 피보험자의 관리 제3장 고용안정·직업능력 　　　개발사업 제4장 실업급여 제5장 육아휴직급여 등 제6장 고용보험기금 제7장 심사 및 재심사청구 제8장 보칙 제9장 벌칙
1997. 8. 28.	• 노조전임자 및 휴직자의 실업급여 수급권 강화	
1998. 2. 20.	• IMF 사태에 따른 실직근로자의 생계안정 지원 확충	
1998. 9. 17.	• IMF 사태에 대처하기 위하여 전 사업장에 고용보험이 적용되도록 개선 • 구직급여지급 유예제도 신설 • 고용보험 최소가입기간 완화	
1998. 12. 31.	• 실업급여 수급요건 완화 • 저소득 실직자에 대한 실업급여 기준 상향조정	
2001. 8. 14.	• 산전후휴가급여 및 육아휴직급여 지급규정 신설	
2002. 12. 30.	• 일용직근로자에 대한 구직급여 신설 • 조기재취직수당제도 개선	

2005. 5. 31.	• 유산 · 사산휴가 시 산전후휴가급여에 준하는 급여지급 기준 신설
2005. 12. 7.	• 고용안정사업과 직업능력개발사업 통합 • 고용보험사업 및 직업능력개발사업 지원 대상 확대 • 실업인정제도 운영 개선 • 자영업자에 대한 고용보험 임의가입제도 도입
2007. 5. 11.	• 「고용보험법」 전부개정
2008. 3. 21.	• 별정직 및 계약직 공무원의 가입자격 부여 • 취업 취약계층인 구직급여 수급자에 대한 직업능력개발훈련 강화
2008. 12. 31.	• 고용보험사업 평가제도 도입 • 직업능력개발 훈련을 받는 저소득 계층에 대한 생계비 대부제도 도입 • 산전후휴가 급여 등에 대한 권리의 대위제도 도입
2011. 7. 21.	• 자영업자의 실업급여 수급자격 부여 • 육아기 근로시간 단축급여 신설 • 「국민기초생활보장법」에 따른 자활급여 수급자에 대한 고용보험 적용 신설
2013. 6. 4.	• 65세 이후 이직자에 대한 실업급여 지급 조항 신설
2015. 1. 20.	• 실업급여 수급 예금계좌에 대한 일정액 압류금지 신설 • 고액금품 수령에 따른 구직급여 지급유예 폐지
2016. 5. 29.	• 구직급여 수급기간의 국민연금 가입기간으로 산정될 수 있는 근거 신설(「국민연금법」에 따른 실업 크레딧 제도와 연계)
2016. 12. 27.	• 고령자 · 준고령자 대상 직업능력개발 훈련 실시 사업주에 대한 훈련비용 우대지원 • 「국민기초생활보장법」에 따른 생계급여 미지급 대상에게 구직급여 수급권 인정

2019. 1. 15.	• 65세 이후 계속 고용된 자에 대한 실업급여 적용 확대 • 외국인근로자에 대한 고용안정 · 직업능력개발사업 적용 • 건설일용근로자에 대한 구직급여 특례 신설 • 육아휴직 중 취업한 피보험자에 대한 급여제한 개선 • 피보험자격 취득 · 상실 심사청구 경유기관 변경	
2019. 8. 27.	• 단시간근로자에 대한 구직급여 수급 기준기간 완화, 구직급여일액 상향, 소정급여일수 연장 • 반복 또는 사업주와 공모하여 부정수급한 자에 대한 구직급여 제한 강화	
2020. 6. 9.	• 예술인에 대한 피보험자격 신설 • 예술인에 대한 구직급여 및 출산전후급여 지급 신설	
2021. 1. 5.	• 출산전후휴가기간 중 근로계약이 종료된 기간제근로자 또는 파견근로자에 대한 출산전후휴가 급여 특례 신설 • 노무제공자에 대한 고용보험 적용대상 편입, 구직급여, 출산전후급여 특례 신설 • 노무제공 플랫폼 사업자에 대한 정보제공 요청 신설	

2 목적

「고용보험법」은 국가가 고용보험을 시행하여 실업의 예방, 고용의 촉진 및 근로자의 직업능력의 개발과 향상을 꾀하고, 국가의 직업지도와 직업소개 기능을 강화하며, 근로자가 실업한 경우에 생활에 필요한 급여를 실시하여 근로자의 생활안정과 구직 활동을 촉진함으로써 경제 · 사회 발전에 이바지하는 것을 목적으로 한다(제1조).

<표 10-11> 핵심용어

용어	내용
이직(離職)	피보험자와 사업주 사이의 고용관계가 끝나게 되는 것을 말한다.
실업	근로의 의사와 능력이 있음에도 불구하고 취업하지 못한 상태에 있는 것을 말한다.
실업의 인정	직업안정기관의 장이 제43조에 따른 수급자격자가 실업한 상태에서 적극적으로 직업을 구하기 위하여 노력하고 있다고 인정하는 것을 말한다.
일용근로자	1개월 미만 동안 고용되는 자를 말한다.

3. 적용대상

「고용보험법」은 원칙적으로 근로자를 사용하는 모든 사업 또는 사업장에 적용한다. 다만, 산업별 특성 및 규모 등을 고려하여 일정한 사업에 대하여는 적용하지 아니한다(제8조).[44] 한편, 현행법은 일정한 근로자에게도 이 법의 적용을 제외

---

44) **시행령 제2조(적용 범위)** ① 법 제8조 단서에서 "대통령령으로 정하는 사업(적용제외대상)"이란 다음 각 호의 어느 하나에 해당하는 사업을 말한다.

1. 농업·임업 및 어업 중 법인이 아닌 자가 상시 4명 이하의 근로자를 사용하는 사업
2. 다음 각 목의 어느 하나에 해당하는 공사. 다만, 법 제15조 제2항 각 호에 해당하는 자가 시공하는 공사는 제외한다.

  가. 「고용보험 및 산업재해보상보험의 보험료징수 등에 관한 법률 시행령」 제2조 제1항 제2호에 따른 총공사금액(이하 이 조에서 "총공사금액"이라 한다.)이 2천만 원 미만인 공사

  나. 연면적이 100제곱미터 이하인 건축물의 건축 또는 연면적이 200제곱미터 이하인 건축물의 대수선에 관한 공사

3. 가구 내 고용활동 및 달리 분류되지 아니한 자가소비 생산활동

② 제1항 각 호의 어느 하나에 해당하는 사업의 범위에 관하여는 법 또는 이 영에 특별한 규정이 있는 경우 외에는 「통계법」 제22조에 따라 통계청장이 고시하는 산업에 관한 표준분류(이하 "한국표준산업분류표"라 한다.)에 따른다.

③ 총공사금액이 2천만 원 미만인 건설공사가 설계 변경(사실상의 설계 변경이 있는 경우를 포함한다.)으로 인하여 2천만 원 이상의 건설공사에 해당하게 되거나 「고용보험 및 산업

하고 있다(제10조). 여기에는 소정(所定)근로시간이 대통령령[45]으로 정하는 시간 미만인 자,「국가공무원법」과「지방공무원법」에 따른 공무원(다만, 별정직공무원,「국가공무원법」제26조의5 및「지방공무원법」제25조의5에 따른 임기제공무원은 본인의 의사에 따라 고용보험에 가입해 실업급여에 관한 규정을 적용받을 수 있다.),「사립학교 교직원 연금법」의 적용을 받는 자,「별정우체국법」에 따른 별정우체국 직원 등이 있다. 다만, 65세 이후에 고용된 근로자 또는 자영업을 개시한 사람에게는 실업급여 및 육아휴직급여 등에 관한 규정은 적용되지 않는다.

「외국인근로자의 고용 등에 관한 법률」의 적용을 받는 외국인[46]도 이 법의 적용 대상이다. 다만, 실업급여 및 육아휴직급여 등에 관해서는 별도 절차에 따른 신청이 있는 경우에만 적용한다.

근로자인 피보험자는 이 법의 당연적용 사업에 고용된 날에, 자영업자인 피보험자는「고용보험 및 산업재해보상보험의 보험료징수 등에 관한 법률」에 따라 보험관계가 성립한 날에 피보험자격을 취득한다(제13조 제1항 및 제2항). 다만, 근로자인 피보험자가 적용 제외 근로자에 해당하게 된 경우에는 그 적용 제외 대상자가 된 날, 보험관계가 소멸한 경우에는 그 보험관계가 소멸한 날, 이직한 경우에는 이직한 날의 다음 날, 사망한 경우에는 사망한 날의 다음 날에 각각 그 피보험자격을 상실하며, 자영업자인 피보험자는 보험관계가 상실한 날에 피보험자격을 상실한다

재해보상보험의 보험료징수 등에 관한 법률」(이하 "보험료징수법"이라 한다.) 제8조 제1항 및 제2항에 따라 일괄적용을 받게 되는 경우에는 그때부터 법의 규정의 전부를 적용한다.

45) 1개월간 소정근로시간이 60시간 미만인 사람(1주간의 소정근로시간이 15시간 미만인 사람을 포함한다.)을 말한다. 다만, 3개월 이상 계속하여 근로를 제공하는 사람과 법 제2조 제6호에 따른 일용근로자(이하 "일용근로자"라 한다.)는 제외한다(시행령 제3조).

46) 「외국인근로자의 고용 등에 관한 법률」의 적용을 받는 외국인은 아니지만,「출입국관리법」및 같은 법 시행령에 따른 체류자격 중, 첫째, 주재(D-7), 기업투자(D-8) 및 무역경영(D-9)의 체류자격을 가진 사람, 둘째, 영주(F-5)의 체류자격 등을 가진 사람은「고용보험법」의 전부가 적용된다. 다만, 첫 번째 체류자격의 경우에는 상호주의 원칙에 따라, 고용보험에 상응하는 외국인의 본국법이 대한민국 국민에게 적용되지 않는 경우는 제외된다. 또한 재외동포(F-4) 체류자격, 취업활동을 할 수 있는 체류자격을 가진 사람은 본인의 보험가입 신청을 한 경우에 한하여「고용보험법」의 전부가 적용된다(시행령 제3조의3).

(제14조 제1항 및 제2항). 이에 따라 사업주는 그 사업에 고용된 근로자의 피보험자격의 취득 및 상실 등에 관한 사항을 고용노동부장관에게 신고하여야 한다(제15조).

4. 고용안정·직업능력개발 사업

고용노동부장관은 피보험자 및 피보험자였던 자, 그 밖에 취업할 의사를 가진 자에 대한 실업의 예방, 취업의 촉진, 고용기회의 확대, 직업능력개발·향상의 기회 제공 및 지원, 그 밖에 고용안정과 사업주에 대한 인력 확보를 지원하기 위하여 고용안정·직업능력개발 사업을 실시한다(제19조). 그리고 고용노동부장관은 고용환경 개선, 근무형태 변경 등으로 고용의 기회를 확대한 사업주에게 필요한 지원(고용창출 지원)을 할 수 있다(제20조).

고용노동부장관은 경기의 변동, 산업구조의 변화 등에 따른 사업 규모의 축소, 사업의 폐업 또는 전환으로 고용조정이 불가피하게 된 사업주가 근로자에 대한 휴업, 휴직, 직업전환에 필요한 직업능력개발 훈련, 인력의 재배치 등을 실시하거나 그 밖에 근로자의 고용안정을 위한 조치를 하면 그 사업주에게 필요한 지원(고용조정 지원)을 할 수 있다. 이 경우 휴업이나 휴직 등 고용안정을 위한 조치로 근로자의 임금이 대통령령으로 정하는 수준으로 감소할 때에는 그 근로자에게도 필요한 지원을 할 수 있다. 고용노동부장관은 제1항의 고용조정으로 이직된 근로자를 고용하는 등 고용이 불안정하게 된 근로자의 고용안정을 위한 조치를 하는 사업주에게 필요한 지원을 할 수 있다(제21조).

고용노동부장관은 고용기회가 뚜렷이 부족하거나 산업구조의 변화 등으로 고용사정이 급속하게 악화되고 있는 지역으로 사업을 이전하거나 그러한 지역에서 사업을 신설 또는 증설하여 그 지역의 실업 예방과 재취업 촉진에 기여한 사업주, 그 밖에 그 지역의 고용기회 확대에 필요한 조치를 한 사업주에게 필요한 지원(지역고용촉진 지원)을 할 수 있으며(제22조), 고령자 등 노동시장의 통상적인 조건에서는 취업이 특히 곤란한 자의 고용을 촉진하기 위하여 고령자 등을 새로 고용하거나 이들의 고용안정에 필요한 조치를 하는 사업주 또는 사업주가 실시하는 고용안정 조치에 해당된 근로자에게 필요한 지원(고령자 등 고용촉진 지원)을 할 수 있다(제23조).

고용노동부장관은 건설근로자 등 고용상태가 불안정한 근로자를 위하여 고용
상태의 개선을 위한 사업, 계속적인 고용기회의 부여 등 고용안정을 위한 사업, 그
밖에 대통령령으로 정하는 고용안정 사업을 실시하는 사업주에게 필요한 지원(건
설근로자 등의 고용안정화 지원)을 할 수 있다(제24조). 또한 피보험자등의 고용안정
및 취업을 촉진하기 위하여 고용관리 진단 등 고용개선 지원 사업, 피보험자 등의
창업을 촉진하기 위한 지원 사업, 그 밖에 피보험자 등의 고용안정 및 취업을 촉진
하기 위한 사업을 직접 실시하거나 이를 실시하는 자에게 필요한 비용을 지원 또
는 대부(고용안정 및 취업촉진 지원)할 수 있으며(제25조), 피보험자등의 고용안정·
고용촉진 및 사업주의 인력 확보를 지원하기 위하여 상담 시설, 어린이집, 그 밖에
대통령령으로 정하는 고용촉진 시설을 설치·운영하는 자에게 필요한 지원(고용
촉진 시설 지원)을 할 수 있다(제26조).

한편, 피보험자등의 직업능력을 개발·향상시키기 위하여 직업능력개발 훈련
을 실시하는 사업주에게 그 훈련에 필요한 비용을 지원(직업능력개발 훈련 지원)할
수 있다(제27조 제1항). 이 경우, 「기간제 및 단시간근로자 보호 등에 관한 법률」 제
2조 제1호의 기간제근로자, 「근로기준법」 제2조 제1항 제9호의 단시간근로자, 「파
견근로자 보호 등에 관한 법률」 제2조 제5호의 파견근로자 및 일용근로자, 「고용
상 연령차별금지 및 고령자고용촉진에 관한 법률」 제2조 제1호 또는 제2호의 고
령자 또는 준고령자 등을 대상으로 직업능력개발 훈련을 실시하는 경우에는 우대
지원할 수 있다(제27조 제2항).

피보험자등이 직업능력개발 훈련을 받거나 그 밖에 직업능력 개발·향상을 위
하여 노력하는 경우에는 필요한 비용을 지원(피보험자 직업능력개발 지원)할 수 있
고, 필요하다고 인정하면 피보험자 등의 취업을 촉진하기 위한 직업능력개발 훈
련을 실시할 수 있다(제29조 제1항). 한편, 저소득 피보험자등이 직업능력개발 훈
련을 받는 경우에는 생계비를 대부할 수 있다(제29조 제3항).

고용노동부장관은 피보험자등의 직업능력 개발·향상을 촉진하기 위하여 직
업능력개발 사업에 대한 기술지원 및 평가 사업, 자격검정 사업 및 「숙련기술장려
법」에 따른 숙련기술 장려 사업 등을 실시하거나 이를 실시하는 자에게 필요한 비
용을 지원(직업능력개발 촉진 지원)할 수 있다(제31조). 또한 건설근로자 등 고용상
태가 불안정한 근로자를 위하여 직업능력 개발·향상을 위한 사업을 실시하는 사

업주에게 그 사업의 실시에 필요한 비용을 지원(건설근로자 직업능력개발 지원)할 수 있다(제32조).

　고용노동부장관은 사업주 및 피보험자등에 대한 구인·구직·훈련 등 고용정보의 제공, 직업·훈련 상담 등 직업지도, 직업소개, 고용안정·직업능력 개발에 관한 기반의 구축 및 그에 필요한 전문인력의 배치 등의 사업을 할 수 있으며(제33조), 지방자치단체 또는 대통령령으로 정하는 비영리법인·단체가 그 지역에서 피보험자등의 고용안정·고용촉진 및 직업능력 개발을 위한 사업을 실시하는 경우에는 대통령령으로 정하는 바에 따라 필요한 지원을 할 수 있다(제34조).

5. 급여의 내용

「고용보험법」에서 정하고 있는 급여는 크게 실업급여와 육아휴직급여 등으로 구분된다. 여기에서 실업급여는 다시 구직급여와 취업촉진수당으로 구분하며, 취업촉진수당에는 조기(早期)재취업 수당, 직업능력개발 수당, 광역 구직활동비, 이주비가 있다(제37조).

1) 구직급여

(1) 지급대상
구직급여는 이직한 피보험자가, 첫째, 기준기간[47] 동안 피보험 단위기간을 합산

---

47) **제40조(구직급여의 수급 요건)** ② 기준기간은 이직일 이전 18개월로 하되, 근로자인 피보험자가 다음 각 호의 어느 하나에 해당하는 경우에는 다음 각 호의 구분에 따른 기간을 기준기간으로 한다.

1. 이직일 이전 18개월 동안에 질병·부상, 그 밖에 대통령령으로 정하는 사유로 계속하여 30일 이상 보수의 지급을 받을 수 없었던 경우: 18개월에 그 사유로 보수를 지급 받을 수 없었던 일수를 가산한 기간(3년을 초과할 때에는 3년으로 한다.)
2. 다음 각 목의 요건에 모두 해당하는 경우: 이직일 이전 24개월
　가. 이직 당시 1주 소정근로시간이 15시간 미만이고, 1주 소정근로일수가 2일 이하인 근로자로 근로하였을 것

하여 180일 이상일 것, 둘째, 근로의 의사와 능력이 있음에도 불구하고 취업(영리를 목적으로 사업을 영위하는 경우를 포함)하지 못한 상태에 있을 것, 셋째, 이직사유가 수급자격의 제한 사유에 해당하지 아니할 것, 넷째, 재취업을 위한 노력을 적극적으로 할 것, 다섯째, 수급자격 인정신청일 이전 1개월 동안의 근로일수가 10일 미만이거나 건설근로자인 경우 수급자격 인정신청일 이전 14일간 연속하여 근로내역이 없을 것, 여섯째, 최종 이직 당시의 기준기간 동안의 피보험 단위기간 중 다른 사업에서 수급자격 제한 사유에 해당하는 사유로 이직한 사실이 있는 경우 그 피보험단위기간 중 90일 이상을 일용근로자로 근로했을 것 등의 요건을 모두 갖춘 경우에 지급한다. 다만, 다섯째와 여섯째 요건에 해당하는 자는 최종 이직 당시 일용근로자였던 자에게만 적용된다(제40조).

(2) 절차

구직급여를 지급받으려는 자는 이직 후 지체 없이 직업안정기관에 출석하여 실업을 신고(구직 신청 및 수급자격의 인정신청 포함)를 하여야 한다(제42조).

구직급여를 지급받으려는 자는 직업안정기관의 장으로부터 구직급여의 수급요건을 갖추었다는 사실(수급자격)의 인정을 받아야 한다. 직업안정기관의 장은 수급자격의 인정신청을 받으면 그 신청인에 대한 수급자격의 인정 여부를 결정하고, 대통령령으로 정하는 바에 따라 신청인에게 그 결과를 알려야 한다(제43조).

구직급여는 수급자격자가 실업한 상태에 있는 날 중에서 직업안정기관의 장으로부터 실업의 인정을 받은 날에 대하여 지급한다. 실업의 인정을 받으려는 수급자격자는 실업의 신고를 한 날부터 계산하기 시작하여 1주부터 4주의 범위에서 직업안정기관의 장이 지정한 날(실업인정일)에 출석하여 재취업을 위한 노력을 하였음을 신고하여야 하고, 직업안정기관의 장은 직전 실업인정일의 다음 날부터 그 실업인정일까지의 각각의 날에 대하여 실업의 인정을 한다. 다만, 직업능력개발 훈련 등을 받는 수급자격자, 천재지변·대량 실업의 발생 등 대통령령으로 정하는 사유가 발생한 경우의 수급자격자 등에 대한 실업의 인정 방법은 고용노동

나. 이직일 이전 24개월 동안의 피보험 단위기간 중 90일 이상을 가목의 요건에 해당하는 근로자로 근로하였을 것

부령으로 정하는 기준에 따른다(제44조).[48]

(3) 급여액 결정

구직급여의 산정 기초가 되는 임금일액[기초일액(基礎日額)]은 수급자격의 인정과 관련된 마지막 이직 당시 「근로기준법」 제2조 제1항 제6호[49]에 따라 산정된 평균임금으로 한다. 다만, 마지막 이직일 이전 3개월 이내에 피보험자격을 취득한 사실이 2회 이상인 경우에는 마지막 이직일 이전 3개월간(일용근로자의 경우에는 마지막 이직일 이전 4개월 중 최종 1개월을 제외한 기간)에 그 근로자에게 지급된 임금 총액을 그 산정의 기준이 되는 3개월의 총일수로 나눈 금액을 기초일액으로 한다(제45조 제1항).

산정된 금액이 「근로기준법」에 따른 그 근로자의 통상임금보다 적을 경우에는 그 통상임금액을 기초일액으로 한다. 다만, 마지막 사업에서 이직 당시 일용근로자였던 자의 경우에는 그러하지 아니하다(제45조 제2항).

기초일액을 산정하는 것이 곤란한 경우와 보험료를 「고용보험 및 산업재해보상보험의 보험료징수 등에 관한 법률」에 따른 기준보수를 기준으로 낸 경우에는 기준보수를 기초일액으로 한다. 다만, 보험료를 기준보수로 낸 경우에도 제1항과 제2항에 따라 산정한 기초일액이 기준보수보다 많은 경우에는 그러하지 아니하다(제45조 제3항). 또한 산정된 기초일액이 그 수급자격자의 이직 전 1일 소정근로시간에 이직일 당시 적용되던 「최저임금법」에 따른 시간 단위에 해당하는 최저임금액을 곱한 금액보다 낮은 경우에는 최저기초일액을 기초일액으로 한다. 이 경우 이직 전 1일 소정근로시간은 고용노동부령으로 정하는 방법에 따라 산정한다(제

---

48) 이에 관한 상세한 내용은 「고용보험법 시행규칙」 제85조(직업능력개발 훈련 등 수강자에 대한 실업인정의 특례), 제86조(대량실업 등에 따른 실업인정의 특례), 제88조(재취업활동 등에 따른 실업인정의 특례), 제89조(섬 거주자 등에 대한 실업인정의 특례) 참조.

49) **제2조(정의)** ① 이 법에서 사용하는 용어의 뜻은 다음과 같다.
   6. "평균임금"이란 이를 산정하여야 할 사유가 발생한 날 이전 3개월 동안에 그 근로자에게 지급된 임금의 총액을 그 기간의 총일수로 나눈 금액을 말한다. 근로자가 취업한 후 3개월 미만인 경우도 이에 준한다.

45조 제4항).

한편, 수급자격자가 실업의 신고를 한 이후에 질병·부상 또는 출산으로 취업이 불가능하여 실업의 인정을 받지 못한 날에 대하여는 그 수급자격자의 청구에 의하여 구직급여일액에 해당하는 금액을 구직급여에 갈음하여 지급할 수 있다(상병급여). 다만, 구직급여의 지급이 정지된 기간에 대하여는 상병급여를 지급하지 아니한다(제63조).

(4) 급여지급 기간

구직급여는 이 법에 따로 규정이 있는 경우 외에는 그 구직급여의 수급자격과 관련된 이직일의 다음 날부터 계산하기 시작하여 12개월 내에 소정급여일수를 한도로 하여 지급한다. 12개월의 기간 중 임신·출산·육아, 그 밖에 대통령령으로 정하는 사유로 취업할 수 없는 자가 그 사실을 수급기간에 직업안정기관에 신고한 경우에는 12개월의 기간에 그 취업할 수 없는 기간을 가산한 기간(4년을 넘을 때에는 4년)에 소정급여일수를 한도로 하여 구직급여를 지급한다(제48조 제1항 및 제2항). 다만, 실업의 신고일부터 계산하기 시작하여 7일간은 대기기간으로 보아 구직급여를 지급하지 아니한다(제49조).

하나의 수급자격에 따라 구직급여를 지급받을 수 있는 소정급여일수는 대기기간이 끝난 다음날부터 계산하기 시작하여 피보험기간과 연령에 따라 [별표 1]에서 정한 일수가 되는 날까지로 한다. 수급자격자가 소정급여일수 내에 임신·출산·육아, 그 밖에 대통령령으로 정하는 사유로 수급기간을 연장한 경우에는 그 기간만큼 구직급여를 유예하여 지급한다(제50조).

한편, 직업안정기관의 장은 수급자격자의 연령·경력 등을 고려할 때 재취업을 위하여 직업능력개발 훈련 등이 필요하면 그 수급자격자에게 직업능력개발 훈련 등을 받도록 지시할 수 있다. 직업안정기관의 장은 직업능력개발 훈련 등을 받도록 지시한 경우에는 수급자격자가 그 직업능력개발 훈련 등을 받는 기간 중 실업의 인정을 받은 날에 대하여는 소정급여일수를 초과하여 구직급여를 연장하여 지급할 수 있다. 이 경우 연장하여 지급하는 구직급여(훈련연장급여)의 지급 기간은 대통령령으로 정하는 기간을 한도로 한다(제51조).

직업안정기관의 장은 취업이 특히 곤란하고 생활이 어려운 수급자격자로서 대통령령으로 정하는 자에게는 그가 실업의 인정을 받은 날에 대하여 소정급여일수를 초과하여 구직급여를 연장하여 지급할 수 있다. 연장하여 지급하는 구직급여(개별연장급여)는 60일의 범위에서 대통령령으로 정하는 기간 동안 지급한다(제52조).

고용노동부장관은 실업의 급증 등 대통령령으로 정하는 사유가 발생한 경우에는 60일의 범위에서 수급자격자가 실업의 인정을 받은 날에 대하여 소정급여일수를 초과하여 구직급여를 연장하여 지급할 수 있다. 다만, 이직 후의 생활안정을 위한 일정 기준 이상의 소득이 있는 수급자격자 등 고용노동부령으로 정하는 수급자격자에 대하여는 그러하지 아니한다(제53조).

연장급여를 지급하는 경우에 그 수급자격자의 수급기간은 그 수급자격자의 수급기간에 연장되는 구직급여일수를 더하여 산정한 기간으로 한다. 훈련연장급여를 지급하는 경우에 그 일액은 해당 수급자격자의 구직급여일액의 100분의 100으로 하고, 개별연장급여 또는 특별연장급여를 지급하는 경우에 그 일액은 해당 수급자격자의 구직급여일액의 100분의 70을 곱한 금액으로 한다. 산정된 구직급여일액이 최저구직급여일액보다 낮은 경우에는 최저구직급여일액을 그 수급자격자의 구직급여일액으로 한다(제54조).

다른 한편, 수급자격자가 사망한 경우 그에게 지급되어야 할 구직급여 중 아직 지급되지 아니한 것이 있는 경우에는 수급자격자의 배우자(사실혼 관계의 배우자 포함)·자녀·부모·손자녀·조부모 또는 형제자매의 순서로 수급자격자와 생계를 같이한 사람의 청구에 따라 미지급분을 지급한다(제57조 제1항 및 제3항).[50]

2) 취업촉진수당

(1) 조기재취업 수당

조기재취업 수당은 수급자격자(「외국인근로자의 고용 등에 관한 법률」 제2조에 따른 외국인 근로자는 제외한다.)가 안정된 직업에 재취직하거나 스스로 영리를 목적으로 하는 사업을 영위하는 경우로서 대통령령으로 정하는 기준에 해당하면 지급한

---

50) 동순위자가 2명 이상이면, 그중 1명이 한 청구를 전원(全員)을 위하여 한 것으로 보며, 그 1명에게 한 지급은 전원에 대한 지급으로 본다(제57조 제3항).

다. 수급자격자가 안정된 직업에 재취업한 날 또는 스스로 영리를 목적으로 하는 사업을 시작한 날 이전의 대통령령으로 정하는 기간에 조기재취업 수당을 지급받은 사실이 있는 경우에는 조기재취업 수당을 지급하지 아니한다(제64조).

(2) 직업능력개발 수당

직업능력개발 수당은 수급자격자가 직업안정기관의 장이 지시한 직업능력개발 훈련 등을 받는 경우에 그 직업능력개발 훈련 등을 받는 기간에 대하여 지급한다. 구직급여의 지급이 정지된 기간에 대하여는 직업능력개발 수당을 지급하지 아니한다(제65조).

(3) 광역 구직활동비

광역 구직활동비는 수급자격자가 직업안정기관의 소개에 따라 광범위한 지역에 걸쳐 구직 활동을 하는 경우로서 대통령령으로 정하는 기준에 따라 직업안정기관의 장이 필요하다고 인정하면 지급할 수 있다(제66조).

(4) 이주비

이주비는 수급자격자가 취업하거나 직업안정기관의 장이 지시한 직업능력개발 훈련 등을 받기 위하여 그 주거를 이전하는 경우로서 대통령령으로 정하는 기준에 따라 직업안정기관의 장이 필요하다고 인정하면 지급할 수 있다(제67조).

3) 자영업자인 피보험자에 대한 실업급여 적용의 특례

자영업자인 피보험자의 실업급여의 종류는 제37조[51]에 따른다. 다만, 연장급여와 조기재취업 수당은 제외한다(제69조의2). 자영업자인 피보험자에 대한 구직급

---

51) **제37조(실업급여의 종류)** ① 실업급여는 구직급여와 취업촉진수당으로 구분한다.
　　② 취업촉진수당의 종류는 다음 각 호와 같다.
　　　1. 조기(早期)재취업 수당　　　2. 직업능력개발 수당
　　　3. 광역 구직활동비　　　　　　4. 이주비

여는, 첫째, 폐업일 이전 24개월간 자영업자인 피보험자로서 갖춘 피보험 단위기간이 통산(通算)하여 1년 이상일 것, 둘째, 근로의 의사와 능력이 있음에도 불구하고 취업을 하지 못한 상태에 있을 것, 셋째, 폐업사유가 수급자격의 제한 사유에 해당하지 아니할 것, 넷째, 재취업을 위한 노력을 적극적으로 할 것의 요건을 모두 갖춘 경우에 지급한다(제69조의3).

자영업자인 피보험자에게 지급되는 구직급여액은 그 수급자격자의 기초일액에 100분의 50을 곱한 금액으로 하며(제69조의5), 급여일수[52]는 대기기간이 끝난 다음 날부터 계산하기 시작하여 피보험기간에 따라 별표 2에서 정한 일수가 되는 날까지로 한다(제69조의6).

4) 육아휴직급여 등

(1) 육아휴직급여 및 육아기 근로시간 단축 급여
① 육아휴직급여

고용노동부장관은 「남녀고용평등과 일·가정 양립 지원에 관한 법률」 제19조[53] 에 따른 육아휴직을 30일(「근로기준법」 제74조에 따른 출산전후휴가기간과 중복되는 기간은 제외) 이상 부여받은 피보험자 중 육아휴직을 시작한 날 이전에 제41조에 따른 피보험 단위기간이 합산하여 180일 이상인 피보험자에게 육아휴직급여를 지급한다(제70조 제1항). 육아휴직급여를 지급받으려는 사람은 육아휴직을 시작한 날 이후 1개월부터 육아휴직이 끝난 날 이후 12개월 이내에 급여 신청을 하여

---

52) [별표 2] 자영업자의 구직급여의 소정급여일수(제69조의6 관련)

구분	피보험기간			
	1년 이상 3년 미만	3년 이상 5년 미만	5년 이상 10년 미만	10년 이상
소정급여일수	90일	120일	150일	180일

53) **제19조(육아휴직)** ① 사업주는 근로자가 만 8세 이하 또는 초등학교 2학년 이하의 자녀(입양한 자녀를 포함한다.)를 양육하기 위하여 휴직(이하 "육아휴직"이라 한다.)을 신청하는 경우에 이를 허용하여야 한다. 다만, 대통령령으로 정하는 경우에는 그러하지 아니하다.
② 육아휴직의 기간은 1년 이내로 한다.

야 한다(제70조 제2항). 다만, 천재지변, 본인이나 배우자(본인이나 배우자의 직계존속 및 직계비속 포함)의 질병·부상, 「병역법」에 따른 의무복무, 범죄혐의로 구속이나 형의 집행 중인 경우에는 그 사유가 끝난 후 30일 이내에 신청하여야 한다(제70조 제2항 및 시행령 제94조).

② 육아기 근로시간 단축 급여

고용노동부장관은 「남녀고용평등과 일·가정 양립 지원에 관한 법률」 제19조의 2에 따른 육아기 근로시간 단축을 30일(「근로기준법」 제74조에 따른 출산전후휴가기간과 중복되는 기간은 제외) 이상 실시한 피보험자 중 육아기 근로시간 단축을 시작한 날 이전에 제41조에 따른 피보험 단위기간이 합산하여 180일 이상인 피보험자에게 육아기 근로시간 단축 급여를 지급한다(제73조의2 제1항). 육아기 근로시간 단축 급여를 지급받으려는 사람은 육아기 근로시간 단축을 시작한 날 이후 1개월부터 끝난 날 이후 12개월 이내에 신청하여야 한다(제73조의2 제2항). 다만, 예외적으로 육아기 근로시간 단축급여 신청기간을 연장하기 위해서는 육아휴직급여 신청의 경우와 동일한 사유가 발생하여야 한다(제73조의2 제2항).

(2) 출산전후휴가 급여

고용노동부장관은 「남녀고용평등과 일·가정 양립 지원에 관한 법률」 제18조[54]에 따라 피보험자가 「근로기준법」 제74조[55]에 따른 출산전후휴가 또는 유산·사

---

54) **제18조(출산전후휴가에 대한 지원)** ① 국가는 「근로기준법」 제74조에 따른 출산전후휴가 또는 유산·사산 휴가를 사용한 근로자 중 일정한 요건에 해당하는 자에게 그 휴가기간에 대하여 통상임금에 상당하는 금액(이하 "출산전후휴가급여등"이라 한다.)을 지급할 수 있다.

55) **제74조(임산부의 보호)** ① 사용자는 임신 중의 여성에게 출산 전과 출산 후를 통하여 90일(한 번에 둘 이상 자녀를 임신한 경우에는 120일)의 출산전후휴가를 주어야 한다. 이 경우 휴가 기간의 배정은 출산 후에 45일(한 번에 둘 이상 자녀를 임신한 경우에는 60일) 이상이 되어야 한다.
② 사용자는 임신 중인 여성 근로자가 유산의 경험 등 대통령령으로 정하는 사유로 제1항의 휴가를 청구하는 경우 출산 전 어느 때라도 휴가를 나누어 사용할 수 있도록 하여야 한다. 이 경우 출산 후의 휴가 기간은 연속하여 45일(한 번에 둘 이상 자녀를 임신한 경우에

산휴가를 받은 사람과「남녀고용평등과 일·가정 양립 지원에 관한 법률」제18조
의2[56)]에 따른 배우자 출산휴가를 받은 사람 중 휴가가 끝난 날 이전에 피보험 단
위기간이 합산하여 180일 이상이고 아울러 휴가를 시작한 날[57)] 이후 1개월부터
휴가가 끝난 날 이후 12개월 이내에 신청[58)]한 사람에게는 출산전후휴가 급여 등
을 지급한다(제75조).

　출산전후휴가 급여 등은「근로기준법」제74조에 따른 출산전후휴가 또는 유
산·사산휴가 기간[59)]이나「남녀고용평등과 일·가정 양립 지원에 관한 법률」제
18조의2에 따른 배우자 출산휴가 기간 중 최초 5일의 기간[60)]에「근로기준법」의 통
상임금에 해당하는 금액을 지급한다(제76조 제1항).

5) 고용보험 특례

　최근「고용보험법」[61)]은 실업의 위험에 노출되어 있는 특수형태근로종사자 등 노
무제공자의 생활 안정과 조기 재취업 기회를 확대하기 위하여 개정을 했다. 이에
따라, 고용보험의 피보험자격 및 구직급여 등에 관한 규정을 일정한 직종의 노무

는 60일) 이상이 되어야 한다.

56) **제18조의2(배우자 출산휴가)** ① 사업주는 근로자가 배우자의 출산을 이유로 휴가(이하 "배우자 출산휴가"라 한다.)를 청구하는 경우에 10일의 휴가를 주어야 한다. 이 경우 사용한 휴가기간은 유급으로 한다.

57) 출산전후휴가 또는 유산·사산휴가를 받은 피보험자가 속한 사업장이 우선지원 대상기업이 아닌 경우에는 휴가 시작 후 60일(한 번에 둘 이상의 자녀를 임신한 경우에는 75일)이 지난 날로 본다.

58) 다만, 그 기간에「고용보험법 시행령」제94조에서 정한 천재지변 등의 사유로 출산전후휴가 급여등을 신청할 수 없었던 자는 그 사유가 끝난 후 30일 이내에 신청하여야 한다.

59) 우선지원 대상기업이 아닌 경우에는 휴가 기간 중 60일(한 번에 둘 이상의 자녀를 임신한 경우에는 75일)을 초과한 일수(30일을 한도로 하되, 한 번에 둘 이상의 자녀를 임신한 경우에는 45일을 한도로 한다.)로 한정한다(제76조 제1항 제1호 단서).

60) 피보험자가 속한 사업장이 우선지원 대상기업인 경우에 한정한다(제76조 제1항 제2호 단서).

61) 2021년 1월 5일 개정되고 같은 해 7월 1일부터 시행되는 개정「고용보험법(법률 제17859호)」참조.

제공자에게도 적용하고, 노무제공자가 출산 또는 유산·사산으로 노무를 제공할 수 없는 경우에는 출산전후급여 등을 지급하도록 함으로써 고용보험의 사각지대 해소를 도모하고 있다.

(1) 특수형태근로종사자에 대한 특례

「기간제 및 단시간근로자 보호 등에 관한 법률」에 따른 기간제근로자 또는 「파견근로자 보호 등에 관한 법률」에 따른 파견근로자가 「근로기준법」 제74조에 따른 출산전후휴가기간 중 근로계약기간이 끝나게 되면 근로계약 종료일부터 해당 출산전후휴가 종료일까지의 기간 동안 출산전후휴가 급여 등에 상당하는 금액의 전부를 지급한다(제76조의2).

(2) 예술인 피보험자에 대한 특례

「예술인 복지법」 제2조 제2호에 따른 예술인 등[62]으로서 근로자가 아니면서 「예술인 복지법」 제4조의4에 따라 문화예술용역 관련 계약을 체결하고 자신이 직접 노무를 제공하는 사람과 이들을 상대방으로 문화예술용역 관련 계약을 체결한 사업장은 「고용보험법」의 적용대상[63]이다(제77조의2 제1항). 이들 예술인은 「고용보험법」에 따라 피보험자격을 부여받아 일정요건을 갖춘 경우 구직급여,[64] 출산전

---

62) 「예술인복지법」 제2조 제2호에 따른 예술인, 같은 법 시행령 제2조 제1항 각 호 어느 하나에 해당하나 예술 활동 증명을 받지 못했거나, 예술 활동 증명의 유효기간이 지난 사람으로서 문화예술분야에서 창작, 실연(實演), 기술지원 등의 활동을 하고 있거나 하려는 사람을 말한다(시행령 제104조의5 제1항).

63) 다만, 첫째, 65세 이후에 근로계약, 문화예술용역 관련 계약 또는 제77조의6 제1항에 따른 노무제공계약(65세 전부터 피보험자격을 유지하던 사람이 65세 이후에 계속하여 근로계약, 문화예술용역 관련 계약 또는 노무제공계약을 체결한 경우는 제외)을 체결하거나 자영업을 개시하는 경우, 둘째, 예술인 중 대통령령으로 정하는 소득 기준을 충족하지 못하는 경우(예술인 중 계약의 기간이 1개월 미만인 단기예술인은 제외)에는 이 법의 적용대상에서 제외하고 있다(제77조의2 제2항).

64) 현행법은 예술인에 대한 구직급여 수급요건으로 ① 이직일 이전 24개월 동안의 피보험 단위기간이 통산하여 9개월 이상일 것, ② 근로 또는 노무 제공의 의사와 능력이 있음에도 불구하고 취업(영리를 목적으로 사업을 영위하는 경우를 포함)하지 못한 상태에 있을 것,

후급여등의 급여[65]를 지급받을 수 있다(제77조의3 및 제77조의4).

(3) 노무제공자인 피보험자에 대한 특례

근로자가 아니면서 자신이 아닌 다른 사람의 사업을 위하여 자신이 직접 노무를 제공하고 해당 사업주 또는 노무수령자로부터 일정한 대가를 지급받기로 하는 노무제공계약을 체결한 사람 중 일정한 직종에 종사하는 노무제공자[66]와 이들과 계

---

③ 이직사유가 제77조의5 제2항에서 준용하는 제58조에 따른 수급자격의 제한 사유에 해당하지 아니할 것(제77조의5 제2항에서 준용하는 제58조 제2호 가목에도 불구하고 예술인이 이직할 당시 대통령령으로 정하는 바에 따른 소득감소로 인하여 이직하였다고 직업안정기관의 장이 인정하는 경우에는 제58조에 따른 수급자격의 제한 사유에 해당하지 아니하는 것으로 본다.), ④ 이직일 이전 24개월 중 3개월 이상을 예술인인 피보험자로 피보험자격을 유지하였을 것, ⑤ 재취업을 위한 노력을 적극적으로 할 것, ⑥ 수급자격의 인정신청일 이전 1개월 동안의 노무제공일수가 10일 미만이거나 수급자격 인정신청일 이전 14일간 연속하여 노무제공내역이 없을 것, ⑦ 최종 이직일 이전 24개월 동안의 피보험 단위기간 중 다른 사업에서 제77조의5 제2항에서 준용하는 제58조에 따른 수급자격의 제한 사유에 해당하는 사유로 이직한 사실이 있는 경우에는 그 피보험 단위기간 중 90일 이상을 단기예술인으로 종사하였을 것을 모두 요구하고 있다(제77조의3 제1항).

65) 고용노동부장관은 예술인인 피보험자가 출산 또는 유산·사산을 이유로 노무를 제공할 수 없는 경우에는 출산전후급여등을 지급한다. 다만, 현행법은 급여수급 요건으로 ① 출산 또는 유산·사산을 한 날 이전에 예술인으로서의 피보험 단위기간이 합산하여 3개월 이상일 것, ② 제2항에 따른 출산전후급여등의 지급기간에 노무제공을 하지 않을 것(그 지급기간 중 노무제공 또는 자영업으로 발생한 소득이 각각 고용노동부장관이 정하여 고시하는 금액 미만인 경우에는 노무제공을 하지 않은 것으로 본다.), ③ 출산 또는 유산·사산을 한 날부터 12개월 이내에 출산전후급여등을 신청할 것(다만, 천재지변, 본인, 배우자 또는 본인·배우자의 직계존속·직계비속의 질병이나 부상, 범죄 혐의로 인한 구속이나 형의 집행 중인 경우에는 그 사유가 끝난 날부터 30일 이내에 신청해야 한다.)을 모두 요구하고 있다. 그 밖에도 수급요건을 갖춘 예술인에 대한 출산전후급여의 지급기간, 급여지급기준, 급여의 제한 및 환수 등에 대하여 별도의 특례를 마련하고 있다(시행령 제104조의9 제1항 및 제2항 참조).

66) 여기에는 보험설계사, 전업으로 우체국보험을 모집하는 사람, 학습지 및 교육교구 방문강사 등 회원의 가정을 방문하여 아동이나 학생 등을 가르치는 사람, 택배사업에서 집화 또는 배송업무를 하는 사람, 대출모집인, 전업 신용카드 회원 모집인, 방문판매원, 방문점검

약을 체결한 사업에 대해서 고용보험 적용 대상이다(제77조의6 제1항). 다만 대통령령으로 정하는 일정한 요건에 해당하거나[67] 소득기준을 충족하지 못하는 경우[68] 등에는 고용보험 적용 대상에서 제외하고 있다(제77조의6 제2항).

(4) 노무제공플랫폼사업자에 대한 특례

노무제공사업의 사업주 중 노무제공플랫폼을 구축·운영하는 노무제공플랫폼사업자와 노무제공플랫폼 이용에 대한 노무제공플랫폼이용계약을 체결하는 노무제공자의 관계에서 노무제공플랫폼사업자는 노무제공자에 대한 제15조 제1항에 따른 피보험자격의 취득 등을 신고하도록 하고 있다. 이에 따라 노무제공플랫폼 이용계약을 체결한 노무제공자는 「고용보험법」의 적용대상으로 하고 이들이 구직급여[69] 및 출산전후급여 등[70]을 받을 수 있도록 하고 있다(제77조의7).

원, 가전제품 설치·시운전 등 작동상태를 확인하는 사람, 방과 후 학교 강사, 건설기계 운전자, 특수자동차(수출입 컨테이너 또는 시멘트 운송)의 화물차주, 화물자동차로 위험물질을 운송하는 사람, 퀵 서비스업자로부터 업무를 의뢰받아 배송업무를 하는 사람, 대리운전 업무를 하는 사람 등이 있다(시행령 제104조의11).

[67] 65세 이후에 근로계약, 노무제공계약 또는 문화예술용역 관련 계약(65세 전부터 피보험자격을 유지하던 사람이 65세 이후에 계속하여 근로계약·노무제공계약·문화예술용역 관련 계약을 체결한 경우는 제외)을 체결하거나 자영업을 개시하는 사람이 여기에 해당한다(시행령 제104조의11 제1항).

[68] 노무제공자에게 발생한 월보수액이 80만 원 미만인 사람, 월보수액을 충족하지 못하는 노무제공자가 둘 이상의 노무제공계약을 체결한 경우로서 그 합계액이 80만 원 미만인 사람을 말한다(시행령 제104조의11 제2항).

[69] 현행법은 구직급여를 받기 위한 요건으로 ① 이직일 이전 24개월 동안 피보험 단위기간이 통산하여 12개월 이상일 것, ② 근로 또는 노무제공의 의사와 능력이 있음에도 불구하고 취업(영리를 목적으로 사업을 영위하는 경우를 포함)하지 못한 상태에 있을 것, ③ 이직사유가 제77조의10 제2항에서 준용하는 제58조에 따른 수급자격의 제한 사유에 해당하지 아니할 것(제77조의10 제2항에서 준용하는 제58조 제2호 가목에도 불구하고 노무제공자로 이직할 당시 대통령령으로 정하는 바에 따른 소득 감소로 인하여 이직하였다고 직업안정기관의 장이 인정하는 경우에는 제58조에 따른 수급자격의 제한 사유에 해당하지 아니하는 것으로 본다.), ④ 이직일 이전 24개월 중 3개월 이상을 노무제공자인 피보험자로 피보험자격을 유지하였을 것, ⑤ 재취업을 위한 노력을 적극적으로 할 것, ⑥ 수급자격의 인정신청

6. 급여의 제한 및 정지 등

1) 구직급여의 제한 및 반환명령

피보험자가 본인의 중대한 귀책사유로 「형법」 또는 직무관련 법률 위반에 따른 금고이상의 형을 선고받은 경우, 사업에 막대한 지장을 초래하거나 재산상 손해를 끼친 경우, 정당한 사유 없이 근로계약 또는 취업규칙을 위반하여 장기간 무단결근한 경우, 전직 또는 자영업을 하기 위해 이직한 경우, 중대한 귀책사유로 해고되지 않고 사업주의 권고로 이직한 경우 등에 해당하면 구직급여 수급자격이 없는 것으로 본다(제58조).

수급자격자가 직업안정기관의 장이 소개하는 직업에 취직하는 것을 거부하거나 직업안정기관의 장이 지시한 직업능력개발 훈련 등을 거부하는 경우, 정당한 사유 없이 직업안정기관의 장이 실시하는 재취업 촉진을 위한 직업 지도를 거부하는 경우에는 구직급여의 지급을 정지한다(제60조).

거짓이나 부정한 방법으로 실업급여를 받았거나 받으려 한 자에게는 구직급여를 지급하지 아니한다. 다만, 그 급여와 관련된 이직 이후에 새로 수급자격을 취

일 이전 1개월 동안의 노무제공일수가 10일 미만이거나 수급자격 인정신청일 이전 14일간 연속하여 노무제공내역이 없을 것, ⑦ 최종 이직일 이전 24개월 동안의 피보험 단위기간 중 다른 사업에서 제77조의10 제2항에서 준용하는 제58조에 따른 수급자격의 제한 사유에 해당하는 사유로 이직한 사실이 있는 경우에는 그 피보험 단위기간 중 90일 이상을 단기노무제공자로 종사하였을 것을 모두 요구하고 있다(제77조의8).

70) 현행법은 ① 출산 또는 유산·사산을 한 날 이전에 노무제공자로서의 피보험 단위기간이 합산하여 3개월 이상일 것, ② 제2항에 따른 출산전후급여등의 지급기간에 노무제공을 하지 않을 것(그 지급기간 중 노무제공 또는 자영업으로 발생한 소득이 각각 고용노동부장관이 정하여 고시하는 금액 미만인 경우에는 노무제공을 하지 않은 것으로 본다.), ③ 출산 또는 유산·사산을 한 날부터 12개월 이내에 출산전후급여등을 신청할 것(다만, 천재지변, 본인·배우자 또는 본인·배우자의 직계존속·직계비속의 질병이나 부상, 범죄 혐의로 인한 구속이나 형의 집행 중인 사유로 그 기간까지 신청할 수 없었던 경우에는 그 사유가 끝난 날부터 30일 이내에 신청해야 한다.)의 요건을 모두 갖도록 하고 있다(시행령 제104의16 제1항).

득한 경우 그 새로운 수급자격에 따른 구직급여에 대하여는 그러하지 아니한다 (제61조).

직업안정기관의 장은 거짓이나 그 밖의 부정한 방법으로 구직급여를 지급받은 자에게 지급받은 전체 구직급여의 전부 또는 일부의 반환을 명할 수 있고, 이에 추가하여 고용노동부령으로 정하는 기준에 따라 그 거짓이나 그 밖의 부정한 방법으로 지급받은 구직급여액에 상당하는 액수 이하의 금액을 징수할 수 있다(제62조).

2) 취업촉진수당의 지급 제한

거짓이나 부정한 방법으로 실업급여를 받았거나 받으려 한 자에게는 취업촉진수당을 지급하지 아니한다. 다만, 그 급여와 관련된 이직 이후에 새로 수급자격을 취득하면 그 새로운 수급자격에 따른 취업촉진수당은 그러하지 아니하다(제68조 제1항).

3) 육아휴직급여 등의 제한

피보험자가 육아휴직급여 기간 중에 그 사업에서 이직하거나 새로 취업한 경우에는 급여를 지급하지 아니한다.[71] 또한 피보험자가 사업주로부터 육아휴직을 이유로 금품을 지급받은 경우에는 급여를 감액하여 지급할 수 있다(제73조 제1항, 제2항, 제3항).

거짓이나 그 밖의 부정한 방법으로 육아휴직급여를 받았거나 받으려 한 자에게는 육아휴직급여를 지급하지 아니한다. 다만, 그 급여와 관련된 육아휴직 이후에 새로 육아휴직급여 요건을 갖춘 경우 그 새로운 요건에 따른 육아휴직급여는 그러하지 아니하다(제73조 제4항).

---

71) 이 경우 육아휴직기간 중 취업한 사실을 기재하지 않았거나 거짓으로 기재하여 급여를 받았거나 받으려 한 사람에 대해서는 위반횟수 등을 고려하여 급여의 지급 제한 범위를 달리할 수 있다(제73조 제5항).

7. 권리구제

피보험자격의 취득·상실에 대한 확인, 실업급여 및 육아휴직급여와 출산전후휴가 급여 등에 관한 처분에 이의가 있는 자는 고용보험심사관에게 심사를 청구할 수 있다(제87조 제1항). 이 경우, 고용보험심사관은 심사청구일로부터 30일 이내에 그 심사청구에 대한 결정을 하여야 한다. 다만, 부득이한 사정으로 그 기간에 결정할 수 없을 때에는 1차에 한하여 10일을 넘지 아니하는 범위에서 그 기간을 연장할 수 있다(제89조). 그 결정에 이의가 있는 자는 고용보험심사위원회에 재심사를 청구할 수 있다(제87조 제1항).

심사의 청구는 확인 또는 처분이 있음을 안 날부터 90일 이내에, 재심사의 청구는 심사청구에 대한 결정이 있음을 안 날부터 90일 이내에 각각 제기하여야 한다(제87조 제2항). 이때 재심사의 청구에 대한 재결은 「행정소송법」 제18조를 적용할 경우 행정심판 재결로 본다(제104조 제1항).

제11장
사회서비스법

　이 장은 사회서비스법에 대해서 다루고자 한다. 사회서비스법은 국민의 삶의 질 향상을 위해서 모든 국민에게 복지, 보건의료, 교육, 고용, 주거, 문화, 환경 등의 분야에서 서비스의 제공을 급여의 내용으로 한다는 점에서 사회보험법 및 공공부조법과 차이가 있다. 사회보험법이나 공공부조법의 경우 현금급여나 현물급여가 급여의 주된 내용을 이루는데 반하여 사회서비스법은 상담·재활·지도 등과 같은 비물질적·사회심리적·정신적 서비스의 급여가 주종을 이루고 있다. 또한 서비스의 욕구가 매우 다양하고, 대상자에 따라 그 정도의 차이가 나며, 환경에 의해 영향을 받고, 또 시간에 따라 변화하기 때문에 획일적으로 처우하기 어렵고, 수급권자 개개인에 대하여 개별적으로 처우해야 할 필요가 있다. 사회서비스법을 대상에 따라 구분 지으면, 사회복지 일반을 규율하는 「사회복지사업법」과 「사회서비스 이용 및 이용권 관리에 관한 법률」이 있고, 아동, 영유아, 장애인, 정신장애인, 노인, 한부모가족, 다문화가족 등 각각의 대상에 대한 정책과 제도를 설명하는 「아동복지법」, 「영유아보육법」, 「장애인복지법」, 「정신건강증진 및 정신질환자 복지서비스 지원에 관한 법률」, 「노인복지법」, 「한부모가족지원법」, 「다문화가족지원법」 등이 있다. 이외에도 성폭력문제와 가정폭력 문제를 심도 있게 다루어 주요성이 날로 부각되어 가는 「성폭력방지 및 피해자보호 등에 관한 법률」, 「가정폭력방지 및 피해자보호 등에 관한 법률」이 있다. 이 장에서는 이러한 법률에 대해서 연혁 및 체계, 목적 및 원칙, 적용대상, 서비스의 종류 및 내용, 전달체계 및 권리구제 등의 순으로 각 법률의 고유의 특징에 대해서 살펴봄으로써 사회서비스법 전반에 대한 이해를 높이고자 한다.

제1절 사회서비스법 개요

1. 사회서비스의 개념 및 배경

1) 사회서비스 개념

오늘날 복지환경의 변화는 인구고령화 · 저출산과 더불어 여성의 권익신장 및 사회참여 증가 등으로 가족관계 · 가족구성에 많은 변화를 가져오게 되었으며 이는 사회복지서비스의 개별화와 양적 · 질적 확대를 요구하게 되었고 그 수단과 강도가 계층별 수요에 따라 더 다양해지고 있음을 감안할 때, 참여형 협력복지 · 수요자 선택형 맞춤복지가 강조되는 시대적 요청에 배경을 두고 있다.

종래 「사회보장기본법」에서는 '사회복지서비스'를 "국가 · 지방자치단체 및 민간부문의 도움이 필요한 모든 국민에게 상담, 재활, 직업의 소개 및 지도, 사회복지시설의 이용 등을 제공하여 정상적인 사회생활이 가능하도록 지원하는 제도"라고 정의하였다. 그 후 2013년 1월에 시행된 「사회보장기본법」에서는 '사회복지서비스'가 '사회서비스'로 표현이 바뀌면서, 사회복지서비스와 관련 복지제도를 사회서비스로 포괄하여 확대하여 규정하였다.

현행 「사회보장기본법」 제3조에서는 "사회서비스란 국가 · 지방자치단체 및 민간부문의 도움이 필요한 모든 국민에게 복지, 보건의료, 교육, 고용, 주거, 문화, 환경 등의 분야에서 인간다운 생활을 보장하고 상담, 재활, 돌봄, 정보의 제공, 관련 시설의 이용, 역량 개발, 사회참여 지원 등을 통하여 국민의 삶의 질이 향상되도록 지원하는 제도"라고 정의하고 있다.

일반적인 의미에서 사회서비스는 개인 또는 사회전체의 복지증진 및 삶의 질 향상을 위해 사회적으로 제공되는 서비스를 말하며, 공공행정(일반행정, 환경, 안전), 사회복지(보육, 아동, 장애인, 노인 보호), 보건의료(간병, 간호), 교육(방과 후 활동, 특수 교육), 문화(도서관, 박물관, 미술관 등 문화시설 운영)를 포괄하는 개념이다.

2) 사회서비스 정책 추진 배경[1]

(1) 저출산·고령화 등 인구구조의 변화, 핵가족화 등 가족구조의 변화, 여성의 경제활동참여 증가

가족과 지역사회에서 비공식적으로 담당하던 아동·노인·장애인 등에 대한 돌봄기능을 사회적으로 지원하는 돌봄의 사회화 요구

(2) '고용 없는 성장' 추세 속에 사회서비스 분야가 일자리 창출의 블루오션으로 등장

사회서비스업은 고용비율이 낮고 고용비중도 낮아 일자리 창출의 잠재력이 큰 분야로 이에 대한 투자 필요성 제기

(3) 단순한 소득보장을 넘어 인적자본 형성을 통한 예방적 복지 필요

① 저출산·고령화의 가속화로 노동력 감소가 예상되는 가운데 노동공급의 양과 질을 높이기 위해 인적자원 개발을 위한 지속적 투자 필요
② 취약계층 아동에 대한 예방적 투자로 기회의 평등을 실현하고, 실업과 가난의 대물림 방지 필요

(4) 높아진 수요자의 요구에 부응하고, 복지재정의 효율적 활용을 위해 사회서비스 전달체계 개선 필요

① 종래의 사회복지서비스는 공급자 지원방식으로 소비자의 선택권이 제약되고, 전달 과정에서 행정·재정 관리비용 수반 등 비효율 발생
② 소비자의 선택권을 보장하고, 관리·운영비용의 효율성과 투명성을 높이기 위해 사회서비스 전자바우처 제공방식 도입

---

1) 사회서비스 홈페이지(www.socialservice.or.kr) 참조.

2. 사회서비스의 원칙 및 특징

1) 전통적 사회복지서비스와의 구별

전통적 사회복지서비스는 수급자 등 빈곤계층을 대상으로 기본적 생활보장서비스를 중심으로 지원하였으나, 사회서비스는 〈표 11-1〉과 같이 서민·중산층까지 확대된 대상으로 국민의 일상생활 지원 및 인적자본 확충을 위한 다양한 서비스까지 포괄하고 있다.

〈표 11-1〉 사회복지서비스와 사회서비스의 차이점

구분	사회복지서비스	사회서비스
대상	수급자 등 빈곤계층	서민·중산층까지 확대
내용	기본적 생활보장서비스	국민의 일상생활 지원, 인적자본 확충을 위한 다양한 서비스까지 포괄
재정지원방식	공급자(기관) 지원	수요자 지원방식 병행
비용부담	정부지원 중심	본인 일부 부담 도입
서비스 제공방식	시설보호 중심	재가 서비스까지 확대

2) 비물질적·심리사회적 서비스

사회보험법이나 공공부조법상의 급여는 현금 또는 현물과 같은 물질적 급여가 주된 내용인 데 반하여, 사회서비스법의 급여는 상담, 재활 등과 같은 비물질적·심리사회적 서비스가 주된 내용이다.

3) 개별적 처우 제공

사회서비스법은 대상별, 유형별, 시간 등에 따른 구체적이고 개별적 처우를 제공해야 한다. 이는 법규정에 다소 획일적으로 처리하는 사회보험과 공공부조와 비교될 수 있으며, 각 개인이 처한 여러 요소를 고려해야 하는 다양성을 포함하고 있다.

4) 전달체계의 고려요소

전달체계란 정책 및 프로그램을 공급자와 수혜자(수요자) 간에 상호 연결시켜 주는 매개체로, 정책 및 프로그램의 대상자 선정, 자격요건 및 지원내용 등에 관한 사회복지정책은 전달체계를 통해 비로소 실현된다. 따라서 전달체계는 욕구와 자원을 연결시키면서 서비스 공급자와 수요자를 어떻게 만나게 할 것인가에 관련된 일련의 관계체계를 의미한다고 할 수 있다.

사회서비스 전달체계를 구축하기 위해서는 전문성, 적절성, 통합성, 접근용이성, 책임성 등 다양한 원칙을 고려해야 한다.[2] 또한 이용자의 권리와 참여가 강조되고 있다는 점을 고려하여 수요자 맞춤형의 서비스가 이루어져야 할 것이다.

5) 전달자의 전문성과 윤리의식 요구

사회서비스법의 급여는 단순한 현금이나 현물을 전달하는 것이 아니라 심리사회적 치료나 재활, 상담 등의 서비스를 개인적 또는 집단적으로 제공하는 것이기 때문에 전달자의 전문적 지식과 실천기술, 그리고 실천적 윤리의식이 결정적인 요소로 작용할 수 있다.

---

2) 전달체계는 다양한 관계를 내포하지만, 여기서는 주로 누가 서비스를 제공하고 받을 것인가, 서비스를 받을 수 있다고 결정된 사람은 어떤 서비스를 누구로부터 어떻게 받을 것인가, 만일 다양한 서비스를 필요로 한다면 그 경우 그런 서비스들을 누가 어떻게 조정할 것인가, 서비스를 받을 수 있는 사람에게 서비스를 받는 데 대한 비용을 지불하게 할 것인가, 만일 지불하게 한다면 어떤 기준에 의해 어느 정도의 비용을 지불하게 할 것인가 등의 요소를 핵심적인 내용으로 한다.

6) 집단적인 의사결정

사회서비스는 국민의 일상생활지원, 가족과 공동체를 위한 생활서비스, 상대적인 불평등과 관련된 요구가 강한 서비스, 사회적으로 필요하나 시장에서 최적의 양이 공급되지 못해 주로 초기에 공공부문에서 제공 기반이 마련될 필요가 있는 서비스를 포함한다. 또한 이윤추구 등 경제적 동기 외에 이타주의 등 사회적 동기가 결합되어 있고, 사회적 소비의 총량은 개인적 선택 외에 집단적인 의사결정이 중요한 요소로 작용하고 있다는 특징이 있다.

3. 사회서비스법의 구성

사회서비스법은 대상에 따라 일반, 노인, 아동, 장애, 그 외 기타 등을 구분해 볼 수 있다. 일반대상에 관련되어서는 「사회복지사업법」, 「사회서비스 이용 및 이용권 관리에 관한 법률」 등이 있다. 노인대상 관련법은 「노인복지법」과 아동대상 관련법은 「아동복지법」, 「영유아보육법」 등을 들 수 있다. 장애대상 관련하여서는 「장애인복지법」, 「장애인활동 지원에 관한 법률」 등이 있다. 그 밖에 기타대상 관련에서는 「다문화가족지원법」, 「한부모가족지원법」, 「정신건강증진 및 정신질환자 복지서비스 지원에 관한 법률(구 「정신보건법」)」 등을 주요 사회서비스법으로 꼽을 수 있고, 이를 중점적으로 살펴볼 필요가 있다.

<표 11-2> 대상별 사회서비스법

대상	주요 사회서비스법
사회복지 일반	• 「사회복지사업법」, 「사회서비스 이용 및 이용권 관리에 관한 법률」
노인	• 「노인복지법」
아동	• 「아동복지법」, 「영유아보육법」
장애	• 「장애인복지법」, 「장애인활동 지원에 관한 법률」
기타	• 「정신건강 증진 및 정신질환자 복지서비스 지원에 관한 법률」 • 「다문화가족지원법」 • 「한부모가족지원법」 • 「성폭력방지 및 피해자보호 등에 관한 법률」 • 「가정폭력방지 및 피해자보호 등에 관한 법률」

4. 사회서비스 전자바우처

1) 사회서비스 전자바우처 도입배경

기존사회복지서비스는 공급자 지원방식으로 이루어져 수요자의 선택권이 제한되어 시장 창출에 한계가 있다. 수요자 중심의 직접 지원방식으로 바우처(서비스 이용권) 제도를 도입하게 되었다. 수요자 직접 지원방식으로 공급기관의 허위와 부당청구 등의 도덕적 해이를 최소할 수 있다는 이점이 있다. 자금흐름의 투명성과 업무효율성 확보 및 정보의 직접 관리를 통한 사회서비스 발전기반 마련을 위한 금융기관 시스템을 활용한 전자식 바우처의 추진이 필요하다.

2) 기존제도와의 차이점

구분	공급기관 지원방식	수요자 지원방식
대상	수급자 등 저소득층 (수동적 보호대상)	서민 · 중산층까지 확대 (능동적 구매자)
서비스 비용	전액 국가 지원	일부 본인부담
서비스 시간	공급기관재량	대상자 욕구별 표준화
공급기관	단일 기관 독점	다수 기관 경쟁
특징	획일적이고 정형화된 서비스 제공	공급자 간 경쟁을 통한 다양한 서비스 제공

3) 바우처사업 추진경과 및 성과[3]

(1) 바우처사업 추진경과
- 2007년: 장애인활동보조(장애인활동지원), 지역사회서비스투자사업 시행
- 2008년: 산모신생아건강관리, 가사간병방문지원사업, 임신출산진료비지원

---

3) 사회서비스 홈페이지(www.socialservice.or.kr) 참조.

사업 시행

- 2009년: 발달재활서비스 시행
- 2010년: 언어발달지원사업 시행
- 2011년: 사회서비스 이용 및 이용권에 관한 법률 제정(2011. 8. 4.)
- 2012년: 차세대 전자바우처 운영체계로 전환, 4개 사업 지정제에서 등록제로 전환
- 2014년: 노인돌봄(단기가사), 발달장애인부모심리상담서비스 시행
- 2015년: 국가바우처운영체계 도입(국민행복카드 출시)

(2) 도입성과

- 일자리 창출: 고용취약계층에게 적합한 일자리 제공으로 서민생활 안정 및 경제활동 참여기회 확대
- 선택권 강화: 복지서비스 대상자가 소극적인 복지수급자에서 능동적인 서비스 구매자로 전환되어 수요자의 선택권 강화, 수요자 지원방식 전환으로 국민의 정책체감도 및 만족도 증가
- 품질 경쟁체계 구축: 복지 분야 독점상태를 해소하여 경쟁을 통한 서비스 품질 제고환경 구축, 민간 및 대학 등 다양한 사회서비스 제공기관 신규 확충
- 투명성·효율성 향상: 사업의 전자화로 행정관리비용 감소, 재정운영의 효율성 및 투명성 제고, 지불·정산업무 전산화로 지방자치단체 행정부담 경감, 중앙정보 집적체계로 사업실적 실시간 파악 및 행정비용 절감, 기존 수작업시 2~3개월 시차와 행정부담 발생

5. 사회서비스 전자바우처사업 현황

<표 11-3> 사회서비스 전자바우처 현황

	사업명	바우처 시작연도	대상	선정 기준	지원 수준	본인 부담금 (원/월)
장애인 활동지원	장애인 활동지원	11년 11월	등록 1~3급 장애인 (만 6~65세 미만)	인정점수 220점 이상 1~3급 장애인	등급에 따라 47~118시간 (추가급여 10~273시간)	면제~113,500원
	시·도 추가지원	10년 10월	등록 1급~6급 장애인 (시·도별 등급 상이)	시·도별 상이	시도 및 등급에 따라 10~868시간	시도 및 등급별 상이
장애아동 가족지원	발달재활 서비스	09년 2월	만 18세 미만	기준 중위소득 180% 이하 (소득별 차등지원)	월 14~22만 원 내에서 포인트 지원(월 8회 주 2회/회당 50분)	면제~최대 8만 원 (제공기관직납)
	언어발달 지원	10년 8월	만 12세 미만 비장애 아동	기준중위소득 120% 이하 (소득별 차등지원)	월 16~22만 원 내에서 포인트 제공(월 8회 주 2회/회당 50분)	면제~최대 6만 원
지역자율형 사회서비스 투자사업	지역사회 서비스투자	07년 8월	사업별로 상이	중위소득 120% 이하 (사업별로 상이)	사업별로 상이(월 1~20회)	사업별로 상이
	산모, 신생아 건강관리 지원	08년 2월	출산가정	기준 중위소득 120% 이하. 단, 소득기준을 초과하는 대상자에 대해 시·군·구별 예외 지원 가능	등급에 따라 5~25일간 건강관리사 파견	기관별 상이
	가사, 간병 방문지원	08년 9월	기초수급자 및 차상위계층 (만 65세 미만)	생계·의료·주거·교육급여 수급자, 차상위계층 중 가사·간병 서비스가 필요한 자	월 24, 27시간	면제~22,680원
발달 장애인 지원	발달장애인 부모상담 지원	14년 2월	발달장애인 자녀의 부모	발달장애인으로 (「장애인복지법」상 지적 및 자폐성 장애인) 등록된 자녀의 부모 및 보호자	월 16만 원 포인트 제공 (회당 50~100분, 월 3~4회 이상)	4천 원~최대 4만 원
	발달장애인 주간활동 서비스	19년 3월	만 18세 이상 65세 미만 비장애 아동	만 18세 이상 65세 미만 「장애인복지법」상 등록된 지역 및 지체 장애인	월 56,100,132시간	없음

구분	사업명	시행	대상	기준	지원금액	본인부담
발달장애인 지원	청소년발달장애학생 방과후활동 서비스	19년 9월	만 12세 이상 18세 미만 발달장애학생	만 12세 이상 18세 미만으로 일반 중·고등학교 및 특수학교 (중·고등학교 해당 학급에 재학중인 발달장애학생)	월 44시간	없음
	임신, 출산 진료비지원	08년 12월	임신확인서로 임신, 출산 진료비지원 신청자	임신확인서로 임신이 확진된 건강보험 가입자	임신 1회당 60만 원 (일 한도 없음) (다태아의 경우 100만 원)	면제(월 지원금액 소진 시 신용카드대금으로 청구)
	청소년산모 임신출산 의료비지원	15년 5월	만 18세 이하 청소년 산모	임신확인서 상의 임신확인일 기준 만 18세 미만의 청소년산모	임신 1회당 120만 원	면제(월 지원금액 소진 시 신용카드 대금으로 청구)
	기저귀 조제분유 지원	15년 10월	저소득층 영아 (24개월 미만)	만 2세 미만 영아를 둔 저소득층 가구	기저귀: 월 64,000원 조제분유: 월 86,000원	면제(월 지원금액 소진 시 신용카드 대금으로 청구)
	에너지 바우처	15년 10월	생계급여 또는 의료급여수급자 (노인, 영유아, 장애인, 임산부, 중증 화자/중증난치질환자, 한부모가족/소년소녀가정)	생계급여 또는 의료급여 수급자 가구원 중 노인, 영유아, 장애인, 임산부, 중증 화자/중증난치질환자, 한부모가족, 소년소녀가정을 포함하는 가구	1인 가구: 월 95,000원 (하: 7,000/동: 88,000) 2인 가구: 월 134,000원 (하: 10,000/동: 124,000) 3인 가구: 월 167,500원 (하: 15,000/동: 152,000)	면제(월 지원금액 소진 시 신용카드 대금으로 청구)
	아이돌봄 지원	17년 1월	시간제: 만 3개월~만 12세 이하 아동 종일제: 만 3~36개월 영아	기준 중위소득 150% 이하 가구	소득유형별 상이	소득유형별 상이
	여성청소년 생리대 바우처 지원사업	19년 1월	출생연도 기준 만 11~18세	「국민기초생활보장법」 따른 생계·생계·의료· 주거·교육 급여 수급자 - 「국민기초생활보장법」에 따른 법정차상위계층	월 11,500원 (연간 최대 138,000원, 6개월 단위로 지원)	없음

출처: 사회서비스 전자바우처(www.socialservice.or.kr).

제2절 사회복지사업법

1. 연혁 및 체계

「사회복지사업법」은 사회복지사업에 관한 기본적인 사항을 규정하여 그 공정한 운영을 기함으로써 사회복지의 증진을 도모하기 위해 제정되었다. 이 법은 제1장 총칙, 제2장 사회복지법인, 제3장 사회복지시설, 제3장의 2 재가복지, 제4장 보칙, 제5장 벌칙으로 구성되어 있다.

<표 11-4> 주요 연혁 및 현행 법률의 체계

주요 연혁		체계
1970. 1. 1.	• 「사회복지사업법」 제정	
1992. 12. 8.	• 사회복지전담공무원, 복지사무전담기구설치, 사회복지사업의 범위 조정	
1997. 8. 22.	• 사회복지사 1급 국가시험 도입, 사회복지시설 신고제 변경, 사회복지법인과 시설운영의 투명성 보장, 자원봉사활동지원 법적 근거 마련 등	
2009. 6. 9.	• 공공부문과 민간부문간 정보를 공유하는 통합전산망을 마련	
2011. 8. 4.	• 사회복지법인의 설치 · 운영을 시 · 도지사에 이양, 사회복지시설 통합설치 근거 마련	제1장 총칙 제2장 사회복지법인 제3장 사회복지시설 제3장의 2 재가복지 제4장 보칙 제5장 벌칙
2012. 1. 26.	• 인권보호, 사회복지법인 임원의 자격강화, 사회복지법인 및 시설 관리감독 강화	
2017. 10. 24.	• 사회복지법인 임원 및 사회복지시설의 장의 결격사유 추가	
2018. 12. 11.	• 사회복지법인 및 시성의 투명성제고를 위한 공인회계사 또는 감사인 선임, 정신건강 · 의료 · 학교 등의 직무영역별 사회복지사 신설, 종사자 채용절차 규정	
2020. 12. 29.	• 보조금 관련 법률 위반에 대한 결격 사유 보강, 사회복지시설의 무연고 사망자 유류금 처리절차 명확	

2. 목적 및 기본이념과 기본원리

1) 목적

「사회복지사업법」은 사회복지사업에 관한 기본적 사항을 규정하여 사회복지를 필요로 하는 사람에 대하여 인간의 존엄성과 인간다운 생활을 할 권리를 보장하고 사회복지의 전문성을 높이며, 사회복지사업의 공정·투명·적정을 도모하고, 지역사회복지의 체계를 구축하고 사회복지서비스의 질을 높여 사회복지의 증진에 이바지함을 목적으로 한다(제1조).

2) 기본이념

- 사회복지를 필요로 하는 사람은 누구든지 자신의 의사에 따라 서비스를 신청하고 제공받을 수 있다(제1조의2 제1항).
- 사회복지법인 및 사회복지시설은 공공성을 가지며 사회복지사업을 시행하는 데 있어서 공공성을 확보하여야 한다(제1조의2 제2항).
- 사회복지사업을 시행하는 데 있어서 사회복지를 제공하는 자는 사회복지를 필요로 하는 사람의 인권을 보장하여야 한다(제1조의2 제3항).
- 사회복지서비스를 제공하는 자는 필요한 정보를 제공하는 등 사회복지서비스를 이용하는 사람의 선택권을 보장하여야 한다(제1조의2 제4항).

3) 기본원리

(1) 국가와 지방자치단체의 복지와 인권증진 책임

국가와 지방자치단체의 복지와 인권증진 책임에 관한 내용은 다음과 같다(제4조).

첫째, 국가와 지방자치단체는 사회복지서비스를 증진하고, 서비스를 이용하는 사람에 대하여 인권침해를 예방하고 차별을 금지하며 인권을 옹호할 책임을 진다. 국가와 지방자치단체는 사회복지서비스와 보건의료서비스를 함께 필요로 하는 사람에게 이들 서비스가 연계되어 제공되도록 노력하여야 한다(제1항).

둘째, 국가와 지방자치단체는 사회복지서비스와 보건의료서비스를 함께 필요로 하는 사람에게 이들 서비스가 연계되어 제공되도록 노력하여야 한다(제2항).

셋째, 국가와 지방자치단체, 그 밖에 사회복지사업을 하는 자는 사회복지를 필요로 하는 사람에 대하여 그 사업과 관련한 상담, 작업치료(作業治療), 직업훈련 등을 실시하고 필요한 경우에는 주민의 복지 욕구를 조사할 수 있다(제3항).

넷째, 국가와 지방자치단체는 도움을 필요로 하는 국민이 본인의 선호와 필요에 따라 적절한 사회복지서비스를 제공받을 수 있도록 사회복지서비스 수요자 등을 고려하여 사회복지시설이 균형 있게 설치되도록 노력하여야 한다(제4항).

다섯째, 국가와 지방자치단체는 민간부문의 사회복지 증진활동이 활성화되고 국가 및 지방자치단체의 사회복지사업과 민간부문의 사회복지 증진활동이 원활하게 연계될 수 있도록 노력하여야 한다(제5항).

여섯째, 국가와 지방자치단체는 사회복지를 필요로 하는 사람의 인권이 충분히 존중되는 방식으로 사회복지서비스를 제공하고 사회복지와 관련된 인권교육을 강화하여야 한다(제6항).

일곱째, 국가와 지방자치단체는 사회복지서비스를 이용하는 사람이 긴급한 인권침해 상황에 놓인 경우 신속히 대응할 체계를 갖추어야 한다(제7항).

여덟째, 국가와 지방자치단체는 시설 거주자 또는 보호자의 희망을 반영하여 지역사회보호체계에서 서비스가 제공될 수 있도록 노력하여야 한다(제8항).

아홉째, 국가와 지방자치단체는 사회복지서비스를 필요로 하는 사람들에게 사회복지서비스의 실시에 대한 정보를 제공하여야 한다(제9항).

열째, 국가와 지방자치단체는 사회복지서비스를 제공하는 자로부터 위법 또는 부당한 처분을 받아 권리나 이익을 침해당한 사람을 위하여 간이하고 신속한 구제조치를 마련하여야 한다(제10항).

(2) 인권존중 및 최대 봉사의 원칙

이 법에 따라 복지업무에 종사하는 사람은 그 업무를 수행할 때에 사회복지를 필요로 하는 사람을 위하여 인권을 존중하고 차별 없이 최대로 봉사하여야 하며, 국가와 지방자치단체는 복지업무에 종사하는 사람이 그 업무를 수행할 때에 사회복지를 필요로 하는 사람의 인권을 침해하는 행위를 한 경우에는 제2조 제1호 각 목의 법률(사회복지사업법상 사회복지사업으로 규정한 27개 법률)이 정하는 바에 따라 처분하고 그 사실을 공표하는 등의 조치를 하여야 한다(제5조).

(3) 사회복지서비스 제공의 원칙

① 현물제공

사회복지서비스를 필요로 하는 사람에 대한 사회복지서비스 제공은 현물(現物)로 제공하는 것을 원칙으로 한다(제5조의2 제1항). 시장·군수·구청장은 국가 또는 지방자치단체 외의 자로 하여금 제1항의 서비스 제공을 실시하게 하는 경우에는 보호대상자에게 사회복지서비스 이용권을 지급하여 국가 또는 지방자치단체 외의 자로부터 그 이용권으로 서비스 제공을 받게 할 수 있다(제5조의2 제2항).

② 국가와 지방자치단체의 시책 마련

국가와 지방자치단체는 사회복지서비스의 품질향상과 원활한 제공을 위하여 필요한 시책을 마련하여야 한다. 국가와 지방자치단체는 사회복지서비스의 품질을 관리하기 위하여 사회복지서비스를 제공하는 기관·법인·시설·단체의 서비스 환경, 서비스 제공 인력의 전문성 등을 평가할 수 있다(제5조의2 제3항).

(4) 시설 설치의 방해 금지

누구든지 정당한 이유 없이 사회복지시설의 설치를 방해하여서는 아니 된다. 시장·군수·구청장은 정당한 이유 없이 사회복지시설의 설치를 지연시키거나 제한하는 조치를 하여서는 아니 된다(제6조).

(5) 사회복지시설 업무의 전자화

보건복지부장관은 사회복지법인 및 사회복지시설의 종사자, 거주자 및 이용자에 관한 자료 등 운영에 필요한 정보의 효율적 처리와 기록·관리 업무의 전자화를 위하여 정보시스템을 구축·운영할 수 있으며, 보건복지부장관은 정보시스템을 구축·운영하는 데 필요한 자료를 수집·관리·보유할 수 있으며 관련 기관 및 단체에 필요한 자료의 제공을 요청할 수 있다. 이 경우 요청을 받은 기관 및 단체는 정당한 사유가 없으면 그 요청에 따라야 한다. 지방자치단체의 장은 사회복지사업을 수행할 때 관할 복지행정시스템과 정보시스템을 전자적으로 연계하여 활용하여야 한다. 사회복지법인의 대표이사와 사회복지시설의 장은 국가와 지방자치단체가 실시하는 사회복지업무의 전자화 시책에 협력하여야 한다. 또한 보건복지부장관은 제1항에 따른 정보시스템을 효율적으로 운영하기 위하여 「사회보장기본법」 제37조 제7항에 따른 전담기구에 그 운영에 관한 업무를 위탁할 수 있다(제6조의2).

<표 11-5> 사회복지사업법의 핵심용어

핵심용어	내용
사회복지사업	「국민기초생활보장법」, 「아동복지법」, 「노인복지법」, 「장애인복지법」, 「한부모가족지원법」, 「영유아보육법」 외 21개 법률에 따른 보호·선도 (善導) 또는 복지에 관한 사업과 사회복지상담, 직업지원, 무료 숙박, 지역사회복지, 의료복지, 재가복지(在家福祉), 사회복지관 운영, 정신질환자 및 한센병력자의 사회복귀에 관한 사업 등 각종 복지사업과 이와 관련된 자원봉사활동 및 복지시설의 운영 또는 지원을 목적으로 하는 사업
지역사회복지	주민의 복지증진과 삶의 질 향상을 위하여 지역사회 차원에서 전개하는 사회복지
사회복지법인	사회복지사업을 할 목적으로 설립된 법인
사회복지시설	사회복지사업을 할 목적으로 설치된 시설
사회복지관	지역사회를 기반으로 일정한 시설과 전문인력을 갖추고 지역주민의 참여와 협력을 통하여 지역사회의 복지문제를 예방하고 해결하기 위하여 종합적인 복지서비스를 제공하는 시설
사회복지서비스	국가·지방자치단체 및 민간부문의 도움을 필요로 하는 모든 국민에게 「사회보장기본법」 제3조 제4호에 따른 사회서비스 중 사회복지사업을 통한 서비스를 제공하여 삶의 질이 향상되도록 제도적으로 지원하는 것
보건의료서비스	국민의 건강을 보호·증진하기 위하여 보건의료인이 하는 모든 활동

3. 급여대상

사회복지사업에 관한 기본적 사항을 규정하여 사회복지를 필요로 하는 사람에 대하여 규정하고 있다(제1조).

4. 급여내용

국가나 지방자치단체는 보호대상자가 가정봉사서비스(가사 및 개인활동을 지원하거나 정서활동을 지원하는 서비스), 주간·단기 보호서비스(주간·단기 보호시설에서 급식 및 치료 등 일상생활의 편의를 낮 동안 또는 단기간 동안 제공하거나 가족에 대한 교육 및 상담을 지원하는 서비스) 중 어느 하나에 해당하는 재가복지서비스를 제공받도록 할 수 있다. 시장·군수·구청장은 「사회보장급여의 이용·제공 및 수급권자 발굴에 관한 법률」 제15조에 따른 보호대상자별 서비스 제공 계획에 따라 보호대상자에게 사회복지서비스를 제공하는 경우 시설 입소에 우선하여 제1항 각 호의 재가복지서비스를 제공하도록 하여야 한다(제41조의2).

5. 전달체계(조직체계): 보장기관 및 위원회

1) 사회복지사

(1) 사회복지사의 자격

보건복지부장관은 사회복지에 관한 전문지식과 기술을 가진 사람에게 사회복지사 자격증을 발급할 수 있다. 사회복지사의 등급은 1급·2급으로 하되, 정신·건강·의료·학교 영역에 대해서는 영역별로 정신건강사회복지사·의료사회복지사·학교사회복지사의 자격을 부여할 수 있고(제11조 제2항), 등급별·영역별 자격기준 및 자격증의 발급절차 등은 대통령령으로 정한다(제11조 제4항). 또한 사회복지사 1급 자격증은 국가시험에 합격한 사람에게 부여하고, 정신건강사회복지사·의료사회복지사·학교사회복지사의 자격은 1급 사회복지사의 자격이 있는 사람 중에서 보건복지부령으로 정하는 수련기관에서 수련을 받은 사람에게 부여

한다(제11조 제3항).

(2) 사회복지사의 결격사유

피성년후견인 또는 피한정후견인, 금고 이상의 형을 선고받고 그 집행이 끝나지 아니하였거나 그 집행을 받지 아니하기로 확정되지 아니한 사람, 법원의 판결에 따라 자격이 상실되거나 정지된 사람, 마약·대마 또는 향정신성의약품의 중독자,「정신건강증진 및 정신질환자 복지서비스 지원에 관한 법률」제3조 제1호에 따른 정신질환자가 이에 해당되며, 다만, 전문의가 사회복지사로서 적합하다고 인정하는 사람은 사회복지사가 될 수 있다(제11조의2).

(3) 사회복지사의 자격취소

보건복지부장관은 사회복지사가 거짓이나 그 밖의 부정한 방법으로 자격을 취득한 경우, 제11조의2에 해당하게 된 경우, 자격증을 대여·양도 또는 위조·변조한 경우, 사회복지사의 업무수행 중 그 자격과 관련하여 고의나 중대한 과실로 다른 사람에게 손해를 입힌 경우, 자격정지 처분을 3회 이상 받았거나, 정지 기간 종료 후 3년 이내에 다시 자격정지 처분에 해당하는 행위를 한 경우, 자격정지 처분 기간에 자격증을 사용하여 자격 관련 업무를 수행한 경우는 그 자격을 취소하거나 1년의 범위에서 정지시킬 수 있다(제11조의3 제2항). 자격이 취소된 사람은 취소된 날부터 15일 내에 자격증을 보건복지부장관에게 반납하여야 하며, 자격이 취소된 사람에게는 그 취소된 날부터 2년 이내에 자격증을 재교부하지 못한다(제11조의3 제3항).

(4) 사회복지사의 채용 및 교육 등

사회복지법인 및 사회복지시설을 설치·운영하는 자는 대통령령으로 정하는 바에 따라 사회복지사를 그 종사자로 채용하고, 보고방법·보고주기 등 보건복지부령으로 정하는 바에 따라 특별시장·광역시장·특별자치시장·도지사·특별자치도지사 또는 시장·군수·구청장에게 사회복지사의 임면에 관한 사항을 보고하여야 한다. 다만, 대통령령으로 정하는 사회복지시설은 그러하지 아니하다(제13조 제1항). 보건복지부장관은 사회복지사의 자질 향상을 위하여 필요하다고 인정하면 사회복지사에게 교육을 받도록 명할 수 있다. 다만, 사회복지법인 또는 사회복지시설에 종사하는 사회복지사는 정기적으로 인권에 관한 내용이 포함된 보수교육(補修敎育)을 받아야 한다(제13조 제2항). 사회복지법인 또는 사회복지시설을 운영하는 자는 그 법인 또는 시설에 종사하는 사회복지사에 대하여 제2항 단서에 따른 교육을 이유로 불리한 처분을 하여서는 아니 된다(제13조 제3항).

2) 사회복지법인[4]

(1) 법인의 설립

사회복지법인(이하 이 장에서 '법인'이라 한다)을 설립하려는 자는 대통령령으로 정하는 바에 따라 시·도지사의 허가를 받아야 한다. 허가를 받은 자는 법인의 주된 사무소의 소재지에서 설립등기를 하여야 한다(제16조). 또한 법인에 관하여 이 법에서 규정한 사항을 제외하고는 「민법」과 「공익법인의 설립·운영에 관한 법률」

---

[4] 사회복지법인은 「사회복지사업법」 제2조에 따른 사회복지사업을 할 목적으로 설립된 보건복지부가 주무관청이 되는 법인을 말하며, 시설법인과 지원법인으로 구분된다. 시설법인은 사회복지시설을 설치·운영할 목적으로 설립된 사회복지법인이며, 지원법인은 사회복지사업을 지원하는 법인을 말한다. 사회복지법인은 사법인(私法人)으로 비영리공익법인이며, 재단법인의 성격을 동시에 지닌다고 볼 수 있다. 또한 사회복지법인은 국가 또는 지방자치단체 외의 자로서 시장·군수·구청장에게 신고하여 시설을 설치·운영할 수 있고(제34조 제2항), 국가나 지방자치단체가 설치한 시설을 수탁·운영할 수 있다(제34조 제5항).

핵심용어	내용
사법인(私法人)	설립이나 운영에 국가의 공권력이 관여하지 않는 법인으로 소송에 있어서는 민사소송에 의하고 불법행위책임에 있어서는 민법에 의한다.
비영리공익법인 (非營利公益法人)	이윤을 구성원에게 분배하지 않는 한 비영리사업의 목적을 달성하기 위하여 본질에 반하지 않는 정도의 수익행위는 허용하되 목적이 사회전반의 이익을 목적으로 하는 공익적인 법인으로 공익법인의 설립·운영에 관한 법률에 적용을 받는 법인을 의미한다.
재단법인 (財團法人)	일정한 목적에 바쳐진 재산(재단)에 법적 인격이 부여된 법인으로 「민법」상 재단법인에는 학술·종교·자선·사교 기타 영리 아닌 사업을 목적으로 하여야 하고, 특별법에 의하여 설립된 재단법인에는 학교법인·사회복지법인·의료법인·향교재단법인 등이 있다.

을 준용한다(제32조).

(2) 정관

법인의 정관에는 목적, 명칭, 주된 사무소의 소재지, 사업의 종류, 자산 및 회계에 관한 사항, 임원의 임면(任免) 등에 관한 사항, 회의에 관한 사항, 수익(收益)을 목적으로 하는 사업이 있는 경우 그에 관한 사항, 정관의 변경에 관한 사항, 존립시기와 해산 사유를 정한 경우에는 그 시기와 사유 및 남은 재산의 처리방법, 공고 및 공고방법에 관한 사항이 포함되어야 한다. 법인이 정관을 변경하려는 경우에는 시·도지사의 인가를 받아야 한다. 다만, 보건복지부령으로 정하는 경미한 사항의 경우에는 그러하지 아니하다(제17조).

(3) 임원

법인은 대표이사를 포함한 이사 7명 이상과 감사 2명 이상을 두어야 하며, 이사의 임기는 3년으로 하고 감사의 임기는 2년으로 하며, 각각 연임할 수 있다. 감사는 이사와 제3항에 따른 특별한 관계에 있는 사람이 아니어야 하며, 감사 중 1명은 법률 또는 회계에 관한 지식이 있는 사람 중에서 선임하여야 한다. 다만, 대통령령으로 정하는 일정 규모 이상의 법인은 시·도지사의 추천을 받아「주식회사의 외부감사에 관한 법률」제3조 제1항에 따른 감사인에 속한 사람을 감사로 선임하여야 한다. 이사회의 구성에 있어서 대통령령으로 정하는 특별한 관계에 있는 사람이 이사 현원(現員)의 5분의 1을 초과할 수 없다. 외국인인 이사는 이사 현원의 2분의 1 미만이어야 한다(제18조).

또한 누구든지 임원의 선임과 관련하여 금품, 향응 또는 그 밖의 재산상 이익을 주고받거나 주고받을 것을 약속하여서는 아니 되며(제18조의2), 이사 또는 감사 중에 결원이 생겼을 때에는 2개월 이내에 보충하여야 한다(제20조). 이사는 법인이 설치한 사회복지시설의 장을 제외한 그 시설의 직원을 겸할 수 없으며(제21조 제1항), 감사는 법인의 이사, 법인이 설치한 사회복지시설의 장 또는 그 직원을 겸할 수 없다(제21조 제2항). 시·도지사는 해임명령을 하기 위해 조사나 감사가 진행 중인 경우 및 해임명령 기간 중인 경우에는 해당임원의 직무집행을 정지시킬 수 있고, 시·도사회보장위원회와 지역사회보장협의체, 이사회구성, 감사에 관해서 규정대로 선임하지 않은 경우 직무집행을 정지시켜야 한다(제22조의2 제1항).

(4) 재산

법인은 사회복지사업의 운영에 필요한 재산을 소유하여야 한다. 법인의 재산은 보건복지부령으로 정하는 바에 따라 기본재산과 보통재산으로 구분하며, 기본재산은 그 목록과 가액(價額)을 정관에 적어야 하며, 법인은 기본재산에 관하여 매도 · 증여 · 교환 · 임대 · 담보제공 또는 용도변경을 하려는 경우 또는 보건복지부령으로 정하는 금액 이상을 1년 이상 장기차입(長期借入)하려는 경우에 해당하는 경우에는 시 · 도지사의 허가를 받아야 한다. 다만, 보건복지부령으로 정하는 사항에 대하여는 그러하지 아니하다(제23조). 법인이 매수 · 기부채납(寄附採納), 후원 등의 방법으로 재산을 취득하였을 때에는 지체 없이 이를 법인의 재산으로 편입 조치하여야 한다. 이 경우 법인은 그 취득 사유, 취득재산의 종류 · 수량 및 가액을 매년 시 · 도지사에게 보고하여야 한다(제24조).

(5) 설립허가 취소

시 · 도지사는 법인이 거짓이나 그 밖의 부정한 방법으로 설립허가를 받았을 때, 설립허가 조건을 위반하였을 때, 목적 달성이 불가능하게 되었을 때, 목적사업 외의 사업을 하였을 때, 정당한 사유 없이 설립허가를 받은 날부터 6개월 이내에 목적사업을 시작하지 아니하거나 1년 이상 사업실적이 없을 때, 법인이 운영하는 시설에서 반복적 또는 집단적 성폭력범죄가 발생한 때, 법인 설립 후 기본재산을 출연하지 아니한 때, 제18조 제1항의 임원정수를 위반한 때, 제18조 제2항을 위반하여 이사를 선임한 때, 제22조에 따른 임원의 해임명령을 이행하지 아니한 때, 그 밖에 이 법 또는 이 법에 따른 명령이나 정관을 위반하였을 때에는 기간을 정하여 시정명령을 하거나 설립허가를 취소할 수 있다(제26조).

(6) 수익사업

법인은 목적사업의 경비에 충당하기 위하여 필요할 때에는 법인의 설립 목적 수행에 지장이 없는 범위에서 수익사업을 할 수 있으며, 법인은 수익사업에서 생긴 수익을 법인 또는 법인이 설치한 사회복지시설의 운영 외의 목적에 사용할 수 없

다. 수익사업에 관한 회계는 법인의 다른 회계와 구분하여 회계처리하여야 한다
(제28조).

3) 한국사회복지사협회

사회복지사는 사회복지에 관한 전문지식과 기술을 개발·보급하고, 사회복지
사의 자질 향상을 위한 교육훈련을 실시하며, 사회복지사의 복지증진을 도모하기
위하여 한국사회복지사협회(이하 "협회"라 한다.)를 설립한다. 협회는 법인으로 하
되, 협회의 조직과 운영 등에 필요한 사항은 대통령령으로 정한다. 협회에 관하여
이 법에서 규정한 사항을 제외하고는 「민법」 중 사단법인에 관한 규정을 준용한다
(제46조).

4) 사회복지시설

(1) 사회복지시설의 설치

국가나 지방자치단체는 사회복지시설을 설치·운영할 수 있으며, 국가 또는 지
방자치단체 외의 자가 시설을 설치·운영하려는 경우에는 보건복지부령으로 정
하는 바에 따라 시장·군수·구청장에게 신고하여야 한다. 다만, 제40조에 따라
폐쇄명령을 받고 3년이 지나지 아니한 자 또는 제19조 제1항 제1호 및 제1호의
2부터 제1호의8까지5)의 어느 하나에 해당하는 개인 또는 그 개인이 임원인 법인은

---

5) 제19조 제1항

  1. 미성년자

  1의2. 피성년후견인 또는 피한정후견인

  1의3. 파산선고를 받고 복권되지 아니한 사람

  1의4. 법원의 판결에 따라 자격이 상실되거나 정지된 사람

  1의5. 금고 이상의 실형을 선고받고 그 집행이 끝나거나(집행이 끝난 것으로 보는 경우를
      포함한다) 집행이 면제된 날부터 3년이 지나지 아니한 사람

  1의6. 금고 이상의 형의 집행유예를 선고받고 그 유예기간 중에 있는 사람

  1의7. 제1호의5 및 제1호의6에도 불구하고 사회복지사업 또는 그 직무와 관련하여 「아동복

시설의 설치·운영 신고를 할 수 없다. 시장·군수·구청장은 신고를 받은 경우 그 내용을 검토하여 이 법에 적합하면 신고를 수리하여야 한다(제34조 제3항). 시설을 설치·운영하는 자는 보건복지부령으로 정하는 재무·회계에 관한 기준에 따라 시설을 투명하게 운영하여야 한다(제34조 제4항). 국가나 지방자치단체가 설치한 시설은 필요한 경우 사회복지법인이나 비영리법인에 위탁하여 운영하게 할 수 있다(제34조 제5항).

또한 이 법 또는 법 제2조 제1호 각 목의 법률에 따른 시설을 설치·운영하려는 경우에는 지역특성과 시설분포의 실태를 고려하여 이 법 또는 제2조 제1호 각 목의 법률에 따른 시설을 통합하여 하나의 시설로 설치·운영하거나 하나의 시설에서 둘 이상의 사회복지사업을 통합하여 수행할 수 있다. 이 경우 국가 또는 지방자치단체 외의 자는 통합하여 설치·운영하려는 각각의 시설이나 사회복지사업에 관하여 해당 관계 법령에 따라 신고하거나 허가 등을 받아야 한다(제34조의2). 둘 이상의 시설을 통합하여 하나의 시설로 설치·운영하거나 하나의 시설에서 둘 이상의 사회복지사업을 통합하여 수행하는 경우 해당 시설에서 공동으로 이용하거나 배치할 수 있는 시설 및 인력 기준 등은 보건복지부령으로 정한다(제34조의2).

지법」 제71조, 「보조금 관리에 관한 법률」 제40조부터 제42조까지 또는 「형법」 제28장·제40장(제360조는 제외한다)의 죄를 범하거나 이 법을 위반하여 다음 각 목의 어느 하나에 해당하는 사람

가. 100만 원 이상의 벌금형을 선고받고 그 형이 확정된 후 5년이 지나지 아니한 사람
나. 형의 집행유예를 선고받고 그 형이 확정된 후 7년이 지나지 아니한 사람
다. 징역형을 선고받고 그 집행이 끝나거나(집행이 끝난 것으로 보는 경우를 포함한다) 집행이 면제된 날부터 7년이 지나지 아니한 사람
1의8. 제1호의5부터 제1호의7까지의 규정에도 불구하고 「성폭력범죄의 처벌 등에 관한 특례법」 제2조의 성폭력범죄 또는 「아동·청소년의 성보호에 관한 법률」 제2조 제2호의 아동·청소년대상 성범죄를 저지른 사람으로서 형 또는 치료감호를 선고받고 확정된 후 그 형 또는 치료감호의 전부 또는 일부의 집행이 끝나거나(집행이 끝난 것으로 보는 경우를 포함한다) 집행이 유예·면제된 날부터 10년이 지나지 아니한 사람

(2) 보험가입 의무

시설의 운영자는 화재로 인한 손해배상책임 또는 화재 외의 안전사고로 인하여 생명·신체에 피해를 입은 보호대상자에 대한 손해배상책임의 손해배상책임을 이행하기 위하여 손해보험회사의 책임보험에 가입하거나 「사회복지사 등의 처우 및 지위 향상을 위한 법률」 제4조에 따른 한국사회복지공제회의 책임공제에 가입하여야 한다. 국가나 지방자치단체는 예산의 범위에서 제1항에 따른 책임보험 또는 책임공제의 가입에 드는 비용의 전부 또는 일부를 보조할 수 있다(제34조의3).

(3) 시설의 안전점검

시설의 장은 시설에 대하여 정기 및 수시 안전점검을 실시하여야 하며, 시설의 장은 제1항에 따라 정기 또는 수시 안전점검을 한 후 그 결과를 시장·군수·구청장에게 제출하여야 한다. 시장·군수·구청장은 제2항에 따른 결과를 받은 후 필요한 경우에는 시설의 운영자에게 시설의 보완 또는 개수(改修)·보수를 요구할 수 있으며, 이 경우 시설의 운영자는 요구에 따라야 한다. 국가나 지방자치단체는 예산의 범위에서 제1항부터 제3항까지의 규정에 따른 안전점검, 시설의 보완 및 개수·보수에 드는 비용의 전부 또는 일부를 보조할 수 있다(제34조의4).

(4) 사회복지관의 설치

사회복지관은 지역사회의 특성과 지역주민의 복지욕구를 고려하여 서비스 제공 등 지역복지증진을 위한 사업을 실시할 수 있다. 사회복지관은 모든 지역주민을 대상으로 사회복지서비스를 실시하되, 「국민기초생활보장법」에 따른 수급자 및 차상위계층, 장애인, 노인, 한부모가족 및 다문화가족, 직업 및 취업 알선이 필요한 사람, 보호와 교육이 필요한 유아·아동 및 청소년, 그 밖에 사회복지관의 사회복지서비스를 우선 제공할 필요가 있다고 인정되는 사람의 지역주민에게 우선 제공하여야 한다(제34조의5).

(5) 시설의 장과 종사자

시설의 장은 상근(常勤)하여야 한다(제35조). 사회복지분야의 6급 이상 공무원으로 재직하다 퇴직한 지 3년이 경과하지 아니한 사람 중에서 퇴직 전 5년 동안 소속하였던 기초자치단체가 관할하는 시설의 장이 되고자 하는 사람은 시설의 장이 될 수 없다(제35조 제2항). 사회복지법인과 사회복지시설을 설치·운영하는 자는 시설에 근무할 종사자를 채용할 수 있다. 제19조의 제1항 제1호의 7 또는 제1호의 8에 해당하는 사람과 「성폭력범죄의 처벌 등에 관한 특례법」에 따른 성폭력범죄 및 「아동·청소년의 성보호에 관한 법률」에 따른 아동·청소년대상 성범죄를 저질러 금고 이상의 형 또는 치료감호를 선고받고 그 형이 확정된 사람은 사회복지지법인 또는 사회복지시설의 종사자가 될 수 없다(제35조의2).

(6) 운영위원회

시설의 장은 시설의 운영에 관한 시설운영계획의 수립·평가에 관한 사항, 사회복지 프로그램의 개발·평가에 관한 사항, 시설 종사자의 근무환경 개선에 관한 사항, 시설 거주자의 생활환경 개선 및 고충 처리 등에 관한 사항, 시설 종사자와 거주자의 인권보호 및 권익증진에 관한 사항, 시설과 지역사회의 협력에 관한 사항, 그 밖에 시설의 장이 운영위원회의 회의에 부치는 사항을 심의하기 위하여 시설에 운영위원회를 두어야 한다(제36조). 운영위원회의 위원은 시설의 장, 시설 거주자 대표, 시설 거주자의 보호자 대표, 시설 종사자의 대표, 해당 시·군·구 소속의 사회복지업무를 담당하는 공무원, 후원자 대표 또는 지역주민, 공익단체에서 추천한 사람, 그 밖에 시설의 운영 또는 사회복지에 관하여 전문적인 지식과 경험이 풍부한 사람 중 어느 하나에 해당하는 사람 중에서 관할 시장·군수·구청장이 임명하거나 위촉한다.

또한 시설의 장은 시설의 장은 시설의 회계 및 예산·결산에 관한 사항, 후원금 조성 및 집행에 관한 사항, 그 밖에 시설운영과 관련된 사건·사고에 관한 사항을 운영위원회에 보고하여야 하며, 그 밖에 운영위원회의 조직 및 운영에 관한 사항은 보건복지부령으로 정한다(제36조).

(7) 시설의 서류비치

시설의 장은 후원금품대장 등 보건복지부령으로 정하는 서류를 시설에 갖추어 두어야 한다(제37조).

(8) 시설 수용인원의 제한

각 시설의 수용인원은 300명을 초과할 수 없다. 다만, 대통령령으로 정하는 경우에는 그러하지 아니하다(제41조).

(9) 시설의 개선, 사업의 정지, 시설의 폐쇄 등

보건복지부장관, 시 · 도지사 또는 시장 · 군수 · 구청장은 시설이 설치기준에 미달하게 되었을 때, 사회복지법인 또는 비영리법인이 설치 · 운영하는 시설의 경우 그 사회복지법인 또는 비영리법인의 설립허가가 취소되었을 때, 설치 목적이 달성되었거나 그 밖의 사유로 계속하여 운영될 필요가 없다고 인정할 때, 회계부정이나 불법행위 또는 그 밖의 부당행위 등이 발견되었을 때, 제34조 제2항에 따른 신고를 하지 아니하고 시설을 설치 · 운영하였을 때, 제36조 제1항에 따른 운영위원회를 설치하지 아니하거나 운영하지 아니하였을 때, 정당한 이유 없이 제51조 제1항에 따른 보고 또는 자료 제출을 하지 아니하거나 거짓으로 하였을 때, 정당한 이유 없이 제51조 제1항에 따른 검사 · 질문을 거부 · 방해하거나 기피하였을 때, 시설에서「성폭력범죄의 처벌 등에 관한 특례법」제2조 제1항 제3호부터 제5호까지의 성폭력범죄 또는「아동 · 청소년의 성보호에 관한 법률」제2조 제3호의 아동 · 청소년대상 성폭력범죄가 발생한 때, 1년 이상 시설이 휴지상태에 있어 시장 · 군수 · 구청장이 재개를 권고하였음에도 불구하고 재개하지 아니한 때 중 어느 하나에 해당할 때에는 그 시설의 개선, 사업의 정지, 시설의 장의 교체를 명하거나 시설의 폐쇄를 명할 수 있다(제40조).

5) 사회복지협의회

사회복지에 관한 사회복지에 관한 조사 · 연구 및 정책 건의, 사회복지 관련 기관 · 단체 간의 연계 · 협력 · 조정, 사회복지 소외계층 발굴 및 민간사회복지자원과의 연계 · 협력, 대통령령으로 정하는 사회복지사업의 조성 등 업무를 수행하기 위하여 전국 단위의 한국사회복지협의회와 시 · 도 단위의 시 · 도 사회복지협의회 단위의 시 · 군 · 구 사회복지협의회를 둘 수 있다(제33조). 중앙협의회, 시 · 도협의회 및 시 · 군 · 구협의회는 이 법에 따른 사회복지법인으로 한다(제33조).

6. 재정

1) 보조금

국가나 지방자치단체는 사회복지사업을 하는 자 중 대통령령으로 정하는 자에게 운영비 등 필요한 비용의 전부 또는 일부를 보조할 수 있다. 보조금은 그 목적 외의 용도에 사용할 수 없으며, 국가나 지방자치단체는 보조금을 받은 자가 거짓이나 그 밖의 부정한 방법으로 보조금을 받았을 때, 사업 목적 외의 용도에 보조금을 사용하였을 때, 이 법 또는 이 법에 따른 명령을 위반하였을 때 중 해당할 때에는 이미 지급한 보조금의 전부 또는 일부의 반환을 명할 수 있다. 다만, 제1호 및 제2호의 경우에는 반환을 명하여야 한다(제42조 제1항). 보조금과 관련하여 이 법에서 규정한 사항 외에는 「보조금 관리에 관한 법률」 및 「지방재정법」을 따른다(제42조 제2항).

2) 지방자치단체에 대한 지원금

보건복지부장관은 시·도지사 및 시장·군수·구청장에게 사회복지사업의 수행에 필요한 비용을 지원할 수 있으며, 보건복지부장관은 「사회보장급여의 이용·제공 및 수급권자 발굴에 관한 법률」 제39조에 따른 평가결과를 반영하여 제1항에 따른 지원을 할 수 있다. 지원금의 지급기준·지급방법 등에 관하여 필요한 사항은 보건복지부령으로 정한다(제42조의3).

3) 비용의 징수

이 법에 따른 복지조치에 필요한 비용을 부담한 지방자치단체의 장이나 그 밖에 시설을 운영하는 자는 그 혜택을 받은 본인 또는 그 부양의무자로부터 대통령령으로 정하는 바에 따라 그가 부담한 비용의 전부 또는 일부를 징수할 수 있다(제44조).

4) 후원금의 관리

사회복지법인의 대표이사와 시설의 장은 아무런 대가 없이 무상으로 받은 금품이나 그 밖의 자산의 수입·지출 내용을 공개하여야 하며 그 관리에 명확성이 확보되도록 하여야 하며, 후원금에 관한 영수증 발급, 수입 및 사용결과 보고, 그 밖에 후원금 관리 및 공개 절차 등 구체적인 사항은 보건복지부령으로 정한다(제45조).

5) 상속인 없는 재산의 처리

시설을 설치·운영하는 자는 그 시설에 입소 중인 사람이 사망하고 그 상속인의 존부가 분명하지 아니한 때에는 「민법」의 규정에 따라 사망한 사람의 재산을 처리한다. 다만, 사망한 사람의 잔여 재산이 500만 원 이하인 경우에는 관할 시장·군수·구청장에게 잔여재산 목록을 작성하여 보고하는 것으로 그 재산의 처리를 갈음할 수 있다(제4조의2).

●●● 헌법재판소 결정례

1. 헌재결 2005. 2. 3. 2004헌바 10(「사회복지사업법」 제23조 제3항 등 위헌소원) 17-1, 97면 이하

【판시사항】
3. 사회복지법인의 기본재산을 처분함에 있어 보건복지부장관의 허가를 받도록 규정한 「사회복지사업법」 제23조 제3항 제1호와 사회복지법인의 운영자유, 재산권과의 관계
4. 「사회복지사업법」 제23조 제3항 제1호가 입법형성의 한계를 일탈하거나 기본권제한의 입법한계를 벗어난 것으로서 「헌법」에 위반되는지 여부(소극)

【결정요지】
3. 「사회복지사업법」 제23조 제3항 제1호는 사회복지법인이 그 기본재산을 처분하기 위하여는 보건복지부장관의 허가를 받지 않으면 되지 않도록 규정하고 있으므로, 사회복지법인의 운영에 관련된 각종 경제활동, 특히 물적·인적 시설의 관리와 운영에 있어 보건복지부의 관여를 받게 됨으로써 「헌법」 제10조의 행복추구권의 구체적인 한 표현인 일반적인 행동자유권 내지 사적자치권으로 보장되는 사회복지법인의 운영의 자유의 한 내용인 재산을 자유롭게 관리할 권리를 제한하고 있다. 한편, 사회복지법인의 기본재산에 관하여 보건복지부장관의 허가를 받지 못한 처분의 사법적 효력은 일반적으로 무효라고 해석하는 것이 대법원 판례의 경향이기 때문에, 사회복지법인의 채권자나 기본재산에 관한 권리를 취득한 자는 보건복지부장관의 허가가 결여되었다는 이유로 사후에 권리의 취득

이 무효로 돌아감으로써 경제적 손실을 입게 될 수 있으므로, 이럴 경우 그들에게 실질적으로 불이익을 입히게 되어 재산권에 영향을 미치는 것이다.

4. 「사회복지사업법」 제23조 제3항 제1호는 사회복지법인의 특수성을 고려하여 그 재산의 원활한 관리 및 유지 보호와 재정의 적정을 기함으로써 사회복지법인의 건전한 발달을 도모하고 사회복지법인으로 하여금 그 본래의 사업목적사업에 충실하게 하려는 데 그 목적이 있으므로 그 입법목적은 정당하고, 법인의 기본재산을 처분함에 있어 사회복지법인이 설립자나 법인 운영자의 사익이나 자의적 경영을 방지하기 위하여 보건복지부장관의 허가를 받도록 하는 것은 그 목적을 달성하는 데 적절한 수단이라 하지 않을 수 없다. 또한 사회복지법인의 모든 재산에 대하여 보건복지부장관의 허가를 요하는 것이 아니라 정관에 등재된 기본재산만을 허가의 대상으로 제한하고 있고, 파산법에 의한 파산절차를 통한 채권변제절차를 막고 있는 것도 아니므로, 위 법률규정은 피해의 최소성이라는 요건을 갖춘 것이다. 아울러 입법자가 위 법률조항의 입법을 통하여 사회복지법인의 운영자유와 거래의 안전이나 거래의 상대방의 재산권보다 사회복지법인의 재정의 건전화에 대한 공익적 요구를 더욱 중요한 가치로 선택한 것을 두고 합리적인 근거가 없는 기본권의 침해라 할 수 없다.

2. 헌재결 2015. 7. 30. 2012헌마 1030(「사회복지사업법」 제35조의2 위헌확인) 27-2(상), 332면 이하

【판시사항】

1. 사회복지사업 또는 그 직무와 관련하여 횡령죄 등을 저질러 집행유예의 형이 확정된 후 7년이 경과하지 아니한 사람은 사회복지시설의 종사자가 될 수 없도록 규정한 「사회복지사업법」(2012. 1. 26. 법률 제11239호로 개정된 것) 제35조의2 제2항 제1호 중 제7조 제3항 제7호 나목 부분(이하 '심판대상조항'이라 한다.)이 과잉금지원칙 및 신뢰보호원칙에 위배되어 직업선택의 자유를 침해하는지 여부(소극)

2. 심판대상조항이 평등권을 침해하는지 여부(소극)

【결정요지】

1. 심판대상조항은 사회복지사업 종사자의 자질을 일정 수준으로 담보하도록 하여 사회복지서비스를 이용하는 자들을 보호하고 궁극적으로 사회복지사업의 공정·투명·적정을 도모하기 위한 것으로서, 목적의 정당성 및 수단의 적절성이 인정된다. 또한 모든 범죄전력을 결격사유로 정해 놓은 것이 아니라 사회복지사업 또는 그 직무와 관련하여 아동학대, 횡령·배임 등의 범죄를 범한 고의범으로 그 대상을 한정하고 있고, 선고형에 따라 사회복지시설의 종사자가 될 수 없는 제한기간을 달리한 점 등을 고려하면, 심판대상조항은 침해의 최소성 요건을 갖추었고, 직업선택의 자유를 제약받는 불이익보다는 사회복지사업의 공정하고 투명한 운영 및 사회복지서비스를 이용하는 자들의 인권보호라는 공익이 훨씬 크다고 할 것이므로 법익의 균형성도 인정된다.

한편, 청구인이 사회복지시설의 종사자로 근무함에 있어 국가나 법령이 특별한 신뢰이익을 부여하면서 사회복지시설의 종사자로 근무하도록 유인한 객관적인 사정이 있다고 보기 어렵고, 그러한 종사자가 입게 되는 불이익은 영구적인 것이 아니라 법률이 정한 기간경과 전까지 사회복지시설의 종사자가 될 수 없는 것에 불과하여 신뢰이익의 침해정도가 비교적 크지 아니하다.

그렇다면 심판대상조항이 과잉금지원칙과 신뢰보호원칙에 위배되어 직업선택의 자유를 침해한다고 볼 수 없다.

2. 심판대상조항은 직무관련범죄 등을 이유로 하는 결격사유의 경우 사회복지법인의 임원 및 시설의 장과 그 종사자를 차별하여 취급하고 있지 아니하므로 평등권을 침해한다고 볼 수 없다.

제3절   영유아보육법

1. 연혁 및 체계

현대사회의 산업화에 따른 여성의 사회참여 증가 및 가족구조의 핵가족화에 의한 탁아수요의 급증에 따라 아동보호와 교육문제는 개인적인 차원을 넘어 사회적·국가적 차원에서 해결이 불가피하게 되었으나, 현행 「아동복지법」에 의한 탁아사업은 시설 설립주체의 제한으로 인한 보육사업 확대곤란, 관장부처의 다원화로 체계적이고 효율적인 보육사업 추진 등의 문제점이 있으므로, 영유아의 보호와 교육에 관한 별도의 입법을 통하여 보육시설의 조속한 확대 및 체계화로 아동의 건전한 보호·교육 및 보육자의 경제적·사회적 활동의 지원을 통하여 가정복지증진을 도모하기 위하여, 1991년 1월 14일 「영유아보육법」이 제정되었다.

<표 11-6> 주요 연혁 및 현행 법률의 체계

주요 연혁		현행 법률의 체계
1991. 1. 14.	• 법률 제4328호 「영유아보육법」 제정	제1장 총칙 제2장 어린이집의 설치 제3장 보육교직원 제4장 어린이집의 운영 제5장 건강·영양 및 안전 제6장 비용 제7장 지도 및 감독 제8장 보칙 제9장 벌칙
1997. 12. 24.	• 일부개정 저소득층 보육의 무상보육 실시 도입	
2004. 1. 29.	• 전부개정 보육시설 설치를 신고제에서 인가제 전환	
2008. 12. 19.	• 일부개정 보육시설 미이용 대상 양육지원을 위한 양육수당제도 도입	
2015. 5. 18.	• 일부개정 어린이집 실치·운영자는 폐쇄회로 텔레비전을 설치·관리해야 함.	
2021. 12. 9.	• 보호자가 자녀 또는 보호아동의 안전을 확인할 목적으로 요청하는 경우 영상정보 원본을 열람할 수 있도록 법률에 명시	

| | • 공공형어린이집 지정 및 운영에 필요한 지원과 지정 취소에 관한 법적 근거를 마련
• 어린이집 위생관리규정을 신설하고, 어린이집 위생관리기준 위반 시 신고 및 제재 규정을 마련 | |

2. 목적 및 기본원칙

「영유아보육법」의 목적은 영유아의 심신을 보호하고 건전하게 교육하여 건강한 사회 구성원으로 육성함과 아울러 보호자의 경제적·사회적 활동이 원활하게 이루어지도록 함으로써 영유아 및 가정의 복지 증진에 이바지하는 것이다(제1조).

<표 11-7> 핵심용어 및 내용

핵심용어	내용
영유아	6세 미만의 취학 전 아동
보육	영유아를 건강하고 안전하게 보호·양육하고 영유아의 발달 특성에 맞는 교육을 제공하는 어린이집 및 가정양육 지원에 관한 사회복지서비스
어린이집	보호자의 위탁을 받아 영유아를 보육하는 기관
보호자	친권자·후견인, 그 밖의 자로서 영유아를 사실상 보호하고 있는 자
보육교직원	어린이집 영유아의 보육, 건강관리 및 보호자와의 상담, 그 밖에 어린이집의 관리·운영 등의 업무를 담당하는 자로서 어린이집의 원장 및 보육교사와 그 밖의 직원

3. 적용대상

「영유아보육법」에서 '영유아'란 6세 미만의 취학 전 아동을 말하며, 어린이집에서 영유아를 대상으로 사회복지서비스를 제공하는 것이다. 어린이집의 이용대상은 보육이 필요한 영유아를 원칙으로 한다. 다만, 필요한 경우 어린이집의 원장은 만 12세까지 연장하여 보육할 수 있다(제27조). 즉, 주요한 급여대상은 '6세 미만의 취학 전 아동'이나 국가, 지방자치단체, 사회복지법인, 그 밖의 비영리법인이 설치한 어린이집의 원장은 〈표 11-8〉에 해당하는 경우, 우선적으로 어린이집을 이용할 수 있도록 하여야 한다. 또한 「고용정책 기본법」 제40조 제2항에 따라 고용촉진시설의 설치·운영을 위탁받은 공공단체 또는 비영리법인이 설치·운영하는 어린이집의 원장은 근로자의 자녀가 우선적으로 어린이집을 이용하게 할 수 있다(제28조).

〈표 11-8〉 보육급여의 우선 제공 대상

1. 「국민기초생활보장법」에 따른 수급자
2. 「한부모가족지원법」 제5조에 따른 보호대상자의 자녀
3. 「국민기초생활보장법」 제24조에 따른 차상위계층의 자녀
4. 「장애인복지법」 제2조에 따른 장애인 중 보건복지부령으로 정하는 장애 정도에 해당하는 자의 자녀
4의2. 「장애인복지법」 제2조에 따른 장애인 중 보건복지부령으로 정하는 장애 정도에 해당하는 자가 형제자매인 영유아
5. 「다문화가족지원법」 제2조 제1호에 따른 다문화가족의 자녀
6. 「국가유공자 등 예우 및 지원에 관한 법률」 제4조 제1항에 따른 국가유공자 중 제3호의 전몰군경, 제4호·제6호·제12호·제15호·제17호의 상이자로서 보건복지부령으로 정하는 자, 제5호·제14호·제16호의 순직자의 자녀
7. 제1형 당뇨를 가진 경우로서 의학적 조치가 용이하고 일상생활이 가능하여 보육에 지장이 없는 영유아
8. 그 밖에 소득수준 및 보육수요 등을 고려하여 보건복지부령으로 정하는 자의 자녀

4. 지원 및 보호

1) 보육과정

영유아들이 어린이집에서 제공받는 대표적인 내용이 보육과정이다. 보육과정은 영유아의 신체·정서·언어·사회성 및 인지적 발달을 도모할 수 있는 내용을 포함하여야 하며, 보건복지부장관은 표준보육과정을 개발·보급하여야 하며 필요하면 그 내용을 검토하여 수정·보완하여야 한다. 어린이집의 원장은 표준보육과정에 따라 영유아를 보육하도록 노력하여야 한다(제29조).

●● 보육과정의 내용

보육과정은 기본생활, 신체운동, 사회관계, 의사소통, 자연탐구, 예술경험의 6개 영역으로 구성한다. 각 영역은 영유아가 건강하고 안전하며 바르게 생활하는 데 필요한 내용과 신체, 사회, 언어, 인지, 정서 등의 전인 발달을 위해서 영유아가 갖춰야 할 지식, 기술, 태도를 포함한다.

가. 기본생활

기본생활 영역은 일생의 기초이며 사회생활의 기본이 되는 건강, 영양, 안전에 관한 지식과 기술을 습득하고 바르게 생활하는 태도를 기르는 내용으로 구성한다.

나. 신체운동

신체운동 영역은 다양한 신체 활동을 통하여 자신의 신체에 대해 긍정적으로 인식하고, 일상생활에 필요한 기본 운동 능력을 기르며, 신체 활동에 즐겁게 참여하는 내용으로 구성한다.

다. 사회관계

사회관계 영역은 자신을 존중하고, 가족과 또래 및 지역사회와 긍정적인 사회관계를 형성하며, 유능한 사회 구성원이 되기 위해 필요한 사회적 지식과 태도를 기르는 내용으로 구성한다.

라. 의사소통

의사소통 영역은 듣고 말하는 것을 즐기고, 상황에 맞는 의사소통 능력과 기초적인 읽고 쓰는 능력을 익히는 데 필요한 올바른 언어생활 태도와 능력을 기르는 내용으로 구성한다.

마. 자연탐구

자연탐구 영역은 다양한 감각을 이용하여 주변 사물과 환경을 지각하고 탐색하며, 이러한 과정에서 발생하는 의문점을 해결하는 데 필요한 수학적·과학적 기초 능력을 기르는 내용으로 구성한다.

바. 예술경험

예술경험 영역은 사물이나 소리·자연·예술작품의 아름다움에 관심을 가지고 탐색하며, 생각이나 느낌을 음악·동작·극·미술로 표현하고, 표현된 것들을 보고 즐김으로써 풍부한 감성 및 창의성을 기르는 내용으로 구성한다.

출처: 「영유아보육법 시행규칙」 [별표 8의4]

2) 무상보육

국가와 지방자치단체는 영유아에 대한 보육을 무상으로 하되(제34조 제1항), 무상보육 실시에 드는 비용은 국가나 지방자치단체가 부담하거나 보조하여야 한다(제34조 제3항). 보건복지부장관은 예산의 범위에서 관계 행정기관의 장과 협의하여 제3항에 따른 국가 및 지방자치단체가 부담하는 비용을 정할 수 있다(제34조 제4항).

3) 양육수당

국가와 지방자치단체는 어린이집이나 「유아교육법」 제2조에 따른 유치원을 이용하지 아니하는 영유아에 대하여 영유아의 연령과 보호자의 경제적 수준을 고려하여 양육에 필요한 비용을 지원할 수 있다. 또한 국가와 지방자치단체는 일시보육 서비스(제26조의2)를 이용하는 경우에도 그 영유아에 양육에 필요한 비용을 지원할 수 있다(제34조의2).

4) 보육서비스 이용권

국가와 지방자치단체는 무상보육과 양육수당의 비용 지원을 위하여 보육서비스 이용권을 영유아의 보호자에게 지급할 수 있는데(제34조의3), 영유아의 보호자는 보육서비스 이용권을 발급받기 위하여 특별자치도지사 · 시장 · 군수 · 구청장에게 이용권 발급신청서를 제출하여야 한다. 또한 영유아의 보호자는 보육서비스 이용권을 어린이집에 제시하여야 하고, 어린이집의 원장은 보육서비스 이용권이 이용자 본인에 의하여 정당하게 사용되고 있는지를 확인하여야 한다(동법 시행규칙 제35조의3).

5. 전달체계

1) 보육정책위원회

보육에 관한 각종 정책 · 사업 · 보육지도 및 어린이집 평가사항 등을 심의하기 위하여 보건복지부에 중앙보육정책위원회를, 특별시 · 광역시 · 특별자치시 · 도 · 특별자치도 및 시 · 군 · 구에 지방보육정책위원회를 둔다. 중앙보육정책위원회와 지방보육정책위원회의 위원은 보육전문가, 어린이집의 원장 및 보육교사 대표, 보호자 대표 또는 공익을 대표하는 자, 관계 공무원 등으로 구성한다(제6조).

2) 한국보육진흥원

보건복지부장관은 보육서비스의 질 향상을 도모하고 보육정책을 체계적으로 지원하기 위하여 한국보육진흥원(이하 "진흥원"이라 한다.)을 설립한다. 진흥원은 다음의 업무를 수행한다(제8조)."

---

1. 어린이집 평가척도 개발
2. 보육사업에 관한 교육·훈련 및 홍보
3. 영유아 보육프로그램 및 교재·교구 개발
4. 보육교직원 연수프로그램 개발 및 교재 개발
5. 이 법에 따라 보건복지부장관으로부터 위탁받은 업무
6. 그 밖에 보육정책과 관련하여 보건복지부장관이 필요하다고 인정하는 업무

---

3) 중앙육아종합지원센터

영유아에게 일시보육 서비스를 제공하거나 보육에 관한 정보의 수집·제공 및 상담을 위하여 보건복지부장관은 중앙육아종합지원센터를, 특별시장·광역시장·특별자치시장·도지사·특별자치도지사 및 시장·군수·구청장은 지방육아종합지원센터를 설치·운영하여야 한다. 이 경우 필요하다고 인정하는 경우에는 영아·장애아 보육 등에 관한 육아종합지원센터를 별도로 설치·운영할 수 있다(제7조 제1항). 중앙육아종합지원센터와 지방육아종합지원센터에는 육아종합지원센터의 장과 보육에 관한 정보를 제공하는 보육전문요원 및 보육교직원의 정서적·심리적 상담 등의 업무를 하는 상담전문요원 등을 둔다(제7조 제2항). 중앙육아종합지원센터의 기능은 다음과 같다(시행령 제13조).

---

1. 시간제보육 서비스의 제공
1의2. 보육에 관한 정보의 수집 및 제공
2. 보육 프로그램 및 교재·교구(教具)의 제공 또는 대여
3. 보육교직원에 대한 상담 및 구인·구직 정보의 제공
4. 어린이집 설치·운영 등에 관한 상담 및 컨설팅
5. 장애아 보육 등 취약보육(脆弱保育)에 대한 정보의 제공
6. 부모에 대한 상담·교육
7. 영유아의 체험 및 놀이공간 제공
8. 영유아 부모 및 보육교직원에 대한 영유아 학대 예방 교육
9. 그 밖에 어린이집 운영 및 가정양육 지원 등에 관하여 필요한 사항

지방육아종합지원센터를 아우르는 중앙종합지원센터는 한국보육진흥원에서 위탁운영하고 있다. 중앙육아종합지원센터는 영유아 보육에 대한 제반 정보제공 및 상담을 통하여 보육수요자에게 보육에 대한 편의를 도모하고, 어린이집과의 연계체제를 구축하여 어린이집 운영의 효율성 증진, 육아종합지원센터 간의 중앙 거점기관 역할을 하고 있다. 육아종합지원센터의 설치·운영 및 기능, 육아종합 지원센터의 장과 보육전문요원 및 상담전문요원의 자격 및 직무 등에 필요한 사항은 대통령령으로 정하며(제7조 제5항, 2022. 6. 22. 시행), 육아종합지원센터의 안전사고 예방 및 사고에 따른 영유아 생명·신체 등의 피해보상에 관하여는 제31조의2(어린이집 안전공제사업 등)를 준용한다. 이 경우 "어린이집"은 "육아종합지원센터"로, "어린이집의 원장"은 "육아종합지원센터의 장"으로 본다(제7조 제6항, 2022. 6. 22. 시행).

4) 어린이집 운영위원회와 보육교직원

어린이집의 원장은 어린이집 운영의 자율성과 투명성을 높이고 지역사회와의 연계를 강화하여 지역 실정과 특성에 맞는 보육을 실시하기 위하여 어린이집에 어린이집운영위원회를 설치·운영할 수 있다. 다만, 제26조에 따른 취약보육(脆弱保育)을 우선적으로 실시하여야 하는 어린이집은 어린이집운영위원회를 의무적으로 설치·운영하여야 한다. 어린이집운영위원회는 그 어린이집의 원장, 보육교사 대표, 학부모 대표 및 지역사회 인사(직장어린이집의 경우에는 해당 직장의 어린이집 업무 담당자로 함)로 구성한다. 이 경우 학부모 대표가 2분의 1 이상이 되도록 구성하여야 한다(제25조).

보육교직원은 보육서비스를 제공하는 주체이다. 여기에서 '보육교직원'이란 어린이집 영유아의 보육, 건강관리 및 보호자와의 상담, 그 밖에 어린이집의 관리·운영 등의 업무를 담당하는 자로서 어린이집의 원장 및 보육교사와 그 밖의 직원을 말한다(제2조 제5호). 국가와 지방자치단체는 보육교직원의 양성 및 근로여건 개선을 위하여 노력하여야 한다(제4조 제4항).

6. 급여의 실시와 조사

1) 어린이집(보육시설)

보육서비스 등의 급여를 제공하는 주체는 어린이집으로서 '어린이집'이란 보호자의 위탁을 받아 영유아를 보육하는 기관을 말하는데, 구체적인 어린이집의 종류는 〈표 11-9〉와 같다(제10조).

〈표 11-9〉 어린이집의 종류

종류	내용
국공립어린이집	국가나 지방자치단체가 설치 · 운영하는 어린이집
사회복지법인어린이집	「사회복지사업법」에 따른 사회복지법인(이하 '사회복지법인'이라 한다)이 설치 · 운영하는 어린이집
법인 · 단체등어린이집	각종 법인(사회복지법인을 제외한 비영리법인)이나 단체 등이 설치 · 운영하는 어린이집
직장어린이집	사업주가 사업장의 근로자를 위하여 설치 · 운영하는 어린이집
가정어린이집	개인이 가정이나 그에 준하는 곳에 설치 · 운영하는 어린이집
협동어린이집	보호자 또는 보호자와 보육교직원이 조합(영리를 목적으로 하지 아니하는 조합에 한정한다)을 결성하여 설치 · 운영하는 어린이집
민간어린이집	위의 어린이집에 해당하지 아니하는 어린이집

2) 취약보육의 우선 실시

국가나 지방자치단체, 사회복지법인, 그 밖의 비영리법인이 설치한 어린이집의 원장은 「영아 · 장애아 · 다문화가족지원법」 제2조 제1호에 따른 다문화가족의 아동 등에 대한 보육(이하 '취약보육'이라 한다.)을 우선적으로 실시하여야 한다. 보건복지부장관, 시 · 도지사 및 시장 · 군수 · 구청장은 취약보육을 활성화하는 데에 필요한 각종 시책을 수립 · 시행하여야 한다(제26조).

3) 어린이집 평가

보건복지부장관은 영유아의 안전과 보육서비스의 질 향상을 위하여 어린이집의 보육환경, 보육과정 운영, 보육인력의 전문성 및 이용자 만족도 등에 대하여 정기적으로 평가를 실시하여야 한다. 보건복지부장관은 제1항에 따른 평가 결과에 따라 어린이집 보육서비스의 관리, 보육사업에 대한 재정적 · 행정적 지원 등 필요한 조치를 할 수 있다. 보건복지부장관은 어린이집 평가등급 등 평가 결과를 공표하여야 하고, 평가를 받은 어린이집에 다음 표의 어느 하나에 해당하는 사유가 발생한 경우, 평가등급을 최하위등급으로 조정하여야 한다. 보건복지부장관은 제1항에 따라 평가를 받은 어린이집의 보육서비스의 질 관리를 위하여 필요한 경우 확인점검을 실시하여 제1항의 평가등급을 조정할 수 있다(제30조).

---

1. 거짓이나 그 밖의 부정한 방법으로 평가를 받은 경우
2. 어린이집의 설치 · 운영자가 이 법을 위반하여 금고 이상의 형을 선고받고 그 형이 확정된 경우
3. 제40조 제2호 또는 제3호에 따라 보조금의 반환명령을 받았거나 제45조, 제45조의2 또는 제46조부터 제48조까지의 규정에 따른 행정처분을 받은 경우로서 보건복지부령으로 정하는 경우
4. 어린이집의 대표자 또는 보육교직원이 「아동복지법」 제17조를 위반하거나 「아동 · 청소년의 성보호에 관한 법률」 제2조 제2호의 아동 · 청소년대상 성범죄를 저지른 경우

---

7. 시설의 설치 · 운영

1) 어린이집 설치

(1) 설치요건

어린이집 설치의 입지조건은 보육수요 · 보건 · 위생 · 급수 · 안전 · 교통 · 환경 및 교통편의 등을 충분히 고려하여 쾌적한 환경을 갖춘 부지를 선정하여야 하며, 「주택건설기준 등에 관한 규정」 제9조의2 제1항에서 제시한 위험시설로부터 50m 이상 떨어진 곳에 위치하여야 한다. 다만, 영유아 20명 이하를 보육하는 직장어린이집, 부모협동어린이집 및 국공립어린이집(제40조 제1항에 따른 지역에 설치된 어린이집으로서 같은 조 제2항에 따라 특별자치도지사 · 시장 · 군수 · 구청장이 지방보육

정책위원회의 심의를 거친 국공립어린이집과 국가나 지방자치단체가 법 제12조에 따라 국공립어린이집을 우선적으로 설치하여야 하는 지역에 해당 부지·건물을 매입하거나 기부채납을 받아 설치하는 국공립어린이집만 해당한다.)은 가정어린이집을 설치할 수 있는 곳에도 설치할 수 있다. 어린이집 설치의 재산요건은 가정어린이집 및 민간어린이집의 경우 시설로 사용되는 토지·건물의 소유권·전세권 등에 대한 부채비율이 100분의 50 미만이어야 하며, 협동어린이집은 보육영유아의 보호자 11명 이상 또는 보호자와 보육교직원을 합하여 11명 이상의 출자가 있어야 한다(동법 시행규칙 제9조).

(2) 규모

어린이집의 정원은 총 300명을 초과할 수 없는데 다음의 인원을 보육할 수 있는 규모이어야 한다. 즉, 국공립어린이집의 경우 상시 영유아 11명 이상, 직장어린이집의 경우 상시 영유아 5명 이상, 사회복지법인어린이집, 법인·단체 등 어린이집 및 민간어린이집의 경우 상시 영유아 21명 이상, 가정어린이집의 경우 상시 영유아 5명 이상 20명 이하 그리고 협동어린이집의 경우 상시 영유아 11명 이상이어야 한다(동법 시행규칙 제9조).

2) 폐쇄회로 텔레비전

(1) 폐쇄회로 텔레비전의 설치

2015년에 개정된 「영유아보육법」에서는 아동학대 방지 등 영유아의 안전과 어린이집 보안을 위하여 어린이집에 폐쇄회로 텔레비전(이하 'CCTV'라 한다.)을 설치·운영해야 한다. CCTV 설치·운영은 「개인정보보호법」 및 관련 법령을 준용해야 하는데, 다음과 같은 경우는 CCTV를 설치할 필요가 없다. 첫째, 어린이집을 설치·운영하는 자가 보호자 전원의 동의를 받아 특별자치시장, 특별자치도지사, 시장·군수·구청장에게 신고한 경우, 둘째, 어린이집을 설치·운영하는 자가 보호자 및 보육교직원 전원의 동의를 받아 「개인정보보호법」 및 관련 법령에 따른 네트워크 카메라를 설치한 경우이다.

또한 CCTV를 설치·관리하는 자는 영유아 및 보육교직원 등 정보주체의 권리가 침해되지 아니하도록 다음과 같은 내용을 준수하여야 한다. 첫째, 아동학대 방지 등 영유아의 안전과 어린이집의 보안을 위하여 최소한의 영상정보만을 적법하고 정당하게 수집하고, 목적 외의 용도로 활용하지 아니하도록 할 것, 둘째, 영유아 및 보육교직원 등 정보주체의 권리가 침해받을 가능성과 그 위험 정도를 고려하여 영상정보를 안전하게 관리할 것, 셋째, 영유아 및 보육교직원 등 정보주체의 사생활 침해를 최소화하는 방법으로 영상정보를 처리할 것 등이다(제15조의4).

(2) 영상정보의 열람금지

녹화된 영상정보들은 「개인정보보호법」의 규율에 따라 허가되지 않은 자 이외에는 열람이 금지되어 있다. 그러나 다음과 같은 경우에는 적법한 절차에 의하여 열람이 가능하다.

---

① 보호자가 자녀 또는 보호아동의 안전을 확인할 목적으로 열람시기 · 절차 및 방법 등 보건복지부령으로 정하는 바에 따라 요청하는 경우
② 「개인정보보호법」 제2조 제6호 가목에 따른 공공기관이 제42조 또는 「아동복지법」 제66조 등 법령에서 정하는 영유아의 안전업무 수행을 위하여 요청하는 경우
③ 범죄의 수사와 공소의 제기 및 유지, 법원의 재판업무 수행을 위하여 필요한 경우
④ 그 밖에 보육 관련 안전업무를 수행하는 기관으로서 보건복지부령으로 정하는 자가 업무의 수행을 위하여 열람시기 · 절차 및 방법 등 보건복지부령으로 정하는 바에 따라 요청하는 경우

이외에도 CCTV와 관련하여 설치 목적과 다른 목적으로 CCTV를 임의로 조작하거나 다른 곳을 비추는 행위, 녹음기능을 사용하거나 저장장치 이외의 장치 또는 기기에 영상정보를 저장하는 행위 등은 금지되어 있다(제15조의5).

●● 헌법재판소 결정례

'어린이집 CCTV 의무설치는 합헌'

어린이집에 CCTV를 의무적으로 설치하도록 한 것은 「헌법」에 어긋나지 않는다는 결정(2015헌마994)이 나왔다. 헌법재판소는 어린이집 대표와 원장, 보육교사 등이 「영유아보육법」 제15조의4가 사생활의 비밀과 자유를 침해한다며 낸 헌법소원 사건에서 재판관 전원일치 의견으로 합헌 결정하였다. 합헌 결정의 주된 이유는 다음과 같다.

1. 어린이집 CCTV 설치는 어린이집에서 발생하는 안전사고와 보육교사 등에 의한 아동학대를 방지하기 위한 것으로, 그 자체로 어린이집 운영자나 보육교사 등으로 하여금 사전에 영유아 안전사고 방

지에 만전을 기하고 아동학대행위를 저지르지 못하도록 하는 효과가 있고, 어린이집 내 안전사고나 아동학대 발생 여부의 확인이 필요한 경우 도움이 될 수 있다.

2. 어린이집 보육 대상인 영유아는 0세부터 6세 미만으로, 일상생활에 보호자의 도움이 필요하고 발육 단계상 의사표현능력이 부족하여 자신이 인지한 상황을 제대로 전달하지 못할 가능성이 크다. 따라서 어린이집에서 영유아에 대한 신체적·정신적·성적 폭력 내지 가혹행위가 발생하거나 보육 자체가 방임되더라도 그 적발이 쉽지 않다. 또한 어린이집 내 안전사고나 폭력, 가혹행위 등은 일순간 발생할 수 있고, 보육교사의 방임으로 인한 아동학대는 일정 기간 동안의 보육활동을 지켜보아야 확인이 가능한 것이어서, 일시적으로 이루어지는 보호자의 어린이집 참관이나 어린이집 운영상황 모니터링만으로 어린이집 내 아동학대를 방지하거나 적발하기에 충분하다고 할 수 없다.

3. 보육 위탁 수요는 계속 급증하고 있어, 영유아 보육을 위탁받아 행하는 어린이집에서의 아동학대 근절과 보육환경의 안전성 확보는 단순히 보호자의 불안을 해소하는 차원을 넘어 사회적·국가적 차원에서도 보호할 필요가 있는 중대한 공익이고, 그로 인해 지켜질 수 있는 영유아의 안전과 건강한 성장이라는 공익 또한 매우 중요한 것임은 명백하다. 한편, CCTV 설치 조항에 의해 어린이집 내 CCTV 설치를 반대하는 어린이집 설치·운영자나 부모의 기본권, 보육교사 및 영유아의 사생활의 비밀과 자유 등이 제한되는 것은 사실이나, 관련 기본권 침해가 최소화되도록 여러 가지 조치가 마련되어 있어 CCTV 설치 조항으로 인하여 침해되는 사익이 위에서 본 공익보다 크다고 보기는 어렵다.

3) 공공형어린이집 지정 및 지정취소

보건복지부장관은 어린이집 운영의 공공성 및 관리체계를 강화하기 위하여 어린이집의 종류, 평가등급 등 보건복지부령으로 정하는 요건을 갖춘 어린이집을 공공형어린이집으로 지정할 수 있으며(제30조의2 제1항), 지정된 공공형어린이집의 설치·운영자는 보건복지부령으로 정하는 공공형어린이집 운영기준을 준수하도록 규정하고 있다(제30조의2 제2항).

또한 공공형어린이집 지정의 유효기간은 지정을 받은 달의 다음달 1일부터 3년으로 하고, 3년 단위로 재지정할 수 있다(제30조의2 제3항).

한편, 지정된 공공형어린이집이 다음 각 호의 어느 하나에 해당하는 경우에는 그 지정을 취소할 수 있다. 다만, 제1호에 해당하는 경우에는 그 지정을 취소하여야 한다(제30조의3 제1항).

1. 거짓이나 그 밖의 부정한 방법으로 지정을 받은 경우
2. 제30조의2 제1항에 따른 지정 요건 또는 같은 조 제4항에 따른 재지정 기준을 충족하지 못하게 된 경우
3. 제30조의2 제2항에 따른 공공형어린이집 운영기준을 위반한 경우

제4절 아동복지법

1. 연혁 및 체계

아동이 그 보호자로부터 유실, 유기되었을 경우, 또는 보호자가 아동을 양육하기에 부적당하거나 양육할 수 없는 경우 또는 아동의 건전한 출생을 기할 수 없는 경우에 아동이 건전하고 행복하게 육성되도록 그 복리를 보장하기 위하여, 1961년 12월 30일 「아동복리법」이 제정되었다. 이후 종전의 「아동복리법」은 구호적 성격의 복지제공에 중점을 두고 있어 그동안의 경제 · 사회의 발전에 따라 발생한 사회적 복지요구에 부응하지 못하고 있으므로 요보호아동뿐만 아니라 일반아동을 포함한 전체아동의 복지를 보장하고, 특히 유아기에 있어서의 기본적 인격 · 특성과 능력개발을 조장하기 위한 여건을 조성할 수 있도록 하기 위하여, 1981년 4월 13일 「아동복지법」이 전부개정되었다.

<표 11-10> 주요 연혁 및 현행 법률의 체계

주요 연혁		현행 법률의 체계
1961. 12. 30.	• 법률 제921호 「아동복지법」 제정	제1장 총칙 제2장 아동복지정책의 수립 및 시행 등 제3장 아동보호서비스 및 아동학대 예방 제4장 아동에 대한 지원 서비스 제5장 아동복지시설 제6장 보칙 제7장 벌칙
1981. 4. 13.	• 전부개정 요보호아동뿐만 아니라 일반아동을 포함하는 아동복지법으로 개정	
2000. 1. 12.	• 전부개정 아동학대에 대한 내용을 대폭 개정하였고, 신고의무자 신고의무화	
2014. 1. 28.	• 일부개정 아동학대범조의 처벌 등에 관한 특례법이 제정됨에 따라 「아동복지법」상 아동학대 관련 내용이 정리됨.	
2019. 7. 16.	• 일부개정 아동권리보장원을 설립 근거 마련	

| 2021. 6. 30. | • 일부개정
아동복지심의위원회 소속으로 사례결정위원회를 설치
보호대상아동 발생 시 아동보호업무 중 전문성이 요구되는 업무를 수행하기 위하여 민간전문인력을 배치할 수 있도록 함. | |

2. 목적 및 기본원칙

이 법은 아동이 건강하게 출생하여 행복하고 안전하게 자랄 수 있도록 아동의 복지를 보장하는 것을 목적으로 한다(제1조). 또한 아동은 자신 또는 부모의 성별, 연령, 종교, 사회적 신분, 재산, 장애유무, 출생지역, 인종 등에 따른 어떠한 종류의 차별도 받지 아니하고 자라나야 하며, 아동은 완전하고 조화로운 인격발달을 위하여 안정된 가정환경에서 행복하게 자라나야 한다. 또한 아동에 관한 모든 활동에 있어서 아동의 이익이 최우선적으로 고려되어야 하며, 아동은 아동의 권리보장과 복지증진을 위하여 이 법에 따른 보호와 지원을 받을 권리를 가진다(제2조).

<표 11-11> 핵심용어 및 내용

핵심용어	내용
아동	18세 미만인 사람을 말함.
아동복지	아동이 행복한 삶을 누릴 수 있는 기본적인 여건을 조성하고 조화롭게 성장·발달할 수 있도록 하기 위한 경제적·사회적·정서적 지원을 말함.
보호자	친권자, 후견인, 아동을 보호·양육·교육하거나 그러한 의무가 있는 자 또는 업무·고용 등의 관계로 사실상 아동을 보호·감독하는 자를 말함.
보호대상아동	보호자가 없거나 보호자로부터 이탈된 아동 또는 보호자가 아동을 학대하는 경우 등 그 보호자가 아동을 양육하기에 적당하지 아니하거나 양육할 능력이 없는 경우의 아동을 말함.
지원대상아동	아동이 조화롭고 건강하게 성장하는 데에 필요한 기초적인 조건이 갖추어지지 아니하여 사회적·경제적·정서적 지원이 필요한 아동을 말함.

가정위탁	보호대상아동의 보호를 위하여 성범죄, 가정폭력, 아동학대, 정신질환 등의 전력이 없는 보건복지부령으로 정하는 기준에 적합한 가정에 보호대상아동을 일정 기간 위탁하는 것을 말함.
아동학대	보호자를 포함한 성인이 아동의 건강 또는 복지를 해치거나 정상적 발달을 저해할 수 있는 신체적·정신적·성적 폭력이나 가혹행위를 하는 것과 아동의 보호자가 아동을 유기하거나 방임하는 것을 말함.

3. 적용대상

「아동복지법」은 아동을 적용대상으로 한다. 이 법에서 아동은 18세 미만인 사람(「아동복지법」제3조 제1호)을 말하는 것으로, 6세 미만의 취학 전 아동을 뜻하는 영유아(「영유아보육법」제2조 제1호)나, 9세 이상 24세 이하인 사람을 일컫는 청소년(「청소년복지지원법」제2조 제1호, 「청소년기본법」제3조 제1호)과 연령의 범위를 달리한다.

4. 지원 및 보호

1) 보호조치

시·도지사 또는 시장·군수·구청장은 그 관할 구역에서 보호대상아동을 발견하거나 보호자의 의뢰를 받은 때에는 아동의 최상의 이익을 위하여 보호조치를 해야 하는데, 구체적인 조치 내용은 전담공무원, 민간전문인력 또는 아동위원에게 보호대상 아동 또는 그 보호자에 대한 상담·지도 수행, 보호자 또는 대리양육을 원하는 연고자에 대하여 그 가정에서 아동을 보호·양육, 가정위탁, 아동복지시설에 입소. 약물 및 알코올 중독, 정서·행동·발달 장애, 성폭력·아동학대 피해 등으로 특수한 치료나 요양 등의 보호를 필요로 하는 아동을 전문치료기관 또는 요양소에 입원 또는 입소, 입양 등이다(제15조 제1항). 시·도지사 또는 시장·군수·구청장 이외의 자가 보호대상아동을 발견하거나 보호자의 의뢰를 받은 때에는 지체 없이 시·도지사 또는 시장·군수·구청장에게 보호조치를 의뢰하여야 한다(제15조 제2항).

이때 보호조치의 대상이 되는 아동복지시설의 종사자를 신체적·정신적으로 위협하는 행위를 하여서는 아니 되며(제15조 제8항), 보장원의 장 또는 가정위탁지원센터의 장은 위탁아동, 가정위탁보호를 희망하는 사람, 위탁아동의 부모 등의 신원확인 등의 조치를 시·도지사 또는 시장·군수·구청장에게 협조 요청할 수 있고, 요청을 받은 시·도지사 또는 시장·군수·구청장은 정당한 사유가 없는 한 이에 응하여야 한다(제15조 제10항). 한편, 보건복지부장관은 아동복지 관련 자료 또는 정보의 효율적 처리 및 통합관리를 위하여 사회보장정보시스템 및 사회서비스정보시스템을 연계·활용하여 아동통합정보시스템을 구축·운영하도록 하고 있다(제15조의2 제1항, 2022. 7. 1. 시행).

2) 아동보호 사각지대 발굴 및 실태조사

보건복지부장관은 보호가 필요한 아동을 발견하고 양육환경을 개선할 수 있도록 지원하기 위하여 「사회보장기본법」 제37조에 따른 사회보장정보시스템을 통하여 요양급여 실시 기록, 영유아건강검진 실시 기록, 학교생활기록 정보, 「사회보장급여의 이용·제공 및 수급권자 발굴에 관한 법률」 제12조 제1항 각 호에 따른 자료 또는 정보를 처리할 수 있으며, 해당 자료를 토대로 아동보호를 위한 실태조사 대상 아동을 선정할 수 있도록 하고 있다(제15조의4).

3) 보호대상아동의 퇴소조치

보호조치 중인 보호대상아동의 연령이 18세에 달하였거나, 보호 목적이 달성되었다고 인정되면 해당 시·도지사, 시장·군수·구청장은 보호 중인 아동의 보호조치를 종료하거나 해당 시설에서 퇴소시켜야 한다. 보호조치 중인 보호대상아동의 친권자, 후견인 등 보건복지부령으로 정하는 자는 관할 시·도지사 또는 시장·군수·구청장에게 해당 보호대상아동의 가정 복귀를 신청할 수 있다. 가정 복귀 신청을 받은 경우에는 보장원 또는 아동보호전문기관 등 아동복지시설의 장, 아동을 상담·치료한 의사의 의견을 들은 후 보호조치의 종료 또는 퇴소조치가 보호대상아동의 복리에 반하지 아니한다고 인정되면 해당 보호대상아동을 가정으로 복귀시킬 수 있다. 다만, 보호대상아동이 복귀하는 가정에 거주하는 아동학대행위자가 대통령령으로 정하는 상담·교육·심리적 치료 등에 참여하지 아니한 경우에는 그러하지 아니한다. 한편, 시·도지사 또는 시장·군수·구청장은 아동학대의 재발이 의심되는 경우에는 사례결정위원회의 심의를 거쳐 보호대상아동의 가정 복귀 결정을 취소할 수 있다(제16조).

4) 보호대상아동의 사후관리

시·도지사 또는 시장·군수·구청장은 전담공무원 등 관계 공무원 및 민간전문인력으로 하여금 보호조치의 종료로 가정으로 복귀한 보호대상아동의 가정을 방문하여 해당 아동의 복지 증진을 위하여 필요한 지도·관리를 제공하게 하여야 한다(제16조의2).

5) 보호기간의 연장(2022. 6. 22. 시행예정)

시·도지사 또는 시장·군수·구청장은 연령이 18세에 달한 보호대상아동이 보호조치를 연장할 의사가 있는 경우에는 그 보호기간을 해당 아동이 25세에 달할 때까지로 연장하여야 한다(제16조의3 제1항). 이렇게 보호기간이 연장된 사람이 보호조치의 종료를 요청하는 경우 시·도지사 또는 시장·군수·구청장은 그 보호조치를 종료하여야 하며, 다만, 자립 능력이 부족하여 보호기간의 연장이 필요한 경우로서 대통령령으로 정하는 경우에는 심의위원회의 심의를 거쳐 종료하지 아니할 수 있다(제16조의3 제2항).

한편, 보호기간이 연장된 사람이 「고등교육법」 제2조에 따른 대학 이하의 학교(대학원은 제외한다.)에 재학 중인 경우나 아동양육시설 또는 직업능력개발훈련시설에서 직업 관련 교육·훈련을 받고 있는 경우 또는 그 밖에 위탁가정 및 각종 아동복지시설에서 그 사람을 계속하여 보호·양육할 필요가 있다고 대통령령으로 정하는 경우에는 시·도지사 또는 시장·군수·구청장은 그 보호기간을 추가로 연장할 수 있다(제16조의3 제3항).

6) 금지행위

누구든지 다음 각 호의 어느 하나에 해당하는 행위를 하여서는 아니 된다(제17조).

1. 아동을 매매하는 행위
2. 아동에게 음란한 행위를 시키거나 이를 매개하는 행위 또는 아동에게 성적 수치심을 주는 성희롱 등의 성적 학대행위
3. 아동의 신체에 손상을 주거나 신체의 건강 및 발달을 해치는 신체적 학대행위
4. 삭제 〈2014. 1. 28.〉
5. 아동의 정신건강 및 발달에 해를 끼치는 정서적 학대행위(「가정폭력범죄의 처벌 등에 관한 특례법」 제2조 제1호에 따른 가정폭력에 아동을 노출시키는 행위로 인한 경우를 포함한다)
6. 자신의 보호·감독을 받는 아동을 유기하거나 의식주를 포함한 기본적 보호·양육·치료 및 교육을 소홀히 하는 방임행위
7. 장애를 가진 아동을 공중에 관람시키는 행위
8. 아동에게 구걸을 시키거나 아동을 이용하여 구걸하는 행위
9. 공중의 오락 또는 흥행을 목적으로 아동의 건강 또는 안전에 유해한 곡예를 시키는 행위 또는 이를 위하여 아동을 제3자에게 인도하는 행위
10. 정당한 권한을 가진 알선기관 외의 자가 아동의 양육을 알선하고 금품을 취득하거나 금품을 요구 또는 약속하는 행위
11. 아동을 위하여 증여 또는 급여된 금품을 그 목적 외의 용도로 사용하는 행위

7) 친권상실 선고의 청구

시·도지사, 시장·군수·구청장 또는 검사는 아동의 친권자가 그 친권을 남용하거나 현저한 비행이나 아동학대, 그 밖에 친권을 행사할 수 없는 중대한 사유가 있는 것을 발견한 경우 아동의 복지를 위하여 필요하다고 인정할 때에는 법원에 친권행사의 제한 또는 친권상실의 선고를 청구하여야 하며(제18조 제1항), 아동복지시설의 장 및 「초·중등교육법」에 따른 학교의 장은 제1항의 사유에 해당하는 경우 시·도지사, 시장·군수·구청장 또는 검사에게 법원에 친권행사의 제한 또는 친권상실의 선고를 청구하도록 요청할 수 있다. 시·도지사, 시장·군수·구청장 또는 검사는 친권행사의 제한 또는 친권상실의 선고 청구를 요청받은 경우에는 요청받은 날부터 30일 내에 청구 여부를 결정한 후 해당 요청기관에 청구 또는 미청구 요지 및 이유를 서면으로 알려야 한다(제18조 제4항).

8) 아동의 후견인의 선임 청구

시·도지사, 시장·군수·구청장, 아동복지시설의 장 및 학교의 장은 친권자 또

는 후견인이 없는 아동을 발견한 경우, 그 복지를 위하여 필요하다고 인정할 때에는 법원에 후견인의 선임을 청구하여야 하며, 시·도지사, 시장·군수·구청장, 아동복지시설의 장, 학교의 장 또는 검사는 후견인이 해당 아동을 학대하는 등 현저한 비행을 저지른 경우에는 후견인 변경을 법원에 청구하여야 한다. 후견인의 선임 및 후견인의 변경 청구를 할 때에는 해당 아동의 의견을 존중하여야 한다(제19조).

9) 아동의 후견인 선임과 보조인의 선임

법원은 후견인의 선임청구를 받은 경우 후견인이 없는 아동에 대하여 후견인을 선임하기 전까지 시·도지사, 시장·군수·구청장, 제45조에 따른 아동보호전문기관의 장, 가정위탁지원센터의 장 및 보장원의 장으로 하여금 임시로 그 아동의 후견인 역할을 하게 할 수 있다. 이 경우 해당 아동의 의견을 존중하여야 한다(제20조 제2항).

또한 법원의 심리과정에서 변호사, 법정대리인, 직계 친족, 형제자매, 아동학대전담공무원, 보장원 또는 아동보호전문기관의 상담원은 학대아동사건의 심리에 있어서 보조인이 될 수 있다. 다만, 변호사가 아닌 경우에는 법원의 허가를 받아야 한다(제21조 제1항).

10) 아동 안전 및 건강지원

아동복지시설의 장, 「영유아보육법」에 따른 어린이집의 원장, 「유아교육법」에 따른 유치원의 원장 및 「초·중등교육법」에 따른 학교의 장은 성폭력 및 아동학대 예방, 실종·유괴의 예방과 방지, 감염병 및 약물의 오남용 예방 등 보건위생관리, 재난대비 안전, 교통안전과 관련하여 매년 교육계획을 수립하고 교육을 실시하여야 한다. 이 경우 그 대상이 영유아인 경우 아동복지시설의 장, 어린이집의 원장 및 유치원의 원장은 보건복지부령으로 정하는 자격을 갖춘 외부전문가로 하여금 아동학대 예방교육을 하게 할 수 있다. 아동복지시설의 장, 어린이집의 원장은 교육계획 및 교육실시 결과를 관할 시장·군수·구청장에게 매년 1회 보고하여야 하며, 유치원의 원장 및 「초·중등교육법」에 따른 학교의 장은 교육계획 및 교육

실시 결과를 대통령령으로 정하는 바에 따라 관할 교육감에게 매년 1회 보고하여야 한다(제31조).

11) 취약계층 아동 통합서비스지원

국가와 지방자치단체는 아동의 건강한 성장과 발달을 도모하기 위하여 대통령령으로 정하는 바에 따라 아동의 성장 및 복지 여건이 취약한 가정을 선정하여 그 가정의 지원대상아동과 가족을 대상으로 보건, 복지, 보호, 교육, 치료 등을 종합적으로 지원하는 통합서비스를 실시한다(제37조 제1항).

12) 자립지원

보호대상아동의 위탁보호 종료 또는 아동복지시설 퇴소 이후의 자립을 지원하기 위하여 국가와 지방자치단체는 자립에 필요한 주거·생활·교육·취업 등의 지원, 자립에 필요한 자립정착금 및 자립수당 지급, 자립에 필요한 자산의 형성 및 관리 지원, 자립에 관한 실태조사 및 연구, 사후관리체계 구축 및 운영, 그 밖에 자립지원에 필요하다고 대통령령으로 정하는 사항에 대하여 조치를 시행하여야 한다(제38조 제1항). 보건복지부장관은 보호대상아동의 위탁보호 종료 또는 아동복지시설 퇴소 이후의 자립지원, 생활 및 정서적·신체적 건강 등에 대한 실태조사를 3년마다 실시하도록 하고 있으며(제38조의2 제1항), 실태조사를 위하여 보건복지부장관은 관계 기관·법인·단체·시설의 장에게 필요한 자료의 제출 또는 의견의 진술을 요청할 수 있도록 하고 있다. 이 경우 요청을 받은 자는 정당한 사유가 없으면 이에 협조하여야 한다(제38조의2 제2항).

보호하고 있는 15세 이상의 아동을 대상으로 보장원의 장, 가정위탁지원센터의 장 및 아동복지시설의 장은 매년 개별 아동에 대한 자립지원계획을 수립하고, 그 계획을 수행하는 종사자를 대상으로 자립지원에 관한 교육을 실시하여야 하며(제39조 제1항), 보호대상아동의 위탁보호 종료 또는 아동복지시설 퇴소 이후의 자립을 지원하기 위하여 국가와 지방자치단체는 자립지원전담기관을 설치·운영할 수 있다(제39조의2 제1항). 한편, 자립지원 관련 업무, 즉 자립지원전담기관 설치·

운영, 자립지원 관련 데이터베이스 구축 및 운영, 자립지원 프로그램의 개발 및 보급, 사례관리 등의 관하여 법인에 위탁할 수 있도록 하고 있다(제40조).

13) 방과후 돌봄서비스 지원

시·도지사 및 시장·군수·구청장은 초등학교의 정규교육 이외의 시간 동안 아동의 안전한 보호, 안전하고 균형 있는 급식 및 간식의 제공, 등·하교 전후, 야간 또는 긴급상황 발생 시 돌봄서비스 제공, 체험활동 등 교육·문화·예술·체육 프로그램의 연계·제공, 돌봄 상담, 관련 정보의 제공 및 서비스의 연계, 그 밖에 보건복지부령으로 정하는 방과 후 돌봄서비스를 실시하기 위하여 다함께돌봄센터를 설치·운영할 수 있다(제44조의2 제1항). 다함께돌봄센터의 설치·운영에 관하여 시·도지사 및 시장·군수·구청장은 보건복지부장관이 정하는 법인 또는 단체에 위탁할 수 있으며(제44조의2 제2항), 국가는 다함께돌봄센터의 설치·운영에 필요한 비용의 일부를 지방자치단체에 지원할 수 있다(제44조의2 제3항). 또한 다함께돌봄센터의 장은 시·도지사 및 시장·군수·구청장이 정하는 바에 따라 아동의 보호자에게 방과후 돌봄서비스 제공에 필요한 비용의 일부를 부담하게 할 수 있다(제44조의2 제4항).

14) 아동복지시설의 종류

아동의 양육, 보호, 치료, 상담 등 다양한 급여를 제공하는 시설의 종류는 아동양육시설, 아동일시보호시설, 아동보호치료시설 등 다양하다. 구체적인 시설의 종류는 〈표 11-12〉와 같다(제52조).

〈표 11-12〉 아동복지시설의 종류

구분	내용
아동양육시설	보호대상아동을 입소시켜 보호, 양육 및 취업훈련, 자립지원 서비스 등을 제공하는 것을 목적으로 하는 시설

아동일시보호시설	보호대상아동을 일시보호하고 아동에 대한 향후의 양육대책수립 및 보호조치를 행하는 것을 목적으로 하는 시설
아동보호치료시설	아동에게 보호 및 치료 서비스를 제공하는 시설
공동생활가정	보호대상아동에게 가정과 같은 주거여건과 보호, 양육, 자립지원 서비스를 제공하는 것을 목적으로 하는 시설
자립지원시설	아동복지시설에서 퇴소한 사람에게 취업준비기간 또는 취업 후 일정 기간 동안 보호함으로써 자립을 지원하는 것을 목적으로 하는 시설
아동상담소	아동과 그 가족의 문제에 관한 상담, 치료, 예방 및 연구 등을 목적으로 하는 시설
아동전용시설	어린이공원, 어린이놀이터, 아동회관, 체육·연극·영화·과학실험전시 시설, 아동휴게숙박시설, 야영장 등 아동에게 건전한 놀이·오락, 그 밖의 각종 편의를 제공하여 심신의 건강유지와 복지증진에 필요한 서비스를 제공하는 것을 목적으로 하는 시설
지역아동센터	지역사회 아동의 보호·교육, 건전한 놀이와 오락의 제공, 보호자와 지역사회의 연계 등 아동의 건전육성을 위하여 종합적인 아동복지서비스를 제공하는 시설
아동보호전문기관	학대받은 아동의 발견, 보호, 치료에 대한 신속처리 및 아동학대예방을 담당하는 지역아동보호전문기관
가정위탁지원센터	부모의 질병·가출·이혼·수감·실직·사망·학대 등의 사유로 친가정에서 아동을 키울 수 없을 경우, 위탁가정에서 일정 기간 아동을 양육했다가 다시 친가정으로 복귀할 수 있도록 하는 시설
아동권리보장원	아동정책에 대한 종합적인 수행과 아동복지 관련 사업의 효과적인 추진을 위하여 필요한 정책의 수립을 지원하고 사업평가 등의 업무를 수행하는 기관
자립지원전담기관	보호대상아동의 위탁보호 종료 또는 아동복지시설 퇴소 이후의 자립을 지원하기 위한 기관

5. 전달체계

1) 아동보호전문기관

지방자치단체는 학대받은 아동의 치료, 아동학대의 재발 방지 등 사례관리 및 아동학대예방을 담당하는 아동보호전문기관을 시·도 및 시·군·구에 1개소 이상 두어야 한다. 다만, 시·도지사는 관할 구역의 아동 수 및 지리적 요건을 고려하여 조례로 정하는 바에 따라 둘 이상의 시·군·구를 통합하여 하나의 아동보호전문기관을 설치·운영할 수 있다(제45조 제1항).

2) 아동정책조정위원회

아동의 권리증진과 건강한 출생 및 성장을 위하여 종합적인 아동정책을 수립하고 관계 부처의 의견을 조정하며 그 정책의 이행을 감독하고 평가하기 위하여 국무총리 소속으로 아동정책조정위원회를 둔다. 위원회가 심의·조정할 내용은 아동정책 기본계획의 수립, 아동의 권익 및 복지 증진을 위한 기본방향, 아동정책의 개선과 예산지원, 아동 관련 국제조약의 이행 및 평가·조정, 아동정책에 관한 관련 부처 간 협조, 그 밖에 위원장이 부의하는 사항이다(제10조 제1항 및 제2항). 위원회는 위원장을 포함한 25명 이내의 위원으로 구성하되, 위원장은 국무총리가 된다(제10조 제3항).

3) 아동권리보장원

보건복지부장관은 아동정책에 대한 종합적인 수행과 아동복지 관련 사업의 효과적인 추진을 위하여 필요한 정책의 수립을 지원하고 사업평가 등의 업무를 수행할 수 있도록 아동권리보장원을 설립한다(제10조의2 제1항). 보장원이 수행할 업무는 아동정책 수립을 위한 자료 개발 및 정책 분석, 기본계획 수립 및 시행계획 평가 지원, 위원회 운영 지원, 아동정책영향평가 지원, 아동보호서비스에 대한 기술지원, 아동학대의 예방과 방지 업무, 가정위탁사업 활성화 등을 위한 업무, 지역 아동복지사업 및 아동복지시설의 원활한 운영을 위한 지원, 「입양특례법」에 따른 국내입양 활성화 및 입양 사후관리 업무, 아동 관련 조사 및 통계 구축, 아동 관련 교육 및 홍보, 아동 관련 해외정책 조사 및 사례분석, 그 밖에 이 법 또는 다른 법령에 따라 보건복지부장관, 국가 또는 지방자치단체로부터 위탁받은 업무이다(제10조의2 제2항).

4) 아동복지심의위원회

시·도지사, 시장·군수·구청장은 아동복지시행계획 수립 및 시행, 보호조치, 퇴소조치, 보호기간의 연장 및 보호조치의 종료, 친권행사의 제한이나 친권상실 선고 청구, 아동 후견인의 선임이나 변경 청구, 지원대상아동의 선정과 그 지원, 그 밖에 아동의 보호 및 지원서비스를 위하여 시·도지사 또는 시장·군수·구청장이 필요하다고 인정하는 사항 등을 심의하기 위하여 아동복지심의위원회를 각각 둔다. 이 경우 아동복지시행계획 수립 및 시행 사항을 제외한 나머지 사항에 관한 심의 업무를 효율적으로 수행하기 위하여 대통령령으로 정하는 바에 따라 심의위원회 소속으로 사례결정위원회를 두고, 사례결정위원회의 심의를 거친 사항은 심의위원회의 심의를 거친 사항으로 본다(제12조 제1항).

5) 아동복지전담공무원

아동복지에 관한 업무를 담당하기 위하여 특별시·광역시·도·특별자치도 및 시·군·구에 각각 아동복지전담공무원을 둘 수 있으며(제13조 제1항), 전담공무원은 사회복지사의 자격을 가진 사람으로 하고 그 임용 등에 필요한 사항은 해당 시·도 및 시·군·구의 조례로 정하도록 하고 있다(제13조 제2항). 전담공무원의 업무는 아동에 대한 상담 및 보호조치, 가정환경에 대한 조사, 아동복지시설에 대한 지도·감독, 아동범죄 예방을 위한 현장 확인 및 지도·감독 등 지역 단위에서 아동의 복지증진을 위한 사항으로, 그 업무를 수행하도록 하고 있으며(제13조 제3항), 시·도지사 또는 시장·군수·구청장은 전담공무원의 업무를 지원하기 위하여 보건복지부령으로 정하는 바에 따라 민간전문인력을 둘 수 있다(제13조 제4항).

6) 아동위원

시·군·구에 아동위원을 두며, 아동위원은 그 관할 구역의 아동에 대하여 항상 그 생활상태 및 가정환경을 상세히 파악하고 아동복지에 필요한 원조와 지도를 행하며 전담공무원, 민간전문인력 및 관계 행정기관과 협력하여야 한다. 또한 아동위원은 그 업무의 원활한 수행을 위하여 적절한 교육을 받을 수 있으며, 아동 위원은 명예직으로 하되, 아동위원에 대하여는 수당을 지급할 수 있다. 그리고 그 밖에 아동위원에 관한 사항은 해당 시 · 군 · 구의 조례로 정하도록 한다(제14조).

7) 아동학대사례전문위원회

보건복지부장관은 자문에 응하게 하기 위하여 보건복지부에 아동학대사례전문 위원회를 둔다.

사례전문위원회에 참석한 사람은 업무상 알게 된 비밀을 누설하거나 이를 이용 하여 부당한 이익을 취하여서는 아니 되며, 사례전문위원회의 구성 · 운영 등에 필요한 사항은 보건복지부령으로 정하도록 하고 있다(제22조의5).

6. 급여의 실시와 조사

1) 연도별 시행계획의 수립 · 시행 등

보건복지부장관, 관계 중앙행정기관의 장 및 시 · 도지사는 매년 기본계획에 따라 연도별 아동정책시행계획을 수립 · 시행하여야 하며, 관계 중앙행정기관의 장 및 시 · 도지사는 다음 연도의 시행계획 및 전년도의 시행계획에 따른 추진실적을 대통령령으로 정하는 바에 따라 매년 보건복지부장관에게 제출하고, 보건복지부 장관은 매년 시행계획에 따른 추진실적을 평가하여야 한다(제8조 제1항 및 제2항).

2) 아동종합실태조사

보건복지부장관은 3년마다 아동의 양육 및 생활환경, 언어 및 인지 발달, 정서 적 · 신체적 건강, 아동안전, 아동학대 등 아동의 종합실태를 조사하여 그 결과를 공표하고, 이를 기본계획과 시행계획에 반영하여야 한다. 다만, 보건복지부장관 은 필요한 경우 보건복지부령으로 정하는 바에 따라 분야별 실태조사를 할 수 있 다. 실태조사를 위하여 보건복지부장관은 관계 기관 · 법인 · 단체 · 시설의 장에게 필요한 자료의 제출 또는 의견의 진술을 요청할 수 있다. 이 경우 요청을 받은 자는 정당한 사유가 없으면 이에 협조하여야 한다(제11조 제1항 및 제2항).

3) 아동학대의 예방과 방지 의무

국가와 지방자치단체는 아동학대의 예방과 방지를 위하여 아동학대의 예방과 방지를 위한 각종 정책의 수립 및 시행, 아동학대의 예방과 방지를 위한 연구·교육·홍보 및 아동학대 실태조사, 아동학대에 관한 신고체제의 구축·운영, 피해아동의 보호와 치료 및 피해아동의 가정에 대한 지원, 그 밖에 대통령령으로 정하는 아동학대의 예방과 방지를 위한 사항 등과 같은 조치를 취하여야 한다(제22조 제1항). 지방자치단체는 아동학대를 예방하고 수시로 신고를 받을 수 있도록 긴급전화를 설치하여야 한다(제22조 제2항). 시·도지사 또는 시장·군수·구청장은 피해아동의 발견 및 보호 등을 위하여 아동학대 신고접수, 현장조사 및 응급보호, 피해아동, 피해아동의 가족 및 아동학대행위자에 대한 상담·조사, 그 밖에 대통령령으로 정하는 아동학대 관련 업무를 수행하여야 한다. 그리고 이러한 업무를 수행하기 위하여 아동학대전담공무원을 두어야 한다(제22조 제3항 및 제4항).

한편, 보장원은 아동학대예방사업의 활성화 등을 위하여 아동보호전문기관에 대한 지원과 아동학대예방사업과 관련된 연구 및 자료 발간, 효율적인 아동학대 예방사업을 위한 연계체계 구축, 아동학대예방사업을 위한 프로그램 개발 및 평가, 아동보호전문기관·학대피해아동쉼터 직원 및 아동학대전담공무원 직무교육, 아동학대예방 관련 교육 및 홍보, 아동보호전문기관 전산시스템 구축 및 운영 등의 업무를 수행하도록 하고 있다(제22조 제6항).

4) 아동학대 신고의무자에 대한 교육

관계 중앙행정기관의 장은 「아동학대범죄의 처벌 등에 관한 특례법」(이하 '아동학대처벌법'이라 한다.) 제10조 제2항의 아동학대 신고의무자의 자격 취득 과정이나 보수교육 과정에 아동학대 예방 및 신고의무와 관련된 교육 내용을 포함하도록 하여야 하며, 그 결과를 보건복지부장관에게 제출하도록 하고 있다. 또한 관계 중앙행정기관의 장 및 시·도지사는 아동학대 신고의무자에게 본인이 아동학대 신고의무자라는 사실을 고지할 수 있고, 아동학대 예방 및 신고의무와 관련한 교육을 실시할 수 있으며, 아동학대 신고의무자가 소속된 기관·시설 등의 장은 소속 아동학대 신고의무자에게 신고의무 교육을 실시하고, 그 결과를 관계 중앙행정기관의 장에게 제출하여야 한다(제26조).

5) 아동학대 예방교육 및 아동학대 등의 통보

국가기관과 지방자치단체의 장,「공공기관의 운영에 관한 법률」에 따른 공공기관과 대통령령으로 정하는 공공단체의 장은 아동학대의 예방과 방지를 위하여 필요한 교육을 연 1회 이상 실시하고, 그 결과를 보건복지부장관에게 제출하여야 한다(제26조의2 제1항). 아동의 보호자 등 제1항에 따른 교육 대상이 아닌 사람은 아동보호전문기관 또는 대통령령으로 정하는 교육기관에서 아동학대의 예방과 방지에 필요한 교육을 받을 수 있다(제26조의2 제2항).

한편, 아동학대 등에 관한 통보, 즉 아동 사망 및 상해사건, 가정폭력 사건 등에 관한 직무를 사법경찰관리가 행하는 경우 아동학대가 있었다고 의심할 만한 사유가 있는 때에는 시·도지사, 시장·군수·구청장 또는 보장원의 장에게 그 사실을 통보하여야 한다. 사법경찰관 또는 보호관찰관은 임시조치의 청구를 신청하였을 때에는 시·도지사, 시장·군수·구청장 또는 보장원의 장에게 그 사실을 통보하여야 하며, 통보를 받은 시·도지사, 시장·군수·구청장 또는 보장원의 장은 피해아동 보호조치 등 필요한 조치를 하여야 한다(제27조의2).

6) 아동학대정보의 관리 및 제공(2022. 7. 1. 시행예정)

아동학대 관련 정보를 공유하고 아동학대를 예방하기 위하여 대통령령으로 정하는 바에 따라 국가아동학대정보시스템을 구축·운영하도록 했었으나, 향후 아동학대 관련 정보를 공유하고 아동학대를 예방하기 위하여 피해아동, 그 가족 및 아동학대행위자에 관한 정보와 아동학대예방사업에 관한 정보를 아동징보시스템에 입력·관리하도록 하고 있다. 시·도지사 및 시장·군수·구청장이나 판사,

검사 및 경찰관서의 장, 「초·중등교육법」에 따른 학교의 장, 아동학대 전담의료기관의 장, 아동복지시설의 장, 입양기관의 장, 그 밖에 대통령령으로 정하는 피해아동의 보호 및 지원 관련 기관 또는 단체의 장에 해당하는 자는 아동의 보호 및 아동학대 발생 방지를 위하여 필요한 경우 아동정보시스템상의 피해아동, 그 가족 및 아동학대행위자에 관한 정보를 보건복지부장관에게 요청할 수 있다. 이와 같은 요청이 있는 경우 보건복지부장관은 아동정보시스템상의 해당 정보를 제공할 수 있으며, 피해아동의 보호를 위하여는 필요한 경우로서 대통령령으로 정하는 경우에는 정보의 제공을 제한할 수 있도록 하고 있다(제28조의2).

7) 학대관련범죄자의 아동관련기관의 취업제한

「아동복지법」 제29조의3에 의거하여 법원은 아동학대관련범죄로 형 또는 치료감호를 선고하는 경우에는 약식명령 또는 판결로 그 형 또는 치료감호의 전부 또는 일부의 집행을 종료하거나 집행이 유예·면제된 날부터 일정기간(이하 '취업제한기간'이라 한다.) 동안 다음 각 호에 따른 아동관련기관 또는 시설을 운영하거나 아동관련기관에 취업 또는 사실상 노무를 제공할 수 없도록 하는 명령(이하 '취업제한명령'이라 한다.)을 아동학대관련범죄 사건의 판결과 동시에 선고(약식명령의 경우 고지)하여야 한다. 다만, 재범의 위험성이 현저히 낮은 경우나 그 밖에 취업을 제한하여서는 아니 되는 특별한 사정이 있다고 판단하는 경우에는 그러하지 아니하다.

1. 보장원, 지방자치단체(전담공무원, 민간전문인력, 아동학대전담공무원으로 한정), 취약계층 아동 통합서비스 수행기관, 아동보호전문기관, 다함께돌봄센터, 가정위탁지원센터 및 아동복지시설
2. 「가정폭력방지 및 피해자보호 등에 관한 법률」 제4조의6의 긴급전화센터, 같은 법 제5조의 가정폭력 관련 상담소 및 같은 법 제7조의2의 가정폭력피해자 보호시설
3. 「건강가정기본법」 제35조의 건강가정지원센터
4. 「다문화가족지원법」 제12조의 다문화가족지원센터
5. 「성매매방지 및 피해자보호 등에 관한 법률」 제5조의 성매매피해자등을 위한 지원시설 및 같은 법 제10조의 성매매피해상담소
6. 「성폭력방지 및 피해자보호 등에 관한 법률」 제10조의 성폭력피해상담소 및 같은 법 제12조의 성폭력피해자보호시설 및 같은 법 제18조의 성폭력피해자통합지원센터
7. 「영유아보육법」 제2조 제3호의 어린이집, 같은 법 제7조에 따른 육아종합지원센터 및 같은 법 제26조의2에 따른 시간제보육서비스지정기관
8. 「유아교육법」 제2조 제2호의 유치원
9. 「의료법」 제3조의 의료기관(같은 법 제2조의 의료인에 한정한다.)
10. 「장애인복지법」 제58조의 장애인복지시설

11. 「정신건강증진 및 정신질환자 복지서비스 지원에 관한 법률」 제3조에 따른 정신건강복지센터, 정신건강증진시설, 정신요양시설 및 정신재활시설
12. 「주택법」 제2조 제3호의 공동주택의 관리사무소(경비업무 종사자에 한정한다.)
13. 「청소년기본법」 제3조에 따른 청소년시설, 청소년단체
14. 「청소년활동진흥법」 제2조 제2호의 청소년활동시설
15. 「청소년복지 지원법」 제29조 제1항의 청소년상담복지센터, 같은 법 제30조의 이주배경청소년지원센터 및 같은 법 제31조 각 호의 청소년쉼터, 청소년자립지원관, 청소년치료재활센터
16. 「청소년 보호법」 제35조의 청소년 보호 · 재활센터
17. 「체육시설의 설치 · 이용에 관한 법률」 제2조 제1호의 체육시설 중 아동의 이용이 제한되지 아니하는 체육시설로서 문화체육관광부장관이 지정하는 체육시설
18. 「초 · 중등교육법」 제2조 각 호의 학교 및 같은 법 제28조에 따라 학습부진아 등에 대한 교육을 실시하는 기관
19. 「학원의 설립 · 운영 및 과외교습에 관한 법률」 제2조 제1호의 학원 및 같은 조 제2호의 교습소 중 아동의 이용이 제한되지 아니하는 학원과 교습소로서 교육부장관이 지정하는 학원 · 교습소
20. 「한부모가족지원법」 제19조의 한부모가족복지시설
21. 아동보호전문기관 또는 학대피해아동쉼터를 운영하는 법인
22. 「보호소년 등의 처우에 관한 법률」에 따른 소년원 및 소년분류심사원
23. 「민법」 제32조에 따라 보건복지부장관의 설립 허가를 받아 아동인권, 아동복지 등 아동을 위한 사업을 수행하는 비영리법인(대표자 및 아동을 직접 대면하는 업무에 종사하는 사람에 한정)
24. 「아이돌봄 지원법」 제11조에 따른 서비스제공기관
25. 「입양특례법」 제20조에 따른 입양기관
26. 「모자보건법」 제15조의18에 따른 산후조리도우미 서비스를 제공하는 사람을 모집하거나 채용하는 기관(직접 산후조리도우미 서비스를 제공하는 사람에 한정)

학대관련행위자의 취업제한기간은 10년을 초과하지 못하는데(제29조의3 제2항), 이때 법원은 제1항에 따라 취업제한명령을 선고하려는 경우, 정신건강의학과 의사, 심리학자, 사회복지학자, 아동학대 관련 전문가, 그 밖의 관련 전문가로부터 취업제한명령 대상자의 재범 위험성 등에 관한 의견을 들을 수 있다(제29조의3 제3항). 아동학대관련범죄 전력 조회 요청을 받은 관계 기관의 장은 아동학대관련범죄 전력 조회 회신서를 발급하여야 한다(제29조의3 제6항).

제5절 아동학대범죄의 처벌 등에 관한 특례법

1. 연혁 및 체계

아동에 대한 학대행위는 성장 단계에 있는 아동의 정서 및 건강에 영구적인 상처를 남길 수 있으므로 아동학대범죄에 대한 처벌을 강화하고 아동학대범죄가 발생한 경우 긴급한 조치 및 보호가 가능하도록 제도를 마련함으로써, 아동학대에 대한 강력한 대처와 예방을 통해 아동이 건강한 사회 구성원으로 성장하도록 하기 위하여 2014년 1월 28일 「아동학대범죄의 처벌 등에 관한 특례법」(이하 「아동학대처벌법」이라 한다.)이 제정되었다. 이후 아동학대범죄 신고자 등에 대한 해고 등 불이익조치를 금지하고, 이를 위반하여 신고자 등에게 불이익조치를 한 자에 대한 처벌조항을 신설하는 한편, 신고자 등이 보복을 당할 우려가 있는 경우, 신변안전조치를 하는 등 신고자 등에 대한 보호조치를 신설하여 신고자 등이 신고로 인한 피해를 입지 않도록 2016년 5월 29일 일부개정하였다.

현행법상 가정법원의 판사가 아동학대 피해아동에 대한 보호명령을 할 수 있도록 되어 있는데, 보호명령의 내용 중 아동보호전문기관, 상담소 등에의 상담·치료 위탁이 없으므로 정서적·심리적 차원의 피해아동 보호 규정을 보완할 필요에 따라 판사가 할 수 있는 피해아동보호명령에 아동보호전문기관, 상담소 등에의 상담·치료 위탁을 추가하고, 판사는 필요하다고 인정하는 경우에 해당 절차에 보호자가 참여할 수 있도록 함으로써 피해아동을 더욱 두텁게 보호할 수 있도록 하기 위하여 2017년 12월 19일 일부개정하였다.

<표 11-13> 주요 연혁 및 현행 법률의 체계

주요 연혁		현행 법률의 체계
2014. 1. 28.	• 법률 제12341호 아동학대범죄 처벌법 제정	
2016. 5. 29.	• 일부개정 신고자 보호조치 신설	

| 2017. 12. 19. | • 일부개정
아동보호전문기관에서 상담 · 치료 위탁 가능 | 제1장 총칙
제2장 아동학대범죄
　　처벌 특례 |
| 2021. 3. 16. | • 일부개정
아동학대범죄를 범한 사람이 아동을 살해한 때에는 사형, 무기 또는 7년 이상의 징역에 처하도록 함.
피해아동에게 변호사가 없는 경우 검사의 국선변호사 선정을 현행 재량사항에서 의무사항으로 변경함. | 제3장 아동학대범죄
　　처리절차 특례
제4장 아동보호사건
제5장 피해아동보호
　　명령
제6장 벌칙 |

2. 목적 및 기본원칙

이 법은 아동학대범죄의 처벌 및 그 절차에 관한 특례와 피해아동에 대한 보호절차 및 아동학대행위자에 대한 보호처분을 규정함으로써 아동을 보호하여 아동이 건강한 사회 구성원으로 성장하도록 함을 목적으로 한다(제1조).

<표 11-14> 핵심용어 및 내용

핵심용어	내용
아동	18세 미만인 사람을 말한다.
보호자	친권자, 후견인, 아동을 보호 · 양육 · 교육하거나 그러한 의무가 있는 자 또는 업무 · 고용 등의 관계로 사실상 아동을 보호 · 감독하는 자를 말한다.
아동학대	보호자를 포함한 성인이 아동의 건강 또는 복지를 해치거나 정상적 발달을 저해할 수 있는 신체적 · 정신적 · 성적 폭력이나 가혹행위를 하는 것과 아동의 보호자가 아동을 유기하거나 방임하는 것을 말한다.
아동학대범죄	보호자에 의한 아동학대로서 다음중 어느 하나에 해당하는 죄를 말한다. 1. 「형법」 제2편 제25장 상해와 폭행의 죄 중 제257조(상해) 제1항 · 제3항, 제258조의2(특수상해) 제1항 · 제3항, 제260조(폭행) 제1항, 제261조(특수폭행) 및 제262조(폭행치사상)(상해에 이르게 한 때에만 해당한다.)의 죄

아동학대범죄	2. 「형법」제2편 제28장 유기와 학대의 죄 중 제271조(유기) 제1항, 제272조 (영아유기), 제273조(학대) 제1항, 제274조(아동혹사) 및 제275조(유 기등 치사상)의 죄 3. 「형법」제2편 제29장 체포와 감금의 죄 중 제276조(체포, 감금) 제1항, 제277조(중체포, 중감금) 제1항, 제278조(특수체포, 특수감금), 제280조 (미수범) 및 제281조(체포·감금등의 치사상)(상해에 이르게 한 때에 만 해당한다.)의 죄 4. 「형법」제2편 제30장 협박의 죄 중 제283조(협박) 제1항, 제284조(특수 협박) 및 제286조(미수범)의 죄 5. 「형법」제2편 제31장 약취, 유인 및 인신매매의 죄 중 제287조(미성년 자 약취, 유인), 제288조(추행 등 목적 약취, 유인 등), 제289조(인신매 매) 및 제290조(약취, 유인, 매매, 이송 등 상해·치상)의 죄 6. 「형법」제2편 제32장 강간과 추행의 죄 중 제297조(강간), 제297조의2 (유사강간), 제298조(강제추행), 제299조(준강간, 준강제추행), 제300조 (미수범), 제301조(강간등 상해·치상), 제301조의2(강간등 살인·치 사), 제302조(미성년자등에 대한 간음), 제303조(업무상위력 등에 의 한 간음) 및 제305조(미성년자에 대한 간음, 추행)의 죄 ⋮ 14. 제4조(아동학대살해·치사), 제5조(아동학대중상해) 및 제6조(상습 범)의 죄
아동학대행위자	아동학대범죄를 범한 사람 및 그 공범

3. 아동학대범죄

1) 아동의 정의와 처벌

'아동'이란 18세 미만인 사람을 말하며, 아동학대범죄에 대하여는 아동학대처벌 법을 우선 적용한다. 다만, 「성폭력범죄의 처벌 등에 관한 특례법」, 「아동·청소년 의 성보호에 관한 법률」에서 가중처벌되는 경우에는 그 법에서 정한 바에 따른다 (제3조). (제2조 제4호 가목부터 다목까지) 아동학대범죄를 범죄를 범한 사람이 아동 을 살해한 때에는 사형, 무기 또는 7년 이상의 징역에 처한다(제4조 제1항). (제2조 제4호 가목부터 다목까지) 아동학대범죄를 범한 사람이 아동을 사망에 이르게 한 때에는 무기 또는 5년 이상의 징역에 처한다(제4조 제2항). (제2조 제4호 가목부터 다목까지) 아동학대범죄를 범한 사람이 아동의 생명에 대한 위험을 발생하게 하거나 불구 또는 난치의 질병에 이르게 한 때에는 3년 이상의 징역에 처한다(제5조).

2) 아동학대범죄의 처리절차에 관한 특례

(1) 아동학대범죄 신고의무와 절차

누구든지 아동학대범죄를 알게 된 경우나 그 의심이 있는 경우에는 특별시·광역시·특별자치시·도·특별자치도, 시·군·구 또는 수사기관에 신고할 수 있다(제10조 제1항). 「아동학대범죄의 처벌 등에 관한 특례법」 제10조 제2항은 신고의무자를 명시하고 있는데, 신고의무자들은 직무를 수행하면서 아동학대범죄를 알게 된 경우나 그 의심이 있는 경우에는 시·도, 시·군·구 또는 수사기관에 즉시 신고하여야 한다(제10조 제2항). 이러한 경우에 따라 신고가 있는 경우 시·도, 시·군·구 또는 수사기관은 정당한 사유가 없으면 즉시 조사 또는 수사에 착수하여야 한다(제10조 제4항). 또한 누구든지 아동학대범죄 신고자(부록 참조)에게 아동학대 범죄신고 등을 이유로 불이익조치를 하여서는 아니 된다(제10조의2).

(2) 현장출동 및 조사

아동학대범죄 신고를 접수한 사법경찰관리나 아동학대전담공무원은 지체 없이 아동학대범죄의 현장에 출동하여야 한다. 이 경우 수사기관의 장이나 시·도지사 또는 시장·군수·구청장은 서로 동행하여 줄 것을 요청할 수 있으며, 그 요청을 받은 수사기관의 장이나 시·도지사 또는 시장·군수·구청장은 정당한 사유가 없으면 사법경찰관리나 아동학대전담공무원이 아동학대범죄 현장에 동행하도록 조치하여야 한다. 아동학대범죄 신고를 접수한 사법경찰관리나 아동학대전담공무원은 아동학대범죄가 행하여지고 있는 것으로 신고된 현장 또는 피해아동을 보호하기 위하여 필요한 장소에 출입하여 아동 또는 아동학대행위자 등 관계인에 대하여 조사를 하거나 질문을 할 수 있다(제11조). 아동학대전담공무원은 피해아동의 보호 및 사례관리를 위한 조사를 할 수 있으며, 이 경우에는 아동학대전담공무원은 아동학대행위자 및 관계인에 대하여 출석·진술 및 자료 제출을 요구할 수 있고, 아동학대행위자 및 관계인은 정당한 사유가 없으면 이에 따라야 한다(제11조의2).

(3) 피해아동에 대한 응급조치

현장에 출동하거나 아동학대범죄 현장을 발견한 경우 또는 학대현장 이외의 장소에서 학대피해가 확인되고 재학대의 위험이 급박·현저한 경우, 사법경찰관리 또는 아동학대전담공무원은 피해아동, 피해아동의 형제자매인 아동 및 피해아동과 동거하는 아동의 보호를 위하여 즉시 아동학대범죄 행위의 제지, 아동학대행위자를 피해아동등으로부터 격리, 피해아동등을 아동학대 관련 보호시설로 인도, 긴급치료가 필요한 피해아동을 의료기관으로 인도를 하여야 한다. 이 경우 피해아동등을 아동학대 관련 보호시설로 인도 조치를 하는 때에는 피해아동등의 이익을 최우선으로 고려하여야 하며, 피해아동등을 보호하여야 할 필요가 있는 등 특별한 사정이 있는 경우를 제외하고는 피해아동등의 의사를 존중하여야 한다(제12조제1항).

사법경찰관리나 아동학대전담공무원은 피해아동을 분리·인도하여 보호하는 경우 지체 없이 피해아동을 인도받은 보호시설·의료시설을 관할하는 시·도지사 또는 시장·군수·구청장에게 그 사실을 통보하여야 한다. 응급조치는 72시간을 넘을 수 없다. 그럼에도 불구하고 검사가 임시조치를 법원에 청구한 경우에는 법원의 임시조치 결정 시까지 연장된다(제12조 제3항 및 제4항).

3) 아동보호사건

(1) 관할

아동보호사건의 관할은 아동학대행위자의 행위지, 거주지 또는 현재지를 관할하는 가정법원으로 한다. 다만, 가정법원이 설치되지 아니한 지역에서는 해당 지역의 지방법원으로 한다. 아동보호사건의 심리와 결정은 단독판사가 한다(제18조).

(2) 아동학대행위자에 대한 임시조치

판사는 아동학대범죄의 원활한 조사·심리 또는 피해아동 보호를 위하여 필요

하다고 인정하는 경우에는 결정으로 아동학대행위자에게 피해아동 또는 가정구
성원의 주거로부터 퇴거 등 격리, 피해아동등 또는 가정구성원의 주거, 학교 또
는 보호시설 등에서 100미터 이내의 접근 금지, 피해아동 또는 가정구성원에 대한
「전기통신기본법」제2조 제1호의 전기통신을 이용한 접근 금지, 친권 또는 후견인
권한 행사의 제한 또는 정지, 아동보호전문기관 등에의 상담 및 교육 위탁, 의료기
관이나 그 밖의 요양시설에의 위탁, 경찰관서의 유치장 또는 구치소에의 유치 중
어느 하나에 해당하는 조치를 할 수 있다(제19조).

(3) 임시조치의 집행

판사는 임시조치의 결정을 한 경우에는 가정보호사건조사관, 법원공무원, 사법
경찰관리 또는 구치소 소속 교정직공무원으로 하여금 집행하게 할 수 있다. 피해
아동등 또는 가정구성원은 임시조치 후 주거, 학교 또는 보호시설 등을 옮긴 경우
에는 관할 법원에 임시조치 결정의 변경을 신청할 수 있다(제21조).

(4) 임시조치의 변경

아동학대행위자, 그 법정대리인이나 보조인은 임시조치 결정의 취소 또는 그 종
류의 변경을 관할 법원에 신청할 수 있고, 판사는 정당한 이유가 있다고 인정하
는 경우에는 직권 또는 신청에 따른 결정으로 해당 임시조치를 취소하거나 그 종
류를 변경할 수 있다. 만약 임시조치를 받은 아동학대행위자가 임시조치 결정을
이행하지 아니하거나 그 집행에 따르지 아니하면 직권 또는 검사, 시·도지사, 시
장·군수·구청장, 피해아동등, 그 법정대리인이나 변호사 또는 위탁 대상이 되
는 기관의 장의 청구에 따라 결정으로 그 임시조치를 변경할 수 있도록 규정하고
있다(제22조).

(5) 임시후견인

판사는 임시조치로 인하여 피해아동에게 친권을 행사하거나 후견인의 임무를
수행할 사람이 없는 경우 그 임시조치의 기간 동안 시·도지사·시장·군수·구
청장·아동권리보장원의 장·아동보호전문기관의 장 및 가정위탁지원센터의 장
으로 하여금 임시로 후견인의 임무를 수행하게 하거나 그 임무를 수행할 사람을

선임하여야 한다(제23조 제1항). 판사는 해당 피해아동의 의견을 존중하여야 하며, 피해아동, 변호사, 시·도지사 또는 시장·군수·구청장, 아동권리보장원의 장, 아동보호전문기관의 장 및 가정위탁지원센터의 장 등 피해아동을 보호하고 있는 사람은 그 선임에 관하여 의견을 제시할 수 있다. 또한 법원이 임시조치를 한 경우에는 그 사실을 피해아동, 변호사, 시·도지사 또는 시장·군수·구청장, 아동권리보장원의 장, 아동보호전문기관의 장 및 가정위탁지원센터의 장 등 피해아동을 보호하고 있는 사람에게 고지하여야 한다. 제1항에 따라 임시로 후견인의 임무를 수행하는 사람은 피해아동 소유 재산의 보존 및 피해아동의 보호를 위한 범위에서만 후견인의 임무를 수행할 수 있다(제23조 제4항).

(6) 검사의 조사

검사는 아동학대범죄에 대하여 아동보호사건 송치, 공소제기 또는 기소유예 등의 처분을 결정하기 위하여 필요하다고 인정하면 아동학대행위자의 주거지 또는 검찰청 소재지를 관할하는 보호관찰소의 장에게 아동학대행위자의 경력, 생활환경, 양육능력이나 그 밖에 필요한 사항에 관한 조사를 요구할 수 있다(제25조 제1항). 요구를 받은 보호관찰소의 장은 지체 없이 이를 조사하여 서면으로 해당 검사에게 통보하여야 하며, 조사를 위하여 필요한 경우에는 소속 보호관찰관에게 아동학대행위자 또는 관계인을 출석하게 하여 진술요구를 하는 등의 방법으로 필요한 사항을 조사하게 할 수 있다(제25조 제2항).

필요사항을 조사를 할 때에는 미리 아동학대행위자 또는 관계인에게 조사의 취지를 설명하여야 하고, 그 인권을 존중하며, 직무상 비밀을 엄수하여야 한다. 검사는 아동학대범죄에 관하여 필요한 경우, 시·도지사, 시장·군수·구청장 또는 아동보호전문기관의 장에 대하여 제1항의 결정에 필요한 자료의 제출을 요구할 수 있다(제25조 제4항). 또한 검사는 제1항의 결정을 할 때에는 보호관찰소의 장으로부터 통보받은 조사 결과 및 아동보호전문기관의 장으로부터 제출받은 자료 등을 참고하여 피해아동 보호와 아동학대행위자의 교화·개선에 가장 적합한 결정을 하여야 한다(제25조 제5항).

4) 피해아동보호명령

(1) 피해아동보호명령사건의 관할

피해아동보호명령사건의 관할은 아동학대행위자의 행위지·거주지 또는 현재지 및 피해아동의 거주지 또는 현재지를 관할하는 가정법원으로 한다. 다만, 가정법원이 설치되지 아니하는 지역에 있어서는 해당 지역의 지방법원으로 한다. 피해아동보호명령사건의 심리와 결정은 판사가 한다(제46조).

(2) 가정법원의 피해아동에 대한 보호명령

판사는 직권 또는 피해아동, 그 법정대리인, 변호사, 시·도지사 또는 시장·군수·구청장의 청구에 따라 결정으로 피해아동의 보호를 위하여 아동학대행위자를 피해아동의 주거지 또는 점유하는 방실(房室)로부터의 퇴거 등 격리(제47조 제1항 제1호), 아동학대행위자가 피해아동 또는 가정구성원에게 접근하는 행위의 제한(제47조 제1항 제2호), 아동학대행위자가 피해아동 또는 가정구성원에게 「전기통신기본법」 제2조 제1호의 전기통신을 이용하여 접근하는 행위의 제한(제47조 제1항 제3호), 피해아동을 아동복지시설 또는 장애인복지시설로의 보호위탁(제47조 제1항 제4호), 피해아동을 의료기관으로의 치료위탁(제47조 제1항 제5호), 피해아동을 아동보호전문기관, 상담소 등으로의 상담·치료위탁(제47조 제1항 제5호의2), 피해아동을 연고자 등에게 가정위탁(제47조 제1항 제6호), 친권자인 아동학대행위자의 피해아동에 대한 친권 행사의 제한 또는 정지(제47조 제1항 제7호), 후견인인 아동학대행위자의 피해아동에 대한 후견인 권한의 제한 또는 정지(제47조 제1항 제8호), 친권자 또는 후견인의 의사표시를 갈음하는 결정(제47조 제1항 제9호)의 피해아동보호명령을 할 수 있다(제47조).

(3) 피해아동보호명령의 집행 및 취소와 변경

관할 법원의 판사는 제47조 제1항 제1호부터 제6호까지의 규정에 따른 피해아동보호명령을 하는 경우, 가정보호사건조사관, 법원공무원, 사법경찰관리 또는 구치소 소속 교정직공무원으로 하여금 이를 집행하게 하거나, 시·도지사 또는 시장·군수·구청장에게 그 집행을 위임할 수 있다(제50조).

(4) 피해아동보호명령의 기간

피해아동보호명령의 기간은 1년을 초과할 수 없다. 다만, 관할 법원의 판사는 피해아동의 보호를 위하여 그 기간의 연장이 필요하다고 인정하는 경우 직권 또는 피해아동, 그 법정대리인, 변호사, 시·도지사 또는 시장·군수·구청장의 청구에 따른 결정으로 6개월 단위로 그 기간을 연장할 수 있다(제51조 제1항). 보호관찰소의 장 및 아동보호전문기관의 장은 시·도지사 또는 시장·군수·구청장에게 제1항의 단서에 따른 피해아동보호명령의 연장 청구를 요청할 수 있으며, 시·도지사 또는 시장·군수·구청장은 요청받은 날부터 15일 이내에 그 처리 결과를 요청자에게 통보하여야 한다. 기간을 연장하더라도 피해아동이 성년에 도달하는 때를 초과할 수 없다(제51조 제2항 및 제3항).

(5) 아동학대전담공무원 등에 대한 교육

법무부장관 등 관계 행정기관의 장은 아동학대전담공무원, 사법경찰관리 및 아동보호전문기관의 종사자에게 아동학대사건의 조사와 사례관리에 필요한 전문지식, 이 법에서 정한 절차, 관련 법제도, 국제인권조약에 명시된 아동의 인권 및 피해아동 보호를 위한 조사방법 등에 관하여 교육을 실시하여야 한다고 규정하고 있다(제55조).

(6) 아동학대 관련 자료요청 및 면담

법무부장관은 아동학대 및 아동보호의 실태를 파악하고 제도를 개선하기 위하여 시·도지사 또는 시장·군수·구청장, 아동권리보장원의 장 및 아동보호전문기관의 장에게 관련 통계 등 자료를 요청할 수 있다(제55조의2 제1항).

법무부장관은 중대한 아동학대 사건이 발생하여 필요하다고 인정하면 해당 사건의 실태파악 및 제도개선을 위하여 관련 공무원, 아동보호전문기관 또는 관계인을 면담하거나 질문할 수 있다(제55조의2 제2항).

제6절 장애인복지법

1. 연혁 및 체계

장애의 발생예방과 장애인의 의료·직업재활 및 생활보호 등을 통해 장애인의 재활·자립과 그 가족의 경제·사회활동을 지원하기 위해 1981년 6월 5일 「심신장애자복지법」이 제정되었으며, 장애인의 인간존엄 실현과 완전한 사회참여를 위하여 장애유형에 따른 재활서비스제공, 장애인생산품의 구매, 재활보조기구의 개발·보급 등 장애인의 새로운 복지수요에 대응하고 장애인복지정책의 효율적 수행을 도모하기 위하여 1989년 12월 30일 「장애인복지법」으로 전부개정되었다. 「장애인복지법」은 이후로도 2회의 전부개정을 포함하는 지속적 개정작업을 통하여 장애인의 인간다운 삶과 권리보장을 기초로 장애인의 복지와 사회활동 참여증진을 통한 사회통합에 이바지하기 위한 법으로 기능하기 위한 입법적 보완을 계속하고 있다. 2021년 국회는 「장애인복지법」 제15조가 「정신건강증진 및 정신질환자 복지서비스 지원에 관한 법률」의 적용을 받는 정신장애인에 대해 「장애인복지법」의 적용을 제한할 수 있도록 하고 있어 결과적으로 정신장애인에 대한 복지 사각지대가 발생하고 있음을 인식하고 제15조에서 「정신건강증진 및 정신질환자 복지서비스 지원에 관한 법률」 부분을 삭제하는 개정안을 통과시켰는데(2022년 12월 22일 시행예정), 이를 통하여 정신장애인이 다른 장애인과 균등한 복지를 영위할 수 있을 것으로 기대된다. 이 또한 지속적 입법적 보완의 결과라고 하겠다.

〈표 11-15〉 주요 연혁 및 현행 법률의 체계

주요연혁		현행 법률의 체계
1981. 6. 5.	• 「심신장애자복지법」 제정	제1장 총칙
1989. 12. 30.	• 「장애인복지법」으로 전부 개정	제2장 기본정책의 강구
2007. 4. 11.	• 중증장애인 자립생활 실현을 위한 활동 보조서비스 제도 도입	제3장 복지 조치 제4장 자립생활의 지원

2017. 12. 19.	• 장애등급제 개편을 위해 '장애등급'을 '장애정도'로 변경하고 맞춤형 서비스 제공을 위한 '서비스 지원 종합조사' 근거 마련	제5장 복지시설과 단체 제6장 장애인보조기구 제7장 장애인복지 전문인력 제8장 보칙 제9장 벌칙
2021. 10. 28.	• '피해장애아동 쉼터'의 설치 · 운영 근거 마련 • 진술조력인 제도 도입	

2. 목적 및 기본이념

「장애인복지법」은 장애인의 인간다운 삶과 권리보장을 위한 국가와 지방자치단체 등의 책임을 명백히 하고, 장애발생 예방과 장애인의 의료 · 교육 · 직업재활 · 생활환경개선 등에 관한 사업을 정하여 장애인복지대책을 종합적으로 추진하며, 장애인의 자립생활 · 보호 및 수당지급 등에 관하여 필요한 사항을 정하여 장애인의 생활안정에 기여하는 등 장애인의 복지와 사회활동 참여증진을 통하여 사회통합에 이바지함을 목적으로 한다(제1조). 장애인복지의 기본이념은 장애인의 완전한 사회 참여와 평등을 통하여 사회통합을 이루는 데에 있다(제3조).

<표 11-16> 핵심용어 및 내용

핵심용어	내용
장애인	신체적 · 정신적 장애로 오랫동안 일상생활이나 사회생활에서 상당한 제약을 받는 자를 말함.
장애인학대	장애인에 대하여 신체적 · 정신적 · 정서적 · 언어적 · 성적 폭력이나 가혹행위, 경제적 착취, 유기 또는 방임을 하는 것을 말함.

3. 적용대상

(1) 장애인의 정의

「장애인복지법」의 적용을 받는 장애인은 신체적 · 정신적 장애로 오랫동안 일상생활이나 사회생활에서 상당한 제약을 받는 자로 대통령령으로 정하는 장애의 종류 및 기준에 해당하는 자를 말한다(제2조 제1항 및 제2항). '신체적 장애'란 주요 외부 신체 기능의 장애, 내부기관의 장애 등을 의미하며, '정신적 장애'란 발달장애 또는 정신 질환으로 발생하는 장애를 말한다(제2조 제2항).

(2) 장애인등록

장애인, 그 법정대리인 또는 대통령령으로 정하는 보호자(이하 '법정대리인 등'이라 한다.)는 장애 상태와 그 밖에 보건복지부령이 정하는 사항을 특별자치시장·특별자치도지사·시장·군수 또는 구청장에게 등록하여야 하며, 특별자치시장·특별자치도지사·시장·군수·구청장은 등록을 신청한 장애인이 제2조에 따른 기준에 맞으면 장애인등록증(이하 '등록증'이라 한다.)을 내 주어야 한다(제32조 제1항). 특별자치시장·특별자치도지사·시장·군수·구청장은 제1항에 따라 등록증을 받은 장애인의 장애 상태의 변화에 따른 장애 정도 조정을 위하여 장애 진단을 받게 하는 등 장애인이나 법정대리인등에게 필요한 조치를 할 수 있다(제32조 제3항). 장애인의 장애 인정과 장애 정도 사정에 관한 업무를 담당하게 하기 위하여 보건복지부에 장애판정위원회를 둘 수 있으며, 특별자치시장·특별자치도지사·시장·군수·구청장은 장애인 등록 및 장애 상태의 변화에 따른 장애 정도를 조정함에 있어 장애인의 장애 인정과 장애 정도 사정이 적정한지를 확인하기 위하여 필요한 경우 대통령령으로 정하는 「공공기관의 운영에 관한 법률」 제4조에 따른 공공기관에 장애 정도에 관한 정밀심사를 의뢰할 수 있다(제32조 제4항 및 제5항).

재외동포 및 외국인 중 다음 중 어느 하나에 해당하는 사람은 장애인 등록을 할 수 있으나 국가와 지방자치단체는 예산 등을 고려하여 장애인복지사업의 지원을 제한할 수 있다(제32조의2).

- 「재외동포의 출입국과 법적 지위에 관한 법률」 제6조에 따라 국내거소신고를 한 사람
- 「주민등록법」 제6조에 따라 재외국민으로 주민등록을 한 사람
- 「출입국관리법」 제31조에 따라 외국인등록을 한 사람으로서 같은 법 제10조 제1항에 따른 체류자격 중 대한민국에 영주할 수 있는 체류자격을 가진 사람
- 「재한외국인 처우 기본법」 제2조 제3호에 따른 결혼이민자
- 「난민법」 제2조 제2호에 따른 난민인정자

4. 급여

(1) 수당

국가와 지방자치단체는 장애인의 장애 정도와 경제적 수준을 고려하여 장애로 인한 추가적 비용을 보전하게 하기 위하여 장애수당을 지급할 수 있다. 다만, 「국민기초생활보장법」에 따른 생계급여 또는 의료급여를 받는 장애인에게는 장애수당을 반드시 지급하여야 한다(제49조 제1항). 이 경우 국가와 지방자치단체는 장애수당을 지급하려는 경우에는 장애수당을 받으려는 사람의 장애 정도에 대하여 심사할 수 있으며(제49조 제3항), 만약 장애수당을 지급받으려는 사람이 장애 정도의 심사를 거부·방해 또는 기피하는 경우에는 장애수당을 지급하지 아니할 수 있다(제49조 제4항).

한편, 「장애인연금법」 제2조 제1호에 따른 중증장애인에게는 장애수당을 지급하지 아니한다(제49조 제2항).

국가와 지방자치단체는 장애아동에게 보호자의 경제적 생활수준 및 장애아동의 장애 정도를 고려하여 장애로 인한 추가적 비용을 보전하기 위하여 장애아동수당을 지급할 수 있다(제50조 제1항). 또한 국가와 지방자치단체는 장애인을 보호하는 보호자에게 그의 경제적 수준과 장애인의 장애 정도를 고려하여 장애로 인한 추가적 비용을 보전하게 하기 위하여 보호수당을 지급할 수 있다(제50조 제2항).

(2) 장애인의 자립지원

국가와 지방자치단체는 장애인의 일상생활을 편리하게 하고 사회활동 참여를 높이기 위하여 장애 유형·장애 정도별로 재활 및 자립지원 서비스를 제공하는 등 필요한 정책을 강구하여야 하며, 예산의 범위 안에서 지원할 수 있다(제35조 제1항). 또한 국가와 지방자치단체는 시청각장애인을 대상으로 직업재활·의사소통·보행·이동 훈련, 심리상담, 문화·여가 활동 참여 및 가족·자조 모임 등을 지원하기 위하여 전담기관을 설치·운영하는 등 필요한 시책을 강구하여야 한다(제35조 제2항).

임산부인 여성장애인과 신생아의 건강관리를 위하여 국가 및 지방자치단체는 경제적 부담능력 등을 고려하여 여성장애인의 가정을 방문하여 산전·산후 조리를 돕는 도우미(이하 '산후조리도우미'라 한다.)를 지원할 수 있다(제37조 제1항). 국가 및 지방자치단체는 산후조리도우미 지원사업에 대하여 정기적으로 모니터링을 실시하여야 한다(제37조 제2항).

한편, 장애인복지실시기관은 경제적 부담능력 등을 고려하여 장애인이 부양하는 자녀 또는 장애인인 자녀의 교육비를 지급할 수 있다(제38조 제1항). 국가와 지방자치단체, 그 밖의 공공단체는 장애인이 이동수단인 자동차 등을 편리하게 사용할 수 있도록 하고 경제적 부담을 줄여 주기 위하여 조세감면 등 필요한 지원정책을 강구하여야 하며, 시장·군수·구청장은 장애인이 이용하는 자동차 등을 지원하는 데에 편리하도록 장애인이 사용하는 자동차 등임을 알아 볼 수 있는 표지를 발급하여야 한다(제39조).

그리고 국가와 지방자치단체는 장애인이 사업을 시작하거나 필요한 지식과 기능을 익히는 것 등을 지원하기 위하여 대통령령으로 정하는 바에 따라 자금을 대여할 수 있으며(제41조), 국가와 지방자치단체, 그 밖의 공공단체는 소관 공공시설 안에 식료품·사무용품·신문 등 일상생활용품을 판매하는 매점이나 자동판매기의 설치를 허가하거나 위탁할 때에는 장애인이 신청하면 우선적으로 반영하도록 노력하여야 한다(제42조).

장애인복지실시기관은 장애인복지시설에서 주거편의·상담·치료·훈련 등을 받도록 하거나 위탁한 장애인에 대하여 그 시설에서 훈련을 효과적으로 받는 데 필요하다고 인정되면 자립훈련비를 지급할 수 있으며, 특별한 사정이 있으면 훈련비 지급을 대신하여 물건을 지급할 수 있고(제43조), 장애인의 자립을 지원하는 데에 필요하다고 인정되면 국가와 지방자치단체, 그 밖의 공공단체는 그 공공시설의 일부를 장애인이 우선 이용하게 할 수 있다(제47조).

국가, 지방자치단체 및 내령령으로 정하는 기관·단체의 장은 해당 기관·단체가 실시하는 자격시험 및 채용시험 등에 있어서 장애인 응시자가 비장애인 응시자와 동등한 조건에서 시험을 치를 수 있도록 편의를 제공하여야 하며(제46조의2), 국가와 지방자치단체는 이 법에 따른 장애인복지시설을 설치하거나 장애인복지단체가 장애인복지사업과 관련한 시설을 설치하는 데에 필요할 경우 국유재산 또는 공유재산을 우선 매각할 수 있고 유상 또는 무상으로 대부하거나 사용·수익하게 할 수 있다(제48조).

5. 전달체계

(1) 국가와 지방자치단체

국가와 지방자치단체는 장애 발생을 예방하고, 장애의 조기 발견에 대한 국민의 관심을 높이며, 장애인의 자립을 지원하고, 보호가 필요한 장애인을 보호하여 장애인의 복지를 향상시킬 책임을 진다(제9조). 이 법에 따른 보건복지부장관 및 특별시장·광역시장·특별자치시장·도지사·특별자치도지사의 권한은 대통령령으로 정하는 바에 따라 국립재활원장, 시·도지사 또는 시장·군수·구청장에게 그 일부를 위임할 수 있다(제85조).

보건복지부장관은 장애인의 권익과 복지증진을 위하여 관계 중앙행정기관의 장과 협의하여 5년마다 장애인정책종합계획(이하 '종합계획'이라 한다.)을 수립·시행하여야 하며, 종합계획에는 다음의 사항이 포함되어야 한다(제10조의2 제1항 및 제2항).

- 장애인의 복지에 관한 사항
- 장애인의 교육문화에 관한 사항
- 장애인의 경제활동에 관한 사항
- 장애인의 사회참여에 관한 사항
- 장애인의 안전관리에 관한 사항
- 그 밖에 장애인의 권익과 복지증진을 위하여 필요한 사항

관계 중앙행정기관의 장은 장애인의 권익과 복지증진을 위하여 관련 업무에 대한 사업계획을 매년 수립·시행하여야 하고, 그 사업계획과 전년도의 사업계획 추진실적을 매년 보건복지부장관에게 제출하여야 한다(제10조의2 제3항). 보건복지부장관은 제출된 사업계획과 추진실적을 종합하여 종합계획을 수립하되, 장애인정책조정위원회의 심의를 미리 거쳐야 한다. 종합계획을 변경하는 경우에도 또한 같다. 보건복지부장관은 종합계획의 추진성과를 매년 평가하고, 그 결과를 종합계획에 반영할 필요가 있는 경우에는 종합계획을 변경하거나 다음 종합계획을 수립할 때에 반영하여야 한다(제10조의2 제4항 및 제5항).

(2) 장애인정책조정위원회

장애인 종합정책을 수립하고 관계 부처 간의 의견을 조정하며 그 정책의 이행을 감독·평가하기 위하여 국무총리 소속하에 장애인정책조정위원회를 둔다. 위원회는 다음의 사항을 심의·조정한다(제11조).

- 장애인복지정책의 기본방향에 관한 사항
- 장애인복지 향상을 위한 제도개선과 예산지원에 관한 사항
- 중요한 특수교육정책의 조정에 관한 사항
- 장애인고용촉진정책의 중요한 조정에 관한 사항
- 장애인 이동보장 정책조정에 관한 사항
- 장애인정책 추진과 관련한 재원조달에 관한 사항
- 장애인복지에 관한 관련 부처의 협조에 관한 사항
- 그 밖에 장애인복지와 관련하여 대통령령으로 정하는 사항

(3) 지방장애인복지위원회

장애인복지 관련 사업의 기획·조사·실시 등을 하는 데에 필요한 사항을 심의하기 위하여 지방자치단체에 지방장애인복지위원회를 둔다. 지방장애인복지위원회를 조직·운영하는 데에 필요한 사항은 대통령령으로 정하는 기준에 따라 지방자치단체의 조례로 정한다(제13조).

(4) 장애인복지상담원

장애인 복지 향상을 위한 상담 및 지원 업무를 맡기기 위하여 시·군·구에 장애인복지상담원을 둔다. 장애인복지상담원은 그 업무를 할 때 개인의 인격을 존중하여야 한다(제33조).

(5) 장애인복지전문인력

국가와 지방자치단체 그 밖의 공공단체는 의지·보조기 기사, 언어재활사, 한국수어 통역사, 점역·교정사 등 장애인복지 전문인력, 그 밖에 장애인복지에 관한 업무에 종사하는 자를 양성·훈련하는 데에 노력해야 한다(제71조).

(6) 장애인복지시설

국가와 지방자치단체는 장애인이 장애인복지시설의 이용을 통하여 기능회복과 사회적 향상을 도모할 수 있도록 필요한 정책을 강구하여야 한다. 국가와 지방자치단체는 제58조에 따른 장애인복지시설을 이용하는 장애인의 인권을 보호하기 위하여 필요한 정책을 마련하고 관련 프로그램을 실시할 수 있는 기반을 조성하여야 한다(제57조). 제58조에서 규정하는 장애인복지시설의 종류는 〈표 11-17〉과 같다.

<표 11-17> 장애인복지시설의 종류

종류	내용
장애인 거주시설	거주공간을 활용하여 일반가정에서 생활하기 어려운 장애인에게 일정 기간 동안 거주·요양·지원 등의 서비스를 제공하는 동시에 지역사회생활을 지원하는 시설
장애인 지역사회재활시설	장애인을 전문적으로 상담·치료·훈련하거나 장애인의 일상생활, 여가활동 및 사회참여활동 등을 지원하는 시설
장애인 직업재활시설	일반 작업환경에서는 일하기 어려운 장애인이 특별히 준비된 작업환경에서 직업훈련을 받거나 직업 생활을 할 수 있도록 하는 시설 (직업훈련 및 직업생활을 위하여 필요한 제조·가공 시설, 공장 및 영업장 등 부속용도의 시설로서 보건복지부령으로 정하는 시설을 포함한다.)
장애인 의료재활시설	장애인을 입원 또는 통원하게 하여 상담, 진단·판정, 치료 등 의료재활서비스를 제공하는 시설

보건복지부장관은 장애인 거주시설에서 제공하여야 하는 서비스의 최저기준을 마련하여야 하며, 장애인복지실시기관은 그 기준이 충족될 수 있도록 필요한 조치를 취하여야 한다(제60조의3).

(7) 장애인권익옹호기관의 설치 등

국가는 지역 간의 연계체계를 구축하고 장애인학대를 예방하기 위하여 다음의 업무를 담당하는 중앙장애인권익옹호기관을 설치·운영하여야 한다(제59조의2 제1항).

- 지역장애인권익옹호기관에 대한 지원
- 장애인학대 예방 관련 연구 및 실태조사
- 장애인학대 예방 관련 프로그램의 개발 · 보급
- 장애인학대 예방 관련 교육 및 홍보
- 장애인학대 예방 관련 전문인력의 양성 및 능력개발
- 관계 기관 · 법인 · 단체 · 시설 간 협력체계의 구축 및 교류
- 장애인학대 신고접수와 그 밖에 보건복지부령으로 정하는 장애인학대 예방과 관련된 업무

학대받은 장애인을 신속히 발견 · 보호 · 치료하고 장애인학대를 예방하기 위하여 다음의 업무를 담당하는 지역장애인권익옹호기관을 특별시 · 광역시 · 특별자치시 · 도 · 특별자치도에 둔다(제59조의11 제2항).

- 장애인학대의 신고접수, 현장조사 및 응급보호
- 피해장애인과 그 가족, 장애인학대행위자에 대한 상담 및 사후관리
- 장애인학대 예방 관련 교육 및 홍보
- 장애인학대사례판정위원회 설치 · 운영
- 관계 기관 · 법인 · 단체 · 시설 간 협력체계의 구축 및 교류
- 그 밖에 보건복지부령으로 정하는 장애인학대 예방과 관련된 업무

보건복지부장관, 특별시장 · 광역시장 · 특별자치시장 · 도지사 · 특별자치도지사는 「공공기관의 운영에 관한 법률」 제4조에 따른 공공기관 또는 장애인 학대의 예방 및 방지를 목적으로 하는 비영리법인을 지정하여 장애인권익옹호기관의 운영을 위탁할 수 있다. 이 경우 보건복지부장관, 특별시장 · 광역시장 · 특별자치시장 · 특별자치도지사는 그 운영에 드는 비용을 지원할 수 있다(제59조의11 제4항).

한편, 보건복지부장관은 장애인권익옹호기관의 업무 실적에 대하여 3년마다 성과평가를 실시하여야 하며, 그 성과평가 및 평가결과의 활용 등에 필요한 사항은 대통령령으로 정하고 있다(제59조의17).

(8) 피해장애인 쉼터 등

특별시장 · 광역시장 · 특별자치시장 · 도지사 · 특별자치도지사는 피해장애인의 임시 보호 및 사회복귀 지원을 위하여 장애인 쉼터를 설치 · 운영할 수 있다.

이 경우, 특별시장·광역시장·특별자치시장·도지사·특별자치도지사는 장애인학대로 인하여 피해를 입은 장애아동의 임시 보호를 위하여 피해장애아동 쉼터를 설치·운영할 수 있도록 하고 있다(제59조의13).

6. 재정(비용)

이 법에 의한 복지조치와 장애인복지시설의 설치·운영에 드는 비용은 예산의 범위 안에서 대통령령으로 정하는 바에 따라 장애인복지실시기관이 부담하게 할 수 있다(제79조). 또한 재활상담 등에 따른 조치에 필요한 비용을 부담한 장애인복지실시기관은 해당 장애인 또는 그 부양의무자로부터 대통령령으로 정하는 바에 따라 장애인복지실시기관이 부담한 비용의 전부 또는 일부를 받을 수 있다(제80조). 국가와 지방자치단체는 대통령령으로 정하는 바에 따라 장애인복지시설의 설치·운영에 필요한 비용의 전부 또는 일부를 보조할 수 있다(제81조). 이 법에 따라 지급되는 금품, 장애인복지시설 및 장애인복지단체에서 장애인이 제작한 물품에 대하여는 「조세특례제한법」과 「지방세법」 그 밖의 조세 관계법령이 정하는 바에 따라 조세를 감면한다(제83조).

7. 권리구제

장애인이나 법정대리인 등은 이 법에 따른 복지조치에 대하여 이의가 있을 때에는 해당 장애인복지실시기관에 이의를 신청할 수 있으며, 이의신청은 해당 복지조치가 있음을 안 날부터 90일 이내에 문서로 하여야 한다. 다만, 정당한 사유로 인하여 그 기간 이내에 이의신청을 할 수 없었음을 증명한 때에는 그 사유가 소멸한 날부터 60일 이내에 이의신청을 할 수 있다. 이의신청을 받은 복지실시기관은 그 신청을 받은 날부터 30일 이내에 이를 심사·결정하여 신청인에게 통보하여야 하며, 심사·결정에 이의가 있는 자는 「행정심판법」에 따라 행정심판을 제기할 수 있다(제84조).

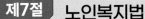

제7절 노인복지법

1. 연혁 및 체계

　의약기술의 발달과 문화생활의 향상으로 평균수명이 연장되어 노인인구가 증가하는 한편, 산업화, 도시화, 핵가족화의 진전에 따라 노인문제가 점차 사회문제로 크게 대두되고 있다. 이를 위하여 노인을 위한 건강보호와 시설의 제공 등 노인복지시책을 효과적으로 추진하고 노인의 안락한 생활과 사회복지의 증진에 기여하기 위하여, 1981년 6월 5일 「노인복지법」이 제정되었다. 그 이후 「노인복지법」은 노인학대, 노인실종과 같은 쟁점화되고 있는 주요내용의 개정을 거쳐 노후의 안정된 생활을 보장하기 위한 발전방향을 담고 있다.

〈표 11-18〉 「노인복지법」의 주요 연혁과 현행법률의 체계

주요연혁		현행 법률의 체계
1981. 6. 5.	「노인복지법」 제정	
2004. 1. 29.	• 노인학대예방 및 노인학대 진급전화설치 • 노인보호전문기관 설치 • 노인학대 신고의무 규정 명시(의료인, 노인복지시설의 장 또는 종사자 등)	제1장 총칙 제1조(목적) 제1조의2(정의)
2007. 8. 3.	• 요양보호사 자격제 도입 • 독거노인 지원 규정 마련 • 실종노인 보호를 위한 신고하도록 개정	제2조(기본이념) 제2장 삭제 제3장 보건·복지조치
2011. 6. 7.	• 실종노인의 안전한 복귀를 위한 근거 규정 보완 • 노인학대와 관련된 법규 강화	제4장 노인복지시설의 　　설치·운영
2015. 12. 29.	• 노인학대관련범죄 전력자의 취업제한 등 규제 및 처벌 강화 • 노인학대행위로 처벌 등을 받은 시설과 노인복지시설의 장 및 종사자의 명단을 공표할 수 있도록 함.	제5장 비용 제6장 보칙 제7장 벌칙

2016. 1. 1	• 노인학대사례 판정을 위해 중앙노인보호전문기관에 중앙사례판정위원회를, 지역노인보호전문기관에 지역사례판정위원회 및 자체사례회의를 운영할 수 있는 근거규정 마련 • 노인학대관련범죄전력자에 대해 형 또는 치료감호의 집행종료 또는 집행면제 후 10년까지 취업제한 명령 규정 마련 • 상습적으로 또는 노인복지시설 종사자가 노인학대죄를 범한 경우 가중처벌 규정을 두는 등 노인학대 관련 위반자에 대한 처벌을 강화
2017. 6. 3.	• 일정 시설 · 기관의 장과 종사자에 대한 노인학대신고의무 규정에 노인학대의 객체가 되는 노인연령기준을 65세 이상의 사람으로 명시 • 노인에 대한 금지행위 조항에 정서적 학대행위를 추가하고 • 노인에 대한 금지행위의 객체가 되는 노인의 연령기준을 65세 이상의 사람으로 명시
2018. 1. 25.	• 노인복지시설의 설치 · 운영자 및 종사자, 이용자에 대하여 인권교육을 실시 • 국가 또는 지방자치단체의 독거노인 지원 사업과 노인성 질환에 대한 의료지원 사업에 대하여 비용을 지원 근거명시
2018. 3. 13.	• 국가, 지방자치단체, 그 밖의 공공단체 등이 소관 공공시설에 청소, 주차관리 및 매표 등의 사업을 위탁하는 경우 65세 이상 노인을 100분의 20 이상 채용한 사업체를 우선적으로 반영 • 노인학대 신고의무자로 국민건강보험공단의 요양직 직원 등을 추가
2018. 12. 11.	• 국가와 지방자치단체로 하여금 노인의 안전사고 예방시책을 수립 · 시행 • 경로당에 정부관리양곡 외에 일반양곡 지원 • 노인학대관련범죄로 형 등을 선고할 때 그 판결과 동시에 최대 10년 범위의 취업제한명령을 선고
2021. 6. 30.	• 노인보호전문기관의 교육 · 상담 및 사후관리를 기피, 방해하는 경우 과태료 부과 • 노인복지시설에서 무연고 사망자가 발생하는 경우, 잔여재산 처리 절차 간소화

2. 목적 및 기본이념

고령화시대에 중요시되고 있는 것은 심신의 건강유지와 축적된 지식의 활용을 통해 사회발전에 기여하여 보람된 사회의 구성원으로 역할을 갖도록 하는 것이다. 이에 「노인복지법」은 노인의 질환을 사전예방 또는 조기발견하고 질환상태에 따른 적절한 치료·요양으로 심신의 건강을 유지하고, 노후의 생활안정을 위하여 필요한 조치를 강구함으로써 노인의 보건복지증진에 기여함을 목적으로 한다(제1조). 이를 위해 국가 및 사회발전에 기여해 온 그동안의 노고에 존경을 받으며 제2의 사회참여기회에 보장받음으로써 안정된 생활은 물론, 소외되지 않은 건전한 삶을 영위할 수 있는 방향으로의 지속적인 노력이 필요하다(제2조).

<표 11-19> 「노인복지법」의 핵심용어

핵심용어	내용
부양의무자	배우자(사실상의 혼인관계에 있는 자를 포함한다.)와 직계비속 및 그 배우자(사실상의 혼인관계에 있는 자를 포함한다.)
보호자	부양의무자 또는 업무·고용 등의 관계로 사실상 노인을 보호하는 자
치매	「치매관리법」 제2조 제1호에 따른 치매, 즉 "치매"란 퇴행성 뇌질환 또는 뇌혈관계 질환 등으로 인하여 기억력, 언어능력, 지남력(指南力), 판단력 및 수행능력 등의 기능이 저하됨으로써 일상생활에서 지장을 초래하는 후천적인 다발성 장애
노인학대	노인에 대하여 신체적·정신적·정서적·성적 폭력 및 경제적 착취 또는 가혹행위를 하거나 유기 또는 방임을 하는 것

3. 적용대상

「노인복지법」에서는 노인의 정의가 정확히 규정되어 있지 않으나, 대부분 65세 이상의 노인을 법의 대상자로 규정하고 있으며, 노인시설 입소자격과 같은 경우 60세 이상의 노인을 그 대상자로 규정하고 있다(제33조의2 제1항).

4. 지원 및 보호

1) 보건복지조치

(1) 노인사회참여 지원

국가 또는 지방자치단체는 노인의 사회참여 확대를 위하여 노인의 지역봉사 활동기회를 넓히고 노인에게 적합한 직종의 개발과 그 보급을 위한 시책을 강구하며 근로능력이 있는 노인에게 일할 기회를 우선적으로 제공하도록 노력하여야 하며, 국가 또는 지방자치단체는 노인의 지역봉사 활동 및 취업의 활성화를 기하기 위하여 노인지역봉사기관, 노인취업알선기관 등 노인복지관계기관에 대하여 필요한 지원을 할 수 있다(제23조).

(2) 생업지원

국가 또는 지방자치단체 기타 공공단체가 설치·운영하는 공공시설안에 식료품·사무용품·신문 등 일상생활용품의 판매를 위한 매점이나 자동판매기의 설치를 허가 또는 위탁할 때에는 65세 이상의 자의 신청이 있는 경우 이를 우선적으로 반영하여야 한다(제25조).

(3) 경로우대

국가 또는 지방자치단체는 65세 이상의 자에 대하여 대통령령이 정하는 바에 의하여 국가 또는 지방자치단체의 수송시설 및 고궁·능원·박물관·공원 등의 공공시설을 무료로 또는 그 이용요금을 할인하여 이용하게 할 수 있다. 또한 국가 또는 지방자치단체는 노인의 일상생활에 관련된 사업을 경영하는 자에게 65세 이상의 자에 대하여 그 이용요금을 할인하여 주도록 권유할 수 있다(제26조).

(4) 건강진단 등

국가 또는 지방자치단체는 대통령령이 정하는 바에 의하여 65세 이상의 자에 대하여 건강진단과 보건교육을 실시할 수 있다. 이 경우 보건복지부령으로 정하는 바에 따라 성별 다빈도질환 등을 반영하여야 한다(제27조). 또한 국가 또는 지방자치단체는 홀로 사는 노인에 대하여 방문요양서비스 등의 서비스와 안전 확인 등의 보호조치를 취하여야 한다(제27조의2).

(5) 상담 · 입소 등의 조치

보건복지부장관, 특별시장 · 광역시장 · 도지사 · 특별자치시장 · 특별자치도지사, 시장 · 군수 · 구청장은 노인에 대한 복지를 도모하기 위하여 필요하다고 인정한 때에는 다음 같은 조치를 하여야 한다. 첫째, 65세 이상의 자 또는 그를 보호하고 있는 자를 관계공무원 또는 노인복지상담원으로 하여금 상담 · 지도하게 하는 것, 둘째, 65세 이상의 자로서 신체적 · 정신적 · 경제적 이유 또는 환경상의 이유로 거택에서 보호받기가 곤란한 자를 노인주거복지시설 또는 재가노인복지시설에 입소시키거나 입소를 위탁하는 것, 셋째, 65세 이상의 자로서 신체 또는 정신상의 현저한 결함으로 인하여 항상 보호를 필요로 하고 경제적 이유로 거택에서 보호받기가 곤란한 자를 노인의료복지시설에 입소시키거나 입소를 위탁하는 것, 그리고 보건복지부장관, 시 · 도지사 또는 시장 · 군수 · 구청장(복지실시기관)은 65세 미만의 자에 대하여도 그 노쇠현상이 현저하여 특별히 보호할 필요가 있다고 인정할 때에는 위와 같은 조치를 할 수 있다(제28조 제1항 및 제2항).

그리고 복지실시기관은 입소 조치된 자가 사망한 경우에 그 자에 대한 장례를 행할 자가 없을 때에는 그 장례를 행하거나 해당 시설의 장으로 하여금 그 장례를 행하게 할 수 있다. 이 경우 복지실시기관 또는 노인복지시설의 장은 사망자가 유류한 금전 또는 유가증권을 그 장례에 필요한 비용에 충당할 수 있으며, 부족이 있을 때에는 유류물품을 처분하여 그 대금을 이에 충당할 수 있다(제28조 제3항).

2) 노인학대

(1) 노인학대관련범죄

노인학대관련범죄란 보호자에 의한 65세 이상 노인에 대한 노인학대로서 「형법」 제2편 제25장 상해와 폭행의 죄 중 제257조(상해, 존속상해), 제258조(중상해, 존속중상해), 제260조(폭행, 존속폭행) 제1항 · 제2항, 제261조(특수폭행) 및 제264조

(상습범)의 죄 등[6] 다음의 어느 하나에 해당되는 죄를 말한다(제1조의2 제5호).

노인학대관련범죄로 형 또는 치료감호를 선고받아 확정된 사람은 그 확정된 때부터 형 또는 치료감호의 전부 또는 일부의 집행이 종료되거나 집행을 받지 아니하기로 확정된 후 10년까지의 기간 동안 노인관련기관을 운영하거나 노인관련기관에 취업 또는 사실상 노무를 제공할 수 없다(제39조의17).

(2) 금지행위

누구든지 65세 이상의 사람에 대하여 다음의 어느 하나에 해당하는 행위를 하여서는 아니 된다[7](제39조의9).

---

6) 나. 「형법」 제2편 제28장 유기와 학대의 죄 중 제271조(유기, 존속유기) 제1항 · 제2항, 제273조 (학대, 존속학대)의 죄

　다. 「형법」 제2편 제29장 체포와 감금의 죄 중 제276조(체포, 감금, 존속체포, 존속감금), 제277조(중체포, 중감금, 존속중체포, 존속중감금), 제278조(특수체포, 특수감금), 제279조(상습범), 제280조(미수범) 및 제281조(체포 · 감금등의 치사상)(상해에 이르게 한 때에만 해당한다)의 죄

　라. 「형법」 제2편 제30장 협박의 죄 중 제283조(협박, 존속협박) 제1항 · 제2항, 제284조(특수협박), 제285조(상습범)(제283조의 죄에만 해당한다) 및 제286조(미수범)의 죄

　마. 「형법」 제2편 제32장 강간과 추행의 죄 중 제297조(강간), 제297조의2(유사강간), 제298조(강제추행), 제299조(준강간, 준강제추행), 제300조(미수범), 제301조(강간등 상해 · 치상), 제301조의2(강간등 살인 · 치사), 제305조의2(상습범)(제297조, 제297조의2, 제298조부터 제300조까지의 죄에 한정한다)의 죄

　바. 「형법」 제2편 제33장 명예에 관한 죄 중 제307조(명예훼손), 제309조(출판물등에 의한 명예훼손) 및 제311조(모욕)의 죄

　사. 「형법」 제2편 제36장 주거침입의 죄 중 제321조(주거 · 신체 수색)의 죄

　아. 「형법」 제2편 제37장 권리행사를 방해하는 죄 중 제324조(강요) 및 제324조의5(미수범) (제324조의 죄에만 해당한다)의 죄

　자. 「형법」 제2편 제39장 사기와 공갈의 죄 중 제350조(공갈) 및 제352조(미수범)(제350조의 죄에만 해당한다)의 죄

　차. 「형법」 제2편 제42장 손괴의 죄 중 제366조(재물손괴등)의 죄

　카. 제55조의2, 제55조의3 제1항 제2호, 제55조의4 제1호, 제59조의2의 죄

　타. 가목부터 차목까지의 죄로서 다른 법률에 따라 가중처벌되는 죄

7) 보건복지부장관, 시 · 도지사 또는 시장 · 군수 · 구청장은 노인학대 행위로 제60조에 따른

1. 노인의 신체에 폭행을 가하거나 상해를 입히는 행위
2. 노인에게 성적 수치심을 주는 성폭행 · 성희롱 등의 행위
3. 자신의 보호 · 감독을 받는 노인을 유기하거나 의식주를 포함한 기본적 보호 및 치료를 소홀히 하는 방임행위
4. 노인에게 구걸을 하게 하거나 노인을 이용하여 구걸하는 행위
5. 노인을 위하여 증여 또는 급여된 금품을 그 목적 외의 용도에 사용하는 행위
6. 폭언, 협박, 위협 등으로 노인의 정신건강에 해를 끼치는 정서적 학대행위

(3) 노인보호전문기관

국가는 지역 간의 연계체계를 구축하고 노인학대를 예방하기 위하여 다음의 업무를 담당하는 중앙노인보호전문기관을 설치 · 운영하여야 한다. 즉, 노인인권보호 관련 정책제안, 노인인권보호를 위한 연구 및 프로그램의 개발, 노인학대 예방의 홍보, 교육자료의 제작 및 보급, 노인보호전문사업 관련 실적 취합, 관리 및 대외자료 제공, 지역노인보호전문기관의 관리 및 업무지원, 지역노인보호전문기관 상담원의 심화교육, 관련 기관 협력체계의 구축 및 교류, 노인학대 분쟁사례 조정을 위한 중앙노인학대사례판정위원회 운영, 그 밖에 노인의 보호를 위하여 대통령령으로 정하는 사항이 그 내용이다(제39조의5 제1항).

또한 학대받는 노인의 발견 · 보호 · 치료 등을 신속히 처리하고 노인학대를 예방하기 위하여 지역노인보호전문기관을 특별시 · 광역시 · 도 · 특별자치도에 둔다. 이 기관은 노인학대 신고전화의 운영 및 사례접수, 노인학대 의심사례에 대한 현장조사, 피해노인 및 노인학대자에 대한 상담, 피해노인에 대한 법률 지원의 요청, 피해노인가족 관련자와 관련 기관에 대한 상담, 상담 및 서비스제공에 따른 기록과 보관, 일반인을 대상으로 한 노인학대 예방교육, 노인학대행위자를 대상으로 한 재발방지 교육, 노인학대사례 판정을 위한 지역노인학대사례판정위원회 운

처벌(양벌규정)을 받은 법인 등이 운영하는 시설에 대하여 그 위반행위, 처벌내용, 해당 법인 또는 시설의 명칭, 대표자 성명, 시설장 성명 등의 사항을 공표할 수 있다. 그리고 요양보호사 자격취소 처분을 받거나 노인학대 관련 처벌을 받은 자로서 노인학대행위로 노인의 생명 · 신체 또는 정신에 중대한 피해를 입힌 노인복지시설의 장과 종사자에 대하여 법 위반이력 및 명단 등의 사항을 공표할 수 있다(법 제39조의18).

영 및 자체사례회의 운영, 그 밖에 노인의 보호를 위하여 보건복지부령으로 정하는 사항의 업무를 수행한다(제39조의5 제2항).

(4) 긴급전화 및 노인학대 신고의무

국가 및 지방자치단체는 노인학대를 예방하고 수시로 신고를 받을 수 있도록 긴급전화를 설치하여야 하며(제39조의4), 또한 누구든지 노인학대를 알게 된 때에는 노인보호전문기관 또는 수사기관에 신고할 수 있다(제39조의6). 신고의무자[8]는 그 직무상 65세 이상의 사람에 대한 노인학대를 알게 된 때에는 즉시 노인보호전문기관 또는 수사기관에 신고하여야 한다.

(5) 응급조치 의무

노인학대 신고를 접수한 노인보호전문기관의 직원이나 사법경찰관리는 지체 없이 노인학대의 현장에 출동하여야 한다. 이 경우 노인보호전문기관의 장이나 수사기관의 장은 서로 동행해 줄 것을 요청할 수 있다. 현장에 출동한 자는 학대받은 노인을 노인학대행위자로부터 분리하거나 치료가 필요하다고 인정할 때에는 노인보호전문기관 또는 의료기관에 인도하여야 한다(제39조의7 제1항 및 제5항).

(6) 실종노인에 관한 신고의무

누구든지 정당한 사유 없이 사고 등의 사유로 인하여 보호자로부터 이탈된 노인을 경찰관서 또는 지방자치단체의 장에게 신고하지 아니하고 보호하여서는 아니

---

8) 신고의무자는 의료기관에서 의료업을 행하는 의료인 및 의료기관의 장, 방문요양과 돌봄이나 안전확인 등의 서비스 종사자, 노인복지시설의 장과 그 종사자 및 노인복지상담원, 장애인복지시설에서 장애노인에 대한 상담·치료·훈련 또는 요양업무를 수행하는 사람, 가정폭력 관련 상담소 및 가정폭력피해자 보호시설의 장과 그 종사자, 사회복지전담공무원 및 사회복지시설의 장과 그 종사자, 장기요양기관의 장과 그 종사자, 119구급대의 구급대원, 건강가정지원센터의 장과 그 종사자/다문화가족지원센터의 장과 그 종사자, 성폭력피해상담소 및 성폭력피해자보호시설의 장과 그 종사자, 응급구조사, 의료기사, 국민건강보험공단 소속 요양직 직원, 지역보건의료기관의 장과 종사자, 노인복지시설 설치 및 관리 업무 담당 공무원,「병역법」따른 사회복지시설에서 복무하는 사회복무요원이다.

된다(법 제39조의10 제1항). 또한 제31조에 따른 노인복지시설의 장 또는 그 종사자는 그 직무를 수행하면서 실종노인임을 알게 된 때에는 지체 없이 보건복지부령으로 정하는 신상카드를 작성하여 지방자치단체의 장과 업무를 수행하는 기관의 장에게 제출하여야 한다(제39조의10 제2항).

보건복지부장관은 실종노인의 발생예방, 조속한 발견과 복귀를 위하여 실종노인과 관련된 조사 및 연구, 실종노인의 데이터베이스 구축·운영, 그 밖에 실종노인의 보호 및 지원에 필요한 사항의 업무를 수행하여야 한다(제39조의10 제3항). 이 경우 보건복지부장관은 노인복지 관련 법인이나 단체에 그 업무의 전부 또는 일부를 위탁할 수 있다.

(7) 조사

보건복지부장관, 시·도지사 또는 시장·군수·구청장은 필요하다고 인정하는 때에는 관계공무원 또는 노인복지상담원으로 하여금 노인복지시설과 노인의 주소·거소, 노인의 고용장소 또는 노인에 대한 금지행위를 위반할 우려가 있는 장소에 출입하여 노인 또는 관계인에 대하여 필요한 조사를 하거나 질문을 하게 할 수 있다. 경찰청장, 시·도지사 또는 시장·군수·구청장은 실종노인의 발견을 위하여 필요한 때에는 보호시설의 장 또는 그 종사자에게 필요한 보고 또는 자료제출을 명하거나 소속 공무원으로 하여금 보호시설에 출입하여 관계인 또는 노인에 대하여 필요한 조사 또는 질문을 하게 할 수 있다(제39조의11).

(8) 상담·교육 등 치료 및 사후관리

노인보호전문기관의 장은 노인학대행위자에 대하여 상담·교육 및 심리적 치료 등 필요한 지원을 제공해야 한다(제39조의16 제1항). 이는 권고에서 의무화로 개정이 되었는 바, 향후 지속적인 피해방지를 위한 것이다. 또한 노인학대가 종료된 후에도 가정방문, 시설방문, 전화상담 등을 통하여 노인학대의 재발 여부를 확인하여야 한다(제39조의20 제1항). 피해노인의 보호자·가족은 정당한 사유 없이 노인보호전문기관의 업무 수행을 거부하거나 방해하여서는 아니 되며, 정당한 사유 없이 거부·방해한 경우 300만 원 이하의 과태료를 부과하도록 하고 있다(제39조의20 제5항 및 제61조의2 제3항 제2호).

5. 전달체계

1) 노인복지시설

(1) 노인주거복지시설
노인주거복지시설은 다음과 같은 종류의 시설로 나뉜다(제32조 제1항).

노인주거복지시설	양로시설	노인을 입소시켜 급식과 그 밖에 일상생활에 필요한 편의를 제공함을 목적으로 하는 시설
	노인공동생활가정	노인들에게 가정과 같은 주거여건과 급식, 그 밖에 일상생활에 필요한 편의를 제공함을 목적으로 하는 시설
	노인복지주택	노인에게 주거시설을 임대하여 주거의 편의·생활지도·상담 및 안전관리 등 일상생활에 필요한 편의를 제공함을 목적으로 하는 시설

(2) 노인의료복지시설
노인의료복지시설은 다음과 같은 종류의 시설로 나뉜다(제34조).

노인의료복지시설	노인요양시설	치매·중풍 등 노인성질환 등으로 심신에 상당한 장애가 발생하여 도움을 필요로 하는 노인을 입소시켜 급식·요양과 그 밖에 일상생활에 필요한 편의를 제공함을 목적으로 하는 시설
	노인요양공동생활가정	치매·중풍 등 노인성질환 등으로 심신에 상당한 장애가 발생하여 도움을 필요로 하는 노인에게 가정과 같은 주거여건과 급식·요양, 그 밖에 일상생활에 필요한 편의를 제공함을 목적으로 하는 시설

(3) 노인여가복지시설
노인여가복지시설은 다음과 같은 종류의 시설로 나뉜다(제36조 제1항).

노인여가복지시설	노인복지관	노인의 교양·취미생활 및 사회참여활동 등에 대한 각종 정보와 서비스를 제공하고, 건강증진 및 질병예방과 소득보장·재가복지, 그 밖에 노인의 복지증진에 필요한 서비스를 제공함을 목적으로 하는 시설
	경로당	지역노인들이 자율적으로 친목도모·취미활동·공동작업장 운영 및 각종 정보교환과 기타 여가활동을 할 수 있도록 하는 장소를 제공함을 목적으로 하는 시설
	노인교실	노인들에 대하여 사회활동 참여욕구를 충족시키기 위하여 건전한 취미생활·노인건강유지·소득보장 기타 일상생활과 관련한 학습프로그램을 제공함을 목적으로 하는 시설

(4) 재가노인복지시설

재가노인복지시설은 다음 어느 하나 이상의 서비스를 제공함을 목적으로 하는 시설을 말한다(제38조 제1항).

재가노인복지시설	방문요양 서비스	가정에서 일상생활을 영위하고 있는 노인(이하 '재가노인'이라 한다.)으로서 신체적·정신적 장애로 어려움을 겪고 있는 노인에게 필요한 각종 편의를 제공하여 지역사회 안에서 건전하고 안정된 노후를 영위하도록 하는 서비스
	주·야간보호 서비스	부득이한 사유로 가족의 보호를 받을 수 없는 심신이 허약한 노인과 장애노인을 주간 또는 야간 동안 보호시설에 입소시켜 필요한 각종 편의를 제공하여 이들의 생활안정과 심신기능의 유지·향상을 도모하고, 그 가족의 신체적·정신적 부담을 덜어 주기 위한 서비스
	단기보호 서비스	부득이한 사유로 가족의 보호를 받을 수 없어 일시적으로 보호가 필요한 심신이 허약한 노인과 장애노인을 보호시설에 단기간 입소시켜 보호함으로써 노인 및 노인가정의 복지증진을 도모하기 위한 서비스
	방문 목욕 서비스	목욕장비를 갖추고 재가노인을 방문하여 목욕을 제공하는 서비스

(5) 일자리 전담기관

고령화시대에 노인의 일자리 창출은 중요한 과제이다. 노인일자리사업은 노인에게 향후 경제적인 도움과 활동적인 생활, 생산적인 노후생활을 영위할 수 있는 삶의 원동력이 될 수 있다. 이를 위하여 노인일자리전담기관은 노인의 능력과 적성에 맞는 일자리지원사업을 전문적·체계적으로 수행하여야 한다. 전담기관으로는 크게 다음과 같이 구분한다. 첫째, 노인일자리개발·보급사업, 조사사업, 교육·홍보 및 협력사업, 프로그램인증·평가사업 등을 지원하는 노인인력개발기관, 둘째, 지역사회 등에서 노인일자리의 개발·지원, 창업·육성 및 노인에 의한 재화의 생산·판매 등을 직접 담당하는 노인일자리지원기관, 셋째, 노인에게 취업 상담 및 정보를 제공하거나 노인일자리를 알선하는 노인취업알선기관이다 (제23조의2 제1항).

2) 노인복지시설의 의무

(1) 변경, 폐지 및 휴지 신고의무

노인주거복지시설을 설치한 자 또는 노인의료복지시설을 설치한 자, 노인여가복지시설을 설치한 자, 재가노인복지시설을 설치한 자가 그 설치신고 사항 중 보건복지부령이 정하는 사항을 변경하거나 그 시설을 폐지 또는 휴지하고자 할 때에는 대통령령이 정하는 바에 의하여 시장·군수·구청장에게 미리 신고하여야 한다(제40조).

(2) 수탁의무

양로시설, 노인공동생활가정 및 노인복지주택, 노인요양시설 및 노인요양공동생활가정 또는 재가노인복지시설을 설치·운영하는 자가 복지실시기관으로부터 노인의 입소·장례를 위탁받은 때에는 정당한 이유 없이 이를 거부하여서는 안 된다(제41조).

3) 요양보호사

노인복지시설의 설치·운영자는 노인 등의 신체활동 또는 가사활동 지원 등의 업무를 전문적으로 수행하는 요양보호사를 두어야 한다. 요양보호사가 되려는 사람은 요양보호사를 교육하는 기관(요양보호사교육기관)에서 교육과정을 마치고 시·도지사가 실시하는 요양보호사 자격시험에 합격하여야 하고, 시·도지사는 요양보호사 자격시험에 합격한 사람에게 요양보호사 자격증을 교부하도록 규정하고 있다. 자격증을 교부받은 사람은 다른 사람에게 그 자격증을 빌려주어서는 아니 되고, 누구든지 그 자격증을 빌려서는 아니 되며, 누구든지 금지된 행위를 알선하여서는 아니 된다(제39조의2).

6. 재정(비용)

1) 비용 부담

노인일자리전담기관의 설치·운영 또는 위탁에 소요되는 비용, 건강진단 등과 상담·입소 등의 조치에 소요되는 비용, 노인복지시설의 설치·운영에 소요되는 비용은 대통령령이 정하는 바에 따라 국가 또는 지방자치단체가 부담한다(제45조).

2) 비용의 수납 및 청구

법 제27조(건강진단 등), 법 제28조(상담·입소 등의 조치)의 규정에 의한 복지조치에 필요한 비용을 부담한 복지실시기관은 당해 노인 또는 그 부양의무자로부터 대통령령이 정하는 바에 의하여 그 부담한 비용의 전부 또는 일부를 수납하거나 청구할 수 있다. 부양의무가 없는 자가 법 제28조(상담·입소 등의 조치)의 규정에 의한 복지조치에 준하는 보호를 행하는 경우 즉시 그 사실을 부양의무자 및 복지실시기관에 알려야 하며, 양로시설, 노인공동생활가정 및 노인복지주택, 노인요양시설 및 노인요양공동생활가정을 설치한 자는 그 시설에 입소하거나 그 시설을 이용하는 생계급여 수급자 또는 의료급여 수급자외의 자로부터 그에 소요되는 비용을 수납하고자 할 때에는 시장·군수·구청장에게 신고하여야 한다. 한편, 복지실시기관과 노인복지시설을 설치한 자 또는 편의를 제공한 자는 비용을 현금이나 신용카드, 직불카드 또는 선불카드에 의한 결제로 납부받을 수 있다(제46조).

3) 비용보조

국가 또는 지방자치단체가 그 설치 · 운영에 소요되는 비용을 보조할 수 있는 노인복지시설은 노인주거복지시설, 노인요양시설 · 노인요양공동생활가정, 노인여가복지시설, 재가노인복지시설, 노인보호전문기관, 학대피해노인 전용쉼터이다. 국가 또는 지방자치단체는 위의 노인복지시설의 설치 · 운영에 필요한 비용을 보조할 수 있다(제47조 및 시행령 제24조 제1항). 국가 또는 지방자치단체가 노인복지시설의 운영에 소요되는 비용을 보조하는 때에는 시설평가의 결과 등 당해 노인복지시설의 운영실적을 고려하여 차등하여 보조할 수 있다(시행령 제24조 제3항).

7. 권리구제

노인 또는 그 부양의무자는 이 법에 따른 복지조치에 대하여 이의가 있을 때에는 해당 복지실시기관에 이의를 신청할 수 있으며, 이의신청은 해당 복지조치가 있음을 안 날부터 90일 이내에 문서로 하여야 한다. 다만 정당한 사유로 인하여 그 기간 이내에 이의신청을 할 수 없었음을 증명한 때에는 그 사유가 소멸한 날부터 60일 이내에 이의신청을 할 수 있다. 이의신청을 받은 복지실시기관은 그 신청을 받은 날부터 30일 이내에 이를 심사 · 결정하여 청구인에게 통보하여야 하며, 심사 · 결정에 이의가 있는 자는 그 통보를 받은 날부터 90일 이내에 행정심판을 제기할 수 있다(제50조).

제8절 한부모가족지원법

1. 연혁 및 체계

도시화 · 공업화 · 핵가족화 됨에 따라 배우자와의 사별, 이혼, 유기, 별거 등의 사유로 배우자가 없거나 배우자가 있어도 폐질 · 불구 등으로 장기간 근로능력을 상실하여 여성이 생계의 책임을 지는 모자가정이 날로 격증하고 있다. 이런 문제를 인식하여 모자가정의 복지에 대하여 「아동복지법」과 「생활보호법」을 통해 이루어져 오던 것이, 1980년대 들어서면서 여성단체와 관련 연구자들을 중심으로 저소득 모자가족을 위한 독자적인 입법의 제정에 대한 논의가 이루어졌다. 1988년 12월에 「모자복지법」이 제안되었고, 1989년 4월 1일 「모자복지법」이 제정되어 7월 1일에 시행되었다.

<표 11-20> 「한부모가족지원법」의 주요 연혁 및 현행 법률의 체계

주요 연혁		현행 법률의 체계
1989. 4. 1.	• 「모자복지법」 제정	제1장 총칙 제2장 복지의 내용과 실시 제3장 한부모가족복지시설 제4장 비용 제5장 보칙
2002. 12. 18.	• 법명을 「모·부자복지법」으로 변경	
2007. 10. 17.	• 법명을 「한부모가족지원법」으로 변경 • 자녀가 취학 중인 때에는 22세 미만까지 확대하여 지원 • 65세 이상의 고령자들과 손자녀로 구성되어 있는 조손가족의 경우도 이 법에 따른 보호대상자로 함.	
2011. 4. 12.	• 실제로 운영되지 않는 한부모복지상담소에 대한 규정 정비 • 한부모복지시설의 지원대상 기준으로 재분류하여 여러 가지 지원을 한 복지시설에 함께 제공할 수 있도록 함. • 청소년 한부모에 대한 정의 규정 신설	
2012. 2. 1.	• 이혼 판결 시 활용할 수 있는 '자녀양육비 가이드라인' 마련 • 복지급여 사유의 발생·변경 또는 상실을 확인하기 위한 조사 및 관계기관에 대한 자료요청의 근거 신설	
2019. 6. 19.	• 미혼모 등의 본인 및 함께 생활하는 자녀에 대한 의료비를 추가적으로 지원할 수 있도록 함. • 미혼모·부와 그 자녀가 건강하게 생활할 수 있도록 건강관리를 위한 지원을 할 수 있도록 함.	
2021. 4. 21.	• 대한민국 국적의 아동을 양육하면 한부모가족 지원 대상이 될 수 있도록 함. • 한부모가족 지원대상자가 「국민기초생활보장법」 등 다른 법령에 따라 지원을 받고 있는 경우에도 아동양육비를 지급할 수 있는 규정 신설 • 한부모가족 정책에 관한 기본계획 및 시행계획을 수립 규정 신설	

2. 목적 및 기본이념

이 법은 한부모가족이 건강하고 문화적인 생활을 영위할 수 있도록 함으로써 한부모가족의 생활 안정과 복지 증진에 이바지함을 목적으로 한다(제1조). 국가와 지방자치단체는 한부모가족의 복지를 증진할 책임을 지며, 한부모가족의 권익을 지원하기 위하여 노력하여야 한다. 또한 국가와 지방자치단체는 한부모가족에 대한 사회적 편견과 차별을 예방하고, 사회구성원이 한부모가족을 이해하고 존중할 수 있도록 교육 및 홍보 등 필요한 조치를 하여야 하며, 모든 국민은 한부모가족의 복지 증진에 협력하여야 한다(제2조).

<표 11-21> 「한부모가족지원법」의 핵심용어 및 내용

핵심용어	내용
모 또는 부	다음 어느 하나에 해당하는 자로서 아동인 자녀를 양육하는 자 1. 배우자와 사별 또는 이혼하거나 배우자로부터 유기(遺棄)된 자 2. 정신이나 신체의 장애로 장기간 노동능력을 상실한 배우자를 가진 자 3. 교정시설·치료감호시설에 입소한 배우자 또는 병역복무 중인 배우자를 가진 사람 4. 미혼자[사실혼(事實婚) 관계에 있는 자는 제외한다.] 5. 위에서 규정된 자에 준하는 자로서 여성가족부령으로 정하는 자
청소년 한부모	24세 이하의 모 또는 부
한부모가족	모자가족 또는 부자가족
모자가족	모가 세대주(세대주가 아니더라도 세대원(世代員)을 사실상 부양하는 자를 포함한다.)인 가족
부자가족	부가 세대주(세대주가 아니더라도 세대원을 사실상 부양하는 자를 포함한다.)인 가족
아동	18세 미만(취학 중인 경우에는 22세 미만을 말하되, 「병역법」에 따른 병역의무를 이행하고 취학 중인 경우에는 병역의무를 이행한 기간을 가산한 연령 미만을 말한다.)의 자
지원기관	이 법에 따른 지원을 행하는 국가나 지방자치단체
한부모가족복지단체	한부모가족의 복지 증진을 목적으로 설립된 기관이나 단체

3. 적용 대상

1) 지원대상자

이 법에 따른 지원대상자는 제4조 제1호, 제1호의2 및 제2호부터 제5호까지의 규정에 해당하는 자로서 여성가족부령이 정하는 자로 한다.[9] 여성가족부령인 시행규칙 제3조는 지원대상자의 범위는 여성가족부장관이 매년 「국민기초생활보장법」 제2조 제11호에 따른 기준 중위소득, 지원대상자의 최저생계비·소득수준 및 재산의 정도 등을 고려하여 종류별로 정하는 기준에 해당하는 한부모가족으로 규정하고 있다. 즉, 모든 한부모가족을 지원하는 것이 아니고, 저소득 한부모가족만 지원하고 있는 것이다. 지원대상자 중 아동의 연령을 초과하는 자녀가 있는 한부모가족의 경우 그 자녀를 제외한 나머지 가족구성원을 지원대상자로 한다(제5조).

2) 지원대상자 특례

지원대상자의 범위에 대한 특례는 다음과 같이 크게 구분할 수 있다(제5조의2).

---

9) **제4조(정의)** 이 법에서 사용하는 용어의 뜻은 다음과 같다.
  1. "모" 또는 "부"란 다음 각 목의 어느 하나에 해당하는 자로서 아동인 자녀를 양육하는 자를 말한다.
    가. 배우자와 사별 또는 이혼하거나 배우자로부터 유기(遺棄)된 자
    나. 정신이나 신체의 장애로 장기간 노동능력을 상실한 배우자를 가진 자
    다. 교정시설·치료감호시설에 입소한 배우자 또는 병역복무 중인 배우자를 가진 사람
    라. 미혼자(사실혼(事實婚) 관계에 있는 자는 제외한다)
    마. 가목부터 라목까지에 규정된 자에 준하는 자로서 여성가족부령으로 정하는 자
  1의2. "청소년 한부모"란 24세 이하의 모 또는 부를 말한다.
  2. "한부모가족"이란 모자가족 또는 부자가족을 말한다.
  3. "모자가족"이란 모가 세대주(세대주가 아니더라도 세대원(世代員)을 사실상 부양하는 자를 포함한다)인 가족을 말한다.
  4. "부자가족"이란 부가 세대주(세대주가 아니더라도 세대원을 사실상 부양하는 자를 포함한다)인 가족을 말한다.
  5. "아동"이란 18세 미만(취학 중인 경우에는 22세 미만을 말하되, 「병역법」에 따른 병역의무를 이행하고 취학 중인 경우에는 병역의무를 이행한 기간을 가산한 연령 미만을 말한다)의 자를 말한다.

첫째, 혼인 관계에 있지 아니한 자로서 출산 전 임신부와 출산 후 해당 아동을 양육하지 아니하는 모는 미혼모자가족복지시설을 이용할 때에는 이 법에 따른 지원대상자가 된다.

둘째, 부모가 사망하거나 생사가 분명하지 아니한 아동, 부모가 정신 또는 신체의 장애·질병으로 장기간 노동능력을 상실한 아동, 부모의 장기복역 등으로 부양을 받을 수 없는 아동, 부모가 이혼하거나 유기하여 부양을 받을 수 없는 아동 및 이에 규정된 자에 준하는 자로서 여성가족부령으로 정하는 아동, 그 아동을 양육하는 조부 또는 조모로서 여성가족부령으로 정하는 자는 지원대상자가 된다.

셋째, 국내에 체류하고 있는 외국인 중 대한민국 국민과 혼인하여 대한민국 국적의 아동을 양육하고 있는 사람으로서 대통령령으로 정하는 사람이 보호대상자에 해당하면 이 법에 따른 지원대상자가 된다.

4. 급여의 종류와 내용

1) 복지 급여의 내용

지원대상자 또는 그 친족이나 그 밖의 이해관계인은 제12조에 따른 복지 급여를 관할 특별자치시장·특별자치도지사·시장·군수·구청장에게 신청할 수 있으며, 복지 급여 신청을 할 때에는 금융자산 및 금융거래의 내용에 대한 자료, 정보 중 예금의 평균잔액, 신용정보 중 채무액, 보험에 가입하여 납부한 보험료와 그 밖에 대통령령으로 정하는 자료 또는 정보의 제공에 대한 지원대상자의 동의 서면을 제출하여야 한다(제11조). 국가나 지방자치단체는 복지 급여의 신청이 있으면 생계비, 아동교육지원비, 아동양육비, 그 밖에 대통령령으로 정하는 비용의 복지 급여를 실시하여야 하나, 이 법에 따른 지원대상자가 「국민기초생활보장법」 등 다른 법령에 따라 지원을 받고 있는 경우에는 그 범위에서 이 법에 따른 급여는 실시하지 않는다. 다만, 아동아육비는 지급할 수 있다(제12조 제1항 및 제2항). 그리고 아동양육비를 지급할 경우에 미혼모나 미혼부가 5세 이하의 아동을 양육하는 경우나 34세 이하의 모 또는 부가 아동을 양육하는 경우에는 예산의 범위에서 추가적인 복지 급여를 실시하여야 한다(제12조 제3항). 한편, 국가나 지방자치단체는 지원대상자의 신청이 있는 경우에 이 법에 따라 예산의 범위에서 직업훈련비와 훈련기간 중 생계비를 추가적으로 지급할 수 있도록 하고 있다(제12조 제4항).

2) 복지자금

국가나 지방자치단체는 한부모가족의 생활안정과 자립을 촉진하기 위하여 사업에 필요한 자금, 아동교육비, 의료비, 주택자금, 그 밖에 대통령령으로 정하는 한부모가족의 복지를 위하여 필요한 자금 중 어느 하나의 자금을 대여할 수 있다(제13조). 복지자금의 대여한도는 대여목적에 부합되는 수준으로 하되, 그 금액은 각 복지자금별로 매년 여성가족부장관이 정하며(동법 시행령 제15조), 따른 복지자금의 대여를 받으려는 사람은 여성가족부령으로 정하는 바에 따라 복지자금대여신청서를 특별자치시장·특별자치도지사·시장·군수·구청장에게 제출하여야 한다(동법 시행령 제16조).

5. 전달체계: 지원기관 및 시설

1) 지원기관

'지원기관'이란 이 법에 따른 지원을 행하는 국가나 지방자치단체를 말한다(제4조 제6호).

2) 한부모가족복지시설

(1) 지원대상에 따른 분류(제19조)

<표 11-22> 한부모가족복지시설의 분류

구분	내용
모자가족 복지시설	모자가족에게 기본생활, 공동생활, 자립생활 중 어느 하나 이상의 편의를 제공하는 시설

	기본생활지원	생계가 어려운 모자가족에게 일정 기간 동안 주거와 생계를 지원
	공동생활지원	독립적인 생활이 어려운 모자가족에게 일정 기간 동안 공동생활을 통하여 자립을 준비할 수 있도록 주거 등을 지원
	자립생활지원	자립욕구가 강한 모자가족에게 일정 기간 동안 주거를 지원
부자가족 복지시설	부자가족에게 기본생활, 공동생활 둘 중 어느 하나 이상의 편의를 제공하는 시설	
	기본생활지원	생계가 어려운 부자가족에게 일정 기간 동안 주거와 생계를 지원
	공동생활지원	독립적인 생활이 어려운 부자가족에게 일정 기간 동안 공동생활을 통하여 자립을 준비할 수 있도록 주거 등을 지원
	자립생활지원	자립욕구가 강한 부자가족에게 일정 기간 동안 주거를 지원
미혼모자가족 복지시설	미혼모자가족복지시설은 미혼모자가족과 출산 미혼모 등에게 기본생활, 공동생활 중 어느 하나 이상의 편의를 제공하는 시설	
	기본생활지원	미혼 여성의 임신·출산 시 안전 분만 및 심신의 건강 회복과 출산 후의 아동의 양육 지원을 위하여 일정 기간 동안 주거와 생계를 지원
	공동생활지원	출산 후 해당 아동을 양육하지 아니하는 미혼모 또는 미혼모와 그 출산 아동으로 구성된 미혼모자가족에게 일정 기간 동안 공동생활을 통하여 자립을 준비할 수 있도록 주거 등을 지원
일시지원 복지시설	배우자(사실혼 관계에 있는 사람을 포함한다.)가 있으나 배우자의 물리적·정신적 학대로 아동의 건전한 양육이나 모의 건강에 지장을 초래할 우려가 있을 경우 일시적 또는 일정 기간 동안 모와 아동 또는 모에게 주거와 생계를 지원	
한부모가족 복지상담소	한부모가족에 대한 위기·자립 상담 또는 문제해결 지원 등을 목적으로 하는 시설	

(2) 설치 및 폐지

국가나 지방자치단체는 한부모가족복지시설을 설치할 수 있다. 제19조에 따른 한부모가족복지시설의 장은 청소년 한부모가 입소를 요청하는 경우에는 우선 입소를 위한 조치를 취하여야 한다. 국가나 지방자치단체 외의 자가 한부모가족복지시설을 설치·운영하려면 특별자치시장·특별자치도지사·시장·군수·구청장에게 신고하여야 한다(제20조). 한부모가족복지시설의 설치 신고를 한 자가 그 시설을 폐지하거나 그 시설의 운영을 일시적으로 중단하려면 여성가족부령으로 정하는 바에 따라 미리 특별자치시장·특별자치도지사·시장·군수·구청장에게 신고하여야 한다(제21조). 시설 기준에 미달하게 된 경우, 수탁 의무(제22조)를 위반한 경우, 정당한 이유 없이 제23조 제1항에 따른 보고를 하지 아니하거나 거짓으로 한 경우 또는 조사·검사를 거부하거나 기피한 경우 등의 경우에 해당하면, 특별자치시장·특별자치도지사·시장·군수·구청장은 그 사업의 정지나 폐지를 명하거나 시설을 폐쇄할 수 있다(제24조).

6. 서비스의 종류 및 지원

1) 가족지원서비스

국가나 지방자치단체는 한부모가족에게 아동의 양육 및 교육 서비스, 장애인, 노인, 만성질환자 등의 부양 서비스, 취사, 청소, 세탁 등 가사 서비스, 교육·상담 등 가족 관계 증진 서비스, 인지청구 및 자녀양육비 청구 등을 위한 법률상담, 소송대리 등 법률구조서비스, 그 밖에 대통령령으로 정하는 한부모가족에 대한 가족지원서비스를 제공하도록 노력하여야 한다(제17조).

2) 청소년 한부모 교육 및 자립지원

국가나 지방자치단체는 청소년 한부모가 학업을 할 수 있도록 청소년 한부모의 선택에 따라 학교에서의 학적 유지를 위한 지원 및 교육비 지원 또는 검정고시 지원, 학력인정 평생교육시설에 대한 교육비 지원, 교육 지원, 그 밖에 청소년 한부모의 교육 지원을 위하여 여성가족부령으로 정하는 사항에 대하여 지원을 할 수 있다(법 제17조의2). 또한 국가나 지방자치단체는 청소년 한부모가 주거마련 등 자립에 필요한 자산을 형성할 수 있도록 재정적인 지원을 할 수 있으며, 형성된 자산은 청소년 한부모가 이 법에 따른 지원대상자에 해당하는지 여부를 조사·확인할 때 이를 포함하지 아니한다(제17조의4).

3) 자녀양육비 이행지원

여성가족부장관은 자녀양육비 산정을 위한 자녀양육비 가이드라인을 마련하여 법원이 이혼 판결 시 적극 활용할 수 있도록 노력하여야 한다(제17조의3).

4) 복지조치

국가나 지방자치단체가 운영하는 공공시설의 장은 그 공공시설에 각종 매점 및 시설의 설치를 허가하는 경우 이를 한부모가족 또는 한부모가족복지단체에 우선적으로 허가할 수 있다(법 제15조). 국가나 지방자치단체는 한부모가족의 아동이 공공의 아동 편의시설과 그 밖의 공공시설을 우선적으로 이용할 수 있도록 노력하여야 한다(제16조). 국가와 지방자치단체는 아동·청소년 보육·교육을 실시함에 있어서 한부모가족 구성원인 아동·청소년을 차별하여서는 아니 되며(제17조의7), 국가나 지방자치단체는 「주택법」에서 정하는 바에 따라 국민주택을 분양하거나 임대할 때에는 한부모가족에게 일정 비율이 우선 분양될 수 있도록 노력하여야 한다(제18조).

7. 권리구제

지원대상자 또는 그 친족이나 그 밖의 이해관계인은 이 법에 따른 복지 급여 등에 대하여 이의가 있으면 그 결정을 통지받은 날부터 90일 이내에 서면으로 해당 복지실시기관에 심사를 청구할 수 있다. 복지실시기관은 심사청구를 받으면 30일 이내에 이를 심사·결정하여 청구인에게 통보하여야 한다(제28조).

제9절 다문화가족지원법

1. 연혁 및 체계

결혼이민자 및 그 자녀 등으로 구성되는 다문화가족은 언어 및 문화적 차이로
인하여 사회부적응과 가족구성원 간 갈등 및 자녀교육에 어려움을 겪고 있음에
따라, 다문화가족의 구성원이 우리 사회의 구성원으로 순조롭게 통합되어 안정적
인 가족생활을 영위할 수 있도록 하기 위한 가족상담·부부교육·부모교육 및 가
족생활교육 등을 추진하고, 문화의 차이 등을 고려한 언어통역, 법률상담 및 행정
지원 등의 전문적인 서비스를 제공하도록 하는 등 다문화가족에 대한 지원정책의
제도적인 틀을 마련하기 위하여 2008년 3월 21일 제정되었다.

<표 11-23> 주요 연혁 및 현행 법률의 체계

주요 연혁		현행 법률의 체계
2008. 3. 21.	• 법률 제14702호 「다문화가족지원법」 제정	
2011. 4. 4.	• 일부개정 귀화에 따른 국적 취득자 등 대상자 확대	제1조(목적)
2012. 2. 1.	• 일부개정 다문화가족지원센터 설치 및 운영	제2조(정의) 제4조(실태조사)
2020. 5. 19.	• 일부개정 다문화가족 지원을 위한 기본계획을 수립 하면 지체 없이 국회 소관 상임위원회에 보고하도록 함 홍보영상 송출을 요청할 수 있는 사업자 를 '지상파방송사업자'에서 '방송사업자' 로 확대 다문화가족지원센터의 기능을 명확히 하 고자 다문화가족 내 가정폭력 방지 및 피 해자 연계 업무 신설	제5조(다문화가족에 대한 이해증진) 제8조(가정폭력 피해자에 대한 보호지원) 제11조의2(다문화가족 종합 정보 전화센터 설치·운영) 제12조(다문화가족지원센 터의 설치·운영 등)

2. 목적 및 기본원칙

「다문화가족지원법」은 다문화가족 구성원이 안정적인 가족생활을 영위하고 사회구성원으로서의 역할과 책임을 다할 수 있도록 함으로써 이들의 삶의 질 향상과 사회통합에 이바지함을 목적으로 한다(제1조).

<표 11-24> 핵심용어 및 내용

구분	개념
다문화가족	1. 결혼이민자(「재한외국인 처우 기본법」 제2조 제3호)로 이루어진 가족 2. 대한민국 국적 취득 자(「국적법」 제2조부터 제4조)로 이루어진 가족
결혼이민자	1. 결혼이민자(「재한외국인 처우 기본법」 제2조 제3호) 2. 귀화허가를 받은 자(「국적법」 제4조)
아동·청소년	24세 이하인 사람

3. 적용대상

다문화가족이란 「재한외국인 처우 기본법」 제2조 제3호의 결혼이민자와 「국적법」 제2조부터 제4조까지의 규정에 따라 대한민국 국적을 취득한 자로 이루어진 가족 및 「국적법」 제3조 및 제4조에 따라 대한민국 국적을 취득한 자와 같은 법 제2조부터 제4조까지의 규정에 따라 대한민국 국적을 취득한 자로 이루어진 가족으로 이 법의 적용 대상으로 한다(제2조).

4. 지원 및 보호

1) 다문화가족에 대한 이해 증진

국가와 지방자치단체는 다문화가족에 대한 사회적 차별 및 편견을 예방하고 사회구성원이 문화적 다양성을 인정하며, 존중할 수 있도록 다문화 이해교육을 실시·홍보 등 필요한 조치를 하여야 한다. 이를 위해 여성가족부장관은 홍보영상을 제작하여「방송법」에 따른 방송사업자에게 배포하여야 하며, 교육부장관과 특별시・광역시・특별자치시・도・특별자치도의 교육감은 학교에서 다문화가족에 대한 이해를 돕는 교육을 실시하기 위한 시책을 수립・시행하여야 한다. 이 경우 다문화가족 구성원인 아동・청소년의 교육현황 및 아동・청소년의 다문화가족에 대한 인식 등에 관한 사항을 반영하여야 한다(제5조).

2) 생활정보 제공 및 교육 지원

국가와 지방자치단체는 아동・청소년에 대한 학습 및 생활지도 관련 정보를 포함하여 결혼이민자등이 대한민국에서 생활하는 데 필요한 기본적 정보를 제공한다. 또한 국가와 지자체는 다문화가족들이 한국사회적응교육과 직업교육・훈련 및 언어소통 능력 향상을 위한 한국어교육 등을 받을 수 있도록 필요한 지원을 할 수 있으며, 교육을 실시함에 있어 거주지 및 가정환경 등으로 인하여 서비스에서 소외되는 결혼이민자등이 없도록 방문교육이나 원격교육 등 다양한 방법으로 교육을 지원하고, 교재와 강사 등의 전문성을 강화하기 위한 시책을 수립・시행하여야 한다. 뿐만 아니라 결혼이민자등의 배우자 등 다문화가족 구성원은 결혼이민자등이 한국어교육 등 사회적응에 필요한 다양한 교육을 받을 수 있도록 노력하여야 한다(제6조).

3) 평등한 가족관계의 유지를 위한 조치

국가와 지방자치단체는 다문화가족이 민주적이고 양성평등한 가족관계를 누릴 수 있도록 가족상담, 부부교육, 부모교육, 가족생활교육 등을 추진하여야 한다. 이 경우 문화의 차이 등을 고려한 전문적인 서비스가 제공될 수 있도록 노력하여야 한다(제7조).

4) 가정폭력 피해자에 대한 보호・지원

국가와 지방자치단체는「가정폭력방지 및 피해자보호 등에 관한 법률」에 따라 다문화가족 내 가정폭력을 예방하기 위하여 노력하여야 한다. 국가와 지방자치단체는 가정폭력으로 피해를 입은 결혼이민자등을 보호·지원할 수 있다. 또한 국가와 지방자치단체는 가정폭력의 피해를 입은 결혼이민자등에 대한 보호 및 지원을 위하여 외국어 통역 서비스를 갖춘 가정폭력 상담소 및 보호시설의 설치를 확대하도록 노력하여야 하며, 결혼이민자등이 가정폭력으로 혼인관계를 종료하는 경우 의사소통의 어려움과 법률체계 등에 관한 정보의 부족 등으로 불리한 입장에 놓이지 아니하도록 의견진술 및 사실 확인 등에 있어서 언어통역, 법률상담 및 행정지원 등 필요한 서비스를 제공할 수 있다(제8조).

5) 의료 및 건강관리를 위한 지원

국가와 지방자치단체는 결혼이민자등이 건강하게 생활할 수 있도록 영양·건강에 대한 교육, 산전·산후 도우미 파견, 건강검진 등의 의료서비스를 지원할 수 있으며, 국가와 지방자치단체는 결혼이민자등이 의료서비스를 제공받을 경우 외국어 통역 서비스를 제공할 수 있다(제9조).

6) 아동·청소년 보육·교육

국가와 지방자치단체는 아동·청소년 보육·교육을 실시함에 있어서 다문화가족 구성원인 아동·청소년을 차별하여서는 아니 되며, 국가와 지방자치단체는 다문화가족 구성원인 아동·청소년이 학교생활에 신속히 적응할 수 있도록 교육지원대책을 마련하여야 하고, 특별시·광역시·특별자치시·도·특별자치도의 교육감은 다문화가족 구성원인 아동·청소년에 대하여 학과 외 또는 방과 후 교육 프로그램 등을 지원할 수 있다. 또한 국가와 지방자치단체는 다문화가족 구성원인 18세 미만인 사람의 초등학교 취학 전 보육 및 교육 지원을 위하여 노력하고, 그 구성원의 언어발달을 위하여 한국어 및 결혼이민자등인 부 또는 모의 모국어 교육을 위한 교재지원 및 학습지원 등 언어능력 제고를 위하여 필요한 지원을 할 수 있다(제10조).

5. 전달체계

1) 다문화가족정책위원회

다문화가족의 삶의 질 향상과 사회통합에 관한 중요 사항을 심의·조정하기 위하여 국무총리 소속으로 다문화가족정책위원회를 둔다. 다문화정책위원회는 다문화가족정책에 관한 기본계획의 수립 및 추진에 관한 사항, 다문화가족정책의 시행계획의 수립, 추진실적 점검 및 평가에 관한 사항, 다문화가족과 관련된 각종 조사, 연구 및 정책의 분석·평가에 관한 사항, 각종 다문화가족 지원 관련 사업의 조정 및 협력에 관한 사항, 다문화가족정책과 관련된 국가 간 협력에 관한 사항, 그 밖에 다문화가족의 사회통합에 관한 중요 사항으로 위원장이 필요하다고 인정하는 사항을 심의·조정한다.

정책위원회는 위원장 1명을 포함한 20명 이내의 위원으로 구성하고, 위원장은 국무총리가 되며, 위원은 대통령령으로 정하는 중앙행정기관의 장, 다문화가족정책에 관하여 학식과 경험이 풍부한 사람 중에서 위원장이 위촉하는 사람이 된다(제3조의4).

2) 다문화가족 종합정보 전화센터

여성가족부장관은 다국어에 의한 상담·통역 서비스 등을 결혼이민자등에게 제공하기 위하여 다문화가족 종합정보 전화센터를 설치·운영할 수 있으며, 이 경우 외국어 서비스를 제공하는 긴급전화센터와 통합하여 운영할 수 있다. 여성가족부장관은 전화센터의 설치·운영을 위탁할 경우 예산의 범위에서 그에 필요한 비용의 전부 또는 일부를 지원할 수 있다(제11조의2).

3) 다문화가족지원센터

국가와 지방자치단체는 다문화가족지원센터를 설치·운영할 수 있으며, 국가 또는 지방자치단체는 지원센터의 설치·운영을 법인이나 단체에 위탁할 수 있다.

또한 국가 또는 지방자치단체 아닌 자가 지원센터를 설치·운영하고자 할 때에는 미리 시·도지사 또는 시장·군수·구청장의 지정을 받아야 한다.

지원센터는 다음과 같은 업무를 수행하도록 하고 있다.

- 다문화가족을 위한 교육·상담 등 지원사업의 실시
- 결혼이민자등에 대한 한국어교육
- 다문화가족 지원서비스 정보제공 및 홍보
- 다문화가족 지원 관련 기관·단체와의 서비스 연계
- 일자리에 관한 정보제공 및 일자리의 알선
- 다문화가족을 위한 통역·번역 지원사업
- 다문화가족 내 가정폭력 방지 및 피해자 연계 지원
- 그 밖에 다문화가족 지원을 위하여 필요한 사업

한편, 지원센터에는 다문화가족에 대한 교육·상담 등의 업무를 수행하기 위하여 관련 분야에 대한 학식과 경험을 가진 전문인력을 두어야 한다(제12조).

6. 급여의 실시와 조사

여성가족부장관은 다문화가족 지원을 위하여 5년마다 다문화가족정책에 관한 기본계획(이하 '기본계획'이라 한다.)을 수립하여야 한다. 기본계획에는 다문화가족 지원 정책의 기본 방향, 다문화가족 지원을 위한 분야별 발전시책과 평가에 관한 사항, 다문화가족 지원을 위한 제도 개선에 관한 사항, 다문화가족 구성원의 경제·사회·문화 등 각 분야에서 활동 증진에 관한 사항, 다문화가족 지원을 위한 재원 확보 및 배분에 관한 사항 등의 내용을 포함해야 한다. 기본계획은 다문화가족정책위원회의 심의를 거쳐 확정한다. 이 경우 여성가족부장관은 확정된 기본계획을 관계 중앙행정기관의 장과 특별시장·광역시장·특별자치시장·도지사·특별자치도지사(이하 '시·도지사'라 한다.)에게 알려야 한다. 여성가족부장관은 기본계획을 수립하기 위하여 필요하다고 인정하는 경우 관계 기관의 장에게 기본계획의 수립에 필요한 자료의 제출을 요구할 수 있으며, 자료의 제출을 요구받은 관계 기관의 장은 정당한 사유가 없으면 이에 따라야 한다(제3조의2).

여성가족부장관은 다문화가족의 현황 및 실태를 파악하고 다문화가족 지원을 위한 정책수립에 활용하기 위하여 3년마다 다문화가족에 대한 실태조사를 실시하고 그 결과를 공표하여야 한다. 실태조사를 실시함에 있어서 외국인정책 관련 사항에 대하여는 법무부장관과, 다문화가족 구성원인 아동·청소년의 교육현황 및 아동·청소년의 다문화가족에 대한 인식 등에 관한 사항에 대하여는 교육부장관과 협의를 거쳐 실시한다(제4조).

제10절 성폭력방지 및 피해자보호 등에 관한 법률

1. 연혁 및 체계

성폭력피해자의 보호·지원을 위한 국가 및 지방자치단체의 책무, 성폭력피해자 등에 대한 취학 지원, 성폭력피해자를 위한 성폭력통합지원센터의 설치·운영의 법적 근거 등을 규정하여 성폭력 방지 및 성폭력피해자의 보호·지원을 중심으로 하기 위하여 2010년 4월 15일 「성폭력방지 및 피해자보호 등에 관한 법률」을 제정하였다.

<표 11-25> 「성폭력방지 및 피해자보호 등에 관한 법률」의 주요 연혁 및 현행 법률의 체계

주요 연혁		현행 법률의 체계
2010. 4. 15.	• 성폭력방지 및 피해자보호 등에 관한 법률 제정	제1장 총칙 제2장 피해자 보호·지원 시설 등의 설치·운영
2011. 3. 30.	• 유치원 및 보육시설에서도 성폭력 예방교육을 실시할 수 있는 근거를 마련 • 가족구성원들에게 상담소나 보호시설에서 상담 및 치료 지원 • 피해자의 가족구성원에 대한 긴급 구조 필요시 경찰관서에 협조를 요청할 수 있도록 함.	제10조 상담소의 설치·운영 제14조 보호시설에 대한 보호비용 지원 제18조 피해자를 위한 통합지원센터의 설치·운영 제26조 경비의 보조

2017. 3. 21.	• 폭력 범죄에 대한 신고가 접수된 경우 사법경찰관리는 지체 없이 신고된 현장에 출동하도록 의무화 • 현장에 출동하도록 의무화하고, 신고에 따른 현장 출동 후 신고된 현장에 출입하여 관계인에 대한 조사나 질문을 할 수 있도록 함.	
2020. 1. 29.	• 성폭력피해자 등의 학습권을 보호하기 위하여 보호자가 피해자 등을 주소지 외의 지역에 있는 초등학교에 입학시키려는 경우 초등학교의 장은 피해자 등의 입학을 승낙하도록 하고, 피해자 등이 초등학교 외의 그 밖의 각급학교로 전학·편입학하려는 경우 교육장 또는 교육감은 교육과정의 이수에 지장이 없는 범위에서 전학·편입학할 학교를 지정하여 배정하도록 하며, 이 경우 그 배정된 학교의 장은 피해자 등의 전학·편입학을 거부할 수 없도록 함.	제27조 성폭력 전담의료기관의 지정 등 제28조 의료비 지원 제3장 보칙 제4장 벌칙

2. 목적 및 기본이념

이 법은 성폭력을 예방하고 성폭력피해자를 보호·지원함으로써 인권증진에 이바지함을 목적으로 한다(제1조).

<표 11-26> 「성폭력방지 및 피해자보호 등에 관한 법률」의 핵심용어 및 내용

핵심용어	내용
성폭력	「성폭력범죄의 처벌 등에 관한 특례법」 제2조 제1항에 규정된 죄를 말함. 「성폭력범죄의 처벌 등에 관한 특례법」 **제2조(정의)** ① 이 법에서 "성폭력범죄"란 다음 각 호의 어느 하나에 해

성폭력	당하는 죄를 말한다. 1. 「형법」 제2편 제22장 성풍속에 관한 죄 중 제 242조(음행매개), 제243조(음화반포등), 제244조(음화제조등) 및 제 245조(공연음란)의 죄 2. 「형법」 제2편 제31장 약취(略取), 유인(誘引) 및 인신매매의 죄 중 추행, 간음 또는 성매매와 성적 착취를 목적으로 범한 제288조 또 는 추행, 간음 또는 성매매와 성적 착취를 목적으로 범한 제289조, 제290조(추행, 간음 또는 성매매와 성적 착취를 목적으로 제 288조 또는 추행, 간음 또는 성매매와 성적 착취를 목적으로 제 289조의 죄를 범하여 약취, 유인, 매매된 사람을 상해하거나 상해 에 이르게 한 경우에 한정한다), 제291조(추행, 간음 또는 성매매 와 성적 착취를 목적으로 제288조 또는 추행, 간음 또는 성매매와 성적 착취를 목적으로 제289조의 죄를 범하여 약취, 유인, 매매된 사람을 살해하거나 사망에 이르게 한 경우에 한정한다), 제292조 [추행, 간음 또는 성매매와 성적 착취를 목적으로 한 제288조 또 는 추행, 간음 또는 성매매와 성적 착취를 목적으로 한 제289조 의 죄로 약취, 유인, 매매된 사람을 수수(授受) 또는 은닉한 죄, 추 행, 간음 또는 성매매와 성적 착취를 목적으로 한 제288조 또는 추행, 간음 또는 성매매와 성적 착취를 목적으로 한 제289조의 죄 를 범할 목적으로 사람을 모집, 운송, 전달한 경우에 한정한다] 및 제294조(추행, 간음 또는 성매매와 성적 착취를 목적으로 범한 제 288조의 미수범 또는 추행, 간음 또는 성매매와 성적 착취를 목적 으로 범한 제289조의 미수범, 추행, 간음 또는 성매매와 성적 착 취를 목적으로 제288조 또는 추행, 간음 또는 성매매와 성적 착취 를 목적으로 제289조의 죄를 범하여 발생한 제290조 제1항의 미 수범 또는 추행, 간음 또는 성매매와 성적 착취를 목적으로 제288조 또는 추행, 간음 또는 성매매와 성적 착취를 목적으로 제289조의 죄를 범하여 발생한 제291조 제1항의 미수범 및 제292조 제1항의 미수범 중 추행, 간음 또는 성매매와 성적 착취를 목적으로 약 취, 유인, 매매된 사람을 수수, 은닉한 죄의 미수범으로 한정한다) 의 죄 3. 「형법」 제2편 제32장 강간과 추행의 죄 중 제297조(강간), 제297조 의2(유사강간), 제298조(강제추행), 제299조(준강간, 준강제추행), 제300조(미수범), 제301조(강간등 상해·치상), 제301조의2(강 간등 살인·치사), 제302조(미성년자등에 대한 간음), 제303조

성폭력	(업무상위력등에 의한 간음) 및 제305조(미성년자에 대한 간음, 추행)의 죄 4.「형법」제339조(강도강간)의 죄 및 제342조(제339조의 미수범으로 한정한다)의 죄 5. 이 법 제3조(특수강도강간 등)부터 제15조(미수범)까지의 죄
성폭력행위자	「성폭력범죄의 처벌 등에 관한 특례법」제2조 제1항에 해당하는 죄, 즉 「형법」제2편 제22장 성풍속에 관한 죄 중 제242조(음행매개), 제243조(음화반포등), 제244조(음화제조등) 및 제245조(공연음란)의 죄를 범한 사람
성폭력피해자	성폭력으로 인하여 직접적으로 피해를 입은 사람

3. 적용대상

「성폭력범죄의 처벌 등에 관한 특례법」제2조 제1항에 규정된 죄에 해당하는 행위로 인하여 직접적으로 피해를 입은 사람(제2조 제3호) 등을 그 대상으로 한다.

4. 예방교육 및 지원

1) 성폭력 실태조사

여성가족부장관은 성폭력의 실태를 파악하고 성폭력 방지에 관한 정책을 수립하기 위하여 3년마다 성폭력 실태조사를 하고 그 결과를 발표하여야 한다(제4조).

2) 성폭력 예방교육

국가기관 및 지방자치단체의 장,「유아교육법」제7조에 따른 유치원의 장,「영유아보육법」제10조에 따른 어린이집의 원장,「초·중등교육법」제2조에 따른 각급 학교의 장,「고등교육법」제2조에 따른 학교의 장, 그 밖에 대통령령으로 정하는 공공단체의 장은 대통령령으로 정하는 바에 따라 성교육 및 성폭력 예방교육실시, 기관 내 피해자 보호와 피해 예방을 위한 자체 예방지침 마련, 사건발생 시

재발방지대책 수립·시행 등 필요한 조치를 하고, 그 결과를 여성가족부장관에게 제출하여야 하며, 교육을 실시하는 경우 「성매매방지 및 피해자보호 등에 관한 법률」 제4조에 따른 성매매 예방교육, 「양성평등기본법」 제31조에 따른 성희롱 예방교육 및 「가정폭력방지 및 피해자보호 등에 관한 법률」 제4조의3에 따른 가정폭력 예방교육 등을 성평등 관점에서 통합하여 실시할 수 있다. 또한 「양성평등기본법」 제3조 제3호에 따른 사용자는 성교육 및 성폭력 예방교육을 실시하는 등 직장 내 성폭력 예방을 위한 노력을 하여야 한다(제5조).

3) 취학 및 취업 지원

국가와 지방자치단체는 피해자나 피해자의 가족구성원이 「초·중등교육법」 제2조에 따른 각급학교의 학생인 경우 주소지 외의 지역에서 취학(입학, 재입학, 전학 및 편입학을 포함한다.)할 필요가 있을 때에는 그 취학이 원활히 이루어지도록 지원하여야 한다. 이 경우 취학을 지원하는 관계자는 피해자등의 사생활이 침해되지 아니하도록 유의하여야 한다. 초등학교의 경우 보호자가 피해자등을 주소지 외의 지역에 있는 초등학교에 입학시키려는 경우 초등학교의 장은 피해자등의 입학을 승낙하여야 하며, 피해자 등이 초등학교에 다니고 있는 경우 그 초등학교의 장은 피해자등의 보호자(가해자가 아닌 보호자를 말한다.) 1명의 동의를 받아 교육장에게 그 피해자등의 전학을 추천하여야 하고, 교육장은 전학할 학교를 지정하여 전학시켜야 한다. 그 밖의 각급학교의 경우 각급학교의 장은 피해자등이 다른 학교로 전학·편입학할 수 있도록 추천하여야 하고, 교육장 또는 교육감은 교육과정의 이수에 지장이 없는 범위에서 전학·편입학할 학교를 지정하여 배정하여야 한다. 이 경우 그 배정된 학교의 장은 피해자등의 전학·편입학을 거부할 수 없다(제7조).

4) 법률상담

국가는 피해자에 대하여 법률상담과 소송대리(訴訟代理) 등의 지원을 할 수 있으며, 여성가족부장관은 「법률구조법」 제8조에 따른 대한법률구조공단 또는 대통령령으로 정하는 그 밖의 기관에 법률상담 등을 요청할 수 있다(제7조의2).

5) 보호시설에 대한 보호비용 지원

국가 또는 지방자치단체는 보호시설에 입소한 피해자등의 보호를 위하여 필요한 경우 생계비, 아동교육지원비, 아동양육비, 그 밖에 대통령령으로 정하는 보호비용을 보호시설의 장 또는 피해자에게 지원할 수 있다. 다만, 보호시설에 입소한 피해자등이「국민기초생활보장법」등 다른 법령에 따라 보호를 받고 있는 경우에는 그 범위에서 이 법에 따른 지원을 하지 아니한다(제14조).

5. 전달체계

1) 성폭력피해상담소

국가 또는 지방자치단체는 성폭력피해상담소를 설치 · 운영할 수 있으며, 국가 또는 지방자치단체 외의 자가 상담소를 설치 · 운영하려면 특별자치시장 · 특별자치도지사 또는 시장 · 군수 · 구청장에게 신고하여야 한다(법 제10조). 상담소는 〈표 11-27〉과 같은 업무를 수행한다.

〈표 11-27〉 성폭력피해상담소의 업무

1	성폭력피해의 신고접수와 이에 관한 상담
2	성폭력피해로 인하여 정상적인 가정생활 또는 사회생활이 곤란하거나 그 밖의 사정으로 긴급히 보호할 필요가 있는 사람과 제12조에 따른 성폭력피해자보호시설 등의 연계
3	피해자등의 질병치료와 건강관리를 위하여 의료기관에 인도하는 등 의료 지원
4	피해자에 대한 수사기관의 조사와 법원의 증인신문(證人訊問) 등에의 동행
5	성폭력행위자에 대한 고소와 피해배상청구 등 사법처리 절차에 관하여「법률구조법」제8조에 따른 대한법률구조공단 등 관계 기관에 필요한 협조 및 지원 요청
6	성폭력예방을 위한 홍보 및 교육
7	그 밖에 성폭력 및 성폭력피해에 관한 조사 · 연구

2) 성폭력피해자보호시설

국가 또는 지방자치단체는 성폭력피해자보호시설을 설치 · 운영할 수 있으며, 「사회복지사업법」에 따른 사회복지법인이나 그 밖의 비영리법인은 특별자치시장 · 특별자치도지사 또는 시장 · 군수 · 구청장의 인가를 받아 보호시설을 설치 · 운영할 수 있다. 보호시설의 종류와 업무는 〈표 11-28〉과 같다(제12조).

〈표 11-28〉 성폭력피해자보호시설의 종류와 업무

시설의 종류	업무	「성폭력방지 및 피해자보호 등에 관한 법률」 제13조 제1항
일반보호시설	피해자에게 제13조 제1항 각 호의 사항을 제공하는 시설	「성폭력방지 및 피해자보호 등에 관한 법률」 제13조(보호시설의 업무 등) ① 보호시설은 다음 각 호의 업무를 한다. 1. 피해자 등의 보호 및 숙식 제공 2. 피해자 등의 심리적 안정과 사회 적응을 위한 상담 및 치료 3. 자립 · 자활 교육의 실시와 취업정보의 제공 4. 제11조 제3호 · 제4호 및 제5호의 업무 5. 다른 법률에 따라 보호시설에 위탁된 업무
장애인보호시설	「장애인차별금지 및 권리구제 등에 관한 법률」 제2조 제2항에 따른 장애인인 피해자에게 제13조 제1항 각 호의 사항을 제공하는 시설	
특별지원 보호시설	「성폭력범죄의 처벌 등에 관한 특례법」 제5조에 따른 피해자로서 19세 미만의 피해자에게 제13조 제1항 각 호의 사항을 제공하는 시설,	
외국인보호시설	외국인 피해자에게 제13조 제1항 각 호의 사항을 제공하는 시설	
자립지원 공동생활시설	일반보호시설, 장애인보호시설, 특별지원 보호시설, 외국인보호시설을 퇴소한 사람에게 제13조 제1항 제3호 및 그 밖에 필요한 사항을 제공하는 시설	

3) 성폭력피해자통합지원센터

국가와 지방자치단체는 성폭력 피해상담, 치료, 법률상담 등 연계, 수사지원, 그 밖에 피해구제를 위한 지원업무를 종합적으로 수행하기 위하여 성폭력피해자통합지원센터를 설치 · 운영할 수 있으며, 국가와 지방자치단체는 대통령령으로 정하는 기관 또는 단체로 하여금 통합지원센터를 설치 · 운영하게 할 수 있다(제18조).

제11절 가정폭력방지 및 피해자보호 등에 관한 법률

1. 연혁 및 체계

가정 내의 폭력으로 인하여 가정이 파산되고 가정구성원이 신체적·정신적 피해를 당하고 있어 가정폭력을 예방하고 가정폭력으로 인한 피해자를 보호함으로써 건전한 가정을 육성하려는 것으로 1997년 12월 31일 「가정폭력방지 및 피해자보호 등에 관한 법률」이 제정되었다. 현행법의 주요내용으로는 가정폭력 관련 실태조사, 예방교육, 보호시설의 설치, 보호시설에 대한 보호비용 지원 등 피해자를 보호하기 위한 내용을 구성되어 있다.

<표 11-29> 「가정폭력방지 및 피해자보호 등에 관한 법률」의 주요 연혁 및 현행 법률의 체계

주요 연혁		현행 법률의 체계
1997. 12. 31.	• 「가정폭력방지 및 피해자보호 등에 관한 법률」 제정	제1조 목적 제1조의2(기본이념) 제2조 정의 제4조의2 가정폭력 실태조사 제4조의3 가정폭력 예방교육의 실시 제4조의4 아동의 취학 지원 제4조의6 긴급전화센터의 설치·운영 등 제5조 상담소의 설치·운영 제7조 보호시설의 설치 제7조의5 보호시설에 대한 보호비용 지원 제18조 치료보호 제20조 벌칙
2012. 2. 1.	• 신고받은 사법경찰관리 신고된 현장에 출입하여 조사할 수 있도록 함	
2015. 6. 22.	• 가정폭력 피해자의 신변노출 방지 및 보호·지원 체계를 구축 • 긴급지원센터의 업무에 피해자 및 피해자가 동반한 가정구성원의 임시보호 기능을 추가 • 가정폭력 추방주간을 신설 • 보호시설의 업무에서 구상권 청구 규정을 삭제 • 긴급지원센터 등의 종사자의 자격기준을 정비	
2016. 3. 2.	• 상담소, 보호시설 또는 상담원 교육훈련시설의 장은 해당 시설이 일시적 중단 또는 폐지(廢止)하는 경우 시설 이용자를 다른 시설로 옮길 수 있도록 함.	

| 2020. 6. 9. | • 가정폭력을 목격하거나 피해를 당한 아동의 신체적·정신적 회복을 위하여 필요한 상담·치료 프로그램의 제공
• 기존에는 배우자가 대한민국 국민인 외국인 가정폭력 피해자만 외국인보호시설에 입소할 수 있었으나, 배우자가 외국인인 외국인 가정폭력 피해자도 외국인보호시설에 입소할 수 있도록 외국인보호시설의 입소대상자를 확대함. | |

2. 목적 및 기본이념

이 법은 가정폭력을 예방하고 가정폭력의 피해자를 보호·지원함을 목적으로 한다(제2조). 즉, 가정구성원 사이의 신체적, 정신적 또는 재산상의 피해를 수반하는 가정폭력으로 인해 피해를 입은 사람 및 그와 동반한 가족구성원의 보호 및 지원을 목적으로 하는 사회서비스에 관한 법이다.

<표 11-30> 「가정폭력방지 및 피해자보호 등에 관한 법률」의 핵심용어 및 내용

핵심용어	내용
가정폭력	「가정폭력범죄의 처벌 등에 관한 특례법」 제2조 제1호의 행위 즉, 가정구성원 사이의 신체적, 정신적 또는 재산상 피해를 수반하는 행위
가정폭력행위자	「가정폭력범죄의 처벌 등에 관한 특례법」 제2조 제4호의 자 즉, 가정폭력범죄를 범한 사람 및 가정구성원인 공범[10]

---

[10] 「가정폭력범죄의 처벌 등에 관한 특례법」 제2조 제2호 "가정구성원"이란 다음 각 목의 어느 하나에 해당하는 사람을 말한다.
가. 배우자(사실상 혼인관계에 있는 사람을 포함한다. 이하 같다) 또는 배우자였던 사람
나. 자기 또는 배우자와 직계존비속관계(사실상의 양친자관계를 포함한다. 이하 같다)에 있거나 있었던 사람
다. 계부모와 자녀의 관계 또는 적모(嫡母)와 서자(庶子)의 관계에 있거나 있었던 사람
라. 동거하는 친족

피해자	가정폭력으로 인하여 직접적으로 피해를 입은 자
아동	18세 미만인 자

3. 적용대상

「가정폭력범죄의 처벌 등에 관한 특례법」 제2조 제1호의 행위, 즉 가정구성원 사이의 신체적, 정신적 또는 재산상 피해를 수반하는 행위(가정폭력)로 인하여 직접적으로 피해를 입은 자(피해자) 등을 그 대상으로 한다(제2조 제3호).

4. 예방교육 및 지원

1) 가정폭력 실태조사

여성가족부장관은 3년마다 가정폭력에 대한 실태조사를 실시하여 그 결과를 발표하고, 이를 가정폭력을 예방하기 위한 정책수립의 기초자료로 활용하여야 한다 (제4조의2).

2) 가정폭력 예방교육

국가기관, 지방자치단체 및 「초·중등교육법」에 따른 각급학교의 장, 그 밖에 대통령령으로 정하는 공공단체의 장은 가정폭력의 예방과 방지를 위하여 필요한 교육을 실시하고, 그 결과를 여성가족부장관에게 제출하여야 한다. 예방교육을 실시하는 경우 「성폭력방지 및 피해자보호 등에 관한 법률」 제5조에 따른 성교육 및 성폭력 예방교육, 「양성평등기본법」 제31조에 따른 성희롱 예방교육 및 「성매매방지 및 피해자보호 등에 관한 법률」 제4조에 따른 성매매 예방교육 등을 성평등 관점에서 통합하여 실시할 수 있다. 교육을 위하여 전문강사를 양성하고, 교육 프로그램을 개발·보급하여야 한다(제4조의3).

3) 아동의 취학 지원

국가나 지방자치단체는 피해자나 피해자가 동반한 가정구성원(「가정폭력범죄의 처벌 등에 관한 특례법」 제2조 제2호의 자 중 피해자의 보호나 양육을 받고 있는 자를 말한다.)이 아동인 경우 주소지 외의 지역에서 취학(입학·재입학·전학 및 편입학을 포함한다.)할 필요가 있을 때에는 그 취학이 원활히 이루어지도록 지원하여야 한다(제4조의4).

4) 보호시설에 대한 보호비용 지원

국가나 지방자치단체는 보호시설에 입소한 피해자나 피해자가 동반한 가족구성원의 보호를 위하여 필요한 경우 생계비, 아동교육지원비, 아동양육비, 직업훈련비, 그 밖에 대통령령으로 정하는 보호비용을 보호시설의 장 또는 피해자에게 지원할 수 있으며, 보호시설에 입소한 피해자나 피해자가 동반한 가족구성원이 「국민기초생활보장법」 등 다른 법령에 따라 보호를 받고 있는 경우에는 그 범위에서 이 법에 따른 지원을 하지 아니한다(제7조의5).

5. 전달체계

1) 긴급전화센터

여성가족부장관 또는 특별시장·광역시장·도지사·특별자치도지사는 피해자의 신고접수 및 상담, 관련기관·시설과의 연계, 피해자에 대한 긴급한 구조의 지원, 경찰관서 등으로부터 인도받은 피해자 및 피해자가 동반한 가족구성원의 임시보호 업무 등을 수행하기 위하여 긴급전화센터를 설치·운영하여야 한다. 이 경우 외국어 서비스를 제공하는 긴급전화센터를 따로 설치·운영할 수 있다(제4조의6).

2) 가정폭력상담소

국가나 지방자치단체는 가정폭력 관련 상담소(이하 '상담소'라 한다.)를 설치 · 운영할 수 있다. 국가나 지방자치단체 외의 자가 상담소를 설치 · 운영하려면 특별자치도지사 · 시장 · 군수 · 구청장에게 신고하여야 한다. 상담소의 설치 · 운영기준, 상담소에 두는 상담원의 수와 신고절차 등에 필요한 사항은 여성가족부령으로 정한다(제5조). 상담소의 업무는 〈표 11-31〉과 같다(제6조).

〈표 11-31〉 가정폭력상담소의 업무

1	가정폭력을 신고받거나 이에 관한 상담에 응하는 일 또는 가정폭력을 신고하거나 이에 관한 상담을 요청한 사람과 그 가족에 대한 상담
2	가정폭력으로 정상적인 가정생활과 사회생활이 어렵거나 그 밖에 긴급히 보호를 필요로 하는 피해자등을 임시로 보호하거나 의료기관 또는 제7조 제1항에 따른 가정폭력피해자 보호시설로 인도(引渡)하는 일
3	행위자에 대한 고발 등 법률적 사항에 관하여 자문하기 위한 대한변호사협회 또는 지방변호사회 및 「법률구조법」에 따른 법률 구조법인(이하 '법률구조법인'이라 한다.) 등에 대한 필요한 협조와 지원의 요청
4	경찰관서 등으로부터 인도받은 피해자등의 임시 보호
5	가정폭력의 예방과 방지에 관한 교육 및 홍보
6	그 밖에 가정폭력과 그 피해에 관한 조사 · 연구

3) 가정폭력피해자 보호시설

국가나 지방자치단체는 가정폭력피해자 보호시설(이하 '보호시설'이라 한다.)을 설치 · 운영할 수 있다. 「사회복지사업법」에 따른 사회복지법인과 그 밖의 비영리법인은 시장 · 군수 · 구청장의 인가(認可)를 받아 보호시설을 설치 · 운영할 수 있으며, 보호시설에는 상담원을 두어야 하고, 보호시설의 규모에 따라 생활지도원, 취사원, 관리원 등의 종사자를 둘 수 있다(제7조). 보호시설의 종류는 〈표 11-32〉의각 호와 같다(제7조의2).

<표 11-32> 가정폭력피해자 보호시설의 종류

종류	내용
단기보호시설	피해자등을 6개월의 범위에서 보호하는 시설
장기보호시설	피해자등에 대하여 2년의 범위에서 자립을 위한 주거편의(住居便宜) 등을 제공하는 시설
외국인보호시설	외국인 피해자 등을 2년의 범위에서 보호하는 시설
장애인보호시설	「장애인복지법」의 적용을 받는 장애인인 피해자등을 2년의 범위에서 보호하는 시설

제12절　정신건강증진 및 정신질환자 복지서비스 지원에 관한 법률

1. 연혁 및 체계

　생활환경의 급격한 변화로 인하여 정신질환자가 증가함에 따라 정신질환을 예방하고 정신질환자에 대한 효율적인 의료 및 사회복귀를 위하여 필요한 사항을 정함으로써 국민의 정신건강증진에 이바지하기 위하여, 1996년 12월 31일 「정신보건법」이 제정되어 시행되었고, 2016년 5월 29일 법명을 「정신건강증진 및 정신질환자 복지서비스 지원에 관한 법률」로 변경하였다.

<표 11-33> 「정신건강증진 및 정신질환자 복지서비스 지원에 관한 법률」의 주요 연혁 및 현행 법률의 체계

주요 연혁		현행 법률의 체계
1996. 12. 31.	• 「정신보건법」	
2016. 5. 29.	• 법명을 「정신건강증진 및 정신질환자 복지서비스 지원에 관한 법률」로 변경 • 정신질환자의 범위를 중증정신질환자로 축소 정의	

2016. 5. 29.	• 전 국민 대상의 정신건강증진의 장을 신설하며, 비자의 입원·퇴원 제도를 개선	
2018. 12. 13.	• 국립트라우마센터를 설치 및 운영할 수 있도록 하고, 동 센터에서는 심리지원지침의 개발·보급, 트라우마 환자 심리지원, 트라우마에 관한 조사·연구 및 관련 기관 간 협력체계 구축 등의 업무를 수행하도록 함.	
2019. 4. 16.	• 정신요양시설의 설치·운영 허가사항 변경 신고, 정신요양시설의 폐지·휴지(休止)·재개 신고, 정신재활시설의 설치·운영 신고 또는 그 변경 신고 및 정신재활시설의 폐지·휴지·재개 신고가 수리가 필요한 신고임을 명시	제1장 총칙 제2장 정신건강증진 정책의 추진 등 제3장 정신건강증진시설의 개설·설치 및 운영 등
2019. 12. 12.	• 중독관리통합지원센터 설치 및 운영 근거를 마련 • 성범죄를 저질러 금고 이상의 형의 선고를 받고 그 집행이 끝나지 않거나 집행이 면제되지 않은 사람은 정신건강전문요원 자격을 받을 수 없도록 함.	제4장 복지서비스의 제공 제5장 보호 및 치료 제6장 퇴원등의 청구 및 심사 등
2020. 10. 8.	• 정신건강작업치료사를 정신건강전문요원에 포함시키도록 함. • 공립 정신병원의 위탁 운영 근거를 명확히 규정	제7장 권익보호 및 지원 등 제8장 벌칙
2021. 6. 30.	• 정신적 충격을 받은 트라우마 환자 외에 그 가족, 재난·사고의 현장대응업무 종사자로 확대 • 권역별 트라우마센터의 설치·지정 및 운영에 대한 근거를 마련 • 정신요양시설과 정신재활시설에 입소 중인 무연고 사망자가 발생할 경우 사망자의 재산을 처리하는 근거 규정 신설	

2. 목적 및 기본이념

이 법은 정신질환의 예방·치료, 정신질환자의 재활·복지·권리보장과 정신건강 친화적인 환경 조성에 필요한 사항을 규정함으로써 국민의 정신건강증진 및 정신질환자의 인간다운 삶을 영위하는 데 이바지함을 목적으로 한다(제1조). 정신질환자의 권리에 대한 기본이념은 다음과 같다. 모든 국민은 정신질환으로부터 보호받을 권리를 가지며, 모든 정신질환자는 인간으로서의 존엄과 가치를 보장받고, 최적의 치료를 받을 권리를 가진다. 또한 모든 정신질환자는 정신질환이 있다는 이유로 부당한 차별대우를 받지 아니하며, 미성년자인 정신질환자는 특별히 치료, 보호 및 교육을 받을 권리를 가진다. 정신질환자에 대해서는 입원 또는 입소(이하 '입원등'이라 한다.)가 최소화되도록 지역 사회 중심의 치료가 우선적으로 고려되어야 하며, 정신건강증진시설에 자신의 의지에 따른 입원 또는 입소가 권장되어야 한다.

또한 정신건강증진시설에 입원등을 하고 있는 모든 사람은 가능한 한 자유로운 환경을 누릴 권리와 다른 사람들과 자유로이 의견교환을 할 수 있는 권리를 가지며, 정신질환자는 원칙적으로 자신의 신체와 재산에 관한 사항에 대하여 스스로 판단하고 결정할 권리를 가진다. 특히 주거지, 의료행위에 대한 동의나 거부, 타인과의 교류, 복지서비스의 이용 여부와 복지서비스 종류의 선택 등을 스스로 결정할 수 있도록 자기결정권을 존중받는다. 정신질환자는 자신에게 법률적·사실적 영향을 미치는 사안에 대하여 스스로 이해하여 자신의 자유로운 의사를 표현할 수 있도록 필요한 도움을 받을 권리를 가지며, 정신질환자는 자신과 관련된 정책의 결정과정에 참여할 권리를 가진다(제2조).

<표 11-34> 「정신건강증진 및 정신질환자 복지서비스 지원에 관한 법률」의 핵심용어 및 내용

핵심용어	내용
정신질환자	망상, 환각, 사고(思考)나 기분의 장애 등으로 인하여 독립적으로 일상생활을 영위하는 데 중대한 제약이 있는 사람

정신건강증진사업	정신건강 관련 교육·상담, 정신질환의 예방·치료, 정신질환자의 재활, 정신건강에 영향을 미치는 사회복지·교육·주거·근로 환경의 개선 등을 통하여 국민의 정신건강을 증진시키는 사업
정신건강복지센터	정신건강증진시설, 사회복지시설, 학교 및 사업장과 연계체계를 구축하여 지역사회에서의 정신건강증진사업 및 정신질환자 복지서비스 지원사업을 하는 기관 또는 단체
	국가 또는 지방자치단체가 설치·운영
	국가 또는 지방자치단체로부터 위탁받아 정신건강증진사업 등을 수행하는 기관 또는 단체
정신건강증진시설	정신의료기관, 정신요양시설 및 정신재활시설
정신의료기관	정신질환자를 치료할 목적으로 설치된 다음 어느 하나에 해당하는 기관
	「의료법」에 따른 의료기관 중 제19조 제1항 후단에 따른 기준에 적합하게 설치된 병원(이하 '정신병원'이라 한다.) 또는 의원
	「의료법」에 따른 병원급 의료기관에 설치된 정신건강의학과로서 제조 제1항 후단에 따른 기준에 적합한 기관
정신요양시설	정신질환자를 입소시켜 요양 서비스를 제공하는 시설
정신재활시설	정신질환자 또는 정신건강상 문제가 있는 사람 중 대통령령으로 정하는 사람(이하 '정신질환자 등'이라 한다.)의 사회적응을 위한 각종 훈련과 생활지도를 하는 시설

3. 적용 대상

이 법의 적용 대상은 정신질환자로, 망상, 환각, 사고(思考)나 기분의 장애 등으로 인하여 독립적으로 일상생활을 영위하는 데 중대한 제약이 있는 사람을 그 대상으로 한다(제3조 제1호).

4. 서비스의 종류 및 내용

1) 복지서비스의 제공

국가와 지방자치단체는 정신질환자가 정신질환에도 불구하고 잠재적인 능력을 최대한 계발할 수 있도록 정신질환자에게 적합한 서비스를 적극적으로 개발하기 위한 연구지원체계를 구축하기 위하여 노력하여야 한다(제33조). 국가와 지방자치단체는 정신질환자가 자신의 능력을 최대한 활용하여 직업생활을 영위할 수 있도록 일자리 창출, 창업지원 등 고용촉진에 필요한 조치를 강구하여야 한다(제34조). 또한 국가와 지방자치단체는 정신질환자에게「교육기본법」제3조 및 제4조에 따른 평생교육의 기회가 충분히 부여될 수 있도록 특별자치시장·특별자치도지사·시장·군수·구청장별로「평생교육법」제2조 제2호의 평생교육기관을 지정하여 정신질환자를 위한 교육과정을 적절하게 운영하도록 조치하여야 한다(제35조). 그리고 국가와 지방자치단체는 이 법에서 정한 지원 외에 문화·예술·여가·체육활동 등의 영역에서 정신질환자에게 필요한 서비스가 지원되도록 최대한 노력하여야 한다(제36조). 또한 국가와 지방자치단체는 정신질환자의 가족이 정신질환자의 적절한 회복과 자립을 지원하는 데 필요한 정보를 제공하거나 관련 교육을 실시할 수 있다(제38조).

2) 보호 및 치료

(1) 자의입원

정신질환자나 그 밖에 정신건강상 문제가 있는 사람은 보건복지부령으로 정하는 입원등 신청서를 정신의료기관등의 장에게 제출함으로써 그 정신의료기관등에 자의입원 등을 할 수 있다. 정신의료기관등의 장은 자의입원등을 한 사람이 퇴원등을 신청한 경우에는 지체 없이 퇴원 등을 시켜야 하며, 자의입원등을 한 사람에 대하여 입원등을 한 날부터 2개월마다 퇴원등을 할 의사가 있는지를 확인하여야 한다(제41조).

(2) 동의입원

동의입원의 경우 정신질환자는 보호의무자의 동의를 받아 보건복지부령으로 정하는 입원등 신청서를 정신의료기관등의 장에게 제출함으로써 그 정신의료기관등에 입원등을 할 수 있다(제42조 제1항). 이때 정신의료기관등의 장은 입원등을 한 정신질환자가 퇴원등을 신청한 경우에는 지체 없이 퇴원등을 시켜야 한다. 다만, 정신질환자가 보호의무자의 동의를 받지 아니하고 퇴원등을 신청한 경우에는 정신건강의학과전문의 진단 결과 환자의 치료와 보호 필요성이 있다고 인정되는 경우에 한정하여 정신의료기관등의 장은 퇴원등의 신청을 받은 때부터 72시간까지 퇴원등을 거부할 수 있고, 퇴원 등을 거부하는 기간 동안 제43조 또는 제44조에 따른 입원등으로 전환할 수 있다(제42조 제2항). 정신의료기관등의 장은 제1항에 따라 입원등을 한 정신질환자가 퇴원등을 신청한 경우에는 지체 없이 퇴원등을 시켜야 한다. 다만, 정신질환자가 보호의무자의 동의를 받지 아니하고 퇴원등을 신청한 경우에는 정신건강의학과전문의 진단 결과 환자의 치료와 보호 필요성이 있다고 인정되는 경우에 한정하여 정신의료기관등의 장은 퇴원등의 신청을 받은 때부터 72시간까지 퇴원등을 거부할 수 있고, 퇴원등을 거부하는 기간 동안 제43조 또는 제44조에 따른 입원등으로 전환할 수 있다. 정신의료기관등의 장은 제2항 단서에 따라 퇴원등을 거부하는 경우에는 지체 없이 환자 및 보호의무자에게 그 거부 사유 및 제55조에 따라 퇴원등의 심사를 청구할 수 있음을 서면 또는 전자문서로 통지하여야 한다(제42조 제3항).

(3) 보호의무자에 의한 입원

보호의무자에 의한 입원의 경우, 정신의료기관등의 장은 정신질환자의 보호의무자 2명 이상(보호의무자 간 입원 등에 관하여 다툼이 있는 경우에는 제39조 제2항의 순위에 따른 선순위자 2명 이상을 말하며, 보호의무자가 1명만 있는 경우에는 1명으로 한다.)이 신청한 경우로서 정신건강의학과전문의가 입원등이 필요하다고 진단한 경우에만 해당 정신질환자를 입원등을 시킬 수 있다. 이 경우 정신의료기관등의 장은 입원등을 할 때 보호의무자로부터 보건복지부령으로 정하는 바에 따라 입원등 신청서와 보호의무자임을 확인할 수 있는 서류를 받아야 한다(제43조).

(4) 특별자치시장 · 특별자치도지사 · 시장 · 군수 · 구청장에 의한 입원

정신건강의학과전문의 또는 정신건강전문요원은 정신질환으로 자신의 건강 또는 안전이나 다른 사람에게 해를 끼칠 위험이 있다고 의심되는 사람을 발견하였을 때에는 특별자치시장 · 특별자치도지사 · 시장 · 군수 · 구청장에게 대통령령으로 정하는 바에 따라 그 사람에 대한 진단과 보호를 신청할 수 있다. 경찰관(「국가공무원법」 제2조 제2항 제2호에 따른 경찰공무원과 「지방공무원법」 제2조 제2항 제2호에 따른 자치경찰공무원을 말한다. 이하 같다.)은 정신질환으로 자신의 건강 또는 안전이나 다른 사람에게 해를 끼칠 위험이 있다고 의심되는 사람을 발견한 경우 정신건강의학과전문의 또는 정신건강전문요원에게 그 사람에 대한 진단과 보호의 신청을 요청할 수 있다(제44조).

(5) 응급입원

정신질환자로 추정되는 사람으로서 자신의 건강 또는 안전이나 다른 사람에게 해를 끼칠 위험이 큰 사람을 발견한 사람은 그 상황이 매우 급박하여 제41조부터 제44조까지의 규정에 따른 입원등을 시킬 시간적 여유가 없을 때에는 의사와 경찰관의 동의를 받아 정신의료기관에 그 사람에 대한 응급입원을 의뢰할 수 있다. 입원을 의뢰할 때에는 이에 동의한 경찰관 또는 구급대원은 정신의료기관까지 그 사람을 호송한다. 정신의료기관의 장은 응급입원이 의뢰된 사람을 3일(공휴일은 제외) 이내의 기간 동안 응급입원을 시킬 수 있으며, 이때 응급입원을 시킨 정신의료기관의 장은 지체 없이 정신건강의학과전문의에게 그 응급입원한 사람의 증상을 진단하게 하여야 한다. 정신의료기관의 장은 이에 따른 정신건강의학과전문의의 진단 결과 그 사람이 자신의 건강 또는 안전이나 다른 사람에게 해를 끼칠 위험이 있는 정신질환자로서 계속하여 입원할 필요가 있다고 인정된 경우에는 법 제41조부터 제44조까지의 규정에 따라 입원을 할 수 있도록 필요한 조치를 하고, 계속하여 입원할 필요가 없다고 인정된 경우에는 즉시 퇴원시켜야 한다(제50조).

3) 권익보호 및 지원

누구든지 응급입원의 경우를 제외하고는 정신건강의학과전문의의 대면 진단에 의하지 아니하고 정신질환자를 정신의료기관등에 입원등을 시키거나 입원등의 기간을 연장할 수 없다(제68조). 또한 누구든지 정신질환자이거나 정신질환자였다는 이유로 그 사람에 대하여 교육, 고용, 시설이용의 기회를 제한 또는 박탈하거나 그 밖의 불공평한 대우를 하여서는 아니 되며, 누구든지 정신질환자, 그 보호의무자 또는 보호를 하고 있는 사람의 동의를 받지 아니하고 정신질환자에 대하여 녹음·녹화 또는 촬영하여서는 아니 된다(제69조). 정신건강증진시설의 장과 종사자는 인권에 관한 교육을 받아야 하며, 보건복지부장관은 인권교육을 하기 위하여 인권교육기관을 지정할 수 있다(제70조). 이외에도 누구든지 이 법 또는 다른 법령에 따라 정신질환자를 보호할 수 있는 시설 외의 장소에 정신질환자를 수용하여서는 아니 되며, 정신건강증진시설의 장이나 그 종사자는 정신건강증진시설에 입원등을 하거나 시설을 이용하는 사람에게 폭행을 하거나 가혹행위를 하여서는 아니 된다(제72조). 정신질환자 또는 정신건강증진시설과 관련된 직무를 수행하고 있거나 수행하였던 사람은 그 직무의 수행과 관련하여 알게 된 다른 사람의 비밀을 누설하거나 공표하여서는 아니 된다(제71조).

5. 전달체계

1) 정신건강복지센터

보건복지부장관은 필요한 지역에서의 제12조 제1항에 따른 소관 정신건강증진사업 등의 제공 및 연계 사업을 전문적으로 수행하게 하기 위하여 정신건강복지센터를 설치·운영할 수 있으며, 시·도지사는 관할 구역에서의 소관 정신건강증진사업 등의 제공 및 연계 사업을 전문적으로 수행하게 하기 위하여 광역정신건강복지센터를 설치·운영할 수 있다. 시장·군수·구청장은 관할 구역에서의 제12조 제3항에 따른 소관 정신건강증진사업 등의 제공 및 연계 사업을 전문적으로 수행하게 하기 위하여 「지역보건법」에 따른 보건소에 기초정신건강복지센터를 설치·운영할 수 있으며, 정신건강복지센터의 장은 정신건강증진사업 등의 제공 및 연계사업을 수행하기 위하여 정신질환자를 관리하는 경우에 정신질환자 본인이나 제39조에 따른 보호의무자의 동의를 받아야 한다(제15조).

2) 국가트라우마센터

국가트라우마센터는 사람의 심리적 안정과 사회 적응을 지원하기 위한 것으로 재난이나 그 밖의 사고로 정신적 피해를 입은 사람과 그 가족, 재난이나 사고 상황에서 구조, 복구, 치료 등 현장대응업무에 참여한 사람으로서 정신적 피해를 입은 이를 지원하기 위한 센터이다(제15조의2 제1항). 국가트라우마센터에서는 심리지원을 위한 지침의 개발·보급, 심리평가, 심리상담, 심리치료, 트라우마에 관한 조사·연구, 심리지원 관련 기관 간 협력체계의 구축 등의 업무를 수행한다(제15조의2 제2항). 국가트라우마센터의 업무를 지원하기 위하여 권역별 트라우마센터를 설치·지정 및 운영할 수 있으며, 그 업무에 필요한 전문인력과 시설을 갖춘 기관에 위임 또는 위탁할 수 있다(제15조의2 제3항 및 제4항).

3) 중독관리통합지원센터

중독관리통합지원센터는 알코올, 마약, 도박, 인터넷 등의 중독 문제와 관련한 종합적인 지원사업을 수행하기 위한 것으로 설치·운영할 수 있다(제15조의3 제1항). 중독관리통합지원센터에서는 지역사회 내 중독자의 조기발견 체계 구축, 중독자 대상 상담, 치료, 재활 및 사회복귀 지원사업, 중독폐해 예방 및 교육사업, 중독자 가족에 대한 지원사업 등 그 밖에 중독 문제의 해소를 위하여 필요한 사업의 업무를 수행한다(제15조의3 제2항). 또한 중독관리통합지원센터 설치·운영에 필요한 비용의 전부 또는 일부를 부담할 수 있도록 하고 있고, 보건복지부장관 또는 지방자치단체의 장은 중독관리통합지원센터의 설치·운영을 그 업무에 관한 전문성이 있는 기관·단체에 위탁할 수 있다(제15조의3 제3항 및 제4항).

4) 정신건강증진시설

정신건강증진시설이란 정신의료기관, 정신요양시설 및 정신재활시설을 말한다(제3조 제4호). 국가와 지방자치단체는 국립 또는 공립의 정신의료기관으로서 정신병원을 설치·운영하여야 하며, 국가와 지방자치단체가 정신병원을 설치하는 경우 그 병원이 지역적으로 균형 있게 분포되도록 하여야 하며, 정신질환자가 지역사회 중심으로 관리되도록 하여야 한다(제21조). 정신의료기관의 개설은 「의료법」에 따르며, 이 경우 「의료법」 제36조에도 불구하고 정신의료기관의 시설 · 장비의 기준과 의료인 등 종사자의 수 · 자격에 관하여 필요한 사항은 정신의료기관의 규모 등을 고려하여 보건복지부령으로 따로 정한다(제19조). 또한 국가와 지방자치단체는 정신요양시설을 설치 · 운영할 수 있으며, 「사회복지사업법」에 따른 사회복지법인(이하 '사회복지법인'이라 한다.)과 그 밖의 비영리법인이 정신요양시설을 설치 · 운영하려는 경우에는 해당 정신요양시설 소재지 관할 특별자치시장 · 특별자치도지사 · 시장 · 군수 · 구청장의 허가를 받아야 한다(제22조). 그리고 국가 또는 지방자치단체는 정신재활시설을 설치 · 운영할 수 있으며, 국가나 지방자치단체 외의 자가 정신재활시설을 설치 · 운영하려면 해당 정신재활시설 소재지 관할 특별자치시장 · 특별자치도지사 · 시장 · 군수 · 구청장에게 신고하여야 한다. 신고한 사항 중 보건복지부령으로 정하는 중요한 사항을 변경할 때에도 신고하여야 하고, 국가 또는 지방자치단체는 필요한 경우 정신재활시설을 사회복지법인 또는 비영리법인에 위탁하여 운영할 수 있다(제26조).

5) 정신건강전문요원

보건복지부장관은 정신건강 분야에 관한 전문지식과 기술을 갖추고 보건복지부령으로 정하는 수련기관에서 수련을 받은 사람에게 정신건강전문요원의 자격을 줄 수 있으며, 정신건강전문요원은 그 전문분야에 따라 정신건강임상심리사, 정신건강간호사 및 정신건강작업치료사로 구분한다. 보건복지부장관은 정신건강전문요원의 자질을 향상시키기 위하여 보수교육을 실시할 수 있다. 누구든지 정신건강전문요원 자격을 취득하지 아니하고 그 명의를 사용하거나 자격증을 대여받아서는 아니 되며, 명의의 사용이나 자격증의 대여를 알선하여서도 아니 된다(제17조).

Social Welfare
Law and
Practice

부록

부록 1
급여 등의 종류 비교

구분	급여의 종류
「국민연금법」 (연금급여)	① 노령연금 ② 장애연금 ③ 유족연금 ④ 반환일시금 ⑤ 사망일시금
「국민건강보험법」 (보험급여)	① 요양급여(진찰·검사, 약제·치료재료의 지급, 처치·수술 및 그 밖의 치료, 예방·재활, 입원, 간호, 이송) ② 요양비 ③ 부가급여(임신·출산 진료비, 장제비, 상병수당, 그 밖의 급여) ④ 장애인에 대한 특례(보장구) ⑤ 건강검진(일반건강검진, 암검진, 영유아건강검진)
「고용보험법」 (사업 및 급여)	① 고용안정·직업능력개발사업 ② 실업급여 ㄱ. 구직급여[훈련연장급여, 개별연장급여, 특별연장급여, 질병 등의 특례(상병급여)] ㄴ. 취업촉진수당(조기재취업수당, 직업능력개발수당, 광역구직활동비, 이주비) ③ 육아휴직급여 ④ 산전후휴가급여 ⑤ 자영업자인 피보험자에 대한 실업급여 적용의 특례
「산업재해 보상보험법」 (보험급여)	① 요양급여(진찰 및 검사, 약제 또는 진료재료와 의지 그 밖의 보조기 지급, 처치, 수술, 그 밖의 치료, 재활치료, 입원, 간호 및 간병, 이송) *부득이한 경우 요양비 지급할 수 있음 ② 휴업급여 ③ 장해급여(보험가입자의 고의 또는 과실로 발생한 업무상 재해시 장해특별급여 지급할 수 있음.)

「산업재해 보상보험법」 (보험급여)	④ 간병급여 ⑤ 유족급여(보험가입자의 고의 또는 과실로 발생한 업무상 재해시 유족특별급 여 지급할 수 있음.) ⑥ 상병보상연금 ⑦ 장례비 ⑧ 직업재활급여(직업훈련비용 및 직업훈련수당, 직장복귀지원금, 직장적응훈 련비 및 재활운동비) ⑨ 특별급여(장해특별급여, 유족특별급여)
「노인장기요양 보험법」 (요양급여)	① 재가급여(방문요양, 방문목욕, 방문간호, 주·야간보호, 단기보호, 기타재가 급여) ② 시설급여 ③ 특별현금급여(가족요양비, 특례요양비, 요양병원간병비)
「국민기초생활 보장법」 (급여)	① 생계급여 ② 주거급여 ③ 의료급여 ④ 교육급여 ⑤ 해산급여 ⑥ 장제급여 ⑦ 자활급여
「의료급여법」 (의료급여 및 기타)	① 의료급여(진찰·검사, 약제·치료재료의 지급, 처치·수술과 그 밖의 치료, 예방·재활, 입원, 간호, 이송과 그 밖의 의목적의 달성을 위한 조치) ② 요양비 ③ 장애인 및 임산부에 대한 특례 ④ 건강검진
「긴급복지지원법」 (긴급지원)	① 금전 또는 현물 등의 직접지원(생계지원, 의료지원, 주거지원, 사회복지시설 이용지원, 교육지원, 그 밖의 지원) ② 민간기관·단체와의 연계 등의 지원(사회복지기관·단체와의 연계지원, 상 담·정보제공, 그 밖의 지원)
「장애인연금법」 (장애인연금)	① 기초급여 ② 부가급여 ※ 급여는 구분하였지만 합산하여 지급함.

부록 2
사회복지시설의 종류

법령	시설의 종류	비고
「아동복지법」 (아동복지시설)	1. 아동양육시설 2. 아동일시보호시설 3. 아동보호치료시설 4. 공동생활가정 5. 자립지원시설 6. 아동상담소 7. 아동전용시설 8. 지역아동센터 9. 아동보호전문기관 10. 가정위탁지원센터 11. 아동권리보장원	각 시설의 고유 목적사업을 해치지 아니하고 각 시설별 설치기준 및 운영기준을 충족하는 경우 다음의 사업을 추가로 실시할 수 있음. 1. 아동가정지원사업 2. 아동주간보호사업 3. 아동전문상담사업 4. 학대아동보호사업 5. 공동생활가정사업 6. 방과후 아동지도사업
「청소년복지지원법」 (약칭: 「청소년복지법」) (청소년복지시설)	1. 청소년쉼터 2. 청소년자립지원관 3. 청소년치료재활센터 4. 청소년회복지원시설	
「영유아보육법」 (어린이집)	1. 국공립어린이집 2. 사회복지법인어린이집 3. 법인·단체등어린이집 4. 직장어린이집 5. 가정어린이집 6. 협동어린이집 7. 민간어린이집	
「노인복지법」 (노인복지시설)	1. 노인주거복지시설(양로시설, 노인공동생활가정, 노인복지주택) 2. 노인의료복지시설(노인요양시설, 노인요양공동생활가정) 3. 노인여가복지시설(노인복지관, 경로당, 노인교실)	

「노인복지법」 (노인복지시설)	4. 재가노인복지시설(제공하는 서비스: 방문요양서비스, 주·야간보호 서비스, 단기보호서비스, 방문 목욕서비스 등) 5. 노인보호전문기관 6. 노인일자리지원기관 7. 학대피해노인 전용쉼터
「장애인복지법」 (장애인복지시설)	1. 장애인 거주시설 2. 장애인 지역사회재활시설 3. 장애인 직업재활시설 4. 장애인 의료재활시설 5. 장애인 생산품판매시설(시행령) 6. 장애인 쉼터(시행령)
「한부모가족지원법」 (한부모가족복지시설)	1. 모자가족복지시설(기본생활지원, 공동생활지원, 자립생활지원) 2. 부자가족복지시설(기본생활지원, 공동생활지원, 자립생활지원) 3. 미혼모자가족복지시설(기본생활지원, 공동생활지원) 4. 일시지원복지시설 5. 한부모가족복지상담소
「정신건강증진 및 정신질환자 복지서비스 지원에 관한 법률」 (약칭: 「정신건강복지법」) (정신건강증진시설)	1. 정신의료기관(정신병원, 의원, 정신건강의학과로서의 기관) 2. 정신요양시설 3. 정신재활시설(생활시설, 재활훈련시설)
「성매매방지 및 피해자보호 등에 관한 법률」(약칭: 「성매매피해자보호법」) (성매매피해자 등을 위한 지원시설)	1. 일반 지원시설 2. 청소년 지원시설 3. 외국인 지원시설 4. 자립지원 공동생활시설
「성폭력방지 및 피해자보호 등에 관한 법률」 (약칭: 「성폭력방지법」) (성폭력피해자보호시설)	1. 일반보호시설 2. 장애인보호시설 3. 특별지원 보호시설 4. 외국인보호시설 5. 자립지원 공동생활시설 6. 장애인 자립지원 공동생활시설

「가정폭력방지 및 피해자 보호 등에 관한 법률」 (약칭:「가정폭력방지법」) **(가정폭력피해자 보호시설)**	1. 단기보호시설 2. 장기보호시설 3. 외국인보호시설 4. 장애인보호시설
「장애인·노인·임산부 등의 편의증진 보장에 관한 법률」 (약칭:「장애인등편의법」) **(편의시설을 설치하여야 하는 대상시설)**	1. 공원 2. 공공건물 및 공중이용시설 3. 공동주택 4. 통신시설 5. 그 밖에 장애인등의 편의를 위하여 편의시설을 설치할 필요가 있는 건물·시설 및 그 부대시설
「노숙인 등의 복지 및 자립지원에 관한 법률」 (약칭:「노숙인복지법」) **(노숙인시설)**	1. 노숙인복지시설(노숙인일시보호시설, 노숙인자활시설, 노숙인재활시설, 노숙인요양시설, 노숙인급식시설, 노숙인진료시설, 쪽방상담소 등) 2. 노숙인종합지원센터

부록 3
아동학대와 노인학대 및 사회보장급여 지원대상자
신고의무자 비교(직무상 해당자)

구분	아동학대(『아동학대범죄의 처벌 등에 관한 특례법』)	노인학대 (『노인복지법』)	사회보장급여지원대상자 (『사회보장급여법』)
신고의무자	1. 아동권리보장원 및 가정위탁 지원센터의 장과 그 종사자 2. 아동복지시설의 장과 그 종 사자(아동보호전문기관의 장과 그 종사자는 제외) 3. 아동복지전담공무원 4. 가정폭력 관련 상담소 및 가정폭력피해자 보호시설 의 장과 그 종사자 5. 건강가정지원센터의 장과 그 종사자 6. 다문화가족지원센터의 장 과 그 종사자 7. 사회복지 전담공무원 및 사회 복지시설의 장과 그 종사자 8. 성매매피해자보호지원시 설 및 성매매피해상담소의 장과 그 종사자 9. 성폭력피해상담소, 성폭력피 해자보호시설의 장과 그 종 사자 및 성폭력피해자통합 지원센터의 장과 그 종사자	1. 의료기관에서 의료업을 행하 는 의료인 및 의료기관의 장 2. 방문요양과 돌봄이나 안전 확인 등의 서비스 종사자, 노인복지시설의 장과 그 종 사자 및 노인복지상담원 3. 장애인복지시설에서 장애 노인에 대한 상담 · 치료 · 훈련 또는 요양업무를 수행 하는 사람 4. 가정폭력 관련 상담소 및 가정폭력피해자 보호시설 의 장과 그 종사자 5. 사회복지전담공무원 및 사 회복지관, 부랑인 및 노숙 인보호를 위한 시설의 장과 그 종사자 6. 장기요양기관 및 재가장기 요양기관의 장과 그 종사자 7. 119구급대의 구급대원 8. 건강가정지원센터의 장과 그 종사자 9. 다문화가족지원센터의 장 과 그 종사자	1. 사회복지시설의 장과 그 종 사자 2. 장애인활동지원기관의 장 및 종사자와 활동지원인력 3. 의료인과 의료기관의 장 4. 의료기사 5. 응급구조사 6. 소방구조대 및 구급대원 7. 경찰공무원 8. 자치경찰공무원 9. 정신건강복지센터의 장과 그 종사자

신고의무자			
10. 119구급대의 대원	10. 성폭력피해상담소 및 성폭력피해자보호시설의 장과 그 종사자	10. 어린이집 원장 등 보육교직원
11. 응급의료기관등에 종사하는 응급구조사	11. 응급구조사	11. 유아교육 교직원 및 강사
12. 육아종합지원센터의 장과 그 종사자 및 어린이집의 원장 등 보육교직원	12. 의료기사	12. 초·중등교육 교직원, 전문상담교사 및 산학겸임교사 등
13. 유치원의 장과 그 종사자	13. 국민건강보험공단 소속 요양직 지원	13. 학원의 운영자·강사·직원 및 교습소의 교습자·직원
14. 아동보호전문기관의 장과 그 종사자	14. 지역보건의료기관의 장과 종사자	14. 성폭력피해상담소의 장과 그 종사자 및 성폭력피해보호시설의 장과 종사자
15. 의료기관에 종사하는 의료인 및 의료기사	15. 노인복지시설 설치 및 관리업무 담당 공무원	15. 성매매방지 및 피해자 보호지원시설의 장과 그 종사자 및 성매매피해상담소의 장과 그 종사자
16. 장애인복지시설의 장과 그 종사자로서 시설에서 장애아동에 대한 상담·치료·훈련 또는 요양 업무를 수행하는 사람		16. 가정폭력 관련 상담소의 장과 그 종사자 및 가정폭력피해자 보호시설의 장과 그 종사자
17. 정신건강복지센터, 정신의료기관, 정신요양시설 및 정신재활시설의 장과 그 종사자		17. 건강가정지원센터의 장과 그 종사자
18. 청소년시설 및 청소년단체의 장과 그 종사자		18. 노인장기요양기관의 장과 그 종사자
19. 청소년 보호·재활센터의 장과 그 종사자		19. 지역보건소의 방문간호 업무 종사자
20. 초·중등교육 학교의 장과 그 종사자		20. 다문화가족지원센터의 장과 그 종사자
21. 한부모가족복지시설의 장과 그 종사자		21. 행정리의 이장 및 행정동의 하부조직으로 두는 통의 통장
22. 학원의 운영자·강사·직원 및 교습소의 교습자·직원		22. 공동주택 관리주체
23. 아이돌보미		
24. 취약계층 아동에 대한 통합서비스지원 수행인력		
25. 입양기관의 장과 그 종사자		

부록 4

위원회 소속 및 구성

위원회 소속	위원회 종류	위원회 구성
국무총리	1. 사회보장위원회	위원회는 위원장 1명, 부위원장 3명과 행정안전부장관, 고용노동부장관, 여성가족부장관, 국토교통부장관을 포함한 30명 이내의 위원으로 구성, 위원장은 국무총리
	2. 보육정책조정위원회	위원장을 포함한 12명 이내의 위원으로 구성하되, 위원장은 국무조정실장
	3. 아동정책조정위원회	위원장을 포함한 25명 이내의 위원으로 구성, 위원장은 국무총리
	4. 장애인정책조정위원회	위원장 및 부위원장 각 1명을 포함한 30명 이내의 위원으로 구성, 위원장은 국무총리
	5. 다문화가족정책위원회	위원장 1명을 포함한 20명 이내의 위원으로 구성, 위원장은 국무총리
보건복지부	1. 중앙생활보장위원회	위원장을 포함하여 16명 이내의 위원으로 구성하고 위원장은 보건복지부장관
	2. 중앙보육정책위원회	위원장 1명과 부위원장 1명을 포함한 20명 이내의 위원으로 구성, 위원장은 보건복지부차관
	3. 중앙의료급여심의위원회	위원장을 포함하여 15명 이내의 위원으로 구성, 위원장은 보건복지부차관
	4. 국민연금심의위원회	위원장·부위원장 및 위원으로 구성하되, 위원장은 보건복지부차관
	5. 건강보험정책심의위원회	위원장 1명과 부위원장 1명을 포함하여 25명의 위원으로 구성, 위원장은 보건복지부차관
	6. 건강보험공표심의위원회	위원장 1명을 포함한 9명의 위원으로 구성, 위원장은 위원 중에서 호선

보건복지부	7. 보험료부과제도개선위원회	위원장 1명과 부위원장 1명을 포함하여 19명 이내의 위원으로 구성, 위원장은 보건복지부차관
	8. 건강보험분쟁조정위원회	위원장을 포함하여 60명 이내의 위원으로 구성, 위원장은 보건복지부장관의 제청으로 대통령이 임명
	9. 장기요양위원회	위원장 1인, 부위원장 1인을 포함한 16인 이상 22인 이하의 위원으로 구성, 위원장은 보건복지부차관
	10. 아동학대사례전문위원회	위원장 1명을 포함한 15명 이내의 위원으로 구성, 위원장은 위원 중에서 호선
고용노동부	1. 산업재해보상보험및예방심의위원회	위원장과 부위원장을 각 1명씩 두고, 근로자를 대표하는 사람, 사용자를 대표하는 사람 및 공익을 대표하는 사람을 위원으로 구성, 위원장은 고용노동부차관
	2. 고용보험위원회	위원장 1명을 포함한 20명 이내의 위원으로 구성, 위원장은 고용노동부차관
지방자치단체	1. 지방장애인복지위원회	위원장 1명을 포함한 30명 이내의 위원으로 구성, 위원장은 그 지방자치단체의 장
시 · 도지사	1. 시 · 도사회보장위원회	위원장 1명을 포함하여 15명 이상 40명 이하의 위원으로 구성, 위원장은 위원 중에서 호선
	2. 아동복지심의위원회	위원장 및 부위원장 각 1명을 포함하여 15명 이내의 위원으로 구성, 위원장은 시 · 도지사
	3. 광역정신건강심의위원회	위원장 1명과 부위원장 1명, 10명 이상 20명 이내의 위원으로 구성, 위원장은 위원인 정신건강에 관한 업무를 담당하는 공무원 중에서 시 · 도지사가 지명
시 · 도	1. 시 · 도생활보장위원회(지방생활보장위원회)	위원장 및 부위원장 각 1명을 포함하여 15명 이내의 위원으로 구성, 위원장은 해당 시 · 도지사
	2. 시 · 도의료급여심의위원회	위원장 및 부위원장 각 1명을 포함한 7명 이하의 위원으로 구성, 위원장은 해당 시 · 도지사
	3. 지방보육정책위원회	위원장 1명과 부위원장 1명을 포함한 20명 이내의 위원으로 구성, 위원장은 위원 중에서 호선
시장 · 군수 · 구청장	1. 아동복지심의위원회	위원장 및 부위원장 각 1명을 포함하여 15명 이내의 위원으로 구성, 위원장은 시장 · 군수 · 구청장
	2. 지방보육정책위원회	위원장 및 부위원장 각 1명을 포함하여 15명 이내의 위원으로 구성, 위원장은 시장 · 군수 · 구청장

시장·군수·구청장	3. 기초정신건강심의위원회	위원장 1명과 부위원장 1명, 6명 이상 12명 이내의 위원으로 구성, 위원장은 위원인 정신건강에 관한 업무를 담당하는 공무원 중에서 시장·군수·구청장이 지명
시·군·구	1. 시·군·구생활보장위원회(지방생활보장위원회)	위원장 및 부위원장 각 1명을 포함하여 15명 이내의 위원으로 구성, 위원장은 해당 시장·군수·구청장
	2. 지역사회보장협의체	위원장을 포함하여 10명 이상 40명 이하의 위원으로 구성, 위원장은 위원 중에서 호선
	3. 시·군·구의료급여심의위원회	위원장 및 부위원장 각 1명을 포함한 5명 이하의 위원으로 구성, 위원장은 시장·군수·구청장
	4. 긴급지원심의위원회	위원장 1명을 포함한 15명 이내의 위원으로 구성, 위원장은 시장·군수·구청장
읍·면·동	1. 읍·면·동 단위 지역사회보장협의체	위원은 읍·면·동별로 각 10명 이상으로 하며, 위원장은 위원 중에서 호선
사회복지공동모금회(분과실행위원회)	1. 기획분과실행위원회	위원장 1명을 포함하여 20명 이내의 위원으로 구성, 임기2년, 연임가능, 위원장은 1명 이상의 이사로부터 추천을 받은 이사 중에서 이사회의 의결을 거쳐 회장이 위촉
	2. 홍보분과실행위원회	위원장 1명을 포함하여 20명 이내의 위원으로 구성, 임기2년, 연임가능, 위원장은 1명 이상의 이사로부터 추천을 받은 이사 중에서 이사회의 의결을 거쳐 회장이 위촉
	3. 모금분과실행위원회	위원장 1명을 포함하여 20명 이내의 위원으로 구성, 임기2년, 연임가능, 위원장은 1명 이상의 이사로부터 추천을 받은 이사 중에서 이사회의 의결을 거쳐 회장이 위촉
	4. 배분분과실행위원회	위원장 1명을 포함하여 20명 이내의 위원으로 구성, 임기2년, 연임가능, 위원장은 1명 이상의 이사로부터 추천을 받은 이사 중에서 이사회의 의결을 거쳐 회장이 위촉

부록 5
심의 · 의결을 할 수 있는 위원회

법률	위원회	심의 · 의결 내용
「국민기초 생활보장법」	생활보장위원회 (보건복지부 및 각 시 · 도, 시 · 군 · 구 단위로 둠.)	1. 기초생활보장 종합계획의 수립 2. 소득인정액 산정방식과 기준 중위소득의 결정 3. 급여의 종류별 수급자 선정기준과 최저보장수준의 결정 4. 급여기준의 적정성 등 평가 및 실태조사에 관한 사항 5. 급여의 종류별 누락 · 중복, 차상위계층의 지원사업 등에 대한 조정 6. 자활기금의 적립 · 관리 및 사용에 관한 지침의 수립 7. 그 밖에 위원장이 회의에 부치는 사항
「의료급여법」	의료급여심의위원회 (보건복지부 및 각 시 · 도, 시 · 군 · 구 단위로 둠.)	1. 의료급여사업의 기본방향 및 대책 수립에 관한 사항 2. 의료급여의 기준 및 수가에 관한 사항 3. 그 밖에 보건복지부장관 또는 위원장이 부의하는 사항
「긴급복지 지원법」	긴급지원심의위원회 (시 · 군 · 구에 둠.)	1. 긴급지원연장 결정 2. 긴급지원의 적정성 심사 3. 긴급지원의 중단 또는 지원비용의 환수 결정 4. 그 밖에 긴급지원심의위원회의 위원장이 회의에 부치는 사항
「국민연금법」	국민연금심의위원회 (보건복지부에 둠.)	1. 국민연금제도 및 재정 계산에 관한 사항 2. 급여에 관한 사항 3. 연금보험료에 관한 사항 4. 국민연금기금에 관한 사항 5. 그 밖에 국민연금제도의 운영과 관련하여 보건복지부장관이 회의에 부치는 사항
	국민연금기금운용위원회 (보건복지부에 둠.)	1. 기금운용지침에 관한 사항 2. 기금을 관리기금에 위탁할 경우 예탁 이자율의 협의에 관한 사항

「국민연금법」		3. 기금 운용 계획에 관한 사항 4. 기금의 운용 내용과 사용 내용에 관한 사항 5. 그 밖에 기금의 운용에 관하여 중요한 사항으로서 운용위원회 위원장이 회의에 부치는 사항
	국민연금기금운용실무 평가위원회 (운용위원회에 둠.)	1. 기금 운용 자산의 구성과 기금의 회계 처리에 관한 사항 2. 기금 운용 성과의 측정에 관한 사항 3. 기금의 관리·운용과 관련하여 개선하여야 할 사항 4. 운용위원회에 상정할 안건 중 실무평가위원회의 위원장이 필요하다고 인정한 사항 5. 그 밖에 운용위원회에서 심의를 요청한 사항
「국민건강 보험법」	건강보험정책심의위원회 (보건복지부장관 소속으로 둠.)	1. 종합계획 및 시행계획에 관한 사항(심의에 한정한다.) 2. 요양급여의 기준 3. 요양급여비용에 관한 사항 4. 직장가입자의 보험료율 5. 지역가입자의 보험료부과점수당 금액 6. 그 밖에 건강보험에 관한 주요 사항으로서 대통령령으로 정하는 사항
	재정운영위원회 (공단에 둠.)	1. 요양급여비용의 계약 2. 결손처분 등 보험재정에 관련된 사항
	부당이득징수금체납정보 공개심의위원회 (공단에 둠.)	체납징수금 발생의 원인이 되는 위반행위, 체납자의 인적사항 및 체납액 등 대통령령으로 정하는 사항의 공개 여부(요양기관 또는 요양기관 개설자)
	보험료부과제도개선 위원회 (보건복지부장관 소속으로 둠.)	1. 가입자의 소득 파악 실태에 관한 조사 및 연구에 관한 사항 2. 가입자의 소득 파악 및 소득에 대한 보험료 부과 강화를 위한 개선 방안에 관한 사항 3. 그 밖에 보험료부과와 관련된 제도 개선 사항으로서 위원장이 회의에 부치는 사항
	보험료정보공개심의 위원회 (공단에 둠.)	개인체납자의 인적사항 등에 대한 공개 여부

「국민건강 보험법」	건강보험공표심의위원회 (보건복지부장관 소속으로 둠.)	서류를 위 · 변조하여 요양급여비용을 거짓 청구한 행위로 행정처분을 받은 요양기관의 명칭 · 주소 및 대표자 성명, 위반 행위, 처분 내용에 관한 사항 공표 여부
	건강보험분쟁조정위원회 (보건복지부에 둠.)	심판청구를 심리 · 의결
「노인장기 요양보험법」	장기요양위원회 (보건복지부장관 소속으로 둠.)	1. 장기요양보험료율 2. 가족요양비, 특례요양비 및 요양병원간병비의 지급 기준 3. 재가 및 시설 급여비용 4. 그 밖에 대통령령으로 정하는 주요 사항
	등급판정위원회 (공단 및 특별자치시 · 특별자치도 · 시 · 군 · 구 단위로 둠.)	장기요양인정 및 장기요양등급 판정 등
「산업재해 보상보험법」	산업재해보상보험 및 예방심의위원회 (고용노동부에 둠.)	산업재해보상보험 및 예방에 관한 중요 사항
	업무상질병판정위원회 (공단 소속기관에 둠.)	업무상 질병의 인정 여부
	산업재해보상보험심사 위원회(공단에 둠.)	보험급여 결정등에 따른 심사청구
	산업재해보상보험재심사 위원회(고용노동부에 둠.)	보험급여 결정에 대한 불복 재심사청구 심리 · 재결
「고용보험법」	고용보험위원회 (고용노동부에 둠.)	1. 보험제도 및 보험사업의 개선에 관한 사항 2. 「고용산재보험료징수법」에 따른 보험료율의 결정에 관한 사항 3. 보험사업의 평가에 관한 사항 4. 기금운용 계획의 수립 및 기금의 운용 결과에 관한 사항 5. 그 밖에 위원장이 보험제도 및 보험사업과 관련하여 위원회의 심의가 필요하다고 인정하는 사항

부록 6
실태조사 등 기간 정리

기간	실태조사	기타
분기	• 아동보호 사각지대 실태조사 (보호아동 양육환경 방문조사)	
매년	• 직장어린이집설치등 의무이행실태조사 • 어린이집 폐쇄회로 텔레비전 설치 · 관리 및 영상정보 열람 실태조사 · 점검 • 일본군위안부피해자 생활안정지원대상자 생활실태조사 • 지원대상 한부모가족 실태조사	• 최저보장수준과 최저임금공표 • 기초연금 기준연금액고시 • 장애인연금의 기초연금액고시 • 어린이집 정보공시 • 장애인연금 지급의 적정성 확인을 위한 연간조사계획 • 아동정책시행계획 • 다문화가족정책에 관한 시행계획 • 한부모가족정책에 관한 시행계획 • 정신건강증진 및 정신질환자 복지서비스 지원에 관한 국가 · 지역 시행계획
3년	• 수급권자, 수급자 및 차상위계층 등의 규모 · 생활실태 파악, 최저생계비 계측 등을 위한 실태조사 • 노인실태조사 • 장애실태조사 • 장애인등의 보조기기 실태조사 • 장애아동 복지지원 실태조사 • 발달장애인과 그 가족에 대한 실태조사 • 한부모가족실태조사 • 보육실태조사 • 성매매실태조사 • 성폭력실태조사 • 가정폭력실태조사 • 다문화가족실태조사	• 기초생활보장기본계획 • 사회복지시설평가 • 아동보호전문기관 성과평가 • 성매매피해상담소등의 평가 • 성폭력피해상담소 · 보호시설 및 통합지원센터평가 • 정신건강증진시설평가 • 기부식품사업장평가 • 의료급여기관 처방전 보존기간 • 어린이집 표준보육비용 조사 • 어린이집 등급 평가

4년		• 지역사회보장계획
5년	• 아동종합실태조사 • 정신건강증진 및 정신질환자복지서비스 지원을 위한 실태조사 • 농어촌보건복지수준 실태조사 • 노숙인 등의 현황 · 욕구 및 심리와 이들에 대한 공공 및 민간의 지원상황에 대한 실태조사	• 사회보장기본계획 • 사회보장정보 5년 지나면 파기 • 의료급여비용청구서류보존 • 아동정책기본계획 • 보육계획 • 장애인정책종합계획 • 장애인등의 보조기기 지원과 활용촉진을 위한 기본계획 • 정신건강증진 및 정신질환자복지서비스 지원에 관한 국가의 기본계획 • 농어촌보건복지기본계획 • 기초연금액의 적정성 평가 • 한부모가족정책에 관한 기본계획 • 다문화가족정책에 관한 기본계획 • 노숙인 등의 복지 및 자립지원 종합계획

참고문헌

강진철(1997). 법해석학,「현대법철학의 흐름」, 한국법철학회(법철학 총서 I). 법문사.

계인국(2017). 현행법상 규제의 의미와 입법평가. 입법평가연구, 11. 한국법제연구원.

공미라, 김애경, 최윤정(2011). 세계사 개념사전. 북이십일 아울북.

구스타프 라드브루흐(저)/에릭볼프 · 한스 페터 슈나이더(편) (1994). 법철학. (최종고 역). 삼영사.

국회법제실(2011). 법제실무(국회법제업무 실무가이드). 국회.

권영성(2010). 헌법학원론. 박영사. 246면.

김광병(2012), 지역사회복지 규범으로서 사회복지조례 입법평가에 관한 연구: 서울특별시 25개 자
　　치구의 자주조례를 중심으로. 고려대학교 대학원 박사학위논문.

김광병(2016). 사회복지법상 인권에 관한 연구: 사회복지사업법을 중심으로. 사회복지법제연구, 7(1),
　　91-112.

김광병, 곽효문(2013). 국민기초생활보장법의 권리수준 변천에 관한 연구. 한국행정사학지, 32, 29-
　　52.

김광병, 김수정(2012). 사회복지법의 실체적 권리 분석에 관한 연구. 한국사회복지행정학, 14(3), 53-
　　77.

김광병, 이선정, 이재호, 권정호, 권오용, 신용규(2006). 사회복지법제론. 창지사.

김근홍, 서화자, 심창학, 이만식, 함세남, 홍금자(2007). 사회복지 역사와 철학. 학지사.

김대희, 강현철, 류철호(2008). 입법평가기준과 평가지침에 관한 연구. 한국법제연구원.

김동희(2014). 행정법 II. 박영사.

김부찬(1995). 법학의 기초이론. 동현출판사.

김성이(2006). 사회복지의 발달과 사상. 이화여자대학교출판부.

김수용(2008). 입법평가의 개념에 관한 연구. 한국법제연구원.

김영순(2009) 노무현 정부의 복지정책:복지국가의 제도적 가운데 점 정치적 기반형성 문제를 중심
　　으로. 경제와 사회, 82.

김영순(2009). 노무현 정부의 복지정책: 복지국가의 제도적 · 정치적 기반 형성 문제를 중심으로. 경
　　제와 사회, 82.

김영환, 이해일, 박현준, 손영화(2005). 법학개론. 백산출판사.

김유성(2002). 한국사회보장법론. 법문사.

김유환(2019). 현대행정법강의. 법문사.

김철수(2015). 헌법학신론. 박영사.

김춘환(2004). 법률과 조례의 관계. 토지공법연구, 24.

김태성, 성경륭(2014). 복지국가론. 나남.

김하열(2018), 헌법강의. 박영사.

남기민, 홍성로(2020). 사회복지법제와 실천. 공동체.

라인홀트 치펠리우스(1999). 법의 본질. (이재용 역). 길안사.

룩 빈트겐스(2011). 벨기에 및 유럽에서의 입법평가제도. 입법평가의 적용과 발전(2011년 입법평가연
      구 센터 국제학술회의). 한국법제연구원.

류상열(2006). 사회복지 역사. 학지사.

문진영(2013). 인권과 사회복지: 쟁점 분석. 비판사회정책, 39, 87−105.

민청기, 김희주 공역(2015). 영국사 산책. 옥당.

박광준(2015). 사회복지의 사상과 역사. 양서원.

박균성(2014). 행정법론(하). 박영사.

박병헌(2016). 사회복지의 역사. 공동체.

박병현(2016). 사회복지정책론 이론과 분석. 정민사.

박영도(1998). 자치입법의 이론과 실제. 한국법제연구원.

박영도(2013). 입법학입문. 법령정보관리원.

박윤흔(2004). 최신행정법강의(하). 박영사.

배유진, 김광병(2017). 청소년 인권보장을 위한 조례개선에 관한 연구: 학생인권 조례와의 비교를
      중심으로. 법과인권교육연구, 10(1), 187−215.

배화옥, 심창학, 김미옥, 양영자(2015). 인권과 사회복지. 나남.

법제처(2017). 법령 입안 · 심사기준. 법제처.

법제처(2017). 법제업무편람. 법제처.

비판과대안을위한사회복지학회(2007). 사회복지의 사상과 역사. 한울아카데미.

서상복 역(2012). 서양철학사. 을유문화사.

서원우(1994). 조례제정권의 헌법적 보장−지방자치법 제15조 단서규정의 위헌논의와 관련하여. 헌
      법논총, 5.

성낙인(2013). 헌법학. 박영사.

손병돈, 김기덕, 권선진, 박지영, 이종복, 이혜경, 최승희(2008). 사회복지와 인권. 양서원.

슈테판 헨젤 외 2인(공저)/김경제 외 3인(공역) (2011). 입법평가의 적용. 한국법제연구원.

심상용, 심석순, 임종호(2016). 사회복지발달사. 학지사.

심우민(2014). 의회 입법영향분석 가이드라인 구상. 입법평가연구, 8. 한국법제연구원.

영국사학회 역(2016). 옥스퍼드 영국사. 한울아카데미.

오석철, 이신철 공역(2011). 맑스사전. 도서출판 b.

원석조(2016). 사회복지발달사. 공동체.

원석조(2016). 사회복지발달사. 공동체.

유병화(1998). 법철학. 민영사.

유엔인권센터, 이혜원 역(2005). 인권과 사회복지실천. 학지사.

유정희 역(2014). 캐임브리지 독일사. 시공사

유종선(2012). 미국사 다이제스트100. 가람기획.

유충권(2007). 사회보장법(강원법학 총서 12). 강원대학교 출판부.

윤계형(2015). 입법평가 툴키트(Toolkit) 개발에 관한 연구. 한국법제연구원.

윤명선(1995). 민주주의와 지방자치. 헌법학연구, 1.

윤석진, 조융준, 조영기(2010). 국민기초생활보장법과 긴급복지지원법상의 빈곤층 지원체계에 관한 입법평
    가. 한국법제연구원.

윤찬영(2013). 사회복지의 이해. 정민사

윤찬영(2013a). 사회복지법제론. 나남.

윤찬영(2013b). 사회복지의 이해. 정민사.

이기우(2007). 부담적 조례와 법률유보에 관한 비판적 검토. 헌법학연구, 13(3).

이상광(2002). 사회법. 박영사.

이상윤(2012). 사회보장법. 법문사.

이상윤, 홍성민(2017). 주요국 입법절차와 현황, 현안분석 2017-02. 한국법제연구원.

이상철. 조례의 법적 성질과 규율한계. 월간 법제, 477.

이원(2007). 지방자치단체의 자치입법권의 한계 – 일본의 학설과 판례를 중심으로. 월간 법제, 2.

이은주(2014). 프랑스 복지정책의 사회연대개념과 실천적 함의. 보건사회연구, 34(1).

이인재(1997). 1987년 이후 한국 사회복지의 변화와 과제. 동향과 전망. 34.

이인재(1997). 사회복지통계분석. 나남.

이홍재 외 2인(2013). 사회보장법. 신조사.

임재홍, 정경수(2014). 국제인권법. 한국방송통신대학교출판문화원.

장승혁(2014). 사회연대원리의 기원과 발전. 사회보장법연구, 3(2).

장승혁(2017). 사회보험법과 사회연대원리. 사회보장법학, 6(1).

전광석 외 2인(2013). 사회보장법. 신조사.

전광석(2008). 독일사회보장법과 사회정책. 박영사.

전광석(2016). 한국사회보장법론. 집현재.

전광석(2016). 한국사회보장법론. 집현재.

정종섭(2014). 헌법학원론. 박영사.

정창화(2009). 독일의 입법평가지침에 관한 연구. 한국법제연구원.

정치학대사전 감수위원회(2002). 21세기 정치학대사전. 아카데미아리서치.

조성규(2005). 법치행정의 원리와 조례제정권의 관계. 공법연구, 33(3).

조정환(2000). 자치입법권 특히 조례제정권과 법률우위와의 관계문제. 공법연구, 29(1).

최봉석(2007). 지방자치의 기본원리. 한국법제연구원.

최승원 외(2012). 자치법규 선진화 지원을 위한 개선도 측정 등과 정부지원체계 구축에 관한 연구. 법제처/
　　한국지방자치법학회.

최승원(2006). 조례의 본질. 지방자치법연구, 6(1).

최정일(2009). 법학개론. 한국법제연구원.

최종고(1998). 법학통론. 박영사.

최종고(2002). 법철학. 박영사.

최종고(2004). 법학통론. 박영사.

최철호(2007). 일본 지방자치법상의 자치입법권의 해석 및 한계. 지방자치법연구, 15.

최혜신(2017). 자치입법평가제도의 현황과 개선과제. 입법평가연구, 11. 한국법제연구원.

표명선(2004). 법학통론. 홍익제.

하명호(2019). 행정법. 박영서. 706면.

한성민(2015). 비용 – 편익분석(Cost-Benefit Analysis)의 이론과 실제. KDI.

한수웅(2018). 헌법학. 법문사.

행정자치부(2016). 자치법규 입법실무. 행정자치부.

허버트 하트(2002). 법의 개념(대우학술총서 524). (오병선 역). 아카넷.

현외성(2011). 한국사회복지법제개설. 공동체.

홍성찬(2015). 법학원론. 박영사.

홍완식 외 10인 공저(2018). 법학개론. 피앤씨미디어.

홍완식(2014). 입법(규제)영향분석 모형 및 지침 개발에 관한 연구. 국회입법조사처.

홍정선(2010). 행정법원론(하). 박영사.

홍정선(2014). 행정법특강. 박영사.

홍정선(2015). 신지방자치법. 박영사. 300면.

Calvert, H. (1978). *Social security law*. London: Sweet and Maxwell.

Dominelli, L. (2004). *Social work: Theory and practice for a change profession*. Oxford: Polity Press.

Lars Brocker (1999). Wirkungsforschung zum Recht I in: Gesetzesfolgenabschäzung und ihre Methodik. *Interdisziplinäre Studien zu Recht und Staat 10*. Baden-Bden.

Luzis Mader (2010). Stand und Entwicklungstendenzen der Gesetzesfolgenabscäzung in der Schweizm in: Gesetzesfolgenabschätzung in der Anwendung. *Interdisziplinäre Studien zu Recht und Staat 48*. Baden-Baden.

Madden, R. G., & Wayne, R. H. (2003). Social work and the law: A therapeutic jurisprudence perspective. *Social Work, 48*(3), 338–347.

Meyer, J. & Rowan, B. (1997). Institutionalized organization: Formal structure as myth and ceremony. *American Journal of Sociology, 83*, 340–363.

Wilensky, H., & Lebeaux, C. N. (1965). *Industrial social welfare*. New York: Free Press.

법제처 홈페이지(http://www.moleg.go.kr, 최종방문일 2018. 2. 20.)

찾아보기

최승원
(Choi, Seung Won)

서울대학교 박사(행정법 · IT법 · 사회복지법 등)
전) (사)한국공법학회 회장
　(사)한국지방자치법학회 회장
　(사)한국인터넷법학회 회장
　이화여자대학교 법학연구소 소장
현) 이화여자대학교 법학전문대학원 · 사회복지학과 교수
　(사)사회복지법제학회 회장
　이화여자대학교 사회복지연구소 소장
　(사)자치법연구원 원장

〈주요 저서〉
인터넷과 법(공저, 이화법학총서, 2017)

〈주요 논문〉
데이터기반 아동복지 종합실태조사 모델 연구(2021)
지역중심 일 · 생활 · 복지 O2O Convergence 시스템(2020)
사회복지 수급권자의 절차적 권리 실현에 관한 법제 개선방안 연구(2019)
공유경제를 통한 지역경제 및 지역복지 활성화(2018)
주거권 실현을 위한 주거비 지원의 법적 고찰(2016)
자살예방 및 생명존중문화 조성을 위한 법률의 법적 쟁점과 과제(2014)
사회복지권 소고(2009)
행정법과 공익(2006)
전자정부법의 기초(2005) 외 다수

윤석진
(Yoon, Seok Jin)

중앙대학교 박사(공법학)
전) 한국법제연구원 부연구위원
　사법고시 · 지방직 공무원임용시험 출제위원
현) 강남대학교 공공인재학과 교수
　(사)사회복지법제학회 총무분과 위원장
　국회 입법지원위원
　사회보장위원회 기획전문위원회 위원

〈주요 논문〉
취약계층 아동 · 청소년의 보호 및 지원 합리화를 위한 법적 검토(2020)
사회서비스 지방분권화를 위한 법적 과제(2019)
실효적 사회복지시설 안전관리를 위한 입법과제(2019)
제4차 산업혁명시대 기본소득제도의 법적 쟁점(2019)
성범죄자 취업제한제도 위헌결정례에 대한 비판적 고찰(2018)
정부의 사회서비스 공공성 강화전략과 입법과제(2018)
장애등급제 폐지와 입법의 영향(2018)
보장국가에 있어서 복지거버넌스를 위한 입법정책 구상(2017)
아동수당법(안)의 입법과제 및 제언(2017)
사회복지법인의 규제합리화를 위한 입법과제(2016)

김수정
(Kim, Soo Jung)

성균관대학교 박사(사회복지학)
전) 성균관대학교 사회복지학과 겸임교수
　경희대학교 평생교육원 객원교수
현) 부산가톨릭대학교 사회복지학과 교수
　(사)사회복지법제학회 학술분과 위원장

〈주요 저서〉
사회복지학개론(공저, 창지사, 2022)
노인복지론(공저, 어가, 2022)
사회복지정책론(공저, 창지사, 2020)
지역사회복지론(공저, 교문사, 2016)

〈주요 논문〉
포용적 복지국가시대의 지역사회통합돌봄과 율곡의 복지철학에 관한 소고(2021)
17개 광역지방자치단체의 사회복지사 등의 처우 및 지위향상에 관한 조례분석(2021)
A study on the Effectiveness of the Group Empowerment of the Elderly
     Welfare Center Middle Managers through Practitioner Action Research:
     Focusing on Podcasts(2020)
인권관점에서 바라본 한국의 노인복지제도 변화(2019)
생애말기 환자의 커뮤니티 케어에 대한 연구: 부산광역시를 중심으로(2018)
지역포괄케어시스템 구축방안(2018)

배유진
(Bae, You Jin)

이화여자대학교 박사(행정법 · IT법 · 사회복지법 등)
전) 고려대학교 연구교수
     이화여자대학교 전자법연구센터 책임연구원
     이화여자대학교, 단국대학교, 가천대학교, 백석대학교 강사
현) 한국사회보장정보원 연구소 연구위원
     (사)사회복지법제학회 지식분과 위원장
     한국사회보장학회 기획위원장(ICT와 사회보장)

〈주요 저서〉
신 법학개론(공저, 박영사, 2020)

〈주요 논문〉
데이터기반 아동복지 종합실태조사 모델 연구(2021)
사회복지법인 데이터 관리와 법제적 논점에 관한 소고(2020)
사회복지 수급권자의 절차적 권리 실현에 관한 법제 개선방안 연구(2019)
노인일자리의 질적 개선을 위한 법제 방향(2018)
청소년 인권보장을 위한 조례개선에 관한 연구(2017)
노인장기요양서비스 질 향상을 위한 법제 개선방안(2016)
사회복지 데이터관리와 법제방향(2016)
사회공헌 지식관리와 융합법제의 필요성에 관한 소고(2016)

장선미
(Jang, Seon Mi)

이화여자대학교 박사(헌법)
전) 이화여자대학교 법학연구소 선임연구원
현) 한국후견신탁연구센터 전임연구원
     (사)사회복지법제학회 편집분과 위원장
     한국전통문화대학교 강사

〈주요 논문〉
헌법 제32조의 근로의 권리를 통한 디지털 플랫폼 노동자 보호에 관한 연구(2021)
미국 연방정부의 코로나 19 백신 및 방역 관련 법제적 대응 분석 및 시사점(2021)
사회적 기본권의 사법적 판단구조에 관한 비교법적 고찰(2019)
국제인권규범을 통한 사회적 기본권의 구체화 가능성 검토(2018)

사회복지법제와 실천
Social Welfare Law and Practice

2022년 3월 1일 1판 1쇄 인쇄
2022년 3월 5일 1판 1쇄 발행

지은이 • (사)사회복지법제학회
　　　　최승원 · 윤석진 · 김수정 · 배유진 · 장선미
펴낸이 • 김진환
펴낸곳 • ㈜ 학지사
　　　　04031 서울특별시 마포구 양화로 15길 20 마인드월드빌딩
대표전화 • 02)330-5114　　팩스 • 02)324-2345
등록번호 • 제313-2006-000265호

홈페이지 • http://www.hakjisa.co.kr
페이스북 • https://www.facebook.com/hakjisabook

ISBN 978-89-997-2639-2　93330

정가 24,000원

출판 · 교육 · 미디어기업 학지사
간호보건의학출판 학지사메디컬 www.hakjisamd.co.kr
심리검사연구소 인싸이트 www.inpsyt.co.kr
학술논문서비스 뉴논문 www.newnonmun.com
교육연수원 카운피아 www.counpia.com